JN260304

土器から見た古墳時代の日韓交流

酒井清治 著

同成社

まえがき

　筆者は、古墳時代・古代の窯業生産である須恵器と瓦生産について研究してきた。2002 年に出版した『古代関東の須恵器と瓦』（同成社）では、須恵器と瓦について生産と流通の視点に立って、それらを伝えた渡来人、生産開始期の須恵器とその系譜、関東における須恵器生産の開始、歴史時代の須恵器と瓦、瓦と古代寺院、須恵器と瓦の生産と流通などから、古墳時代・古代の手工業生産の一側面について論じた。

　その後の研究では、百済や栄山江流域の土器に関心を持ち、2003 年度の留学を契機として、特に製作技法を詳細に見ることにより列島の須恵器と栄山江流域の須恵器系土器の関連性、あるいは栄山江流域における地域色ある土器分布のあり方と勢力圏との関わりについての研究を行ってきた。

　土器は人々の生活に欠かせない道具であり、その土器は各地で長い間に築きあげられた土器製作技法によって地域性が発現する。また、他地域の技術や様式を導入することにより変化もする。本書は、その土器の製作技法によって地域性や他地域との関係、人の移動・交流を探ることを目的とした。その方法として、古墳時代中期に朝鮮半島から渡来人によって伝えられた須恵器の系譜や、列島に渡ってきた渡来人、あるいは列島から栄山江流域へ渡った倭人と土器との関係を探り、土器から見た日韓の交流について検討した。また、栄山江流域の在地土器製作技法の様相から地域勢力と土器の関係、在地土器と百済・倭・加耶・新羅の土器との関係について探った。

　本書は大きくわけて、第Ⅰ部が須恵器生産と年代、第Ⅱ部が列島出土の朝鮮半島系土器と渡来人、第Ⅲ部が百済と栄山江流域出土の土器、という構成となっている。

　第Ⅰ部第 1 章では、筆者が従来から述べてきた朝鮮半島からの土器生産の伝播が 1 期、2a 期、2b 期の段階を経ていたことを再述した。筆者は以前から須

恵器生産は2a期から始まったと考えていたが、1期の出合窯跡で還元炎焼成硬質土器が焼成されていることから、これを須恵器とする亀田修一の主張を取り入れた。

第2章では、須恵器生産開始期の年代、その後の須恵器の年代観について述べ、第3章では、初期須恵器であるTK87号窯の樽形土器が注口の付いた樽形𤭯の可能性を説いた。

第Ⅱ部では、列島出土の朝鮮半島系土器と渡来人について触れ、特に第1章では列島での概観、第2章では奈良県南郷遺跡群出土例、第3章では関東の朝鮮半島系土器と渡来文化を中心に述べた。第4章では、飯田市新屋敷遺跡出土の陶質土器の蓋が百済・栄山江流域系であること、伊那谷の渡来人が馬匹生産に関わったことを推測した。第5章では市川市出土の新羅土器2点が舶載された製品で、栃木県出土の新羅土器と同様7世紀後半に新羅人がたずさえてきた製品であることを述べた。

第6章では、古墳時代出土土器が古墳の中でどのように扱われたのか、須恵器が導入された頃の製品を出土する姫路市宮山古墳と、その後、地方における後期古墳に須恵器がどのように副葬されていたのか、東日本の出土例を使い検討した。

第Ⅲ部の第1章では、栄山江流域の土器生産を窯と古墳等の出土例から土器の系譜がいくつかあることを述べ、編年も試み、それぞれの土器系譜の分布範囲と地域勢力との関わりを検討し、第2章では、栄山江流域でも霊光鶴丁里大川古墳群出土土器について、百済系土器とこの地域で生産された土器を製作技法から検討し、両者の関連について論じた。

第3章では、百済泗沘期に扶餘の宮都出土の灰色土器である高台付椀が、いわゆる「風船技法」で作られていることを製作技法の痕跡から証明し、第4章では、土器の底部に見られる糸切り離し技法について、朝鮮半島と列島の諸例を取り上げ、列島へは百済から静止糸切り離し技法が伝わったことを述べた。

第5章では韓国出土の須恵器を集成し、韓国西部と東部の出土状況が異なり、栄山江流域では集落などから出土することから、交易など交流する人々に

よってもたらされたという考察を導き出した。

　第6章では、栄山江流域の土器のなかで注目すべき須恵器系土器と、百済系土器に見られる斜行整形痕、および甑について栄山江流域と列島の比較、検討を行い、第7章では、最近の栄山江流域土器研究とその様相および背景について、筆者の見解をまとめた。

　なお、初出については巻末の初出一覧を参照いただきたい。ただ、初出時より時間が経っているものについては、若干内容を改変したものもある。ご了承いただきたい。

　朝鮮半島から渡来人がもたらした土器を、従来韓式系土器とする名称が一般的であるが、本書第Ⅱ部第1章で述べるように筆者は朝鮮半島系土器とする。引用文等は引用者の呼称に従った。

　また、本書であつかう栄山江流域の範囲は、全羅北道の高敞も含める。高敞は流域は異なるものの、前方後円墳が2基分布し、須恵器も多く、栄山江流域と土器も共通するためである。この地域は韓国でいう馬韓の範囲であるが、小さな在地勢力が多いことから地域名称の栄山江流域を使用する。

目　次

まえがき

第Ⅰ部　須恵器生産と年代

第1章　須恵器生産のはじまり ……………………………………… 3

1. はじめに　3
2. 倭における須恵器生産開始期の窯跡　4
3. 須恵器の系譜　7
4. 器形と技法の特色から見た須恵器の「日本化」について　14
5. 倭における平底坏の系譜とその問題点　17
6. 須恵器生産開始の目的　20
7. 須恵器の年代　26
8. 倭国と朝鮮半島三国　31
9. おわりに　34

第2章　須恵器の編年と年代観 …………………………………… 39

1. はじめに　39
2. 白井克也の日韓土器年代観　39
3. 畿内の須恵器編年　43
4. 初現期須恵器の出現年代　45
5. 畿内6世紀の須恵器編年　46
6. 畿内の須恵器年代　49
7. 榛名山火山灰と群馬の須恵器　53
8. 須恵器年代観のまとめ　58

第3章　陶邑TK87号窯出土の樽形土器の再検討 ……………… 63

1. はじめに　63
2. TK87号窯の樽形土器について　65
3. 筒状注口を持つ甕の諸例　66
4. 筒状注口を持つ甕の系譜　68

5. おわりに　71

第Ⅱ部　列島出土の朝鮮半島系土器と渡来人

第1章　日本の軟質土器と渡来人 …………………………………… 77

1. はじめに―軟質土器研究の現状と問題点―　77
2. 集落跡出土の軟質土器　78
3. 須恵器生産と軟質土器　81
4. 須恵器に取り入れられた軟質土器の器形　84
5. 土師器に取り入れられた軟質土器　87
6. 渡来人と軟質土器　89

第2章　朝鮮半島系土器から見た日韓交流 ………………………… 93

1. はじめに　93
2. 朝鮮半島系土器について　93
3. 南郷遺跡群出土朝鮮半島系土器　94
4. 土器から見た南郷遺跡群の渡来人　97
5. 土器から見た朝鮮半島との交流　98
6. おわりに　101

第3章　関東の朝鮮半島系土器と渡来文化 ………………………… 103

1. はじめに　103
2. 関東の朝鮮半島系土器と渡来人　105
3. 渡来人が伝えた技術と文化　110
4. 朝鮮半島系土器研究の問題点　114

第4章　長野県飯田市新屋敷遺跡出土の百済・栄山江流域系土器 … 117

1. はじめに　117
2. 新屋敷遺跡について　118
3. 新屋敷遺跡出土両耳付壺の蓋について　118
4. 両耳付壺について　120
5. 新屋敷遺跡の百済・栄山江流域系土器出土の意義　123

第5章　市川市出土の新羅土器 ……………………………………… 129

1. はじめに　129
2. 遺跡について　129

　　　　3. 出土遺物　131
　　　　4. 関東の新羅土器　140
　　　　5. おわりに　143

　　第6章　古墳出土の土器の特質 ……………………………… 147
　　　　1. はじめに　147
　　　　2. 石室出土土器研究略史　147
　　　　3. 須恵器の出現と儀礼　149
　　　　4. 須恵器と土器儀礼の終末　153

第Ⅲ部　百済と栄山江流域の土器

　　第1章　栄山江流域の土器生産とその様相 ……………………… 161
　　　　　　──羅州勢力と百済・倭の関係を中心に──
　　　　1. はじめに　161
　　　　2. 栄山江流域の土器　162
　　　　3. 栄山江流域の土器と倭の須恵器との関係について　182
　　　　4. 栄山江流域の土器と百済系土器の関係について　186
　　　　5. おわりに　192

　　第2章　栄山江流域の土器 ……………………………………… 197
　　　　　　──霊光鶴丁里大川古墳群出土土器の再検討──
　　　　1. はじめに　197
　　　　2. 栄山江流域の土器　197
　　　　3. 百済および栄山江流域の須恵器と須恵器系土器　199
　　　　4. 霊光鶴丁里大川古墳群出土土器の検討　202
　　　　5. 栄山江流域土器の再検討　209
　　　　6. 土器から見た栄山江流域　210
　　　　7. おわりに　211

　　第3章　百済泗沘期の風船技法で製作された高台付椀 ………… 215
　　　　1. はじめに　215
　　　　2. 風船技法について　215
　　　　3. 高台付椀製作技法の従来の研究　216
　　　　4. 高台付椀の製作技法　217
　　　　5. 高台坏椀について　223

6. おわりに 226

第4章 朝鮮半島と日本の底部糸切り離し技法 ……………………………… 229
　　1. はじめに 229
　　2. 朝鮮半島の糸切り離し技法 230
　　3. 日本の糸切り離し技法 235
　　4. 糸切り離し技法の系譜 239
　　5. おわりに 247

第5章 韓国出土の須恵器 ……………………………………………………… 251
　　1. はじめに 251
　　2. 韓国出土の須恵器 252
　　3. 出土須恵器の特徴について 263
　　4. 韓国出土の須恵器系土器 265
　　5. 韓国出土須恵器の背景 271
　　6. 須恵器の流通から見た韓国出土の須恵器 273
　　7. おわりに 274

第6章 須恵器系土器と甑について ……………………………………………… 279
　　1. はじめに 279
　　2. 須恵器系土器の斜行整形痕 279
　　3. 栄山江流域と列島の甑について 287
　　4. おわりに 290

第7章 土器から見た倭と栄山江流域の交流 ………………………………… 293
　　1. はじめに 293
　　2. 須恵器生産技術の伝播 293
　　3. 渡来人と手工業生産 295
　　4. 土器から見た朝鮮半島南海岸、栄山江流域、倭 296
　　5. 栄山江流域、南海岸の新羅土器 300
　　6. 栄山江流域の地域勢力と土器生産 302
　　7. 6世紀以降の交流 303

初出一覧 307
あとがき 309

第Ⅰ部
須恵器生産と年代

第1章　須恵器生産のはじまり

1. はじめに

　倭では古墳時代中期に大陸の高度な文化や文物、技術が導入された。その一つが須恵器生産である。須恵器は中国の灰陶の系譜を引き、朝鮮半島から伝えられたが、その特質はロクロ成形と構造窯による高火度での還元炎焼成にある。須恵器はどこから、どのように、なぜ伝えられ、倭にどのように受け入れられたのか、出現期の須恵器生産の諸問題について検討してみたい。

　朝鮮半島三国時代の土器は、倭の須恵器にあたる還元炎焼成の陶質土器、土師器にあたる酸化炎焼成の軟質土器、陶質土器よりもやや焼成が甘く灰色あるいは灰白色の瓦質土器がある。この瓦質土器は列島にはほとんどない。このうち登窯のような天井を持つ構造窯は、陶質土器と瓦質土器を焼成した窯である。

　須恵器は陶質土器の系譜を引くが、倭にはそれ以前に瓦質土器の窯が見られることから、それを1段階とする。

　かつて田辺昭三は「……日本で須恵器生産が開始されたときから、地方窯が成立するまでの最初の数十年間、須恵器は陶邑とその周辺から、一元的に供給されていったということができよう。そこで、この限られた時期の須恵器を一括して、初期須恵器とよぶことにする」（田辺 1971）とした。このように須恵器は大阪府陶邑窯跡群とその周辺から一元的に供給され、生産技術も陶邑窯跡群から全国各地に伝播したという生産一元論で語られていたが、以下に述べるように近年、初現期須恵器は西日本を中心に、各地で操業が開始されていることが確認されたことにより、多元的に生産が開始されていることが判明した。

このことから、大和王権が最初に須恵器生産を導入し、それが倭系となり、各地に波及していくという図式は疑問である。

倭に最初に伝わった加耶系陶質土器の系譜を引き、各地で生産が開始された多元的生産段階を2a段階とし、その時期生産された須恵器を初現期須恵器と呼ぶ。後続する陶邑窯跡群で一元的生産段階のいわゆる「日本化した須恵器」と呼ばれる初期須恵器、筆者は「栄山江流域系」とするが、これを2b段階とする。

2. 倭における須恵器生産開始期の窯跡

(1) 1段階の窯跡

神戸市出合窯跡の土器（亀田 1989）は、叩きを持つものの焼成から瓦質土器といえ、形態も忠清南道天安市清堂洞遺跡、忠清北道鎮川郡三龍里窯跡の4世紀後半の瓦質土器に類似している（第1図）。窯構造も焚口から燃焼部にか

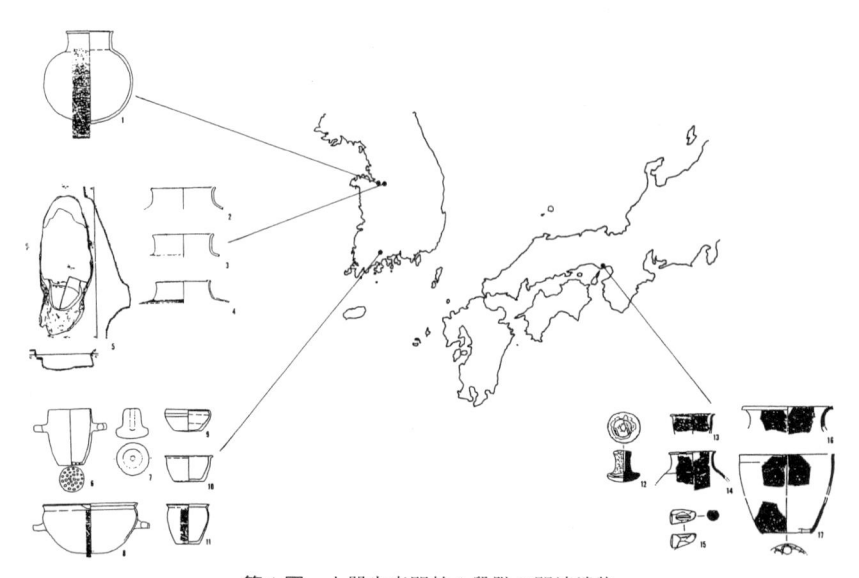

第1図 土器生産開始1段階の関連遺物

けて急激に下がり、平らな燃焼部を経たのち焼成部にかけて緩やかな傾斜を持ってあがっていき、窯の長さに比べ広い舌状の平面形態となり、忠清北道鎮川郡山水里87-8号窯跡と共通している。すなわちこの土器群は焼成や器形などから一般的な加耶系須恵器と異なり、朝鮮半島系瓦質土器の特色を残した硬質土器といえる。現段階ではこの窯は、倭に構造窯として導入されたものの倭に根付かず、須恵器の直接の母体とならなかったと推測する。それは朝鮮半島においても瓦質土器が発展して直接陶質土器にならないことからも、倭でも同様と考える[2]。たとえ後続する瓦質土器系の窯が発見されたとしても、地域的な変遷で終わる可能性がある。須恵器生産として段階設定するならば0段階とすべきであろうが、今後この窯の系譜が発見される可能性もあり、その後の土器生産にどのような影響を与えたか不明確であること、構造窯という新しい窯業技術が伝播したということからも段階設定して1段階とする。時期は出合窯跡の出土土器が忠清道の4世紀後半代の瓦質土器と類似することから、その年代を考えたい（補記参照）。

（2）2a段階の窯跡

　この段階で、倭に初めて須恵器が伝えられた。一般に初期須恵器といわれるが、2a段階の須恵器を初現期須恵器とする（第2図）。初現期須恵器の生産は、西日本各地で開始され、その分布は福岡県から大阪府まであたかも朝鮮半島から畿内への瀬戸内ルートに沿っているようである。北部九州では福岡県朝倉郡現筑前町（旧夜須町・三輪町）の小隈・山隈・八並窯跡などの朝倉窯跡群、筑紫野市隈・西小田窯跡群、みやこ町（旧豊津町）居屋敷窯跡がある。瀬戸内地域では岡山県総社市奥ヶ谷窯跡、香川県高松市三郎池西岸窯跡、三豊市（旧三豊郡豊中町）宮山窯跡がある。近畿地域では大阪府陶邑窯跡群には堺市大庭寺遺跡の栂（TG）231・232号窯（岡戸ほか 1995）・大野池（ON）231号窯、和泉市上代窯跡・濁り池窯跡、河内郡河南町一須賀窯跡群、吹田市吹田32号窯などがある。

　また、窯が発見されていないが、製品の特徴から初現期須恵器生産が推定さ

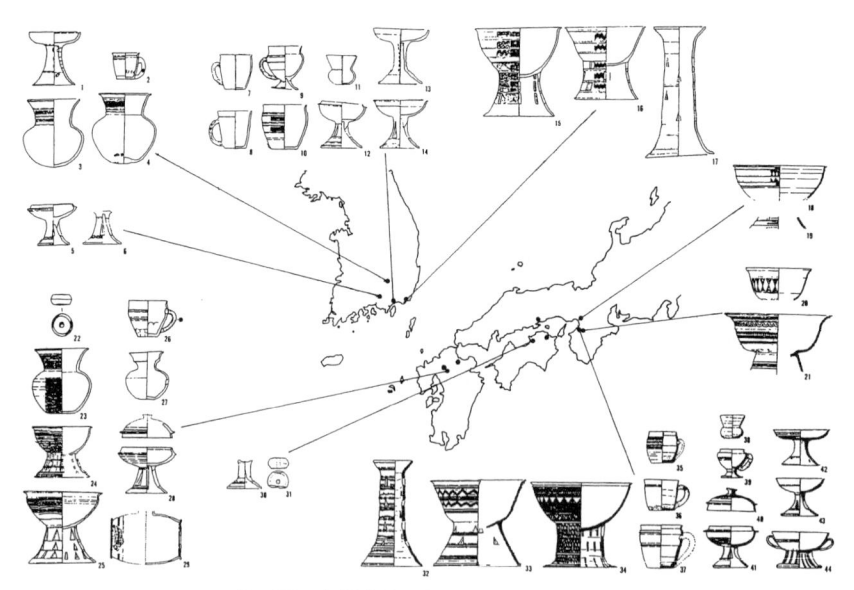

第2図　土器生産開始2a段階の関連遺物

れるものとして、倉敷市菅生小学校裏山遺跡、和歌山県和歌山市楠見遺跡、滋賀県の琵琶湖東岸地域、三重県津市六大A遺跡、愛知県名古屋市正木町・伊勢小学校遺跡など名古屋台地西縁地域などがある。さらに兵庫県内にも初現期須恵器が多いことから可能性がある。

　大阪府岸和田市持ノ木古墳の土器群は、報告書等で57点が図示されているが、その器種構成は蓋坏1、有蓋高坏2、無蓋高坏2、壺9、有蓋長頸壺1、把手付短頸壺1、短頸壺1、有脚把手付短頸壺2、有脚壺1、小型壺1、鉢形器台5、筒形器台6、小型器台1、鉢1、甕1の35点である。三辻利一は胎土分析により2ヶ所の生産地を推定した（三辻・虎間 1994）（第14図）。一群（第14図黒星印）は陶邑産の可能性を指摘されたが、もし陶邑産とするとこの一群は形態から大庭寺TG231・232号窯よりも古い様相を持つことから、現在確認されている最古の須恵器窯跡よりも遡る窯の存在が推定される。三辻の分析のもう一方の一群（第14図白抜星印）は、胎土に黄白色粒を含む例で、色調

が灰黄色で緑色の自然釉が掛かる。この土器群の類例は韓国金海・釜山周辺に見られ、釜山・福泉洞31号墳、金海・大成洞2号墳、11号墳に類似する。

　初現期の窯跡の分布は朝鮮半島から畿内への瀬戸内海ルートに近接する。また、製品から生産址の可能性が推定される和歌山、愛知は、紀氏、尾張氏など地域首長層との関わりが想定され、各地在地首長層それぞれが渡来工人を受け入れ技術導入し操業を開始した多元的開始段階と考えられる。しかし、この段階の生産は、多くが短期間に操業を停止することが特徴である。陶邑窯跡群と朝倉窯跡群がその後も操業を続けるものの、朝倉窯跡群は5世紀中頃には操業を停止する。

(3) 2b段階の窯跡

　この段階は田辺昭三がいう定型化＝日本化が始まる時期で、陶邑窯跡群を中心とする生産体制が整う段階であり、これ以降の各地方の須恵器生産開始期の窯跡は、陶邑の系譜を引いている。陶邑窯跡群ではTK73号窯からTK216号窯の頃である（第3図）。

　田辺は「定型化以前の須恵器はTK73型式→TK216型式の順に変遷し、次のTK208型式に至って定型化＝日本化が完成する」とした（田辺1982）。そしてTK216型式は定型化する過渡期とした。この定型化のはじまる「日本化」について、はたして「日本化」といえるのか疑問があり、検討してみる。

3. 須恵器の系譜

　ここでは、須恵器生産開始期の窯跡が、どこから伝えられたのか、朝鮮半島の陶質土器との比較から、系譜を探ってみたい。また、伝えられた須恵器は2b段階に「日本化」が始まるとされるが、その要因についても検討してみる。

(1) 2a段階の初現期須恵器の系譜

　朝倉窯跡群は古寺・池の上墳墓群の須恵器も含めて見てみると、大甕底部を

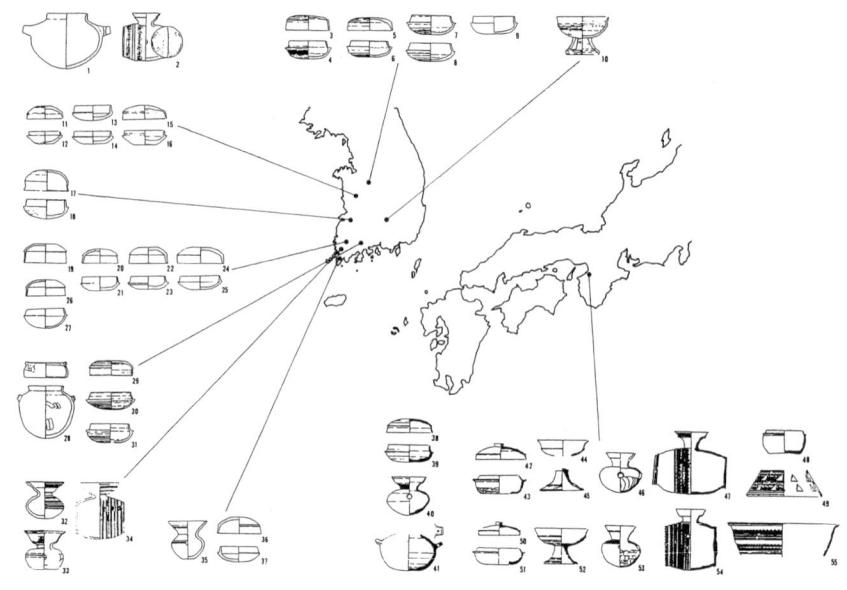

第3図　土器生産開始2b段階の関連遺物

　絞り目技法で塞いでおり、器台の文様は波状文が主体であり、施文方法はコンパス文と同じようである。また、この波状文を持つ壺は平底化しており、甑・樽形甑を焼成することから、慶尚南道西部から全羅南道を一部含んだ地域との関連が想定でき、主体的には加耶系といえよう。朝倉窯跡群は、数十年の操業期間が想定できるが、陶邑窯跡群が2b段階に至り坏の生産を指向するのに対して、ほとんど坏を製作しないことが特徴である。

　居屋敷窯跡は、叩きがやや鳥足文に類似しており、全羅道との関連で馬韓系としておこう。

　奥ヶ谷窯跡は、大庭寺TG232号窯にも1点しか出土していない大甕肩部の乳頭状突起が見られ、加耶系の可能性があるものの、詳細な系譜は不明確である。

　三郎池西岸窯跡は、甕の底部を絞り目技法で塞ぐこと、口縁に施された集線文から、慶尚南道東部の加耶東部系譜であろう。

吹田32号窯は、器台の鋸歯文、格子文、櫛歯列点文の組み合わせが大庭寺TG231・232号窯とも類似し、釜山・金海地域の加耶東部系譜に求められよう。
　一須賀2号窯跡は、甕と器台のコンパス文、器台の櫛描き鋸歯文、擬組紐文から慶州・釜山を中心とした加耶東部系譜に求められよう。
　大庭寺TG232号窯の系譜は、大甕底部の絞り目、器台の鋸歯文・格子文・組紐文・集線文や透し、高坏蓋の櫛歯文、高坏菱形透し・多窓透し・長脚二段交互透し、などから、馬山・昌原・金海・釜山にかけての沿岸地域の加耶系譜と想定する（第2図）。
　また製品から見た名古屋市、倉敷市の例は、新羅系の様相も色濃く見られるが、岸和田市持ノ木古墳例は、大庭寺TG231・232号窯の高坏蓋と類似し、共伴する搬入土器が釜山・金海地域の土器群であることからも、加耶東部地域の系譜を引くと考えられる。大庭寺TG231・232号窯出土品が加耶沿岸の広い地域の系譜であるものの、製品そのものを直接朝鮮半島のものと比較できないのに対して、持ノ木古墳の製品は、製品および共伴する陶質土器が朝鮮半島の資料と酷似しており、持ノ木古墳の段階で倭に須恵器技術が伝播したといえる。
　2a段階の初現期須恵器は、列島産と推定される製品も含めるならば、持ノ木古墳・大庭寺TG231・232号窯から、加耶東部を主体とし、西部にかけての地域の系譜を引いており、その系譜を引く初現期須恵器は畿内・瀬戸内地域に広がる。それに対して、北部九州の地域は加耶でも西部を主体とした地域の系譜を引いており、それぞれの系譜を引く地域が当時の倭国内の首長層が交流していた地域であり、そこから技術導入したことが推測される。しかしながら持ノ木古墳に坏が1点、大庭寺窯跡に坏が4点、甑が少量、朝倉窯跡群で甑、樽形甑が生産されていることから、この時期加耶系が主体でありながら栄山江流域あるいは錦江流域の影響もわずかに見られるようである。

（2）2b段階の初期須恵器の変遷と系譜

　倭の中でも持ノ木古墳、大庭寺TG231・232号窯は、のちの陶邑窯跡群内で操業が開始されたが、この地域ではその後操業が継続し多くの窯が築かれた。

大庭寺 TG231・232 号窯に続いて、大野池（ON）231 号窯・濁り池窯跡→高蔵寺（TK）73 号窯→ TK85 号窯のように、陶邑窯跡群の中で変遷を追うことができるように見える。しかし、後述するようにその変遷の中で大きな変化を指摘できる。

　まず、出土須恵器の変遷を見ていこう（第 4 図）。大庭寺窯跡 TG232 号窯には蓋坏や甑がほとんどなく、樽形𤭯はないことと、わずかに出土する坏は平底であることが大きな特色である（第 5 図）。高坏の蓋には櫛歯列点文が施され、大甕は底部を絞り技法で作る。続く ON231 号窯でも蓋坏は少ないものの、甑や樽形𤭯が多くなり、高坏蓋に櫛歯列点文を施さない例が見られ、大甕底部に絞り技法が確認できないなど、相対的に新しい傾向が見られる。しかし、時期の近い濁り池窯跡では、甑、樽形𤭯とともに蓋坏も多く出土する新しい傾向が見られるものの、高坏蓋のすべてに櫛歯列点文が施され、大甕底部は絞り技法で作られる古い様相も見られる。このように ON231 号窯と濁り池窯跡から見ると、初現期には窯ごとに器形や技法の変遷速度が違っていたことや、渡来工人の系譜の違いも考慮する必要があろう。これが須恵器成立期の様相といえる。

　TK73 号窯には蓋坏、甑、樽形𤭯が多く出土し、高坏蓋には櫛歯列点文がなく、大甕底部にも絞り技法がない。この様相は同一窯跡群内での変遷と見るべきか、系譜の違いと見るべきか、問題である。TK73 号窯の大甕の中に、叩き文様が平行する目に 1 本だけ直交する目が見られる例があり（第 6 図）、これは百済土器や栄山江流域の土器に見られる叩き文様と同様であることから、前述した蓋坏、甑、樽形𤭯の増加とともに、TK73 号窯には栄山江・錦江流域の影響が見られると考えたい。

　続く TK216 号窯は、注目されることとして両耳付壺が伴うことである。この両耳付壺は、栄山江・錦江流域に分布（第 7 図）するが、須恵器の一般的な器形であるつまみのない蓋坏もこの地域に多い。特に栄山江流域に分布する蓋坏は、回転ヘラ削り調整を行い、その後は無調整であり、倭と共通する技法である。しかし、加耶の蓋坏は回転ヘラ削り調整を行った後、丁寧に撫でを施す

第1章 須恵器生産のはじまり 11

持ノ木古墳

大庭寺遺跡(10・11)およびTG232号窯跡

ON231号窯

濁り池窯跡

TK73号窯跡

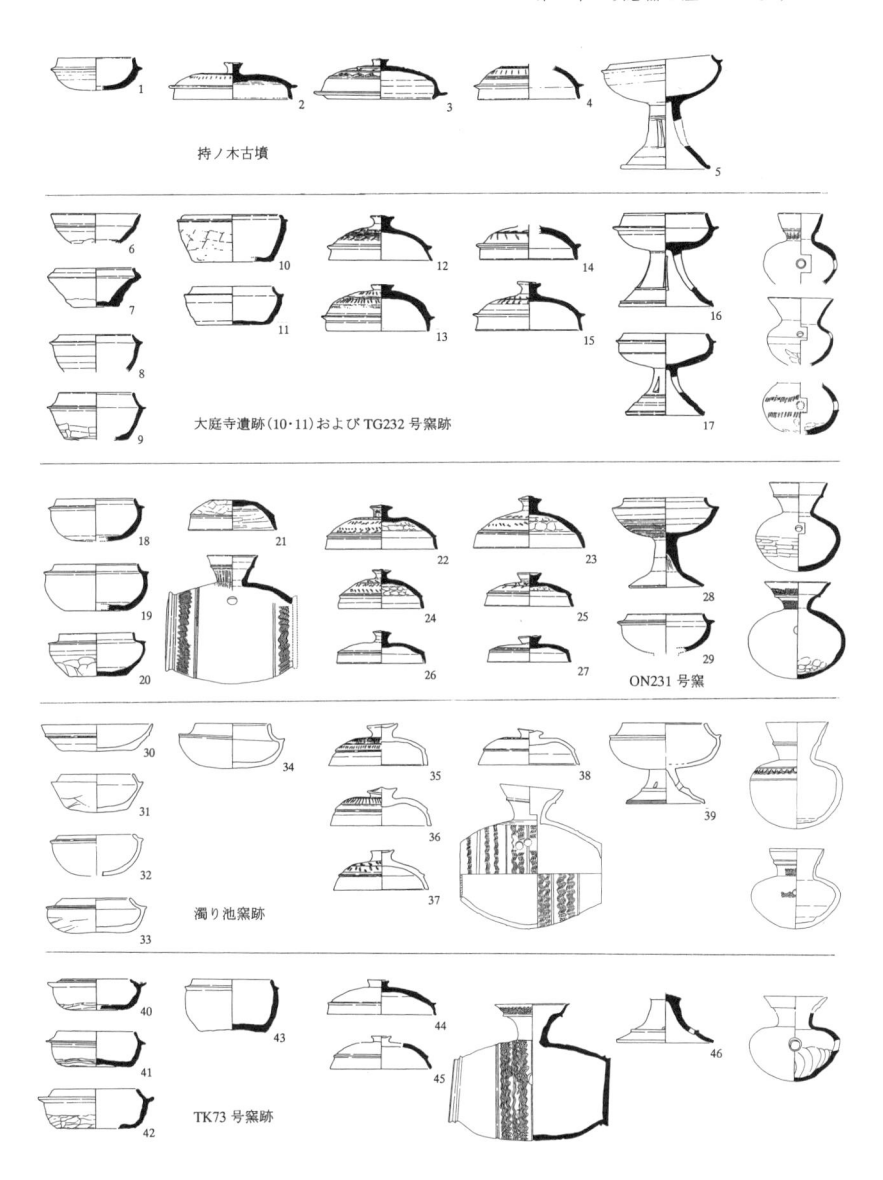

第4図 須恵器変遷図

12 第Ⅰ部 須恵器生産と年代

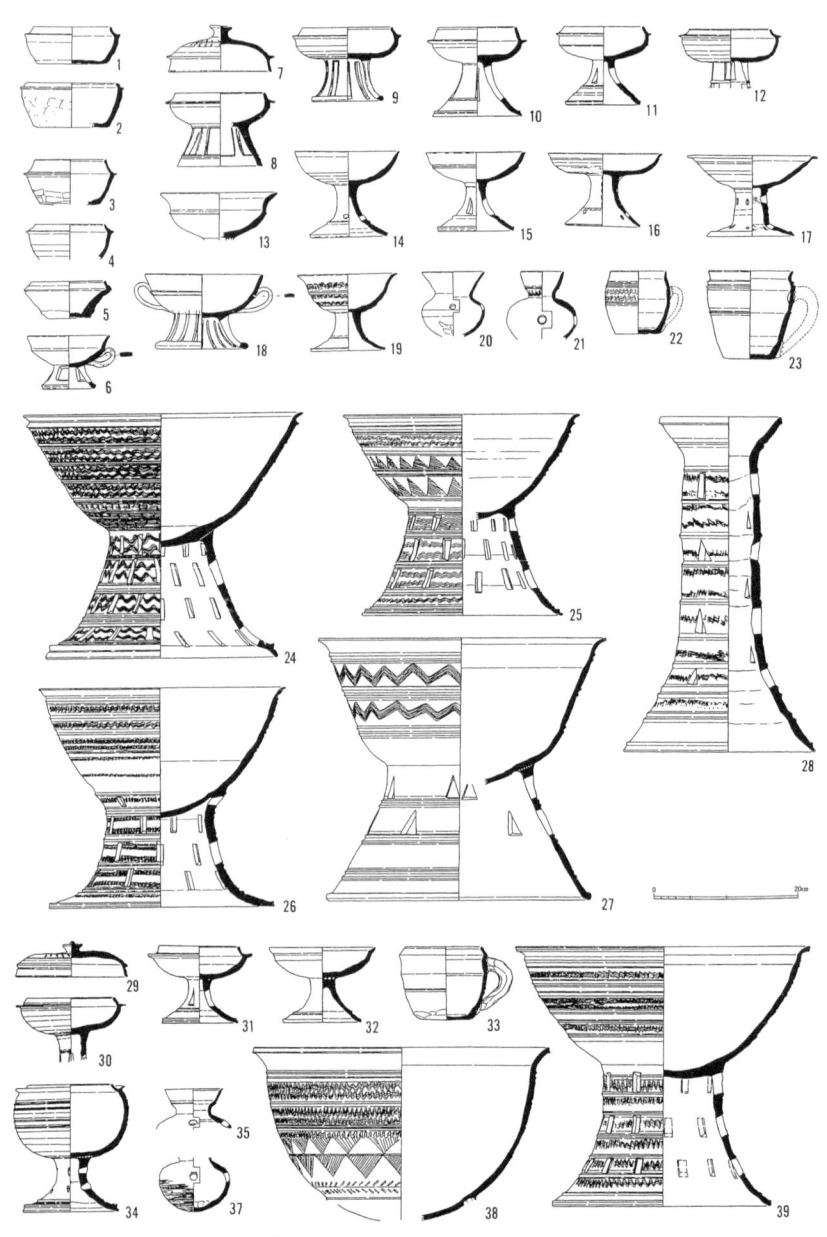

第5図 大庭寺窯跡出土須恵器

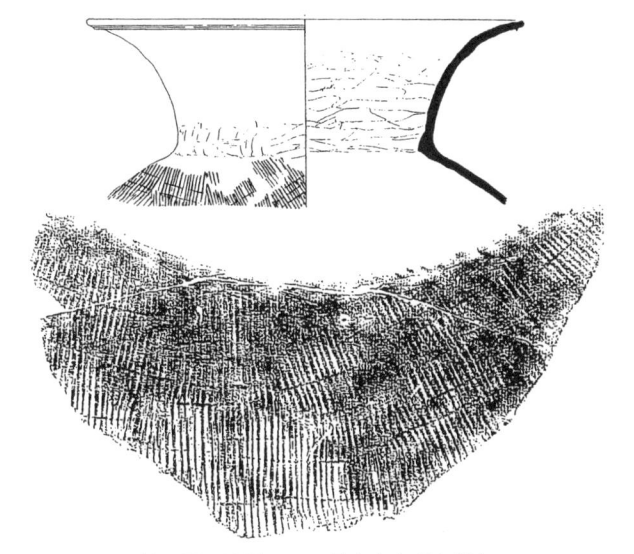

第1章 須恵器生産のはじまり　13

第6図　陶邑TK73号窯出土甕と叩き

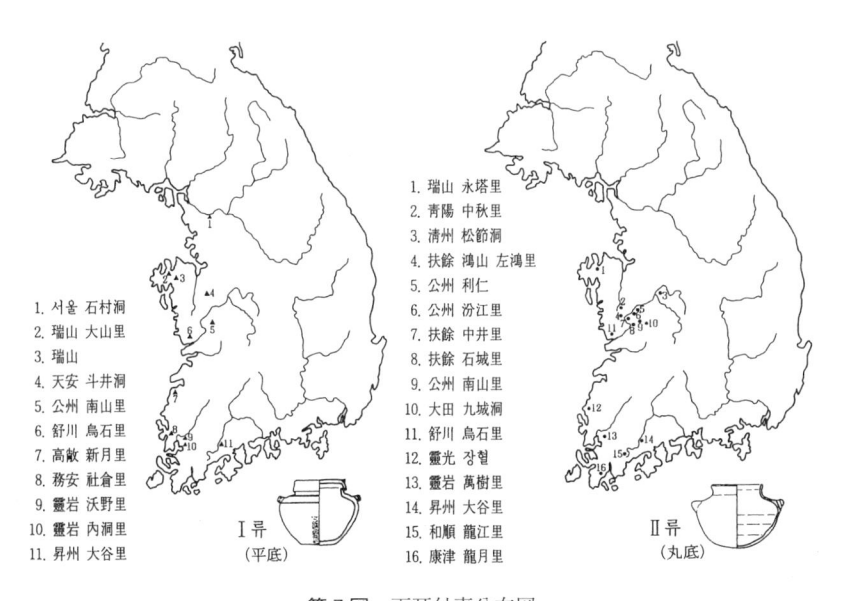

1. 서울 石村洞	1. 瑞山 永塔里
2. 瑞山 大山里	2. 青陽 中秋里
3. 瑞山	3. 清州 松節洞
4. 天安 斗井洞	4. 扶餘 鴻山 左鴻里
5. 公州 南山里	5. 公州 利仁
6. 舒川 烏石里	6. 公州 汾江里
7. 高敞 新月里	7. 扶餘 中井里
8. 務安 社倉里	8. 扶餘 石城里
9. 靈岩 沃野里	9. 公州 南山里
10. 靈岩 內洞里	10. 大田 九城洞
11. 昇州 大谷里	11. 舒川 烏石里
	12. 靈光 장潜
	13. 靈岩 萬樹里
	14. 昇州 大谷里
	15. 和順 龍江里
	16. 康津 龍月里

Ⅰ類（平底）　　Ⅱ類（丸底）

第7図　両耳付壺分布図

ため、削り目は不明瞭になる。この例として持ノ木古墳の坏があげられる。

すなわち須恵器は順次、大甕の底部絞り技法や高坏蓋の櫛歯列点文が消滅し、坏・甑・樽形甕が増加し、TK73号窯に百済土器・栄山江流域の土器に見られる叩きがあり、TK216号窯に至り両耳付壺が出現し、つまみを持たない蓋坏が主体となる。両耳付壺やつまみを持たない蓋坏については、栄山江・錦江流域との関わりが想定できる（金鍾萬 1999）なら、甑・樽形甕もこの地域に多く見られ、関連があろう。しかし、さらに地域を絞るならば、後述するように倭の須恵器坏蓋は三足土器がないこと、回転ヘラ削りしていること、蓋受け部が上方を向き蓋を受けやすくなることなどから、栄山江流域系といえよう。これらのことから倭の須恵器の大きな流れとして、初現期の加耶系（2a段階）から栄山江流域系（2b段階）の系譜に順次変遷したと考えたい。これが「定型化須恵器の成立段階」といえよう（第3図）。

4. 器形と技法の特色から見た須恵器の「日本化」について

倭の須恵器は2a段階に導入された須恵器が、倭の中で「日本化」すると考えられてきた。田辺はTK216型式が日本化し定型化していく過程の過渡的型式で、TK208型式が須恵器固有の性格と特徴を持つ、日本化＝定型化が完成した段階とした。菱田は、「日本化」の特徴として、甕の長い頸部に数段を区切って波状文を巡らすことや、無蓋高坏の身や甑に波状文を入れる装飾化、供膳具として蓋坏の選択があげられるとした（菱田 1999）。

しかし、大甕の波状文については、2a段階の大庭寺TG231・232号窯にわずかに突線で区画し、何段かの波状文を施す例がすでにあり、その後のON231号窯、濁り池窯跡にもわずかながら存在する。加耶においては大甕に波状文を施さないのが一般的であり、その系譜を別に求める必要がある。全羅北道扶安郡竹幕洞祭祀遺跡では、波状文を施す甕や大甕が出土し、その中には壺も含め須恵器に酷似した陶質土器が含まれている。また、全羅道出土の甑には全羅南道霊岩万樹里2号墳・4号墳、務安・社倉里ノルボン甕棺のように波

第1章 須恵器生産のはじまり 15

状文を持つ甕が存在する。このように波状文は必ずしも倭の中だけの変遷だけで理解することはできない。

次に、蓋坏の選択についてであるが、大庭寺窯跡 TG232 号窯にはわずか 4 点の坏身が出土する。ON231 号窯では 3 点の坏身が、TK73 号窯も数はまだ少ない。須恵器の坏身は大庭寺窯跡 TG232 号窯では平底であることが特色で、それは TK73 号窯跡まで続く（第 4 図）。その後 TK216 号窯で丸底化して量的に増加し定型化する。蓋坏は、初期須恵器と並行する時期の加耶にはほとんどなく、百済地域の漢江・錦江流域や栄山江流域にあるが平底である（第 8・9 図）。栄山江流域の坏蓋にはつまみは見られず、倭の須恵器と類似する。また製作技法の上でも回転ヘラ削り・底部未調整技術で共通し、形態の上でも坏蓋につまみがない点で類似する「同一技術圏」といえよう（第3図）。

このように「日本化」する須恵器として考えられてきた 2b 段階の須恵器は、当初加耶系の陶質土器工人が伝えた加耶系須恵器が入り、それが定型化して「日本化」したという倭の中での内的変化と捉えられてきた。当時の倭においては陶質土器の技術は一度入っただけでなく、何度も繰り返し入ってきたと考えられ、「日本化」という変化は栄山江流域からの外的要因が大きく加わっていたと考えたい。この栄山江流域との関連は、5 世紀後半から 6 世紀前半

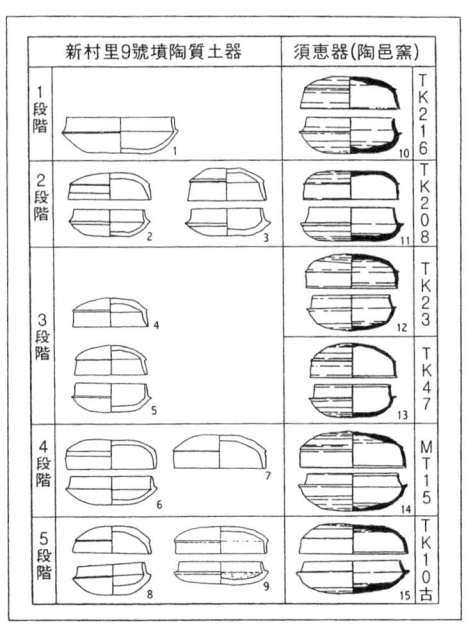

1：萬樹里古墳　2：辛棺　3：丙棺　4：壬棺
5：墳丘上　6・7：丁棺　8：戊棺　9：石渓 91-4 号墳
10～15：陶邑窯

第 8 図　新里村 9 号墳陶質土器と須恵器との並行関係

16　第Ⅰ部　須恵器生産と年代

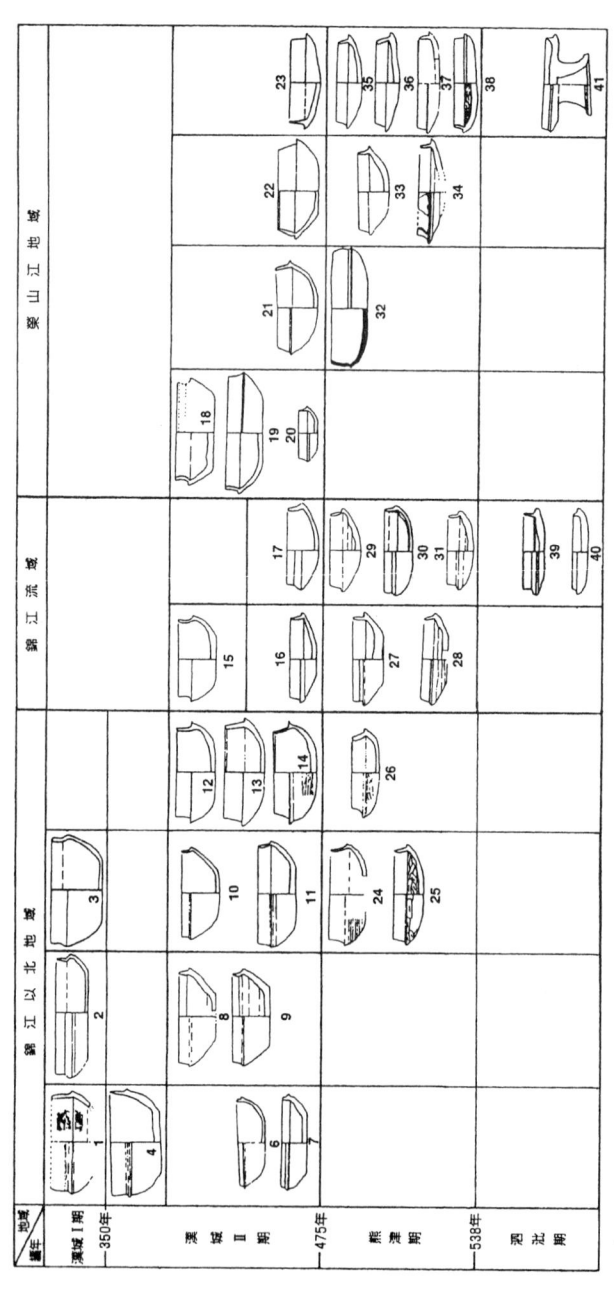

第9図　百済蓋坏の変遷と栄山江流域の蓋坏の比較

1：夢村土城88-4号住居址　2：夢村土城85-1号住居址　3：石村洞葺石封土墳　4：夢村土城西南地区（89年調査）　5：夢村土城88-2号住居址　6：清州新鳳洞90-3号土壙墓　7：石村洞3号東側6号土壙墓　8：夢村土城87-3号住居址　9：新鳳洞92-80号土壙墓　10：新鳳洞92-B1号土壙墓　11：新鳳洞90-B1号土壙墓　12：新鳳洞90-32号土壙墓　13：夢村土城85-3号貯蔵孔　14：新鳳洞92-B1号貯蔵孔　15：益山笠店里4号竪穴式石槨　16：益山熊浦里86-20号石室墓　17：益山羅浦里7号石室墓　18：霊岩万洞里80年収拾調査甕棺　19：霊岩廣嶼島4号甕棺　20：霊岩新村里2号墳4号甕棺周辺　21：羅州新村里9号墳　22：羅州大安里4号墳甕棺内　23：霊岩チャラボン古墳方後円墳　24：公州松山里23号墳　25・26：艇止山推積下層　27：艇止山表井里5号墳甕棺内　28：艇止山17号石室墓　29：艇止山横穴式石室墓　30：益山新龍里甕棺址　31：扶餘亭谷里　32：内洞里28号土壙　33：光州明花洞方後円墳　35：双岩洞古墳群　36：海南月松里造山横穴式石室墓　37：長城鉄鉢美石室90-4号石室墓　38：咸平石渓91-4号石室墓　39：論山表井里トクモリ1号石槨墓　40：論山六谷里2号石室墓　41：咸平浅90-4号石室墓

の栄山江流域の前方後円墳、埴輪などに見るように、倭と朝鮮半島各地の交流の中から解釈すべき重要な問題を含んでいる。

5. 倭における平底坏の系譜とその問題点

ここでは倭に取り入れられた平底坏について検討する。

大庭寺 TG232 号窯には 4 点の平底坏が出土する。大庭寺窯跡は加耶系というのは周知の事実である。しかし、申敬澈は当時の加耶には坏が存在しないという。ではこの器形はどこから来たのであろうか。

前述したように新鳳洞 B 地区 1 号土壙墓（忠北大学校博物館 1990）から TK208 〜 23 型式の須恵器に伴い百済土器の蓋坏が 3 組出土する（第 10 図）。(3)この蓋坏は平底でこの時期の百済土器が平底であることが分かる。この時期の漢江・錦江流域の百済土器やその影響を受けた栄山江流域の土器の坏は平底で、底径が広いものから新しくなると狭くなる傾向がある（朴淳発 2001）（第 9 図）。大庭寺 TG232 号窯の坏は新鳳洞 B 地区 1 号土壙墓例と同様広い。大庭寺遺跡例に百済土器に類似した短い口縁が見られることからも、百済および栄山江流域も含めた地域の平底坏にその源流が求められよう。新鳳洞古墳群に近い天安龍院里古墳 20 号土壙墓（公州大学校博物館 2000）から出土した鉢形土器（第 11 図）は口縁部など倭の初期の坏形態と類似する点があり、このような土器から大庭寺窯跡、同遺跡の坏は当初は蓋を持たない椀であった可能性がある。

ではなぜ加耶系の大庭寺窯跡から出土する坏が百済・栄山江流域系なのであろうか。大庭寺窯跡にはこのほか百済・栄山江流域系の土器として甑が伴う。

申敬澈は金官加耶の支配者集団が日本へ移住し、須恵器を伝えたという。前期加耶連盟に栄山江流域も含まれていたため持ノ木古墳の坏や大庭寺窯跡の甑が伝わったとして、持ノ木古墳の坏（第 4 図 1）を栄山江流域系とする。加耶には坏がないことを根拠に栄山江流域系とするが、5 世紀初頭段階の栄山江流域や百済地域の坏の中に丸底を見出すことは難しく、また持ノ木古墳の坏の底

18　第Ⅰ部　須恵器生産と年代

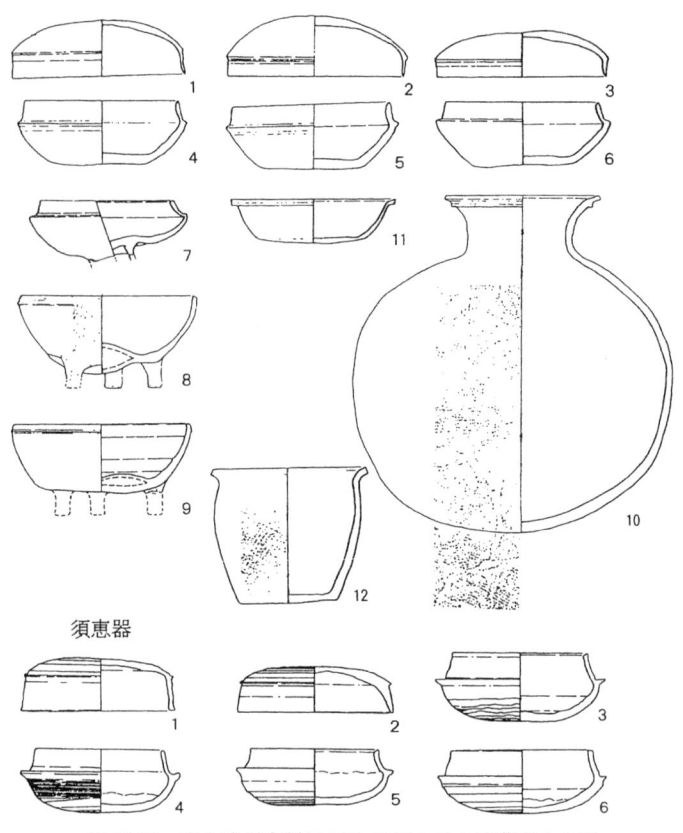

須恵器

第10図　忠北清州市新鳳洞B地区1号土壙墓出土土器

部は削りの後に撫でを施すが、これは百済・栄山江流域にはない技法で、加耶の高坏坏部やのちの蓋坏に見られる技法である。さらに持ノ木古墳の坏の口唇部は面取り状の矩形となり、共伴する加耶系の高坏、蓋の作りと共通している。これは百済土器にはあまり見られない形態である。このようなことから持ノ木古墳の坏は百済・栄山江流域の土器ではないと想定する。持ノ木古墳出土資料のほとんどが、加耶でも釜山・金海地域の土器に限定できることからも、坏だけが栄山江流域系とするのは難しいと考える。

　それに対して大庭寺窯跡の坏（第4図6～9：TG232号窯、10・11：大庭寺

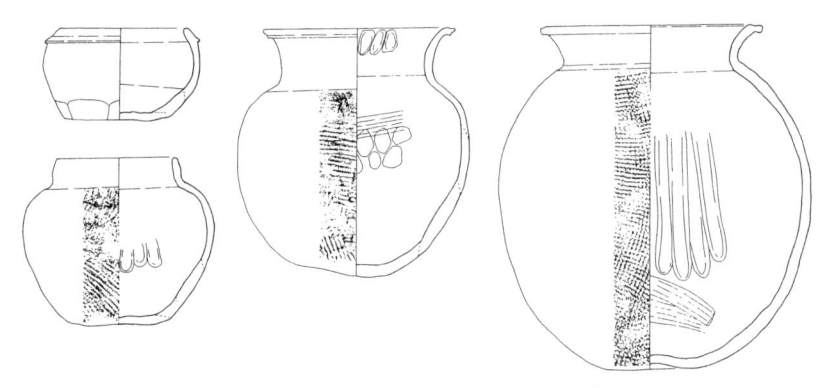

第11図　韓国天安市龍院里古墳群20号土壙墓（1/6）

遺跡）は明らかに百済あるいは栄山江流域との関連があり、さらに甑も一定量出土するためこの時期加耶だけではなく、栄山江流域からも工人が来た可能性がある。先に提示したように問題は、ほとんどが加耶系で占められている中になぜ百済・栄山江流域系の坏と甑が存在するのかという点である。

　持ノ木古墳→大庭寺窯跡と続く加耶系の土器は、倭が朝鮮半島で新羅に対抗するために活動する地域から陶質土器を取り入れたことと関連するが、その時期軍事同盟関係にあった百済あるいは栄山江流域からも土器の技術を取り入れたのであろう。その際大庭寺窯跡を見ると、加耶にない蓋坏あるいは甑という器形を選択して取り入れたことが分かる。その土器技術は同時期導入した倭の各地でそれぞれ系譜が違っていたと考えられる。また、福岡県朝倉窯跡群では甑を選択したものの蓋坏は除かれたように、取り入れた器形にも違いがあったようである。

　このように大庭寺窯跡の坏については百済・栄山江流域地域が想定されるが、これは近年増加している朝鮮半島の須恵器の出土と関連があろう。この地域の坏蓋が平底であることから、倭が取り入れた坏蓋が平底でその後丸底化したのに対して、百済・栄山江流域では平底のままであったのであろう。問題点の一つは、栄山江流域の坏と甑は平底が主体であり、同じ地域から導入した甑がTG232号窯の段階からなぜ丸底であるのかである。福岡県朝倉窯跡群山隈

窯跡の甑は平底であるが、朝鮮半島でも平底と丸底の甑が存在する。近畿では土師器が丸底であることから、早い段階に丸底が選択され倭の須恵器の器形として定型化していったのであろう。これに類似した選択例としてTK216号窯の両耳付壺は、錦江・栄山江流域に平底・丸底の両者が分布する（第7図）のに丸底だけが選択されていることがあげられる。

もう一つの問題点は、第9図に見るように平底坏は量差は別にして漢江から栄山江まで出土するが、百済が遷都した熊津（公州）の錦江流域ではもう一つの百済土器である三足土器が多く出土するという点である。さらに艇止山遺跡に見るように須恵器類似品（須恵器系土器）も出土する。栄山江流域では三足土器はなく須恵器系土器が多くなっていく。この両地域の須恵器系土器が百済土器の平底坏の系譜上にあるのか、須恵器が流入したのち模倣された器形なのか問題である。明らかに平底を意識した土器は百済土器の系譜を引くと想定できるものの、丸底に近く蓋受け部を作り出す器形もある。その出現時期も問題であるが、小栗明彦は栄山江流域の新村里9号墳第1段階をTK216型式とする（小栗 2000）（第8図）。小栗の第1段階の坏身は平底で、2段階以降の蓋坏が須恵器系土器といえよう。もし須恵器系土器が須恵器を模倣したとするならば、須恵器を模倣した土器が百済にとって重要な艇止山遺跡から多く出土する意味を考えなくてはいけない。また、一方栄山江流域の須恵器系土器も須恵器模倣品としたならば、栄山江流域を須恵器の故地とすることができなくなる。須恵器類似品が百済土器平底坏の系譜なのか、須恵器の模倣品なのかによって、その評価は大きく違ってくる。現在の見通しとして、倭から搬入された須恵器以外に、栄山江流域には大きく分けて三つの系譜があり、百済系・栄山江系・須恵器系が存在すると考えている。窯がわずかである現在、系譜関係は今後の課題としたい。

6. 須恵器生産開始の目的

なぜ倭に須恵器が導入されたのか、須恵器生産導入の目的について検討して

みよう。須恵器は宝器から供献具へ変遷し、その原因の一端が須恵器の生産性の高さに起因するとした見解がある。はたして須恵器は導入当初、宝器であったのであろうか。

　まず、倭においてどのような器種が生産されたのか、初現期須恵器の器種構成を見てみよう。現段階で最古の窯である大庭寺窯跡の器種構成は、大甕は600個体以上で40％、壺13％、器台14％、小型壺・短頸壺10％、高坏20％などで、坏は4点とわずかで0.2％、𤭯は20点で1.2％と少ない（第5図）。大甕と壺の貯蔵容器が主体を占めている。また、その中で壺類とセットになり古墳などへの供献土器として使われる器台が多いことは注目される。中村浩は、陶邑編年Ⅰ型式1～2段階の初期須恵器をA期として、TG22号窯をあげ、器種構成は甕85％、蓋坏8％、壺1.2％、高坏0.3、𤭯0.09％で、器台は0.01％であるとし、このような器種構成はほかにTK73・85号窯など初期の窯跡に共通するとした。中村のA期も、貯蔵容器が主体で、蓋坏が増加しはじめるものの、器台が激減する。中村B期のTG207号窯とTG43-Ⅲ号窯は、甕が前者は60.94％、後者が51.4％とやはり貯蔵器種が主体であり、蓋坏はさらに増加し、器台は減少したままである（中村 2001）。

　それに対して初現期須恵器を出土する古墳を見てみよう。大阪府藤井寺市野中古墳からは、主体部第2列から小型把手付壺4、同蓋3点が出土するだけで、墳頂部から多く出土し、器種の確認できるだけで57点ある。器種構成は器台・高坏脚台46％、壺類37％、有鍔土器7％、高坏蓋7％、高坏2％などであり、甕は出土していない（第12図）。岸和田市持ノ木古墳では本来墳丘におかれていたものが周溝から出土しており（第13図）、35点のうち器台31％、壺類29％、小型壺類17％、高坏11％、坏身2.9％、小型器台2.9％、鉢2.9％、甕2.9％である（虎間 1993）（第14図）。この両遺跡出土の土器は、須恵器とともに陶質土器も共伴するが、須恵器生産開始時期の古墳への土器使用の実態が分かり、甕の少なさが指摘できる。これに対して朝鮮半島の集計が中村によって行われている（中村 2001）。釜山華明洞古墳群では壺40.3％、高坏27.4％、器台12.9％、甕11.3％、慶州皇南洞110号墳、味鄒王陵前地域

22　第Ⅰ部　須恵器生産と年代

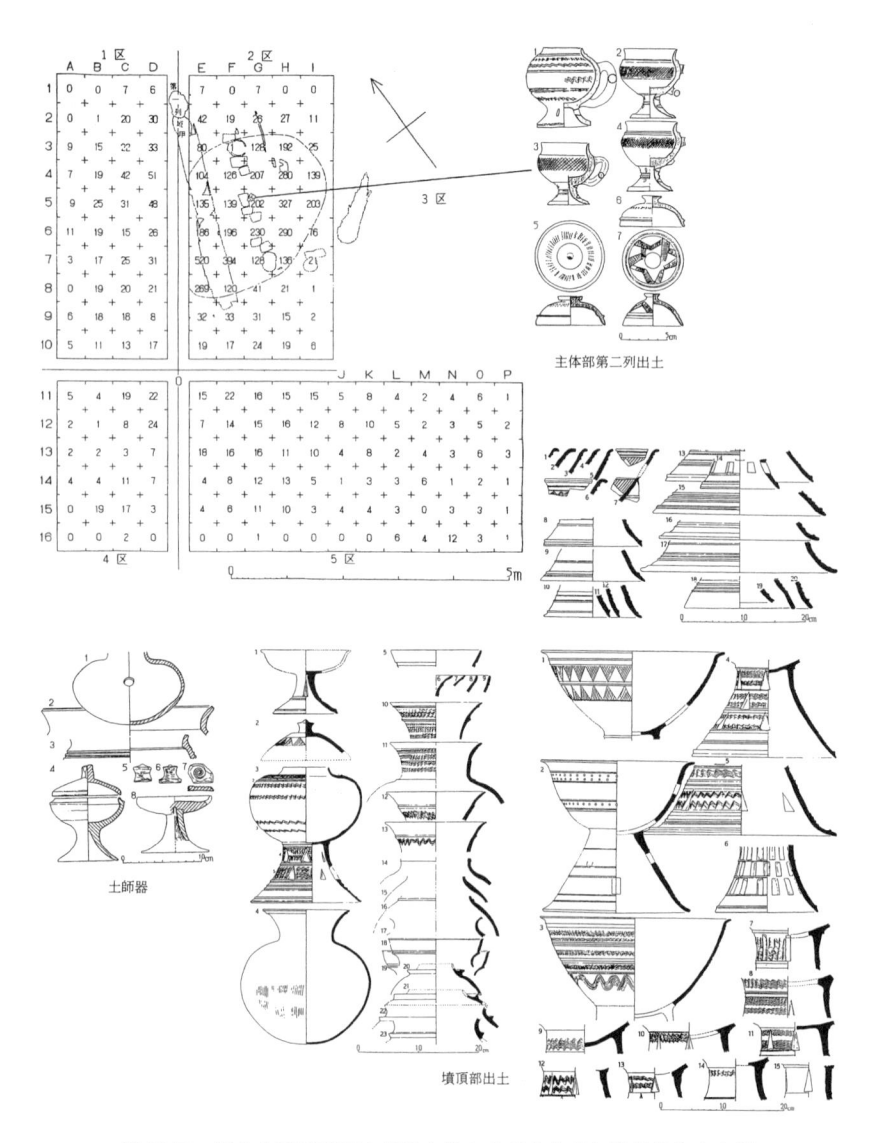

第12図　野中古墳墳頂部土器分布数および主体部と墳頂部出土土器

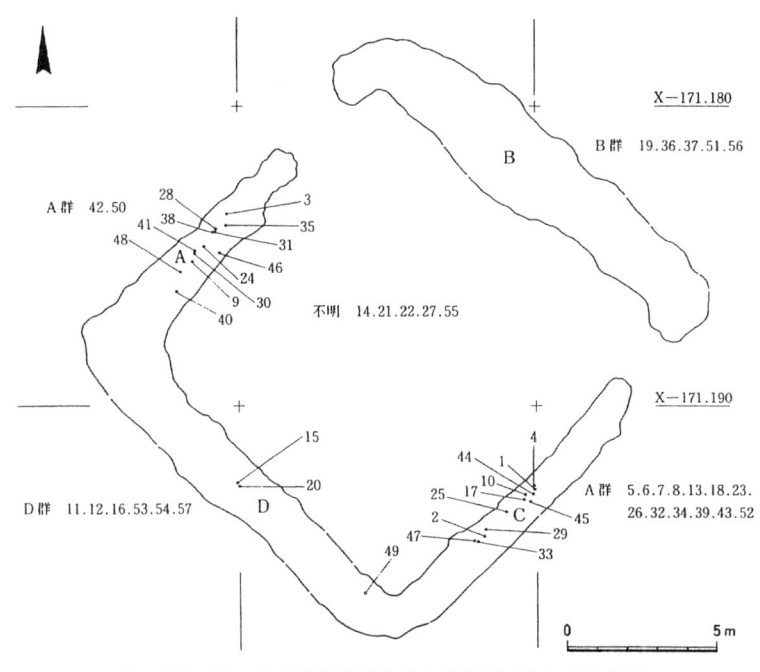

第13図　持ノ木古墳各群遺物出土状況図（第14図と対応）

古墳群は高坏40.2％、壺27.8％、甕16.5％、蓋坏4.1％、器台1％という。貯蔵容器は前者が51.6％、後者が44.3％となるが、大甕に限ると前者は11.3％、後者が16.5％であり、列島よりも古墳から甕の出土する割合は少し多いようである。

　このように生産遺跡と古墳の器種構成を比較すると、列島では古墳からは甕類がほとんど出土しないことが指摘できる。また、器台と壺および高坏は古墳からも多く出土する。須恵器生産開始期の器種構成から見た須恵器導入の目的は、器台・壺・高坏に見るように古墳などで使用するため供献土器の生産であろう。しかし、生産の割合が最も高かった甕類が古墳から出土することが少ないのは、どのように考えるべきであろうか。

　甕は大庭寺窯跡では600個体以上で40％、その後のTG22号窯でも85％と主体的に焼成される器種である。和歌山市鳴滝遺跡では大規模な掘立柱倉庫群

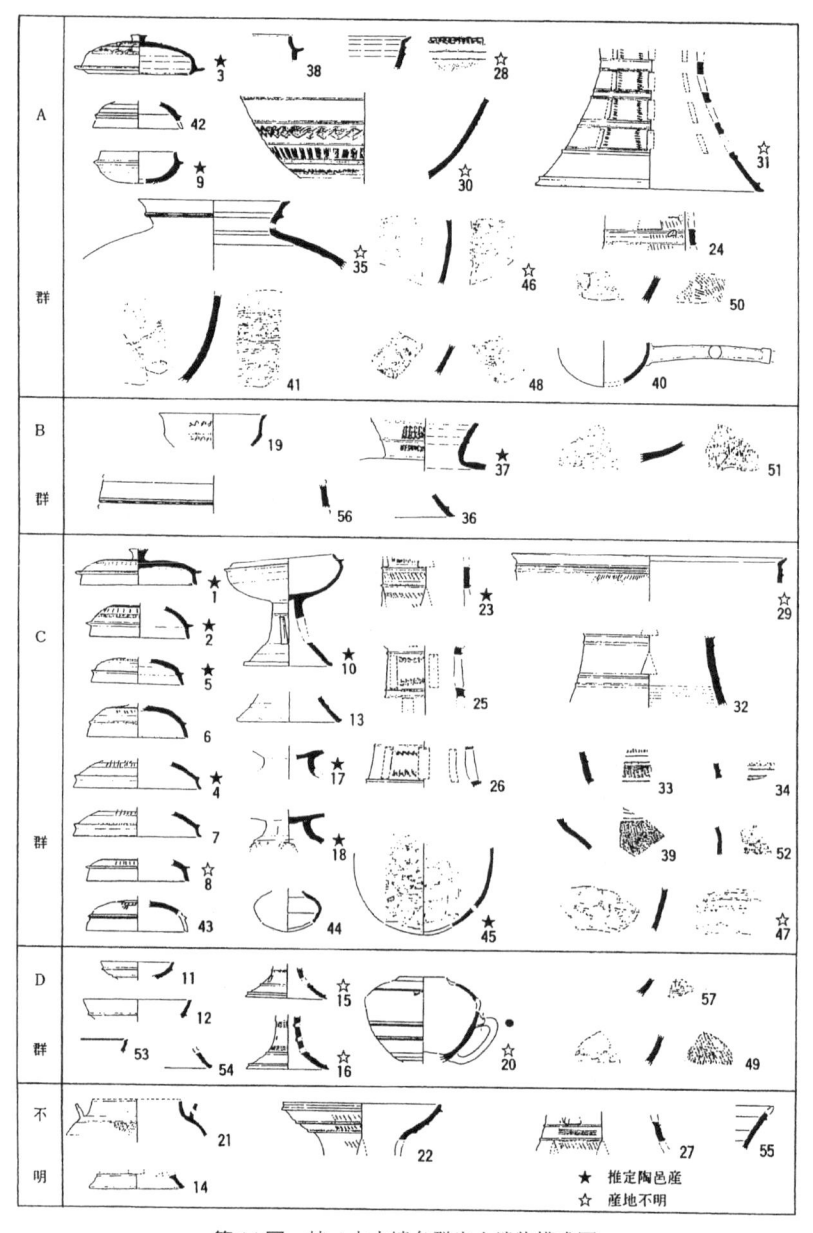

24 第Ⅰ部 須恵器生産と年代

第14図 持ノ木古墳各群出土遺物構成図

が確認されているが、そこから大型甕・壺が47個体（64％）、中型甕・壺が11個体（15％）出土したという（和歌山県教育委員会 1984）。大甕は実用的な貯蔵容器と考えられる。この倉庫群は倭王権の倉庫群といわれるが、初現期の須恵器導入が各地の首長層によって行われた可能性が高いことから、鳴滝遺跡や大阪府法円坂遺跡の巨大倉庫群に代表されるような倉庫群が各地に作られ、各地首長層の余剰生産物や貢納物の貯蔵機構と連動した、貯蔵機能を目的に大甕が導入されたのであろう。須恵器生産がすぐに畿内中枢部の周辺部にあたる、陶邑窯跡群に集中していく理由はここにあろう。このような須恵器生産は、周辺部に配置されたことから考えると、当時の大和王権が須恵器生産を直接掌握する方式でなく、貢納による調達方法をめざしたようである。それは律令期においても須恵器は官営工房でなく、特定の国が調として貢納することから想定できる。

　器台は、持ノ木古墳では31％、野中古墳では高坏脚部も含め46％、大庭寺窯跡では14％と初現期には多い器形である。続く陶邑TG22号窯では0.01％、TK73・85号窯も同様少ないという。このことに関しては、当初加耶に多い器台を取り入れたものの器台を使う供献は加耶ほど普及せず、さらに器台の少ない百済・栄山江流域系に変遷していったことも要因の一つかもしれない。

　須恵器はその後、𤭯が倭の社会での祭祀具として重要な位置を占めていく。TG232号窯では少ないながら𤭯が20点出土しており、ON231号窯では𤭯が急増し、大庭寺窯跡ではなかった樽形𤭯も生産される。これは倭が𤭯を新たな祭祀具として早い段階で採用し定型化していったことを示している。

　これに対して同じ栄山江流域・百済地域の系譜を引く蓋坏の採用はわずかに遅れる。ON231号窯では3点が報告され（第4図18〜20）、鉢も含めても10点前後と少ない。濁り池窯跡、TK73号窯になって順次増加していく。蓋坏は供膳具としての性格が強く、その点で採用が遅れ、形態も定まらず𤭯よりも定型化するのが遅れたようである。蓋坏は、朝鮮半島から渡来人がたずさえてきた軟質土器の甑・㙟・長甕・小型深鉢土器やカマドの導入に伴う、新たな食生活の変化と関連し、倭における手持食器による銘々器の確立という供膳具の成

立と連動する実用器種となっていき、土師器の形態にも採用されるなど影響を与えた器形である。

　このように初現期の須恵器生産の開始当初の目的は、宝器としての生産でなく甕・壺は貯蔵容器という実用器種であり、器台・高坏などは供献具であったと考えられる。ただし、その須恵器が流通下においては、希少性から宝器的扱いを受けた可能性はある。加耶における陶質土器は、墳墓への副葬品として多く用いられているが、特に畿内およびその周辺部では大阪・野中古墳や堂山1号墳など墳丘から、京都・奈具岡北1号墳のように棺上から出土しており、主体部から出土する例は少なく、たとえ出土しても朝鮮半島と比較しても量的にわずかである。おそらく副葬品として埋納する行為を導入せず、それまでの土師器を使った供献の延長上にあった可能性があろう。これは福岡県甘木市古寺・池の上墳墓群で主体部から出土する例が多いことと相違する。古寺・池の上墳墓群は渡来人の墳墓と想定されていることから当時朝鮮半島での埋納方法を実施したのであろう。韓国において墳丘からの供献土器が発見され、研究も進められており（金東淑 2002）、倭の墳丘土器供献とどのように関わりあうのか、今後列島との比較研究（土生田 1998）により検討すべき問題である。

7. 須恵器の年代

　須恵器生産の開始年代については、5世紀後半、5世紀中葉、あるいは5世紀前半、さらに4世紀末など諸説ある。しかし、大庭寺TG231・232号窯が発掘されてから5世紀前半代とする見解が多いようである。その理由の一つとして埼玉稲荷山古墳出土の辛亥銘鉄剣の年代を471年とし、稲荷山古墳出土の土器年代をそこから求めるためである。また、大庭寺TG231・232号窯から出土する須恵器と、韓国出土の陶質土器との並行関係から求めることもある

　しかし、稲荷山古墳の辛亥年を531年とする見解や、須恵器と陶質土器の並行関係の見解の相違など問題点も多い[4]。

　まず、現在判明している須恵器の変遷は、持ノ木古墳→大庭寺TG231・232

号窯→ON231号窯・濁り池→TK73号窯→TK216号窯である。いずれも陶邑窯跡群やその近隣である。これとほぼ並行する韓国釜山福泉洞古墳群の編年は、31・32号墳→21・22号墳→10・11号墳→53号墳であるが（申敬澈1992）、その後申敬澈は25・26号墳→21・22号墳→8・9号墳→10・11号墳とする（申敬澈 2001）。福泉洞25・26号墳は大成洞1・7・11号墳に並行するというが、福泉洞31・32号墳も同様並行し、持ノ木古墳の器台（第14図28・29・30・31）と酷似した器台が出土することから、申敬澈の25・26号墳の代わりに以下では以前からの申敬澈の31・32号墳を使う。

　持ノ木古墳の須恵器と共伴する陶質土器は、福泉洞31・32号墳に並行していることは、日韓の研究者の認めるところである。

　続く大庭寺TG231・232号窯が問題である。大庭寺TG231・232号窯出土の器台には、波状文・組紐文・鋸歯文を多用し、鉢部口唇部下の突線も明瞭に作り出され、脚部が細いなど古い様相が見られる（第5図）。また、製作時に割れ目が入った時の補修に布を当ててその上に粘土を塗る手法は、昌寧余草里窯跡、昌原茶戸里B地区（福泉博物館 2003）にも見られる技法で、列島でもON231号窯にも見られる初現期須恵器の技法である。それに対して新しい様相として鋸歯状の山形波状文（第5図27）があり、福泉洞10・39号墳に見られる。また、器台の器高が21cm、30～35cmと小型品が多く、福泉洞10号墳の大きさに近い。大庭寺TG231・232号窯の器台は、透しがほとんど長方形で交互透しである。高坏の透しも長方形、三角形、円形および多窓透しなどさまざまであるが、前者は加耶的様相が、後者は新羅的様相が見られるものの、その割合は加耶的様相を持つ器形が多い。

　大庭寺TG231・232号窯に加耶的様相がまだ多く見られることから、福泉洞10・11号墳の段階まで至っていないとすることもできるが、大庭寺TG231・232号窯の加耶的様相は福泉洞古墳群の地域よりも西方の様相が反映されており、新羅・加耶の系譜の量差から前後を論議できない。そのためいくつかの類似する形態の比較から検討する。

　大庭寺TG231号窯の無蓋高坏（第5図32）は、洛東江下流域に系譜の追え

る高坏で、礼安里87・94・110号墳（礼安里Ⅱ）、華明洞2号墳、七山20・27号墳に類例があり、福泉洞22号墳までで消滅する4世紀から続く古式の器形である。また、TG232号窯の有蓋高坏には9方透し（第5図9）があり、福泉洞10・11号墳に続く53号墳に類例がある。しかし、杯部と口縁部の立ち上がりはTG232号窯の方が深く、古い様相を持つ。TG232号窯には新羅的様相である高坏脚部の2段交互透し（第5図12）が存在するが、多量の高坏の中で3例だけであり、福泉洞10・11号墳ではほとんどが2段交互透しで占められており大きな違いである。TG232号窯では他に新羅的要素として多窓透しの高坏が12点伴うが、全体の量からすれば加耶系が多い。このように高坏から見て、大庭寺窯跡は福泉洞10・11号墳の段階よりも遡ると考える。

　器台について再度福泉洞古墳群の様相を見てみよう。福泉洞21・22号墳の器台は加耶系で鉢部も丸く、鉢部と台部の接合する基部は細い。また、鉢部の深さと台部高はほぼ1：1前後である。ただ1例だけ基部が太く、鉢部が深い新羅的様相を持つ例が出土する。続く福泉洞10・11号墳では基部が太く、鉢部が直線的に立ち上がる新羅系が主体となり、鉢部と台部の割合は1：0.73～0.95と台部が低くなる。ところが後続する福泉洞53号墳は、再び基部が細く鉢部が丸い加耶系の器台と、基部が太く鉢部が直線的に立ち上がる新羅系器台の2種になる。鉢部と台部の割合は、加耶系が1：1.1～1.24と台部が高くなり、新羅系が1：0.55～0.82と福泉洞10・11号墳よりもさらに台部が低くなる。すなわち器台は福泉洞10・11号墳の段階ですべて新羅系になるのではなく、福泉洞53号墳の段階でも、加耶系と新羅系の両者が共存することから、2系統が存在するのである。

　大庭寺TG231・232号窯の器台は基部が細いことが福泉洞10・11号墳と違う大きな特色で加耶系の様相であり、鉢部と台部の高さの割合は1：1前後で、福泉洞21・22号墳に近い。しかし、福泉洞21・22号墳の器台は鉢部が深く丸みを持つのに対して、大庭寺窯跡は直線的に立ち上がる形態や、小型化する新しい様相を持つ。大庭寺TG232号窯の鉢部に鋸歯状山形波状文を持つ交互透しの新羅的様相の器台は、最も新しい様相であるが、この新しい様相から

福泉洞10・11号墳の段階あるいはそれ以降とする見解もある。大庭寺窯跡の鋸歯状山形波状文の器台は、1例のみの出土であり、三角形透しで器台の基部が細い加耶の様相をまだ持つことから、福泉洞21・22号墳から10・11号墳の間と考えたい。

持ノ木古墳出土と大庭寺TG231・232号窯の高坏蓋は型式的に連続性を持つことから、やはり大庭寺TG231・232号窯は福泉洞10・11号墳段階よりも遡らすべきであろう。

韓国における福泉洞古墳群の年代は、25・26号墳（30・31号墳）が420年代、21・22号墳が5世紀前半、10・11号墳が440年代か450年代とする[5]。

では日本の資料から年代を考えてみよう。現在、埼玉稲荷山古墳辛亥銘鉄剣の年代を471年として、須恵器年代が考えられている。これに対して辛亥年を531年とする見解があるので検討してみよう。日本の須恵器編年は田辺昭三の陶邑編年がある。TK73→TK216→（ON46）→TK208→TK23→TK47→MT15→TK10→（MT85）→TK43→TK209→TK217型式である（田辺1981）。年代は5世紀前半から7世紀前半である。日本における年代が明確な飛鳥時代の須恵器から見ていきたい。飛鳥寺下層の須恵器TK43型式の年代は、飛鳥寺造営時の整地層下層から出土することから、造営開始年代588年に一点がある。近年発掘の飛鳥寺西回廊基壇、南石敷広場下層出土の須恵器は、飛鳥Ⅰ型式、すなわちTK209型式である。飛鳥寺回廊の完成は592年であることから、TK43→TK209型式はおよその年代が求められる。また、豊浦寺講堂下層から出土した須恵器は、豊浦宮と関連するならば593年以前となるが、この須恵器はTK209型式における（西口 1999）。大阪府狭山市狭山池北堤窯跡は、灰原が狭山池の堤である第1次堤体の北側斜面に広がる。下層の東樋下層遺構が検出され、その樋管に使われたコウヤマキ材の年輪年代は616年である。樋管設置後に堤を築造し、その堤を利用して窯が築かれている。須恵器はTK217型式であり、その上限が616年である（植田 1998）。すなわちTK43→TK209→TK217型式の年代的矛盾はない。

このように6世紀末から7世紀初頭の実年代の分かる須恵器が存在すること

から、TK43型式は588年を下限とすることができる。

　最近、古墳時代中期の年代について、いくつかの理化学的な年代が出されている。平城宮下層遺構溝SD6030上層から、須恵器出現期の土器群が出土し、TK73型式の須恵器が伴う。共伴する木製品は、年輪年代で412年に伐採したという（光谷・次山　1999）。木製品の廃棄までどれだけの年数あったのか不明確であるが、未製品であったことから長く伝世したと考えられないものの、両者の出土位置も離れており須恵器の年代にそのまま援用できるか検討は必要である。陶邑ON231号窯では放射性炭素法年代が410±80、390±80、福岡県山隈1号窯では地磁気法で450±10、福岡県居屋敷窯跡では地磁気法で440±10である。また、ON46型式並行という大阪府高槻市新池A群1号埴輪窯が、地磁気法で450±10、MT15型式並行のC群18号埴輪窯が520±40、島根県日脚窯跡はTK47型式並行で、地磁気法で480±20という。しかし、ここに提示した理化学的な年代は、このような好都合な資料ばかりではなく、年代の違う資料も多く問題も多い。今後充分な検討も必要である。

　再度、稲荷山古墳の問題に触れてみる。稲荷山古墳の辛亥年を531年にする考え方と、考古学的に稲荷山古墳の年代を520〜530年とする見解がある（金斗喆　1996）。

　ここで稲荷山古墳のある埼玉古墳群の変遷から検討してみよう。この地域には群馬県榛名山二ツ岳が噴出した火山灰（FA）が堆積する。FAは須恵器のMT15型式の時期に噴出したという。FA堆積下層にはTK47、MT15型式の須恵器が出土することから、当地域の層位学的変遷に利用されている。稲荷山古墳はFAが周溝の底から浮いていることから、FA降下以前に築造されている。二子山古墳はFAが堀底に堆積し、丸墓山古墳は墳丘下の旧表土上に堆積する。出土須恵器は、稲荷山古墳がTK23〜47型式の間、二子山古墳がTK47型式、瓦塚古墳がMT15〜TK10型式、鉄砲山古墳がMT85〜TK43型式、将軍山古墳がTK43型式、中の山古墳がTK209型式である。古墳群は火山灰、古墳の形態、出土須恵器から稲荷山→二子山→丸墓山→瓦塚・奥の山→鉄砲山→将軍山→中の山古墳と続く[6]（埼玉県教育委員会　1997）。かりに稲荷山古墳を

520〜530年とすると、将軍山古墳までの50〜60年の間に5基の同一首長系譜の古墳が作られたことになる。首長が約10年ごとに交替したとは考えられない。

このように稲荷山古墳の年代を520〜530年に下げた場合、型式や稲荷山古墳群の変遷から見てもそれぞれの間隔が詰まりすぎる。やはり辛亥年は471年が妥当であろう。

ソウル夢村土城第3号貯蔵穴からはTK23型式の須恵器が出土する[7]。百済土器と共伴しており、百済が熊津へ遷都する475年以前の漢城時代の土器と想定でき、TK23型式の重要な年代推定資料になろう。

須恵器生産の開始年代は、持ノ木古墳出土土器が須恵器と考え、それ以降の大庭寺TG231・232号窯など初現期須恵器窯が各地において同時期に操業開始することから、近年の木器による年輪年代から考古学的年代が遡る傾向があるものの、その操業の要因を朝鮮半島の情勢と結びつける立場から、現段階では5世紀初頭としたい。

8. 倭国と朝鮮半島三国

すでに指摘されている栄山江・錦江流域に見られる倭との類似点は、遺構では前方後円墳、横穴式石室、遺物では甲冑、石製模造品、埴輪、甑などの軟質土器、円筒形土器、鳥足文叩き、須恵器系土器、搬入された須恵器、両耳付壺、須恵器甑の1+4の孔などがある。これらの類似点は前方後円墳などから5世紀末といわれるが、須恵器から見るとどうであろうか。

申敬澈は高句麗南下に伴う新羅の洛東江流域への進出により、金官加耶の大成洞古墳群が築造中断し、同時に韓半島南部の住民が近畿に移住したという。その際、倭に洛東江下流域だけでなく全羅道にかけての陶質土器技術が伝わり、須恵器が出現したという。持ノ木古墳出土の坏を栄山江流域系と考えて、栄山江流域も前期加耶連盟の領域とした。申は金官加耶の滅亡を大成洞1・7・11号墳の段階の420年代とし、持ノ木古墳はその直後とする。また、大庭寺TG232号窯を440年代とする（申敬澈 2001）。

持ノ木古墳の坏は前述したように丸底で、底部の削りが撫で消され、栄山江流域系ではないと考えられる。また、栄山江流域との関連が強くなるのはむしろ後のTK73型式段階である。すなわち須恵器から見るならば、加耶系→栄山江流域系と順次変遷したようで、須恵器から見る栄山江流域から倭への技術伝播の後に起こった動きといえよう。そのことは須恵器が百済・栄山江流域で確認できるのは、TK208型式以降順次増加することからもいえよう。また、申は金官加耶の住民、あるいは韓半島南部の住民が近畿に移住したというが、畿内には栄山江・錦江流域と関わりある軟質土器が主体で、金官加耶と想定される軟質土器は主体ではない。金官加耶滅亡問題と移住の問題は切り離して考える必要があろう。

倭の中で、ある時期福岡から愛知までの各地に、一斉に加耶系でそれも各地で異なる様相の須恵器が生産開始された意義は、倭の中での陶質土器の導入という欲求だけでなく、朝鮮半島における情勢も大きな要因であろう。その最大の要因は、やはり高句麗の南下による加耶の不安定な状況であり、その時期倭へ渡った人々によってもたらされたのが須恵器といえよう。また、須恵器から見る加耶系→栄山江流域系の変遷は、当時の朝鮮半島の動向と密接に関連しており、須恵器はそれを反映していると考えたい。

前述したように、1段階に百済・栄山江流域から瓦質系土器の窯が伝わり、須恵器は2aの段階には加耶系で2bの段階には栄山江流域系であった。そして、2aの段階は各地の首長層それぞれが工人を迎えて操業を開始しており、その後2b段階に畿内政権の中枢の周辺地域に集約されて操業が行われる。このような窯業技術の導入について、倭と朝鮮半島三国の関係から見てみよう。

当時の動静を記した好太王碑によれば、高句麗と倭との交戦について記されている。辛卯の年（391）に倭が高句麗の属国であった百済を破り属国としたこと、永楽9年（399）には百済が倭と親交を厚くしていること、永楽10年（400）には高句麗は歩騎五万で新羅救援のため新羅城に入り倭を退け、追って任那加羅の従抜城に至り帰服させたとあり、百済・倭・加耶の連合軍と戦ったことが記される。また、永楽14年（404）には倭が百済の西海岸から帯方界の

高句麗領まで侵入したが、敗れたこと、永楽17年（407）には高句麗が歩騎五万で倭と考えられる相手と戦い勝利し、甲冑一万余領などを押収したことが見られる。これ以降しばらくの間、高句麗対倭の交戦は見られない。

　この時期、倭が朝鮮半島南半、それも新羅への侵攻から見るに倭から最も短距離で渡海できた、朝鮮半島東南部の加耶経由で北上した戦いが主体であったのであろう。404年の高句麗領への侵攻は、西海岸から北上したのは百済の協力があったからであろう。同様に高句麗対百済の戦いも長く、『三国史記』などでは369年をはじまりとして50余年に18回の戦いが続けられたと記されている。百済は高句麗の南侵を防ぐため、倭と通好しその関係は長く保たれた。それに対して新羅と倭の関係は、『三国史記』では364年の戦いはあるものの、402年新羅が倭に奈勿王子未斯欣を質として送り通好したようであるが、新羅は高句麗とも通好を結び百済と敵対したことから、倭の侵攻を受けることが多かった。このような諸国の関係の中で、碑文から400年頃、倭・百済・加耶対高句麗・新羅の関係であったことが分かり、百済と加耶および倭は高句麗、新羅の侵攻を防ぐため同盟したのであろう。

　洛東江流域を見ると、西岸の釜山・福泉洞古墳群出土の土器は、31・32号墳にわずかに新羅様式が入り、21・22号墳にはさらに増加することから、土器からも新羅の影響が順次増加していることが見てとれる。倭の2a段階の初現期須恵器は、当時同盟関係にあった加耶各地の工人の渡来によって操業が開始されたのであろう。その時、畿内・瀬戸内地域は加耶でも東部から、北部九州は加耶でも西部から主体的に渡来したようである。その時期は5世紀初頭のことと考える。

　ではこれを遡る1段階の出合窯跡はなぜ存在するのであろうか。田中俊明は好太王碑以前の4世紀後半、高句麗に対抗するため加耶南部諸国を介して百済と倭が軍事同盟関係に入ったという（田中 2003）。このような状況の中で出合窯跡は百済あるいは栄山江流域の地から伝わったのであろう。しかし、なぜ加耶でなかったのか疑問である。この窯は構造窯であるにもかかわらず焼成したのは瓦質系土器で、しかも甑・壺という日常什器と大甕などである。2a段階

に伝わった硬質の土器は朝鮮半島では主に墳墓に副葬する土器であることと大きな違いがある。おそらく1段階の構造窯を使用した土器製作技術は、渡来人の移住に伴い渡来人のために土器生産を行っているが、硬質の大甕を焼成していることは主長層との関わりは無視できない。やはり2a段階の各地の首長層が導入した構造窯とは操業の目的が違うのである。

続く2b段階は、全羅南道の栄山江流域の影響を受けていると考える。この地域は5世紀前半にはまだ百済の領域に入っておらず、馬韓あるいは慕韓と呼ばれていた地域ではないかと考えられている（朴淳発2001、東2001）。現在朝鮮半島では倭の須恵器が、韓国西部の忠清北道から全羅南道にかけて出土する。また最近では南の慶尚南道を含めた沿岸地域からも出土する。須恵器はTK73型式以降であるが、多くなるのはTK23型式以降である。特に忠清北道から全羅南道ではほかに倭系遺物も出土するが、百済・栄山江流域から出土する意味は、当時の高句麗に対する倭と百済・栄山江流域の通好が考えられる。また、2b段階の須恵器が百済の領域にはまだ入っていない栄山江流域の土器と関連があることについては、438年、倭の珍が自称した「使持節都督倭百済新羅任那秦韓慕韓六国諸軍事安東将軍倭王」に見られる慕韓（馬韓）が栄山江流域とする考え方もあるが、もしそうだとするならば、倭は、百済とともに慕韓（馬韓）とも通好があったのであろう。そのことは、栄山江流域に見られる倭系の前方後円墳・横穴式石室・埴輪や、倭で出土する半島系の軟質土器・円筒形土器・両耳付壺・鳥足文叩きなどからも、相互の通交が行われ、密接な関係があったことが分かる。栄山江流域に百済の影響が増すことにより、倭と慕韓（馬韓）あるいは百済との相互の関係がどのように変化していったものか、今後の課題としたい。

9. おわりに

古墳時代中期に伝わった須恵器の生産技術は、ほかの多くの渡来技術と同様、朝鮮半島からの渡来人によって伝えられた。このような技術伝播は倭に大

きな影響を与えたが、須恵器一つをとっても当時の朝鮮半島との交流を探る材料になりうる。2b 段階の須恵器の伝播した百済・栄山江流域との関係は、土器を通してみてもあまりにも複雑で疑問点が多い。今後も土器を通して倭と朝鮮半島三国との交流を探っていきたい。

補記

　筆者は出合窯跡の窯の形態と出土した深鉢土器、甑、壺が韓国忠清北道の山水里、三龍里窯跡に類似していることから、須恵器につながらない百済の瓦質系土器と考えてきた。出合窯跡を調査した亀田修一は 2008 年、出合窯跡出土の資料について再検討し、出土資料の全貌を明らかにした。註で「朝鮮半島の陶質土器の影響下にあり、日本列島における須恵器生産の流れの中につながらない、そして孤立した須恵器（土器）」と表現して文中で須恵器とした（亀田　2008）。

　また、2008 年 10 月 26 日に神戸市埋蔵文化財センターで開催された韓式系土器研究会において、展示された出合窯跡の資料を前に福岡澄男と議論したが、福岡が出合窯跡の資料は須恵器だとしたのに対して、筆者は出合窯跡は百済の瓦質土器系譜であり、大庭寺窯跡が加耶の陶質土器系譜であることから、瓦質土器系譜から陶質土器系譜の須恵器につながらないことで、出合窯跡の土器は須恵器とはいえないと主張した。

　しかし、2008 年亀田論文に見る出合窯跡の出土状況は、半島の窯跡で陶質土器と瓦質土器、あるいは軟質土器が共伴する例と同様で、さらに列島においても大庭寺窯跡をはじめ陶邑の初現期須恵器窯から軟質土器が出土するあり方と共通する。亀田の報告した出合窯跡の甕、壺などは、構造窯で還元炎焼成された土器であることから、半島で瓦質土器といえても列島では須恵器と区別することは困難で、須恵器の範疇に入れることについて妥当と考えるようになった。

　出合窯跡出土資料を須恵器とした場合、加耶系陶質土器形態の大庭寺窯跡とどのような関係になるかを考えた場合、出合窯跡の系譜について亀田は全羅道地域との関連を想定しているが、筆者も近年の出土資料からその可能性は高いと考えている。出合窯跡には平底浅鉢が出土しており、大庭寺窯跡にも栄山江流域系の平底坏が出土することから、加耶系陶質土器を主体とした大庭寺窯に百済、あるいは栄山江流域の工人を集め加えて操業が行われたのであろう。

註

（1）田辺が最初に初期須恵器とした定義は高蔵（TK）73 型式以降であったが、その後それを遡る須恵器窯跡や須恵器が発見されたことから、最初に伝わった 2a 段階の須恵器を初現期須恵器とする。
（2）韓国では瓦質土器から陶質土器へ発展した可能性は否定できなく、そのような考

え方もあるものの、発展段階が明確な窯が発見されていない。瓦質土器と陶質土器は別の発展をするが、瓦質土器と陶質土器は密接な関係があり、一部瓦質土器から陶質土器に変質するものがあると考えている。この問題については『百済研究』39輯（忠南大学校百済研究所、2004年）に掲載した。
（3）この蓋坏の口唇部に丸いものがあること、器厚が厚いものがあることなどから、須恵器でなく朝鮮半島の栄山江流域で作られた土器との見解もある。かりに朝鮮半島で作られたとするならば、だれが、どこで製作したのであろうか。当時の百済に丸底にする坏はない。回転ヘラ削りは栄山江流域には後にあるものの、新鳳洞例の須恵器に共通した蓋受けのつくり出しや口唇端面の須恵器特有の窪みの表現も両地域には見られず、須恵器の模倣とした場合、これだけ酷似させるには須恵器細部に熟知し、製作によほど熟練していないとできないと考え、新鳳洞の製品は須恵器であると断定する。
（4）公州艇止山遺跡や武寧王陵の陶質土器無蓋高坏（第98図）を須恵器の編年にあてはめる尾野善裕の研究がある（尾野 2001）。陶質土器の編年が確立していない段階であるとはいえ、陶質土器を須恵器編年にあてる研究は、陶質土器の前後の変遷が明確でなく、発展段階の違う土器を似ているだけであてはめるのは問題があろう。
（5）最近、申は福泉洞30・31号墳を使わず25・26号墳を使用する（申敬澈 2001）。また、大庭寺窯跡をTK73号窯より新しくしていたが前後を逆にして古く改めている。また年代も5世紀後半としていたが440年代に改めた。さらに金官加耶の支配者集団が移住したとするのを住民の移住としている。
（6）最近、奥の山→愛宕山→将軍山→鉄砲山→中の山古墳とする見解がある。
（7）夢村土城発掘調査団の『夢村土城発掘調査報告書』（1985年）による。ソウル大学校博物館のご厚意で実測させていただいた。

参考文献

東　潮　2001「倭と栄山江流域―倭韓の前方後円墳をめぐって―」『朝鮮学報』179、朝鮮学会

植田隆司　1998「陶邑（狭山地区）」『古代の土器5-2　7世紀の土器（近畿西部編）』古代土器研究会

岡戸哲紀ほか　1995『陶邑・大庭寺遺跡Ⅳ』大阪府教育委員会・大阪府埋蔵文化財協会

小栗明彦　2000「全南地方出土埴輪の意義」『百済研究』32輯、忠南大学校百済研究所

尾野善裕　2001「中・後期古墳時代暦年代再論―いわゆる〈武蔵国造の乱〉をめぐって」『久保和士君追悼考古論文集』久保和士君追悼考古論文集刊行会

亀田修一　1989「陶製無文当て具小考―播磨出合窯跡出土例の紹介をかねて―」『横山浩一先生退官記念論文集Ⅰ　生産と流通の考古学』

亀田修一　2008「播磨出合窯跡の検討」『岡山理科大学埋蔵文化財研究論集』岡山理科

大学埋蔵文化財研究会
金鍾萬　1999「馬韓圏域出土両耳付壺小考」『考古学報』第10輯、韓国考古美術研究所
金東淑　2002「新羅・伽耶墳墓の祭儀遺構の遺物に関する研究」『嶺南考古学』30
金斗喆　1996「韓国と日本の馬具」『4・5世紀の韓日考古学』九州考古学会・嶺南考古学会第2回合同考古学大会
公州大学校博物館　2000『龍院里古墳群』
埼玉県教育委員会　1997『将軍山古墳』
酒井清治　2001「倭における初期須恵器の系譜と渡来人」『第7回加耶史国際学術会議　4〜5世紀東アジア社会と加耶』金海市
酒井清治　2002「倭における須恵器生産の開始とその背景」『駒澤大学文学部研究紀要』第60号
申敬澈　2001「五世紀の日本列島と伽耶」『稲荷山古墳の鉄剣を見直す』学生社
田中俊明　2003「高句麗進出以後の金官国」『第9回加耶史国際学術会議　加耶と広開土王』金海市
田辺昭三　1971「須恵器の誕生」『日本美術工芸』390、日本美術工藝社
田辺昭三　1981『須恵器大成』角川書店
田辺昭三　1982「初期須恵器について」『考古学論考』平凡社
忠北大学校博物館　1990『清州新鳳洞百済古墳群発掘調査報告書—1990年度調査—』
虎間英喜　1993『久米田古墳群発掘調査概要』Ⅰ、岸和田市教育委員会
中村　浩　2001「和泉窯の展開」『和泉窯陶邑窯の歴史的研究』芙蓉書房
西口壽生　1999「飛鳥地域の開発直前の土器」『奈良国立文化財研究所年報1999』
土生田純之　1998『黄泉国の成立』学生社
菱田哲郎　1999『須恵器の系譜』（歴史発掘10）講談社
福泉博物館　2003『技術の発見』
朴淳発　2001「栄山江流域における前方後円墳の意義」『朝鮮学報』179
三辻利一・虎間英喜　1994「久米田古墳群出土の須恵器3」『韓式系土器研究』Ⅴ
光谷拓実・次山淳　1999「平城宮下層古墳時代の遺物と年輪年代」『奈良国立文化財研究所年報』1999
和歌山県教育委員会　1984『鳴滝遺跡発掘調査報告書』

図版出典
第7図　金鍾萬　1999
第8図　小栗　2000
第9図　朴淳発　2001
第13図　虎間　1993
第14図　三辻・虎間　1994

第2章　須恵器の編年と年代観

1. はじめに

　須恵器の編年の年代については、埼玉稲荷山古墳の辛亥銘鉄剣などいくつかあるものの、必ずしも定点となる良好な資料はない。
　須恵器の開始年代はいつか、須恵器の型式設定はどうか、年代の定点をどう求めるのか、日韓の共伴遺物から見た年代観はどうか、などさまざまな問題がある。
　近年須恵器の開始年代について年輪年代から4世紀代に遡る見解が示されたが、いずれの問題とも深く関わっており、総合的に見る必要があろう。ここでは日韓共伴資料から白井克也氏の編年を確認し、畿内の須恵器の年代観を提示してみる。

2. 白井克也の日韓土器年代観

　白井は、日韓古墳編年の並行関係と暦年代に関する年代論三部作を刊行した（白井 2003a, 2003b, 2003c）。日韓出土土器のクロスチェックについては必ずしも両者の年代が分かる例はほとんどないが、両者の編年の整合性が確認できる。白井氏の年代観は、朝鮮半島各地の土器だけでなく出土資料を総合的に検討した点でも高く評価できる（第1表）。
　近年、韓国において須恵器が陶質土器と良好な出土状態で発掘された、羅州伏岩里古墳群、高敞鳳徳遺跡、固城松鶴洞古墳、山清生草9号墳などで複数の須恵器が出土したが、このほか良好な共伴資料も増加している。

第1表　日韓古墳編年の並行関係と暦年代（白井克也による）

	新羅土器	加耶土器	百済土器・墓制		新羅・加耶・百済の馬具			土師器・須恵器	
			ソウル	忠清道	鎧	杏葉	轡		
400	古式Ⅲb段階					心葉形1式		布留式期Ⅳ	400
	新羅ⅠA期	+	石村洞Ⅰ式	天安Ⅱ期	鎧Ⅰ期			TG232	
430	新羅ⅠB期	高霊ⅠA期					鑣轡	TK73	430
	新羅ⅡA期古段階	高霊ⅠB期	石村洞Ⅱ式		鎧Ⅱ期	心葉形2式		TK216	
450	新羅ⅡA期中段階			天安Ⅲ期					450
	新羅ⅡA期新段階	高霊ⅠC期	石村洞Ⅲ式		鎧ⅢA期			TK208	
475		高霊ⅡA期		宋山里Ⅰ段階			剣菱形	f字形鏡板付轡	475
	新羅ⅡB期	高霊ⅡB期古段階	夢村Ⅰ式		鎧ⅢB期	心葉形3式	扁円魚尾形		TK23
500		高霊ⅡB期新段階							500
	新羅ⅡC期古段階								TK47
520									520
	新羅ⅡC期中段階	高霊ⅡC期	夢村Ⅱ式	宋山里Ⅱ段階				MT15	
532	新羅ⅡC期新段階				鎧Ⅳ期	心葉形4式	楕円形	棘葉形	TK10	532
	新羅ⅢA期	高霊ⅢA期	夢村Ⅲ式						
550									550
	新羅ⅢB期	高霊ⅢB期	(新羅ⅢB期)	陵山里Ⅰ段階				MT85	
562									562
	新羅ⅢC期古段階		＊杏葉・轡は一部の形式のみ					TK43	
590	新羅ⅢC期新段階		＊百済石室編年は吉井秀夫による					TK209	590

　山清生草9号墳の大加耶土器は白井編年の高霊ⅡB期古段階～新段階におけるが、この段階は白井の年代観で500年を挟んで前後にある。その並行関係について白井は須恵器TK23～47型式とするが、しかし、生草9号墳にはMT15～TK10型式が伴う（第77図65～67、第78図68～76）。

　高霊池山洞1-5号墳から白井の高霊ⅠC期の蓋と緊縛頸部長頸壺の破片が出土する（第15図）。この時期は須恵器TK208型式並行とするが、須恵器TK23型式の甕が共伴する。

　固城松鶴洞古墳の1A-1号遺構（竪穴式石室）からは白井のいう高霊土器ⅡB期古段階の緊縛頸部長頸壺や中型筒形器台が出土する。須恵器TK23型式並行とするが、出土する須恵器坏蓋5点、坏身6点は、1点がTK23型式であるものの、主体はTK47型式が共伴する（第78図82～84、第79図85～92）。

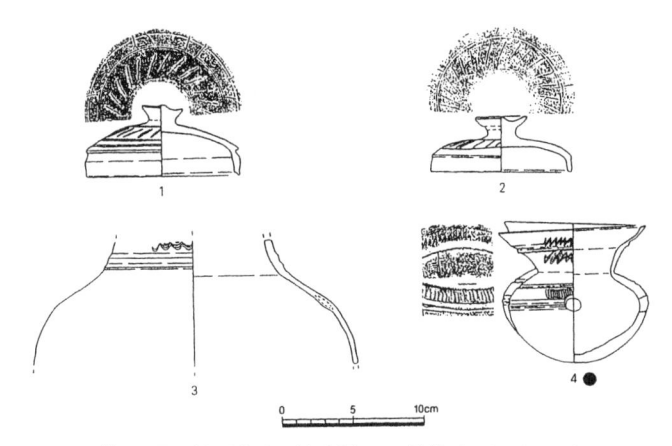

第15図　韓国高霊・池山洞Ⅰ-5号墳（黒丸は須恵器）

　固城松鶴洞古墳1A-11号遺構（竪穴式石室）では2時期あり、白井の金海ⅡB期（白井新羅ⅡC期古段階並行）の下膨れの軟質甕と、新羅ⅢC期古段階に並行する加耶土器の把手付鉢が出土する。古い金海ⅡB期（新羅ⅡC期古段階）は須恵器TK47型式並行とするが、須恵器MT15型式の甑が共伴する（第79図94）。

　固城松鶴洞古墳1B-1遺構（横穴式石室）には大きく2時期の資料がある。古いものは白井の新羅ⅡC期古段階の台付長頸壺、高霊ⅡB期新段階〜高霊ⅡC期の緊縛長頸壺・短頸壺、新しいものは高霊ⅢA期〜ⅢB期の白井高霊A型である山高帽状つまみを持つ大型蓋、高霊B型つまみを持つ坏蓋、両耳付椀が出土し、新羅土器台付椀と同時期と想定できる。白井は前者の古い一群に須恵器TK47型式が並行するというが、須恵器MT15〜TK10型式の甑4点が伴う（第79図95〜97）。

　宣寧泉谷里21号墳から松鶴洞1A-11号墳、同1B-1号墳出土の羽状櫛歯文を持つ加耶土器と類似する蓋が出土する（第16図）。松鶴洞1A-11号墳・1B-1号墳と同様須恵器MT15型式の提瓶が伴う。

　山清明洞22号墳から須恵器坏身3点が出土するがいずれもTK47型式で、共伴する加耶土器の蓋は松鶴洞1A-1号遺構に類似する蓋があるものの、口縁

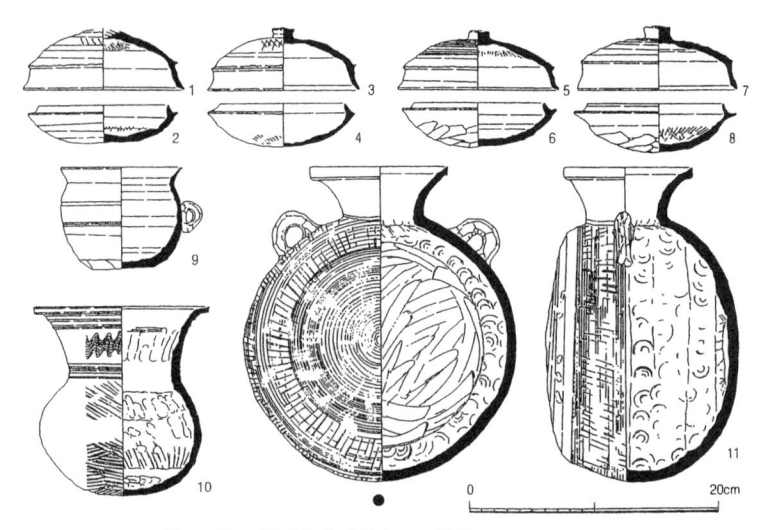

第16図　韓国宜寧泉谷里21号墳（黒丸は須恵器）

の長さが明洞22号墳のほうが長い（第17図）。しかし時期は近いと想定でき、須恵器TK47型式の共伴例の傍証となる。

　夢村土城85-3号貯蔵坑の須恵器坏身を白井はTK208型式とするが、この坏身は口唇部が内斜しており、蓋受け下の体部に膨らみがなく、削りも蓋受け部近くまで及んでいないことから、TK23型式と考えられる（第18図）。白井は夢村土城の土器編年で、百済土器石村洞Ⅲ式と夢村Ⅰ式の端境を、高句麗によって百済の漢城が陥落した乙卯の変の475年とするよりも、夢村Ⅰ式中に475年を求める方がよいとする。ソウル大学編年では乙卯の変以降は百済人が追われたため高句麗土器の単純期とし、定森秀夫・林永珍らは百済・高句麗土器併存期で、白井も蚕室地区の百済土器工人が乙卯の変以降も継続していたとする。いずれにしても倭の須恵器が乙卯の年以降に、敵対していた高句麗の統治下にある、旧百済中心部の夢村土城に入ることは考えられないことから、乙卯の年475年以前の百済漢城期に夢村土城85-3号貯蔵坑出土TK23型式の須恵器坏身がすでに入っていたのであろう。ちなみに須恵器と共伴する百済土器高坏は、白井分類のBⅢ類単脚cで、白井は石村洞Ⅲ式とする。

第17図　韓国山清明洞遺跡 22 号墳（黒丸は須恵器）

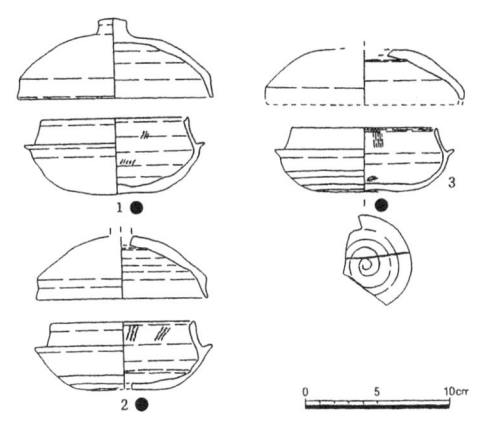

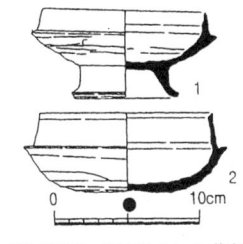

第18図　韓国ソウル夢村土城 3 号貯蔵坑（黒丸は須恵器）

　白井の年代観について、上記の最近の共伴例から検討すると、高霊 I C 期と TK23 型式が、高霊 II B 期古段階には TK47 型式が、新羅 II C 古段階には MT15 〜 TK10 型式が共伴し、白井の新羅・加耶土器編年と須恵器編年がおよそ 1 型式ずれて、須恵器が古くなるのではなかろうか。ここでは白井の年代すべてを検討したわけでなく、新出資料から見るならばこのようにも考えられるという検討材料を出してみた。年代の根拠となる資料は少なく、夢村土城の須恵器 TK23 型式が 475 年以前には存在していたことを強調したい。

3. 畿内の須恵器編年

　須恵器の窯跡編年は森浩一の編年を端緒にして、田辺昭三（田辺 1966,1981）、中村浩（中村 1979,2001）の陶邑編年があるが、両者の編年が古墳時代の研究に与えた影響は計り知れない。田辺の編年資料は灰原や半壊した窯の資料も含み、当時としては致し方なかったが、かならずしも良好な資料といえなかった。たとえば ON46 号窯が段階設定されたり、MT85 号窯が複数の型式を含むため田辺編年では（　）がついていたのに、現在型式として設定する人

も多い。また、TK43型式やTK209型式の公表された資料が少なく、実態が不明確であるため混乱があったこと、TK217型式にも複数の型式を含むことなど問題があった。筆者も田辺の型式名を存続させながら、大量の陶邑窯跡群の資料と交換すべきことを主張したこともある（酒井 1997）。

中村浩は、それぞれの型式がわずかながら重複することを説き、1基の窯でも床面それぞれに型式を見出すことができると床式編年を主張したが、充分な理解を得られなかった。また、型式を追求したためⅡ型式の合子形の坏HとⅢ型式かえりを持つ坏Gが、窯内では共伴するにもかかわらず異なる型式に置かれたため混乱もあった。

現在、森・田辺・中村の三氏の編年が並んで使われている。特に田辺・中村の編年は5・6世紀の段階は対応させることも可能である。

しかし、大庭寺窯跡（TG231・232号窯）が発見されてから、初現期の須恵器について田辺と中村の土器編年は対応しない部分がある。田辺編年はTK47型式から遡るとTK216型式とTK73型式の間に大きな形態差がある。田辺はこのTK216型式に至り日本化したとする。それに対して中村の編年ではⅠ型式5段階から遡ると、Ⅰ型式2段階からⅠ型式1段階にかけて順次初現期の須恵器形態に遡って追うことができ、田辺のTK216型式と中村のⅠ型式2段階は型式の内容に差がある。このことは最初の窯である大庭寺窯跡TG232型式から緩やかに変化していくのか、急激に変化するのか、あるいはいくつかの系譜があり、それがTK216型式の段階で統一されていくのかとも関わっており、須恵器の開始がいつかを探る時の年代幅をどのように換算するかにも及んでくる。

近年、田中清美が、TG232型式→ON231型式→TK73型式→TK216型式の変遷を考え、ON231型式を新たに設定した。田中は大阪市長原遺跡においてTK73型式とTK216型式が混在することから、消費地では前後の型式が重複して使用された可能性があるとする。このことは、この時期の型式年代幅が短い可能性があり、初現期（揺籃期）の須恵器の変化は早く、さらに系譜を考慮する必要もあり、単純に20年ごとに縦に並べる編年だけでは問題があろう。

筆者も以前、岸和田市持ノ木古墳→大庭寺 TG232 号窯→ ON231 号窯→濁り池窯跡→ TK73 号窯の変遷を考え、韓国釜山福泉洞古墳群 31・32 号墳→ 21・22 号墳→ 10・11 号墳の変遷と対応させると、持ノ木古墳が 31・32 号墳に、大庭寺 TG232 号窯が 21・22 号墳から 10・11 号墳の間と考えた。ちなみに福泉洞 21・22 号墳は白井は新羅ⅠA 期、同 10・11 号墳は新羅ⅠB 期とする。

　筆者は TK23 型式が夢村土城から出土し、その型式の一点が 475 年にあると考える。TK23 型式と TK47 型式が共伴することが多いことから型式幅が少なく、初現期の TG232、TK73、TK216 型式も窯の数が少ないにもかかわらず変化が早いことから、型式年代が短いと考えられる。TK208 型式は製品も多くなり、ON46 段階を含め 20 年を考え、他の型式は 15 年とし、400 年頃を大庭寺窯跡の須恵器生産開始期としたい。

4. 初現期須恵器の出現年代

　平城宮跡（佐紀遺跡）SD6030 下層の幅 4～6 ｍの小川から木器未製品が出土し、伐採年代が 412 年という。出土須恵器は TK73 型式の甑破片であるが、型式は確実ではなく、田中清美は TK216 型式とする。

　宇治市街遺跡の溝跡の底から約 20 点の大庭寺窯跡の製品と同型式の須恵器が、未製品の木器とともに出土した。年輪年代測定は 389 年、炭素 14 ウィグルマッチ法の年代測定では 359calAD～395cal である。年輪年代から須恵器の年代を求めるならば、TK73 型式が 412 年、TG232 型式が 389 年と年代的にはうまく並んでいる。田中は須恵器の出現は遅くとも 4 世紀第 4 四半期には始まっていた（田中 2007）とし、その可能性は高くなってきたといえる。

　しかし、389 年は筆者の須恵器出現年代 400 年を約 11 年遡るだけで、1 型式の年代幅はない。かりに 389 年を TG232 型式の存続年代とするならば、持ノ木古墳の「須恵器」は 4 世紀後半となろう。持ノ木古墳に共伴する陶質土器、福泉洞 31・32 号墳並行期を 4 世紀後半まで遡らせた場合、日韓年代の整合性が保てるのか、まだ課題も多い。

神戸市出合窯跡出土土器について亀田修一は、窯跡から出土した瓦質土器と還元炎焼成硬質土器を再検討し、還元炎焼成硬質土器を須恵器とした（亀田 2008）。朝鮮半島では、陶質土器、瓦質土器、軟質土器が登窯で焼成されており、陶質土器と瓦質土器、瓦質土器と軟質土器が焼成される場合があり、両者が同一窯から出土することを考えると、出合窯跡で瓦質土器と併焼した製品は須恵器の定義に当てはまり、百済・栄山江流域系であるものの亀田のいうように須恵器と呼べる。

最近の初現期須恵器の出現は、4世紀代に始まるという見解が出てきている。出合窯跡を須恵器とすれば、百済地域からの技術導入であり、持ノ木古墳例を須恵器と認めれば加耶系、大庭寺TG232・231号窯は、加耶系主体に新羅的様相、栄山江流域的様相が加わっている。このように初現期の系譜は各地の工人が渡来し、それぞれの地域の形態がそのままに作られている、規制のない生産体制である。それが出現期須恵器生産の特色といえよう。

5. 畿内6世紀の須恵器編年

6世紀の編年の中で最も問題な時期はTK10型式からTK43型式の間である。田辺昭三は、TK10型式とTK43型式の間に（　）で型式の存在を想定した（田辺 1966）。その後、TK10型式の新古を使用して、TK10型式（新）はTK43型式へ連なる型式と捉えている（田辺 1981）。ところが、石井智大が「(田辺が) TK10型式に新古を設定したときにその基準を明示せず、図版のみに陶器山85号窯跡の資料の一部を抽出して提示したことも混乱の一因があろう」とまとめているように、『須恵器大成』に掲載された陶器山85号窯跡（以下MT85窯跡）の資料について、田辺TK10型式（新）と考えられて抽出し（『陶邑Ⅳ』資料には多くの様相が見られる）提示されたならば、資料の様相は、TK43型式に近く、TK10型式（古）との間は急激な変化となってしまう。

中村浩の編年はⅡ型式1段階がMT15型式に、Ⅱ型式4段階がTK43型式に対応しているようで、その間に2段階入る。Ⅱ型式2段階はTK10型式に対

応するが、Ⅱ型式3段階はTK10型式（新）に対応することになろう。

　白石耕治は陶邑谷山池地区の須恵器編年を行い、1期をMT15型式、2期をTK10型式、3a期をMT85号窯跡資料、3b期をTK43型式とTK209型式、4期をTK209型式並行とした。

　田辺のTK10型式は、提示されている資料についてまとまりがあるようで問題はないと考えられる。田辺がTK10型式（新）として提示されたと考えられるMT85号窯跡資料は、坏蓋には口唇部にわずかに面があるように描かれている例があり、稜部を持つ例も見られる。『陶邑Ⅳ』のMT85号窯跡資料のうち、この時期として該当する資料は、口唇部の面が描かれず、稜もほとんど見られない（井藤ほか1979）。田辺は『須恵器大成』で「高蔵10型式以降長脚2段2方透しとなる」（41頁3行目）、「坏蓋の下端部には高蔵10型式まで稜をもつが、その後の型式では単に丸くおさめる…（中略）…坏蓋の天井部と体部との境界も高蔵10型式でわずかに稜の名ごりをのこすが、それ以後はほとんど境界を認めがたくなる」（41頁10行目）、「坏蓋の場合、端部を単に丸くおさめるようになるのはさらに一型式遅れて高蔵10型式（新）から高蔵43型式の頃である」（145頁）とする。すなわち田辺の考えるTK10型式（新）は、坏蓋口唇部が丸く、稜はほとんど境界を認めがたく、高坏も長脚2段2方透しと、MT85号窯跡の様相を述べているようである。

　中村のⅡ型式3段階は、蓋坏が最大径となり、坏蓋口唇部には面を持つが、稜部はなくなり、高坏は3方透しである。白石耕治も3a期の坏C1は大型で、やや小さい坏C2とともに坏蓋口唇部に面を持つものの、稜はなく、高坏も3方透しである。

　このように見たとき、田辺のTK10型式（新）＝MT85号窯跡資料と、中村Ⅱ型式3段階と白石の3a期は、蓋坏稜部の有無と口唇部の面の有無の違いである。すなわち田辺のMT85号窯跡資料には口唇部に面を持たない新相と、稜部の痕跡がわずかに見られる古相がある。中村・白石の編年は、口唇部に面を持つ古相と、稜部の痕跡を持たない新相があり、田辺と時期的に前後逆転する様相を持っているのである。TK10型式（新）には中村・白石のように坏蓋

口唇部に面を持つものの、稜はないものとすべきであろうか。

　勝福寺古墳出土須恵器を検討した石井智大は、TK10号窯跡資料は型式学的にまとまりがあり、細分することは困難であることから「TK10型式期古段階」とし、続くTK10型式期新段階を探った。まず、無蓋高坏脚部はTK10型式期新段階では長脚1段透孔は認められないこと、坏部についてTK10号窯跡資料では口縁が外方に開き、中位に突出する稜を持つが、新段階は口縁がまっすぐ上方に立ち上がり、突出する稜は中位と下位に見られるとし、また脚端部は明瞭な面をなすとする。甕はTK10号窯跡資料に比べて頸部が締まり、口縁部がのび、体部が小型化する特徴がある。石井は勝福寺古墳第Ⅲ段階の蓋坏をTK10型式期新段階とするが、蓋には稜があり、口縁には面を持つ。すなわち中村編年Ⅱ型式3段階がTK43型式に近い様相であるのに対して、石井のいうTK10型式期新段階はTK10号窯跡資料に近い様相とする（石井 2007）。

　このようにTK10型式（古）とTK10型式（新）は田辺、中村、白石らのいずれをとっても隙間があり、これを画期とすべきか、石井のいうように変化は漸移的であるとしてTK10型式（古）により近づけるべきか、が問題である。勝福寺古墳第Ⅲ段階の坏蓋は同一窯から一括で供給された様相があり、窯を使用した型式編年は、窯式編年である一定期間の操業資料が混在していることから、石井が突き詰めたTK10型式期新段階よりもさらに広い様相が想定される。田辺のTK10型式（新）坏蓋は端部を丸くおさめるというが、石井は中村のⅡ型式3段階がTK43型式にかなり近い様相とする。その坏蓋には端部に面を持つのである。地域差も含めさらに検討すべきであろう。

　ちなみに田辺のTK10型式（新）がMT85号窯跡資料とするならば、MT85号窯跡資料はTK43型式に類似する特徴があり、近接すると考えられる。MT85型式をTK43型式の中に含めて、段階として前半に置くべきで、TK10型式（新）にMT85号窯跡資料を含めるべきではない。MT85号窯跡資料は研究者それぞれの解釈により一人歩きした感がある。TK10号窯跡資料は公表された資料だけを見るならばまとまりのある資料で、型式学的に細分することは困難であることを考えると、TK10型式（新）の名称は使用することが適切

であるのか疑問である。TK10型式（新）とすると、従来のTK10型式を新たに分割したように捉えられる。田辺が、TK10号窯跡資料の未公表の中にTK10型式（新）を見出していて設定していた可能性もあるが、今は知るよしもない。TK10型式（新）は適当な型式名ではないが、本章ではMT85号窯跡資料を抜いた様相をTK10型式新相として使用する。[(1)]

続いてTK43型式であるが、田辺はTK10型式以降長脚2段2方透しになること、蓋坏の蓋や坏身の口唇部は丸くおさめ、蓋の稜部も境界を認めがたく、坏身の立ち上がりも次第に低く内傾し、全体に浅くなるとする。また、新たに供膳用の盤・皿類、長頸瓶、平瓶なども作られはじめるという。

田辺は飛鳥寺創建期前の土層中より発見された須恵器片がTK43型式に相当する特徴を持つことから、TK43型式を飛鳥寺の建立が始まった587年の直前かその少し前の年代とした。西口壽生が図化した飛鳥寺下層の須恵器は、坏蓋の口径14 cm、坏身の蓋受け部径15.2 cmである（西口 1999）。蓋は器高が高いが口唇部に面はなく、身は蓋受け部下に丸味を持ち、口縁部も高いことから、『須恵器大成』や『陶邑Ⅳ』のTK43号窯跡資料よりも明らかに古相であり、直接的な年代根拠とはならない。田辺がTK43型式とした飛鳥寺下層の須恵器は、TK43型式より遡るが、先のTK10型式新相までは入らないであろう（第19図）。

6. 畿内の須恵器年代

TK23型式について、筆者は韓国ソウルの夢村土城第3号貯蔵穴から出土したTK23型式の須恵器は、漢城百済が滅亡した475年以前に入ったものとし、出土したTK23型式の年代の定点を475年とした。2008年度韓神大学で発掘したソウル風納土城の206号井戸遺構は、一辺11mの方形の掘込地業中央に、下方は方形の木組み、上方は隅丸方形の石組みの井戸が見つかった。井戸は深さ3mあり、井戸底から251個体のほぼ完形の土器が5段に整然と積まれて出土した。土器は百済や全羅南道の馬韓までの各地からもたらされた5世紀第

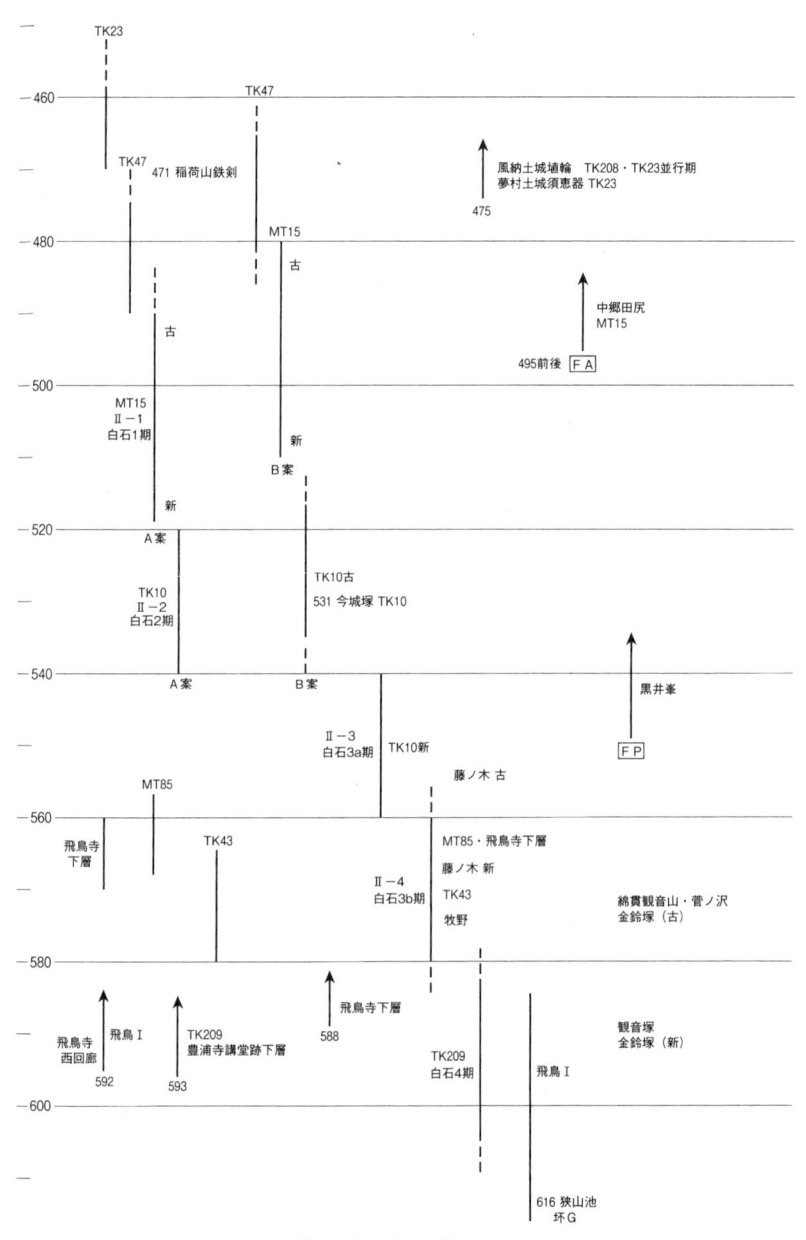

第19図　須恵器変遷図

1四半期の土器であった。井戸を廃棄する時に入った土器の中から、TK208型式あるいはTK23型式並行の円筒埴輪片が出土した。夢村土城のTK23型式の須恵器とともに、漢城百済の滅亡と関わり下限年代を示すと考える。

また最近、奈良県香芝下東2号墳の木棺下からTK23からTK47型式にかけての蓋坏6点が出土し、木棺の年輪年代から449～450年で、伐採年代はおよそ450年代から460年代と想定されていることから、TK23型式からTK47型式にかけての1点がそれ以前に存在していたことになる（辰巳 2009）。

著名な埼玉・稲荷山古墳の辛亥銘鉄剣は、471年と531年説があるものの、田辺は471年をとり、須恵器はTK47型式の中でもやや古い型式的特徴を持つとし、TK47型式が6世紀に入るとした。白石太一郎は、鉄剣を出した礫槨出土の鈴杏葉が須恵器のⅡ型式1段階（MT15型式）の時期まで下げざるを得ないことから、くびれ部出土のⅠ型式5段階（TK47型式）の須恵器は未発見の中心的な埋葬施設に並行する時期とした。すなわち辛亥銘の年代は追葬された礫槨の被葬者の葬送年代を想定する材料となり、Ⅱ型式1段階（MT15型式）の須恵器の暦年代を示すとした。同様に熊本県江田船山古墳の大刀に記されたワカタケル大王である雄略の崩年干支から、鉄刀は490年代に作られた。鉄刀の形式や須恵器などからⅡ型式1段階（MT15型式）はやはり5世紀末の490年代に遡るとした（白石 1985）。

次に継体天皇陵と考えられている高槻市今城塚古墳からTK10型式の須恵器が出土する。坏蓋は稜を持つが、口唇部に面がないものがあり、有蓋高坏は長脚2段で4方があり、上下の区画線は低い位置で、下方の透しは三角である。脚端部は丸く、面を作らないなどからTK10型式古相におけよう。継体の崩年は『古事記』で527年、『日本書紀』では531年という。同様にTK10型式の須恵器を出土する福岡県岩戸山古墳は筑紫君磐井の墓といわれ、『日本書紀』では528年が没年とする。

藤ノ木古墳について、木下亘は報告書の中でやや古相、新相が含まれるものの、全体的に見てTK43型式とした（奈良県立橿原考古学研究所 1995）。白石太一郎も藤ノ木古墳の二人の被葬者を穴穂部皇子と宅部皇子と想定して、出土

した須恵器をTK43型式とし6世紀第4四半期とした（白石 2009）。ところが白石耕治は、谷山池編年と比較して谷山池3a期のMT85号窯跡資料に並行するとして、6世紀中葉〜第3四半期とした（白石 2007）。

　出土した須恵器は有蓋高坏長脚2段であるが、より長い脚の方が坏部口縁が高く、蓋も稜を持ち、短い脚の方は蓋に稜がない。無蓋高坏も坏部に稜が1本と2本があり、前者が古い。

　木下は藤ノ木古墳の須恵器が複数の窯からきていること、その中にはセット関係があることを指摘された。同様に白石耕治も同一工人・同一窯焼成の可能性の高い、脚部の高い有蓋高坏ⅡA類24〜28（報告書土器番号）には稜部を持つ蓋8・9が伴い、脚部の低い有蓋高坏Ⅲ類29・30には蓋20・21が伴い稜部が不明瞭で、前者の脚部の高い方が坏部の立ち上がりも高く、型式的には古い様相を持つとした。ちなみに稜部を持つ蓋は8点（8〜15）、稜部の不明瞭な蓋は6点（16〜21）である。TK43号窯の資料を見ると高坏蓋には稜部がなく、坏蓋にもない。また高坏坏部の立ち上がりも藤ノ木古墳例が高く、脚部の高いことから、TK43型式を遡るといえよう。しかし、田辺のMT85号窯の資料の問題から明確な比較はできないが、MT85号窯の坏蓋に稜部を持つ例が少しであるが存在することから、藤ノ木古墳はTK10型式とTK43型式の間で、白石耕治の谷山池3a期に該当しよう。いずれもまだ2方透しやTK43型式以降多く見られる短脚の高坏が見られず、無蓋高坏に4方透しがあることからもTK43型式まで下らないと考え、藤ノ木古墳の古相の須恵器はTK10型式新相であろう。

　白石太一郎は、奈良県牧野古墳について押坂彦人大兄皇子の成相墓に擬し、7世紀の早い段階まで生きていたと想定し、TK209型式の古い段階（Ⅱ型式5段階）を7世紀初頭前後とした。しかし、この須恵器は土生田純之も触れているように2時期あり、やや古い様相はTK43型式からTK209型式古相まで含まれる（土生田 1991）。先の藤ノ木古墳の新相である有蓋高坏は、牧野古墳の古相と類似することから、藤ノ木古墳古相はやはりTK43型式よりも遡るであろう。

西口壽生は、小墾田宮推定整地以前の土層出土須恵器は飛鳥寺下層の須恵器よりも新相で、TK43 型式に近い。また、飛鳥寺回廊の完成は 592 年で、飛鳥寺西回廊基壇、南石敷広場下層から出土した土器は、口径 12.5 cm の底部ヘラ削りを施した坏身で、飛鳥Ⅰに共通点が多いという。豊浦寺講堂下層の掘立柱建物が豊浦宮と関わるならば、掘立柱建物以前の土層から出土した、口径 14 cm で底部調整した坏身は 593 年以前と考えられ、掘立柱建物廃絶後で講堂以前のこの土器は飛鳥寺西回廊の土器よりも古いという（西口 1999）。
　592 年以前飛鳥寺西回廊基壇→ 593 年以前豊浦寺講堂下層→ 588 年以前飛鳥寺下層と古くなるが、飛鳥寺西回廊基壇の土器には飛鳥Ⅰの様相が見られることから、飛鳥Ⅰは 590 年少し前には出現していたことになり、TK209 型式の始まりもその頃であろう。とすると、豊浦寺講堂下層を介して、飛鳥寺下層須恵器の時期を想定するならば、588 年の下限に近い年代とするよりも、さらに前に持っていくべきであろう。豊浦寺講堂下層須恵器は TK43 号窯跡資料よりも MT5-Ⅲ号窯跡資料に類似するが、時期的には TK43 型式に含めてよいであろう。飛鳥寺下層出土須恵器は、TK43 型式をやや遡る古い様相を見せる。
　年代的には飛鳥寺西基壇から、飛鳥Ⅰや TK209 型式は 580 年代には出現し、豊浦寺講堂下層須恵器や飛鳥寺下層須恵器から、TK43 型式は 560 年前後には出現し 580 年頃まで、MT85 号窯跡資料は TK43 型式の前半の段階で飛鳥寺下層出土土器も同様であろう。TK43 号窯跡資料や牧野古墳は TK43 型式の後半におけ、白石耕治の 3b 期、中村のⅡ型式 4 段階に並行しよう。

7. 榛名山火山灰と群馬の須恵器

　田辺昭三は、群馬県の須恵器生産が TK23 型式前後の頃まで遡ると指摘し、高崎市堀米前遺跡から ON46 号窯段階の須恵器が相当量出土していることから、現地生産の可能性を示唆した。その後筆者も群馬県内における在地産須恵器の変遷について検討したことがある（酒井 2002）。
　年代の定点となる資料はないものの、群馬県内に降下した火山灰の上層・下

層から出土した須恵器により前後を判断できる例があることから、まずそこから検討してみよう。

　榛名山二ツ岳渋川テフラ Hr-FA、通称 FA は近年までの研究蓄積の中で 6 世紀初頭と推定されていた。最近中村賢太郎らは、渋川市二ツ岳東山腹地下 5 m の、3～4 m 堆積した火山灰の中から未炭化の樹木を採集した。最も太く長いのは直径 55 cm、長さ 5 m で、3 本とも樹皮が残っていたという。いずれも晩材で成長が止まっていることから、同時に火山灰の降下により活動が停止したと想定できるという。3 本の樹木から得られた炭素 14 年代についてウィグルマッチングを行った結果、降下年代は 5 世紀末の 495 ／＋3 ／－6 calAD という（第 20 図）（中村ほか 2008）。

　この火山灰層に覆われた渋川市中郷田尻遺跡の住居跡（第 21 図）から、MT15 型式新相の須恵器坏身と坏蓋が出土する（第 22 図）。このほか伊勢崎市多田山古墳群 69 竪穴から、やや脚が長くなった短脚無蓋高坏と長脚 1 段無蓋高坏など、MT15 型式新相の須恵器と土師器が出土した（藤野 2009）。土師器

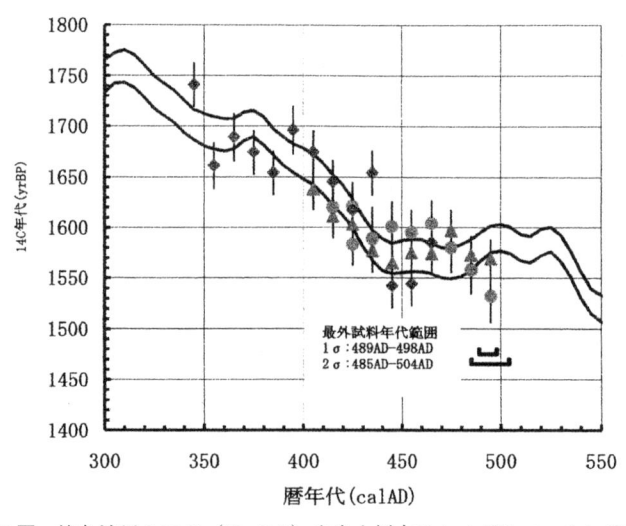

第 20 図　榛名渋川テフラ（Hr-FA）中出土倒木のウィグルマッチング結果

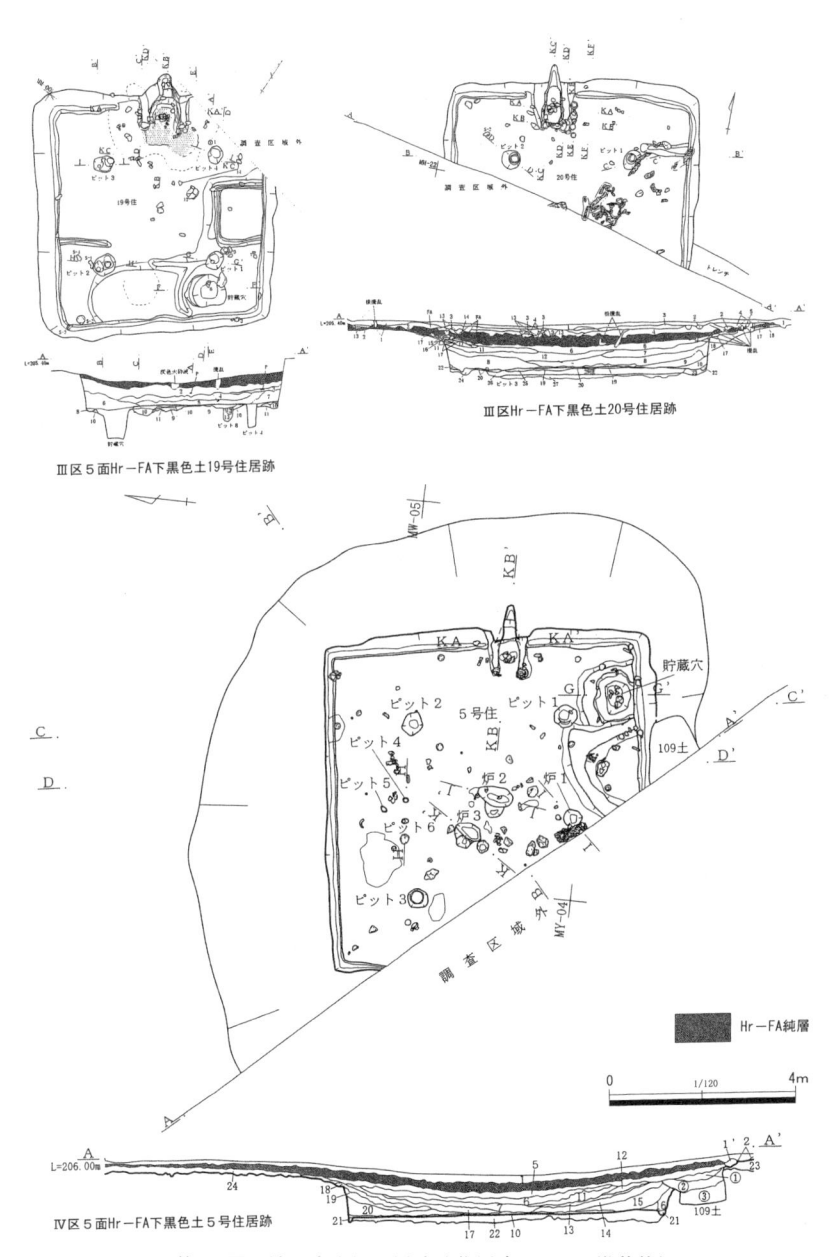

第 2 章 須恵器の編年と年代観 55

第 21 図 渋川市中郷田尻遺跡住居内 Hr-FA 堆積状況

は群馬県で一般的に FA の降下層下から出土する形態である。もし、FA の降下年代が 5 世紀末ならば、MT15 型式はそれ以前に始まっていたことになり、白石太一郎の年代観を支持することになる。

　次に渋川市（旧子持村）黒井峯遺跡では榛名山二ツ岳軽石 Hr-FP、通称 FP の降下によって村落の活動が停止したようで、FP によって厚く覆われていた。FP は 6 世紀中頃に噴火したという。また、FA も確認でき、FA 以前→ FA 以後→ FP 以前→ FP 直下と火山灰との関係から、須恵器の変遷が見える。ここでは FP 直下の須恵器について述べていくが、蓋坏は口径 13 cm 前後が見られるようになり、16 cm 前後の大型も並存し両者が同じ住居から出土する場合もある。蓋は大小とも口唇部に段を持つが、稜部の段が不明瞭な例、天井部が扁平で口縁部が長い例、口縁部が「八」の字状に開く例が多く特徴的である。特に口唇部の段は、面ではなく東海西部産と同様長い段が見られるようになる。坏身は口唇部に段はないが、口縁部は長く内傾し、「八」の字状に開く蓋の口縁部が重なりやすくなっている。底部は蓋と同様扁平な平底風の例が多いが、B-102 号平地式建物の 15、C-78 号平地式建物の 17、B-173 号高床式建物の 1 から出土した例などは深い丸底も見られる。この丸底の坏身は、口縁部が短く内傾する傾向があり新相である。特に C-48 号平地式建物の 5、B-104 号平地式建物の 4、B-39 号平地式建物の 3、C-137 号窪地の 10 の坏身は、口縁部が短くより新しい。

　高坏は無蓋 1 段 3 方透しがいまだ存在するが、口径 19 cm 前後と大型である。有蓋高坏は 2 段交互透しで、器高は蓋を除いて約 17〜20 cm、3 段交互透しは器高約 23.6 cm あり、いずれも脚部は太い。坏部の口縁部は高いが口唇部の段はなく、蓋は坏蓋と同様天井部が扁平で稜の痕跡をもち、口縁は「八」の字状に開き、口唇部に長い段を持つなど古い様相を持つ。

　𤭯は体部が大きく、頸部も太く直線的に広がり古い様相を持つ C-147 号平地式建物例がある。B-198 号平地建物例は体部がやや小さくなり、頸部はやや細く下方は直線的に上方は大きく開き、口縁部は高さを持ち新相である。頸部の文様構成は吉田知史の 1 段型 E 類にあたり（吉田 2007）、吉田は TK10 型

式新相とするが、B-198 号平地建物例は口縁部の高さが増し、口径が大きく開き後出するであろう。

　提瓶について FP 降下以前の資料は大型で環状把手を持ち、胴部の一方が扁平である。しかし、FP 直下資料は小型で鉤状把手や把手を持たない例も多くなり、胴部は扁球形で MT85 号窯跡資料に近い。

　黒井峯遺跡の蓋坏の多くは、蓋口唇部の段、稜部の存在、口径 16 cm 前後と大型であること、坏身の口縁部の高さから陶邑谷山池 2 期に近い様相に見える。しかし、浅身で口縁が内傾するなど新しい様相が見られることから、火山灰に覆われた下限が TK10 型式新相の時期であろう。高坏も 1 段 3 方透しが残存し、2 段 3 方透しが主体で、脚部が太いこと、2 方が見られないこと、脚端部は外へ張り出し面をなさないが、東海西部の影響と考えれば、一部 TK10 型式古相に入るかもしれないが、降下時期の土器は TK10 型式新相におけよう。𤭯についても口頸部がラッパ状に開き口縁部が高く、谷山池 3a 期か吉田知史のいう TK10 型式新相であろう。提瓶も小型扁球形で把手がない例が多くなることから、谷山池 3a 期から 3b 期であろう。黒井峯遺跡の FA 直下の須恵器は総体的には谷山池 3a 期、TK10 型式新相に並行しよう。

　続く高崎市綿貫観音山古墳の須恵器は、在地産と近畿地方からの搬入品がある（平野 1999）。在地産は坏蓋 2 点、坏身 3 点、無蓋高坏 2 点、𤭯 1 点、台脚付長頸壺、甕 3 点、搬入品は無蓋高坏 2 点、小型無蓋高坏 2 点、𤭯 1 点、提瓶 1 点である。搬入品の無蓋高坏は坏部に稜線が 2 本入り、脚端部が面をなすが、在地産無蓋高坏は 1 段 2 方透しと 2 段 3 方透しであり、脚端部は外方に張り出し面を作らない。また、𤭯も口頸部が細く絞られて低く、口縁部高が高くなり牧野古墳例と類似している。提瓶は環状把手で胴部の一方が扁平で厚みがあり、古相である。在地産の蓋坏は、坏蓋の稜部が沈線あるいは屈曲であらわされ、口唇部の段は長い。坏身は蓋受け部が短く張り出さないことが特徴である。口縁部は蓋に合わせて内傾する。蓋の口径は 14.7 cm と 15.2 cm で、黒井峯遺跡例より小型で口縁部が大きく開き、新相で TK43 型式並行におけよう。

　高崎市観音塚古墳は、無蓋高坏が 2 段 3 方透しと古い様相を保持するもの

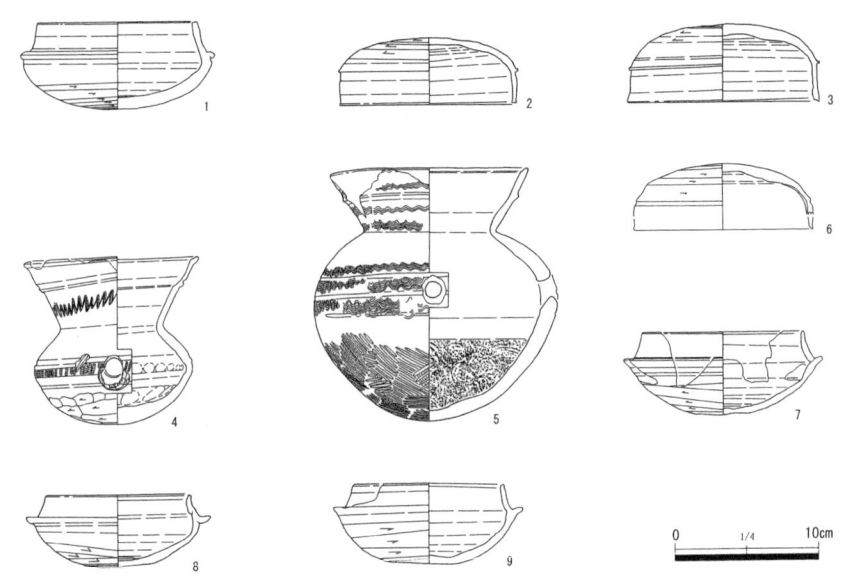

1：Ⅲ区5面Hr-FA下黒色土45号住居跡　2：Ⅳ区5面Hr-FA下黒色土1号遺物集中　3：Ⅳ区5面Hr-FA下黒色土3号遺物集中　4：Ⅲ区4面Hr-FA下18号住居跡　5・8：Ⅳ区4面Hr-FA下2号遺物集中　6：Ⅲ区5面Hr-FA下黒色土19号住居跡　7：Ⅲ区5面Hr-FA下黒色土20号住居跡　9：Ⅳ区5面Hr-FA下黒色土5号住居跡

第22図　渋川市中郷田尻遺跡 Hr-FA 下出土須恵器

の、台脚付長頸壺は牧野古墳に類例があるが、観音塚古墳例は肩部が強く屈曲して張り、新相である。甑は脚を持ち、頸部が低くなるとともに細く絞られ、口縁部は幅広くなる。提瓶は、環状把手を持つものの胴径が16cmと小型であり、つまみを持つ蓋を共伴することからも陶邑谷山池4期、TK209型式並行におけよう。

8. 須恵器年代観のまとめ

畿内の須恵器の年代についてまとめてみると、第19図A案のようにTK23型式は450年代あるいは460年から、470年頃までは続いたであろう。その後TK47型式が続くが、490年頃までであろう。関東において住居跡などで

TK23型式とTK47型式が共伴する場合が多く、両型式の時間幅はあまりないと考えており、両方の型式を合せておよそ30年前後ではないかと想定する。

　続くMT15型式は長く継続し、古相、新相があろう。MT15型式はⅡ型式1段階、谷山池1期が並行しよう。群馬県榛名山二ツ岳の火山灰FA降下層下からMT15型式新相の須恵器が出土し、FA降下が495年前後の5世紀末としたならば、B案となろう。しかし、この年代は一例だけであり今後の課題といえようが、MT15型式が5世紀代に入るという白石太一郎の見解が提示されていることから、重要な指摘だといえよう。もしB案が成り立つならば、TK47型式からMT15型式の転換は480年代となろう。また、香芝下東2号墳の木棺下から出土した須恵器が、TK23型式よりもTK47型式により近いことを考えるならば、460年代前半にはTK23型式とTK47型式の重複があろう。

　520年より前にはTK10型式が始まり、これをTK10型式古相として、540年前後にはTK10型式新相・Ⅱ型式3段階・谷山池3a期が始まるが、その内容は各氏により異なり、さらなる検討が必要である。

　560年頃前後にはTK43型式が始まり、580年にわずかに入るまで続くであろう。前半がMT85号窯跡資料が該当し、後半はTK43号窯跡資料である。580年頃から600年過ぎまでTK209型式が続くが、前後に分かれよう。

註
（1）田辺が『須恵器大成』でMT85号窯跡資料を提示したが、『陶邑Ⅳ』（大阪府）でさらに多くの内容の資料が公表されたことから、TK10号窯跡資料もはたして選択されて『須恵器大成』に掲載されている可能性もある。田辺がTK10型式（新）を設定した背景は、現在ではうかがい知れない。
（2）日高慎にご教授いただいた。

参考文献
石井克己　1990『黒井峯遺跡発掘調査報告書』群馬県北群馬郡子持村教育委員会
石井智大　2007「勝福寺古墳出土須恵器の編年的位置」『勝福寺古墳の研究』大阪大学文学部研究科考古学研究報告第4冊
井藤徹ほか　1979『陶邑Ⅳ』大阪府教育委員会

亀田修一　2008「播磨出合窯跡の検討」『岡山理科大学埋蔵文化財論集』岡大理科大学埋蔵文化財研究会
慶南発展研究院歴史文化財センター　2004『山清明洞遺跡Ⅰ』
権五榮　2008「漢城百済研究の最新成果」『漢城百済の歴史と文化』枚方市教育委員会・(財)枚方市文化財研究調査会
古墳文化研究会　1922「観音塚古墳出土品の基礎的検討」『観音塚古墳調査報告書』高崎市教育委員会
酒井清治　1997「古墳時代の須恵器―須恵器研究の視点―」『副葬された器　古墳時代の須恵器』第10回高崎市観音塚考古資料館企画展
酒井清治　2002「関東の古墳時代須恵器編年」『古代関東の須恵器と瓦』同成社
白井克也　2003a「馬具と短甲による日韓交差編年―日韓古墳編年の併行関係と暦年代―」『土曜考古』第27号、土曜考古学研究会
白井克也　2003b「日本における高霊地域加耶土器の出土傾向―日韓古墳編年の併行関係と暦年代―」『熊本古墳研究』創刊号、熊本古墳研究会
白井克也　2003c「新羅土器の型式・分布変化と年代観―日韓古墳編年の併行関係と暦年代―」『朝鮮古代研究』第4号、朝鮮古代研究刊行会
白石耕治　2000「陶邑窯における古墳時代の須恵器　6、7世紀を中心に」『須恵器生産の出現から消滅―猿投窯・湖西窯編年の再構築―』東海土器研究会
白石耕治　2007「陶邑編年と藤ノ木古墳の須恵器」『財団法人大阪府文化財センター・日本民家集落博物館・大阪府立弥生文化博物館・大阪府近つ飛鳥博物館2005年度共同研究成果報告書』(財)大阪府文化財センター
白石太一郎　1985「年代決定論」『岩波日本考古学』岩波書店
白石太一郎　2009「須恵器の暦年代」『年代のものさし―陶邑の須恵器―』大阪府近つ飛鳥博物館
辰巳陽一　2009『香芝市埋蔵文化財発掘調査概報28―平成19年度―』香芝市教育委員会
田中清美　2007「年輪年代法からみた初期須恵器の年代観」『日韓古墳・三国時代の年代観（Ⅱ）』国立歴史民俗博物館・釜山大学校博物館
田辺昭三　1966『陶邑古窯址群Ⅰ』平安学園考古学クラブ
田辺昭三　1981『須恵器大成』角川書店
中村賢太郎ほか　2008「ウィグルマッチング法による榛名渋川噴火の年代決定」『日本第四紀学会講演要項集』38、日本第四紀学会
中村　浩　1978「和泉陶邑窯出土遺物の時期編年」『陶邑Ⅲ』大阪府教育委員会
中村　浩　2001『和泉陶邑窯出土須恵器の型式編年』芙蓉書房
奈良県立橿原考古学研究所　1995『斑鳩藤ノ木古墳第二・三次調査報告書』斑鳩町・斑鳩町教育委員会

西口壽生　1999「コラム：あすかふじわら⑤　飛鳥地域の再開発直前の土器」『奈良国立文化財研究所年報』1999-Ⅱ、奈良国立文化財研究所

土生田純之　1991『日本横穴式石室の系譜』学生社

平野進一　1999「玄室内の須恵器について」『綿貫観音山古墳―石室・遺物編―』群馬県教育委員会・(財) 群馬県埋蔵文化財調査事業団

藤野一之　2009「Hr-FAの降下年代と須恵器暦年代」『上毛野の考古学Ⅱ』群馬考古学ネットワーク

夢村土城発掘調査団　1985『夢村土城発掘調査報告』

吉田知史　2007「文様と形態から見た後期古墳出土甑の編年」『勝福寺古墳の研究』大阪大学文学部研究科考古学研究報告第4冊

嶺南文化財研究院　1997『宜寧泉谷里古墳群Ⅰ・Ⅱ』

嶺南文化財研究院　2004『高霊池山洞古墳群Ⅰ』

図版出典

第1表　白井 2003b に加筆
第15図　嶺南文化財研究院 2004
第16図　嶺南文化財研究院 1997
第17図　慶南発展研究院歴史文化財センター 2004
第18図　夢村土城発掘調査団 1985
第20図　中村ほか 2008
第21図　藤野 2009
第22図　藤野 2009

第3章　陶邑TK87号窯出土の樽形土器の再検討

1. はじめに

　大阪陶邑窯跡群内の大庭寺遺跡TG（栂）231・232号窯が発掘されて以来、初現期の須恵器研究はその系譜をはじめ多くの問題が検討されてきた。特に系譜については加耶系とすることに異存はないようである。また、その編年的位置づけについてはTK（高蔵寺）73号窯に先行することについても問題はなく、TG232窯式の設定もされるようになってきた。その後、ON（大野池）231号窯が発掘され、TG232号窯とTK73号窯を結ぶ窯として注目された。

　本章で問題とする樽形𤭯については、現段階で最古の須恵器窯跡と考えられるTG231・232号窯には出土せず、続くON231号窯には見られることから、新たに出現する器形といえる。樽形𤭯は胴部を横に置いた樽形で、胴部上位に𤭯と同じ円孔が開けられているが、ON231号窯出土例は一般的な例とともに円孔の位置に筒状の注口を付ける樽形𤭯が出土する（第23図1）。しかし、その後この注口を持つ樽形𤭯は確認できず、いまだ韓国でも確認されていないため、その出自、変遷は不明といえる。ところが、TK87号窯には「樽形土器」、「樽形壺」あるいは「異形注口付土器」と呼称される細長い注口を持つ樽形の土器（第23図7・8、同一個体）が存在する（中村1978、田辺1981）。この須恵器について再検討することにより、初現期須恵器の系譜を考える一つの材料が提示できると考え本章を記す。

64　第Ⅰ部　須恵器生産と年代

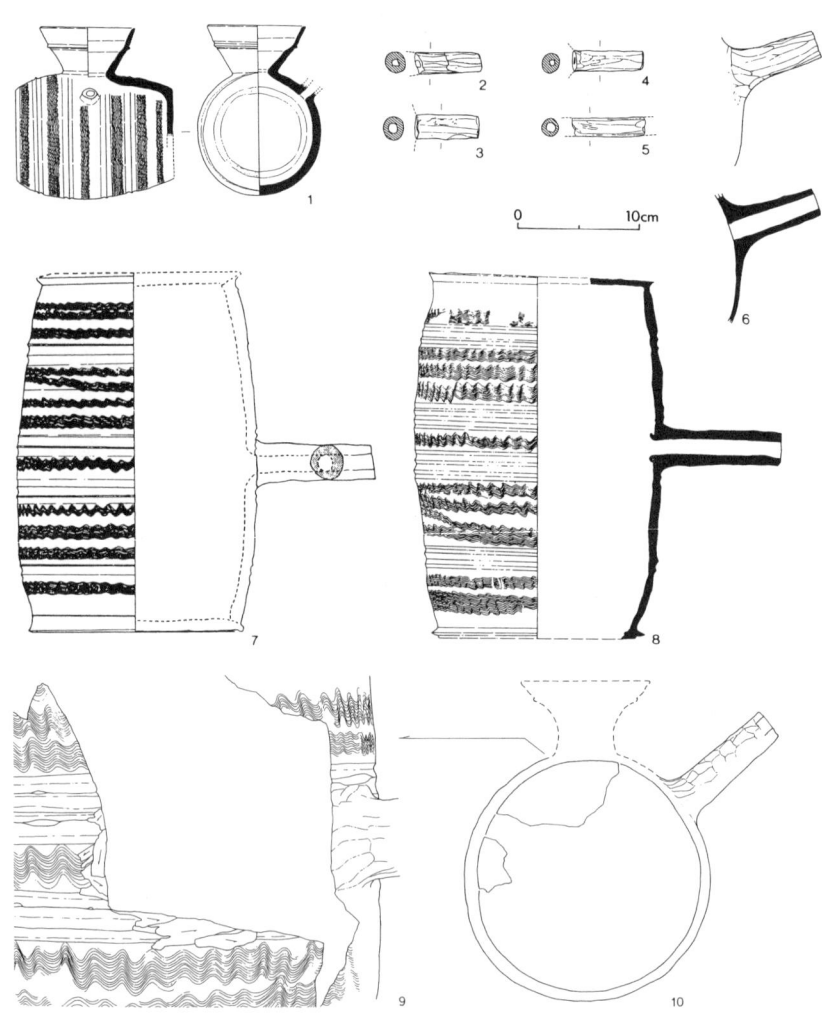

1-5：大阪府堺市陶邑 ON231 号　6：堺市大庭寺遺跡 1-OL 土器溜り中層　7-10：陶邑 TK87 号窯

第 23 図　注口付樽形𤭯と樽型土器

2. TK87 号窯の樽形土器について

　TK87 号窯の樽形土器（第 23 図 7・8）は樽形部の円板部間の幅 29.4 cm、円板径 18.7 cm と 17.7 cm、最大径 20.1 cm で、樽形部はやや膨らみを持つ円筒形である。注口部は指頭による撫で整形され、長さ 9.7 cm で径 2.6〜3.2 cm と太い。円板部の接合、施文は樽形𤭯と同様で、胴部には 2 本一組の突線を 4 ヶ所に巡らし、その間を波状文で施文する。

　田辺昭三は TK87 号窯出土の樽形土器（樽形壺）について、「これとよく似た土器は朝鮮にあり、醤油、酒などの腐敗しやすい液体を貯蔵する容器として、最近まで使用されていたという。体部を横たえて液体を注入したのち、栓をして直立させると、空気の侵入を防いで腐敗を防止するらしい」とした（田辺 1971）。この名称は「朝鮮民俗容器の中に『チャングン』と称するものがあり」として、藤沢一夫の「百済の土器陶器」の引用文献を記す。

　藤沢一夫は田辺の引用した文章を、軽部慈恩の『百済美術』から引用している。藤沢自身は背負運搬器具であるいわゆるチグに載せて水を運ぶとか、畑に下肥を運ぶなどの用に供されているのを目撃したという（藤沢 1955）。

　ちなみに韓国では、『百済土器図録』（百済文化開発研究院 1984）に「横瓶」とあるものの、国立扶餘博物館の特別展『百済土器』（国立扶餘博物館 1994）では「チャングン缶」とされ、『韓国考古学改正用語集』（韓国考古美術研究所 1984）ではチャングンを「缶、横缶」と訳し、『エッセンス韓日辞典』では「水・酒などの運搬用の土器（底面は平たく上部は半円形の陶製または木製）」とする。陶器の例では朝鮮時代に脚を付け、俵形の胴部を横にし、口縁部を上にして使用した例、高麗時代の文字の記したものや、朝鮮時代の文様を描くものから胴部を立てて使用したことが明らかな両者の例がある（慶北大学校博物館 1988）。三国時代においては百済に横瓶が多く、側縁の一方が扁平な横瓶は、扁平な部分を下にして立てて使用した可能性がある。しかし、それらはいずれも口縁部径が大きく、日本でも通有の横瓶である。TK87 号窯樽形土器

は、注口にあたる部分が細長く、胴部の両側縁が平坦で朝鮮半島にも類例はなく、はたしてチャングンと同様の使用方法であったのか疑問である。

ここで、樽形土器は注口部を除けば樽形𤭯と類似していることから、詳細に観察してみると、注口部からやや離れた位置に指頭による撫で整形が見られる（第23図9）。この撫で整形がなにかを接合したように、円弧を描くように施される。その段階は波状文の施文後で、注口の接合と同じ段階である。またその位置は胴部最大径であることも注目される。この撫で整形の位置は、筒状の注口部を樽形𤭯の注口部と同様、斜め上方に位置させると樽形𤭯の口縁部の位置にあたることから、撫で整形は本来あったと想定される口縁部の接合痕の可能性が高い。このようなことから樽形土器はON231号窯例と同様、筒状注口付樽形𤭯の可能性が高いのではなかろうか。

『陶邑Ⅲ』と田辺の『須恵器大成』に載せられた樽形土器の実測図を比較すると、『陶邑Ⅲ』の方（第23図8）は両側の側板径がそれほど違わないため胴部が円筒形に近いが、『須恵器大成』（第23図7）では一方が小さくなり、あたかも上下があるようにも見受けられ、口縁部がないと判断されたことからも、胴部を立てる形態が想定されたのではないかと推測する。

樽形土器は復元されており、残念ながら内部の観察はできないが、ON231号窯の筒状注口付樽形𤭯が確認されたことから、いまだ日韓に類例のないチャングンの一種と考えるよりも、あえて筒状注口付樽形𤭯と想定してみたい。

3. 筒状注口を持つ𤭯の諸例

注口を持つ𤭯には、壺形𤭯と樽形𤭯の両者があり、さらにそれらを模倣した埴輪があるので紹介してみる。

（1）堺市 ON231 号窯樽形𤭯（西口 1994）

筒状注口付樽形𤭯は器高 13.7 cm、胴部最大径 10.2 cm、側部円板間の幅が 13.2 cm と小型であるが、注口の基部のみ残存する。このほか筒状の注口の破

片が4個体出土するが（第23図2〜5）、外面は削り整形され、外径は1.5〜1.9 cm、長さは5.3〜6.0 cm以上を測る。ON231号窯の樽形𤭯は出現期の例といえるが、外面を櫛描波状文や刺突文、沈線文などで飾ったものと無文のものがあり、後者のほうが数は少ない。無文の存在は壺形𤭯の初期の例に無文が多いことと共通する。時期は5世紀前半であろう。

（2）大阪市長原遺跡出土の筒状注口付大型壺形𤭯（櫻井 1997）
　𤭯は胴部最大径20 cm、残存高16 cmを測る大型𤭯で、筒状の注口は長さ4 cm以上で外径2〜3 cm、内径1 cm、頸部までの容量は約2.2 Lという。注口の基部は接合のため太くなる。時期は5世紀後半であろう。

（3）堺市大庭寺遺跡1-OL土器溜り中層出土筒状注口土器（藤田ほか 1995）
　筒状注口土器（第23図6）は注口部のみの破片で、全体の形態が不明という。注口部の外面は細かいヘラ削りによって丁寧に仕上げられているようである。注口は球形の体部に付けられるが、注口の長さ7 cm、外径2.3〜3 cm、内径1.2 cmを測る。

（4）松本市平田里第1号墳出土筒状注口付樽形𤭯形埴輪（松本市教育委員会 1994）
　樽形𤭯形埴輪は、円筒の上に樽形を作るが、そこには長い筒状の注口が付く。しかしこの筒状の注口が最初から付いていた器形であったのか、篦竹を差し込んだものを模したのか不明確である。古墳の時期は5世紀後半から6世紀初頭である。

（5）浜松市郷ヶ平6号墳出土𤭯を捧げ持つ人物埴輪
　長い筒状の注口の付いた壺形𤭯形埴輪で、時期は6世紀前半であることから、篦竹を差し込んだものと考えられる。

注口を持つ𤭯の諸例はわずかで、𤭯のほとんどは篦竹を差し込み注口とするようである。注口部の周辺に漆を塗り筒状の注口を付着させた例もある。しかし、当初より筒状の注口を付けた𤭯は初現期須恵器の一部といえるようである。

4. 筒状注口を持つ𤭯の系譜

筒状注口を持つ樽形𤭯の出現は、ON231号窯段階の樽形𤭯出現期のごく一時期に見られる。そこで問題になるのは、須恵器を伝えた工人の故地の陶質土器にすでに存在していたと見るか、列島に伝えられた段階の須恵器導入期に新たに考え出された器形であるのかということである。

筆者は以前須恵器の変遷について検討し、陶邑窯跡群内では大庭寺窯跡（TG232・231号窯）→陶邑 TK73・85号窯→（　）→ TK87号窯→ TK216号窯の変遷を考えた。地域の違う一須賀2号窯については大庭寺窯跡（TG232・231号窯）→一須賀2号窯→ TK73号窯と想定した（酒井 1994a, 1994b）。

西口は、新たに報告された ON231号窯の編年的位置づけを、TG232号窯→ ON231号窯→ TK85・73号窯と考えた（西口 1994）。その根拠の一つが蓋の天井部に施される櫛描刺突文である。TG232号窯には櫛描刺突文が存在するが、TK85・73号窯には存在せず、ON231号窯には櫛描刺突文を施文するものとしないものの両者が存在することから、施文するものからしないものへと変遷するとした。また、甕の格子目叩きの量差にもふれ、格子叩きが56％存在する ON231号窯は、わずかしか出土しない TK85・73号窯よりも古いとした（西口 1994）。かつて中村は TK85・87・73号窯について、斜格子・格子・縄蓆文叩きが少なくなり、さらに新しくなると平行叩きが多くなるという量的な差から、TK85号窯→ 87号窯→ 73号窯の変遷を考えた（中村 1981）。それに対して筆者はほぼ同時期の TG22号窯には格子叩きが見られないこと、ON22号窯には格子叩き68％、平行叩き13％、平行で一部格子叩き19％であることから、かならずしも格子叩きの量差が新古を示すものではないと考え

た（酒井 1994a）。西口は ON231 号窯の格子叩きは 56 % とするが、ON22 号窯でも 68 % あることから大野池の 2 例が圧倒的に多い。これに対して、現段階で最古である大庭寺 TG232 号窯では大甕について「平行叩きが主体で縄蓆紋タタキと格子目タタキがわずかにある」（藤田ほか 1995）としており、前述した TG22 号窯に格子叩きが見られないことも含め、必ずしも古いほど格子叩きが多いとはいえず、陶邑窯跡群では群ごとあるいは谷ごとに違いがあり、これが系譜の解明につながる可能性がある。

　ともあれ、西口の蓋の櫛描刺突文の量差から見た TG232 号窯→ ON231 号窯→ TK85・73 号窯の変遷については首肯できる。TG232・321 号窯には樽形𤭯は見られないが、ON231 号窯には存在することから、この段階が樽形𤭯の出現期といえよう。壺形𤭯については、TG232 号窯では図化されたものは 4 個体、TG231 号窯では 2 個体だけであったが、ON231 号窯では多く出土し、𤭯が須恵器出現期にはわずかに作られる器形であり、その後すぐに樽形𤭯とともに量産されはじめた器形といえる。このことについて筆者は、朝鮮半島における樽形𤭯と壺形𤭯の生産地が全羅南道を中心としていることから、技術導入が加耶系主体から𤭯を多く生産する百済あるいは栄山江流域が主体となったためと解釈した（酒井 1994a, 1994b）。

　ON231 号窯は、筒状注口を付けた樽形𤭯と、付けない一般的な樽形𤭯の両者を生産している。ON231 号窯では筒状注口の出土数から 5 個体は存在したと推定されるものの、その後には見られない器形である。では、筒状注口付樽形𤭯はどこで考え出された形態であろうか。

　ON231 号窯には、多くの樽形𤭯が出土するが、その形態、文様はさまざまである。その中で、樽形部の側部、円板の周縁の違いにより大きく三つに形態分類できる（第 24 図）。筒状注口を持つものは側部の円板周縁に突帯を巡らず、まさにビヤ樽形となる（第 24 図 3）。この類例は ON231 号窯以外ではほとんどないが、韓国の全羅南道霊岩郡万樹里古墳群 1 号甕棺（第 24 図 1）と暁星女子大学校博物館蔵（第 24 図 2）の 2 例は筒状注口を持たないものの類似する。特に暁星女子大学校博物館蔵例は、口縁部が ON231 号窯と酷似し、

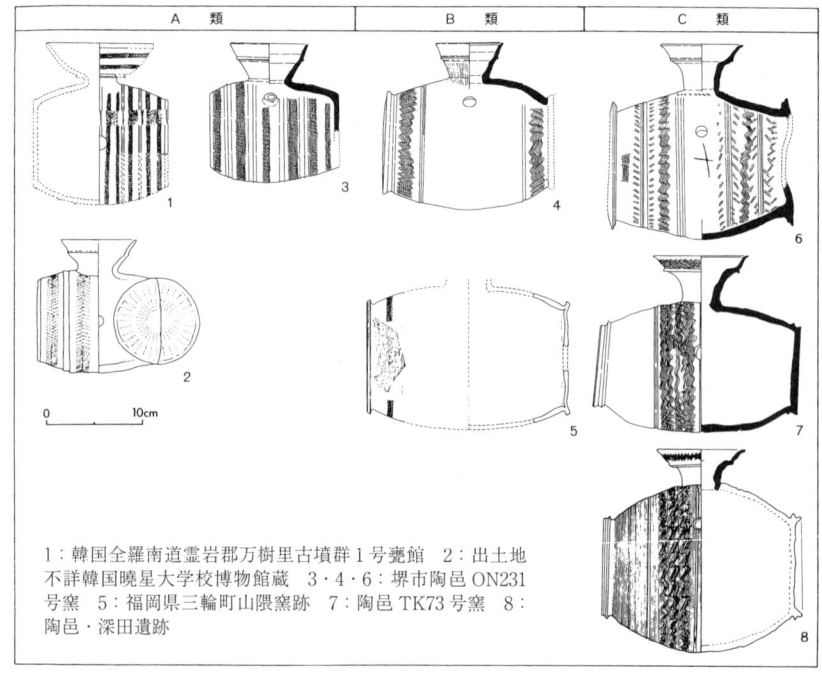

第24図 樽形𤭯の類別

1：韓国全羅南道霊岩郡万樹里古墳群1号甕棺　2：出土地不詳韓国暁星大学校博物館蔵　3・4・6：堺市陶邑ON231号窯　5：福岡県三輪町山隈窯跡　7：陶邑TK73号窯　8：陶邑・深田遺跡

同一系譜上にあると想定できる。これらを一応A類とする。

　次にON231号窯には側部にそれより大きな板を当てて塞いだため、側部円板周縁に突線が巡る例（第24図4）がある。この類例も少ないが、山隈窯跡（九州大学考古学研究室 1990）の樽形𤭯（第24図5）が同類で、これらをB類とする。山隈窯跡は大庭寺TG232号窯と系譜が違い、加耶系でも慶尚南道西部を中心とした地域の系譜を引くと考えられることから、この樽形𤭯も朝鮮半島の系譜を引く可能性が高い。

　このほかON231号窯にはB類と同様円板を当てる形態であるものの、円板周縁の突帯内側に段を持つ例（第24図6）があり、これをC類とする。後続するTK73号窯では円板周縁の突帯の段が突線に変化するため、円板の周縁には突線が2本巡る形態となる（第24図7）。このC類は、樽部の形態が円筒形

に近いものから胴部中央が膨らむ形態（第24図8）へと変遷するが、口縁部はA・B類と違い大きく外反する特徴を持つ。このC類が列島において樽形𤭯の主流となる。

　このように樽形𤭯の形態分類、変遷から見るならば、TK87号窯の樽形土器（樽形𤭯）は、樽形𤭯B類に分類される。𤭯の使用方法は、長原遺跡の筒状注口付壺形𤭯、平田里第1号墳の筒状注口付の樽形𤭯形埴輪、および郷ヶ平6号墳壺形𤭯形埴輪などから、筒状の注口を付けて使用する方法が当初からあったはずである。ON231号窯の樽形𤭯出現期には筒状注口が見られることから、列島において新たに考え出されたとしたならば、なぜその後も継続して作られなかったのか疑問が残る。樽形𤭯A・B類は初期の段階で消滅することから半島との系譜関係が想定できる。しかし、𤭯が多く出土する韓国全羅南道にも現段階では筒状注口付𤭯は存在しない。ただ、新羅地域を中心として筒状注口を付けた小壺が分布することから（愼仁珠 1998）、朝鮮半島において注口を付ける器形を知る工人が、列島において考え出した可能性もあり、今後関連を探る必要があろう。

　このように、筒状注口付樽形𤭯は列島で新たに作られた器形と想定し、列島の中ではON231号窯に見られるように焼成時に筒状注口が折れやすい製作上の理由から受け入れられず、すぐに消滅し、一部TK87号窯まで残った器形と考えたい。

5．おわりに

　本章はTK87号窯の樽形土器が全く類例のない器形である疑問から始まったが、観察によって樽形𤭯の可能性が高いと判断した。須恵器技術導入期には一系の技術系譜だけでなく、各地の工人が須恵器生産に関与していたようである。樽形𤭯の出現期と考えられるON231号窯ではA・B・C類の各種の𤭯が見られ、中でもA類の筒状注口付樽形𤭯が朝鮮半島の栄山江流域の樽形𤭯と樽部の形態が類似することから、栄山江流域と倭の交流の中で類似した樽形𤭯

がつくられたのであろう。また、TK87号窯の樽形土器（筒状注口付樽形𤭯）、山隈窯跡の樽形𤭯が一般的な樽形𤭯とやや違う点は、樽形𤭯についても一系ではない可能性が想定でき、初現期の須恵器生産渡来工人が、多系譜であったといえよう。TK87号窯の樽形土器がはたして樽形𤭯かどうかも含めてご批判いただけるならば幸甚である。

参考文献

岡戸哲紀　1996『陶邑・大庭寺遺跡V』大阪府文化財調査研究センター調査報告書10、大阪府教育委員会・大阪府文化財調査研究センター
韓国考古美術研究所　1984『韓国考古学改正用語集』
九州大学考古学研究室　1990「山隈窯跡群の調査」『九州考古学』65
曉星女子大学校博物館　1992『博物館図録』
百済文化開発研究院　1984『百済土器図録』百済遺物図録2
慶北大学校博物館　1988『慶北大学校博物館図録』
国立扶餘博物館　1994『百済土器』
酒井清治　1993「韓国出土の須恵器類似品」『古文化談叢』30（中）、九州古文化研究会
酒井清治　1994a「わが国における須恵器生産の開始について」『国立歴史民俗博物館研究報告』57
酒井清治　1994b「日本における初現期須恵器の系譜」『伽耶および日本の古墳出土遺物の比較研究』（『平成4・5年度科学研究費補助金（総合A成果報告書）』）国立歴史民俗博物館
櫻井久之　1997「管付き𤭯」『葦火』69
徐聲勳・成洛俊　1984『靈岩萬樹里古墳群』光州博物館学術叢書3光州、国立光州博物館・百済文化開発研究院
愼仁珠　1998「新羅注口附容器に対する研究―有孔廣口小壺との比較・検討を中心に―」『文物研究』2、東アジア文物研究学術財団
田辺昭三　1971「須恵器の誕生」『日本美術工芸』390
田辺昭三　1981『須恵器大成』角川書店
中村　浩　1973『陶邑・深田』大阪府文化財調査抄報2、大阪文化財センター
中村　浩　1978『陶邑III』大阪府埋蔵文化財調査報告書30、大阪文化財センター
中村　浩　1981『和泉陶邑窯の研究』柏書房
西口陽一　1994『野々井西遺跡・ON231号窯跡』大阪府埋蔵文化財協会調査報告書8、大阪府教育委員会・大阪府埋蔵文化財協会
藤沢一夫　1955「百済の土器陶器」『世界陶磁全集』13、河出書房

藤田憲司・奥和之・岡戸哲紀　1995『陶邑・大庭寺遺跡Ⅳ』大阪府埋蔵文化財協会調査報告書90、大阪府教育委員会・大阪府埋蔵文化財協会
松本市教育委員会　1994『松本市出川南遺跡Ⅳ　平田里古墳群』松本市文化財調査報告115、松本市教育委員会

図版出典
第23図　1～5：西口 1994、6：藤田ほか 1995、7：田辺 1981、8：中村 1978、9・10：筆者作図
第24図　1：徐聲勲ほか 1984、2：暁星女子大学校博物館 1992、3・4・6：西口 1994、5：九州大学考古学研究室 1990、7：中村 1978、8：中村 1973

第Ⅱ部
列島出土の朝鮮半島系土器と渡来人

第1章　日本の軟質土器と渡来人

1. はじめに——軟質土器研究の現状と問題点——

　日本出土の軟質土器は朝鮮半島から渡来した渡来人が列島に持ち込み、あるいは渡来人が列島で製作した軟質の土器である。その器種は平底鉢（深鉢形土器）・壺・甕・堝・甑などである。朝鮮半島においては坏などもあるものの、ほぼこの5器種が主体である。

　朝鮮半島から渡来人が持ち込んだ土器でも陶質土器・瓦質土器に比べ列島の土師器に多大な影響を与えた軟質土器の名称については、各地で研究が進んだため必ずしも統一がとれていない。三国時代以前は朝鮮系無文土器、楽浪土器あるいは三韓系土器と呼ばれる時代、あるいは系譜を限定して使用する場合もある。三国時代のかつて漢式土器と呼ばれた土器は、現在韓式系土器の名称で使用される場合が多い。しかし韓式系軟質土器・韓式系土師器・朝鮮半島系土器・朝鮮三国系軟質土器・朝鮮三国系赤焼土器・土師質韓式系土器などさまざまな名称がある。その理由はさまざまで、どれをとってもそれほど問題はないのであるが、筆者は韓式系という場合韓国の土器、すなわち新羅・百済・加耶の地域を連想するため、高句麗を含めた土器の意味で朝鮮半島系土器と呼んでいる。

　さて、このような土器は列島に多く出土するが、朝鮮半島由来の土器は軟質土器ばかりでなく陶質土器もあるが、軟質土器は渡来人が直接使用した日常什器であるため、渡来人がどこから来たのか、出自・故地が検討できる。渡来人と推測できた場合、渡来人はどのような目的でそこに居住し、受入側の倭人と集落内での生活スタイルはどうであったのかなどを探ることが可能である。ま

た、土器はどのように用いられ、どのように変化し、土師器との関連はどうであったのかも検討できる。

このような可能性を列島各地の代表的な遺跡出土の軟質土器を例にとり探ってみたい。

2. 集落跡出土の軟質土器

(1) 福岡市西新町遺跡

遺跡は博多湾に面しており、弥生終末期～古墳時代前期の集落である。武末純一によれば、多くの朝鮮半島系土器、大型板状鉄斧、多量の畿内系・山陰系の土師器が出土するという。遺跡の西側に在地的様相、東側には渡来的様相が見られ、3世紀前半代には一部竈がつくられるという。また、東側の朝鮮半島系土器は西半部に百済系土器、東半部に加耶系土器が目立つことから、それぞれの地域の渡来人が存在した。しかし、朝鮮半島系土器は全体の2％前後であることから、渡来人は集団にまとまっていたわけではなく、在来の人々、近畿・山陰の人々と混在していたと考えられている。また武末は遺跡を加耶の鉄をめぐる交易との関わりを想定されている。出土土器の中には百済系といっても全羅道との関わりのある土器が見られ、加耶とともに朝鮮半島でも南岸地域との交流がより顕著であったようである。

(2) 高崎市剣崎長瀞西遺跡

剣崎長瀞西遺跡は集落址と古墳群から成る。集落は北東斜面に沿った台地上に広がり、調査されたⅠ区とⅡ区は北東斜面から入る谷で区切られる。古墳時代中期の住居跡は和泉期52軒で谷の縁辺に広がる。その中で軟質土器を出土した住居は14軒で、同時期の住居の中でもさらに谷の縁辺に近づき集中して分布する。また、Ⅰ区の谷縁辺に方墳があり、積石塚で金製垂飾付耳飾りを出土するが、ここからも軟質土器が出土する（第25図）（黒田 2001）。

軟質土器は甑・長胴甕である。甑は牛角状把手を持ち平底で多孔である。こ

第1章 日本の軟質土器と渡来人　79

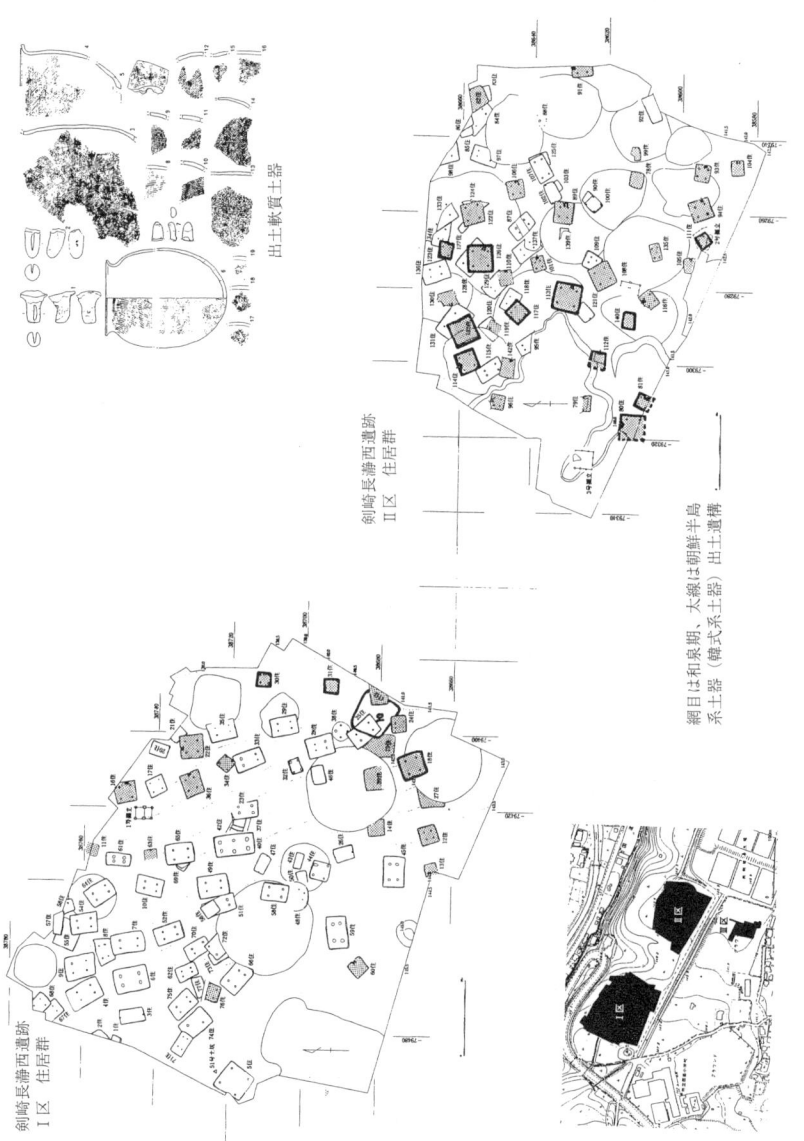

第25図　高崎市剣崎長瀞西遺跡と軟質土器

網目は和泉期、太線は朝鮮半島系土器（韓式系土器）出土遺構

剣崎長瀞西遺跡 II区 住居群

出土軟質土器

剣崎長瀞西遺跡 I区 住居群

の把手には上部に溝と下部に刺突状の窪みが見られ、明らかに軟質土器の特徴を持つ。格子叩きが主体で平行叩きもある。平行叩きは長胴甕に見られる。甑は平底多孔であるものの、口縁部が外反することから加耶系の可能性が高い。

　この遺跡には積石塚があり、加耶系のＸ字銜留め付鏡板付轡をはめた馬の骨が出土し、殺馬儀礼の馬葬土坑と考えられる。また、金製垂飾付耳飾り、軟質土器の出土からも渡来人が居住し、その目的は馬匹生産であったことが想定されている。

（3）岡山市高塚遺跡

　古墳時代中期の住居跡から軟質土器平底鉢・長胴甕・甑が出土するが、格子叩きのみという。軟質土器は土師器とともに出土しているが、中期集落の拡大と竈を持つ小型２本柱で方形プラン・長方形プランの住居群の存在から渡来系の人々を編入した結果と渡来人との関わりが想定されている。この時期は造山・作山古墳造営の時期にあたり、周辺には鍛冶集団と関わる集落が存在することから、高塚遺跡の渡来人もそのような技術・文化を伝えた渡来人の居住が想定される。

（4）四条畷・寝屋川の遺跡

　旧河内湖の周辺およびそこに注ぐ河川沿いには、５世紀代の軟質土器を出土する渡来人が居住した集落がある。この遺跡の中には馬骨を出土する遺跡も多く、渡来人と馬匹生産の関連が想定されている。また、製塩土器が出土することも特徴で、これは馬の飼育に必要な塩の生産と関わるという。四条畷市奈良井遺跡では方形周溝状の祭場跡があり、馬がいけにえあるいは埋葬されていたという。また、中野遺跡、南野米崎遺跡や寝屋川市讃良郡条里遺跡、楠遺跡などからも馬骨と軟質土器が出土しており、馬が埋葬されていたことが分かる。

3. 須恵器生産と軟質土器

（1）兵庫県神戸市出合窯跡

　出合窯跡は天井を持つ構造窯である。焚口から燃焼部が下がり、再び焼成部が上る登窯である。平面形は長さの割に幅広く、韓国忠清北道鎮川郡三龍里窯跡、同三水里窯跡に類似している。出土土器は深鉢、口のすぼまる壺、口の開く甕のほか、牛角状把手を持ち蒸気孔は平底で多数の円孔が開いた甑である。焼成は灰色であるが、瓦質であり、韓国忠清南道天安市清堂洞遺跡に形態は類似しており、焼成も瓦質土器の系譜を引いていると考えられる。時期は4世紀後半と想定されるが、この時期列島に土器を焼成する構造窯が出現していたことになる。この場合渡来人は土器を生産する工人であったが、どのような経緯で渡来したか不明である。

　筆者は出合窯跡の瓦質土器について、その後の土器に影響を及ぼした痕跡はなく、一時期生産されただけの窯と考え、須恵器につながらないため須恵器と呼ぶべきでなく、陶質土器の系譜を引く須恵器生産以前の土器と解釈していた。しかし、亀田修一によって出合窯跡に硬質土器の存在することが明らかになった（亀田 2008）。近年の百済あるいは栄山江流域の発掘では窯内から硬質土器と、瓦質土器あるいは軟質土器が共伴する例が増加している。同時併焼か一つの窯をそれぞれの工人が利用した結果なのか不明確である。いずれにしても出合窯跡の場合、この窯で硬質土器と瓦質土器が出土することから、半島の事例と共通する。陶邑においてもTK73、TK85窯跡など、初現期の窯では同じ状況であることを考慮すると、出合窯跡出土の還元炎焼成瓦質土器と共伴する還元炎焼成硬質土器は、須恵器と呼んでも差し支えないことになる。その後の大庭寺遺跡、宇治市街遺跡の須恵器と系譜の問題もあるが、揺籃期の須恵器導入期のあり方であろう。

　当時すでに朝鮮半島には陶質土器が生産されていたことを考慮すると、この工人たちは、5世紀的な土器生産を主目的に渡来したのか、渡来人自ら使用す

る土器を生産したのか検討が必要であるが、類例を待ちたい。4世紀代の瓦質土器は近畿においてはまだ少なく、この出合窯跡の存在は百済あるいは栄山江流域からあるまとまりを持った集団が渡来したことを想定させる。

(2) 大阪府堺市大庭寺窯跡

陶邑窯跡群 TG（梅）231・232 号窯、および 393-OL（小開析谷）・1-OL（谷部 1 土器溜り）から出土する（第 26 図）。谷部から出土した多くの軟質土器は、台地上に居住した渡来人が投棄した土器群で、平底鉢・長胴甕・㙉・甑がある。軟質土器は灰原からも出土するが、出土する軟質土器が黒斑を持っていないこと、灰白色、瓦質、硬質、還元炎焼成のものもあることから、窯で焼成された可能性が高い。しかし、須恵器と同時に焼成されたか定かでない。

大庭寺遺跡出土の須恵器は加耶系である。台地上に居住した渡来人は須恵器生産に関わったと推測される。では彼らが使用した軟質土器の系譜はどうであろうか。軟質土器の叩き文は平行・格子・縄蓆文などがある。軟質土器の深鉢は叩き目がないものが多く、形態も加耶系である。長胴甕・㙉の中には青海波当て目を持つことからも、これらも加耶系である。問題は甑である。甑はいずれも平底で中央に大きな円孔と周囲に小円孔が巡る筆者分類 4 類、多円孔の 5 類がある。平底の甑は加耶西部から百済・栄山江流域の地域に分布する。大庭寺遺跡の甑は口縁部が外反し、叩き目が少ない。栄山江流域の甑は口縁部が直線的であり、叩き目も全面に施されることから、大庭寺遺跡の甑は加耶系である。363-OL では総破片数が須恵器 72％、軟質系土器 20％、土師器 8％であることから、日常土器として軟質土器の割合は高く、大庭寺遺跡は渡来人が須恵器生産を目的に居住した集落であろう。

(3) 三重県津市六大 A 遺跡

旧河道 SR2 と大溝遺構 SD1 から軟質土器が出土する。器種は甕・長胴甕・把手付㙉・甑・有孔鉢・平底鉢があり、特に甕・甑・把手付㙉が多く平底鉢はほとんどないという。格子叩きが主体で、少数の縄蓆文があるが平行叩きはほ

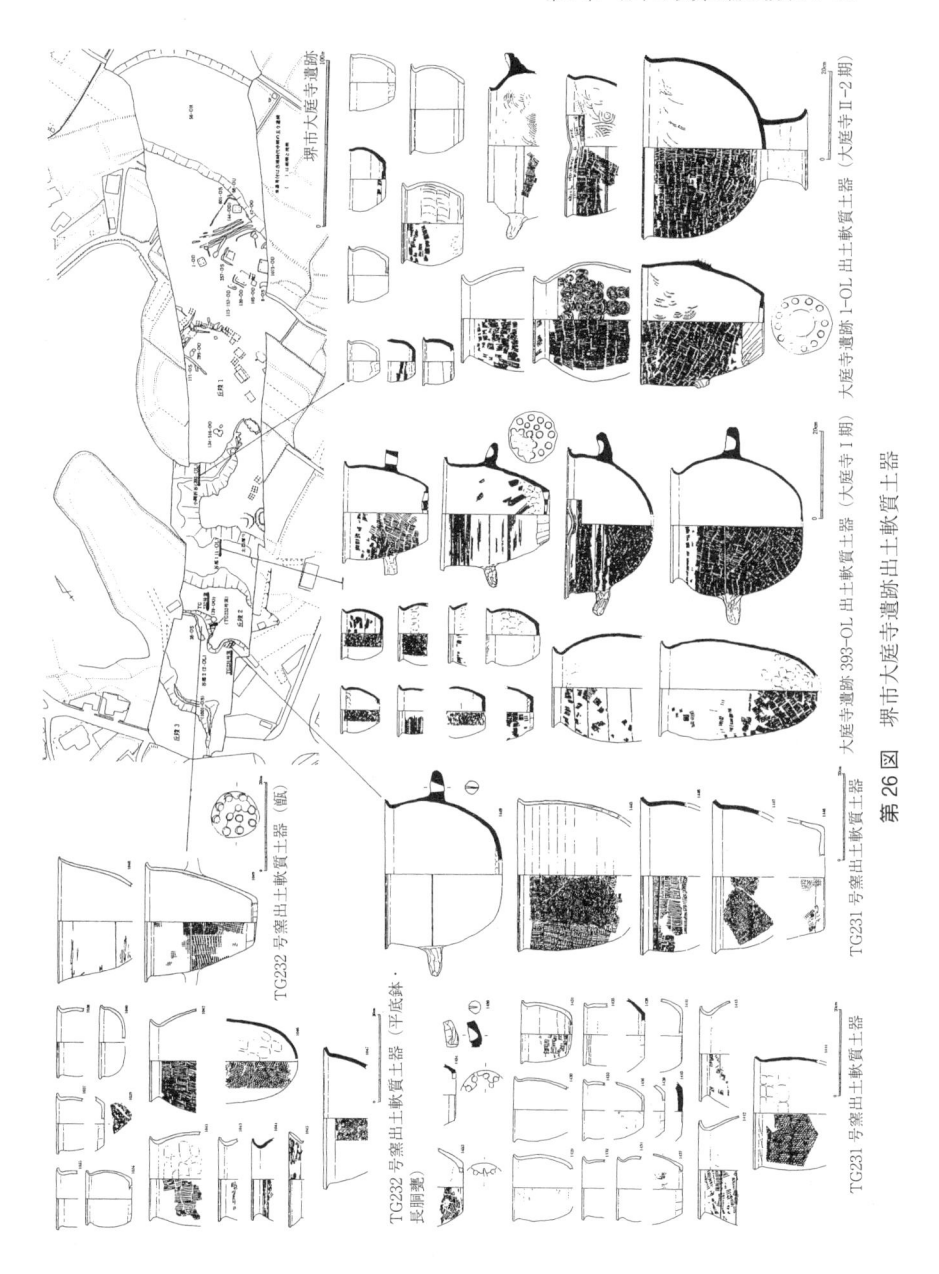

第1章 日本の軟質土器と渡来人 83

第26図 堺市大庭寺遺跡出土軟質土器

とんどない（穂積 2002）。甑は筆者の1・2・3類がある。大庭寺遺跡でも触れたが、百済・栄山江流域から加耶地域に分布するものの、六大A遺跡の甑の多くが口縁部が外反することから、加耶系の可能性がある。須恵器について穂積裕昌は、金海や咸安の陶質土器との関連を想定した。SD1では大量の武器形木製品や滑石製品を用いた祭祀行為が行われ、渡来系文物はカミに供されたとし、この祭祀は首長関連とする。

また穂積は、軟質土器を使用した渡来系集団は、焼け歪んだ製品、形態や文様、器種から初期須恵器等の窯業生産に関わっているとした。

4. 須恵器に取り入れられた軟質土器の器形

（1）陶邑窯跡群の須恵器と軟質土器

陶邑ではTK73号窯に軟質土器の器形が見られる（第27図）。平底鉢と甑があり、両者とも平行叩きである。また、大甕に平行文に直交して2本刻まれる叩きが見られるが、この叩きと類似するものが百済および全羅南道地域の栄山江流域にある。続くTK85号窯にも平行叩きを施す甑と長胴甕があり、TK305号窯にも甑や平底鉢が見られる。TK305号窯の甑の底部は平底で、中央に大きな円孔が、周囲に小さな円孔を穿つ筆者分類の4類であり、軟質土器の器形そのものである。このように初期の須恵器生産にはまだ多くの渡来人が関わっていたことが想定され、かれらは須恵器とともに自らが使用する軟質土器を焼成していたようである。その後陶邑の窯では平底鉢は焼成せず、甑が須恵器の器形として取り入れられ、少ないながらも焼成される（第27図6）。

（2）名古屋の須恵器と軟質土器

名古屋市伊勢山中学校遺跡では5次までの調査で住居跡・土坑の中から尾張型の須恵器が出土している。須恵器は東山111号窯期（陶邑TK216並行）でそれを遡る可能性もある。それとともに軟質系器種の須恵器が出土する（第28図1〜4）。SK108では平行叩きの甑で、底部平底で円孔が1＋6（筆者分類

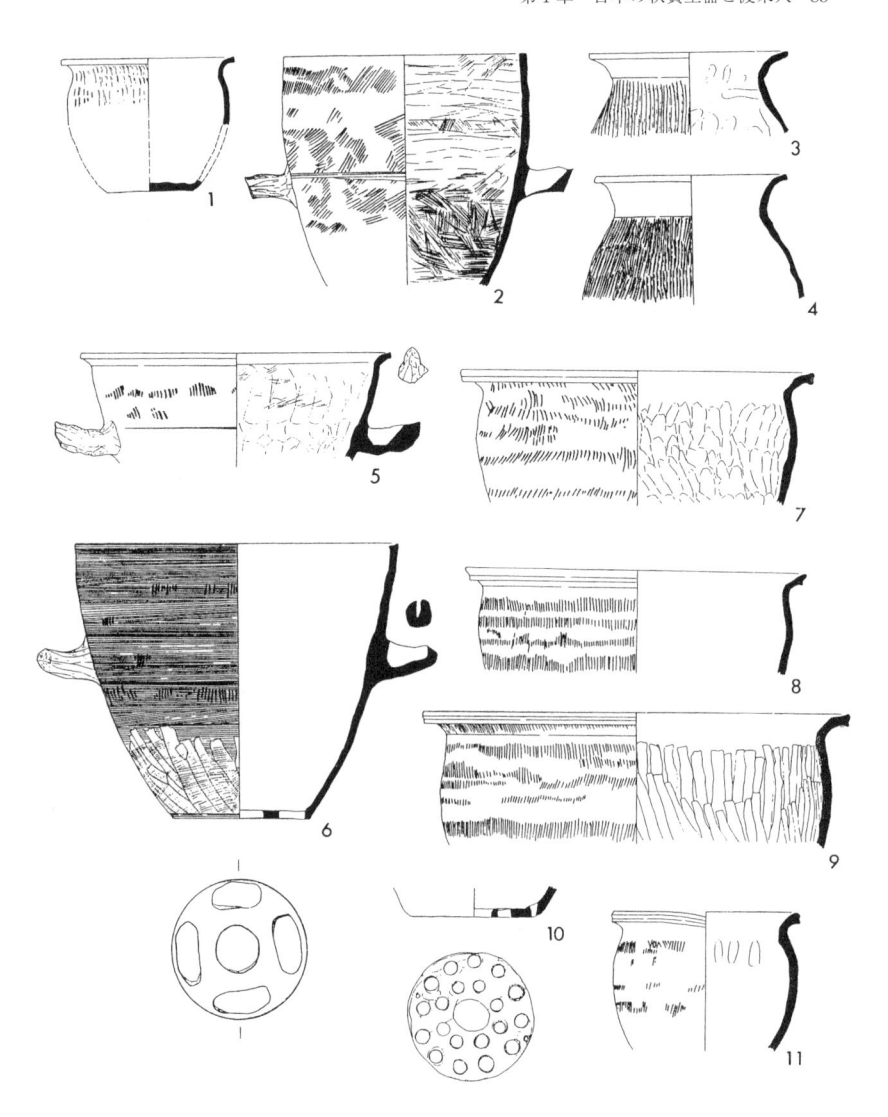

第1章 日本の軟質土器と渡来人　85

1・2：TK73　3〜5：TK85　6：TK87　7〜11：TK305
第27図　陶邑窯跡群出土の軟質土器と須恵器

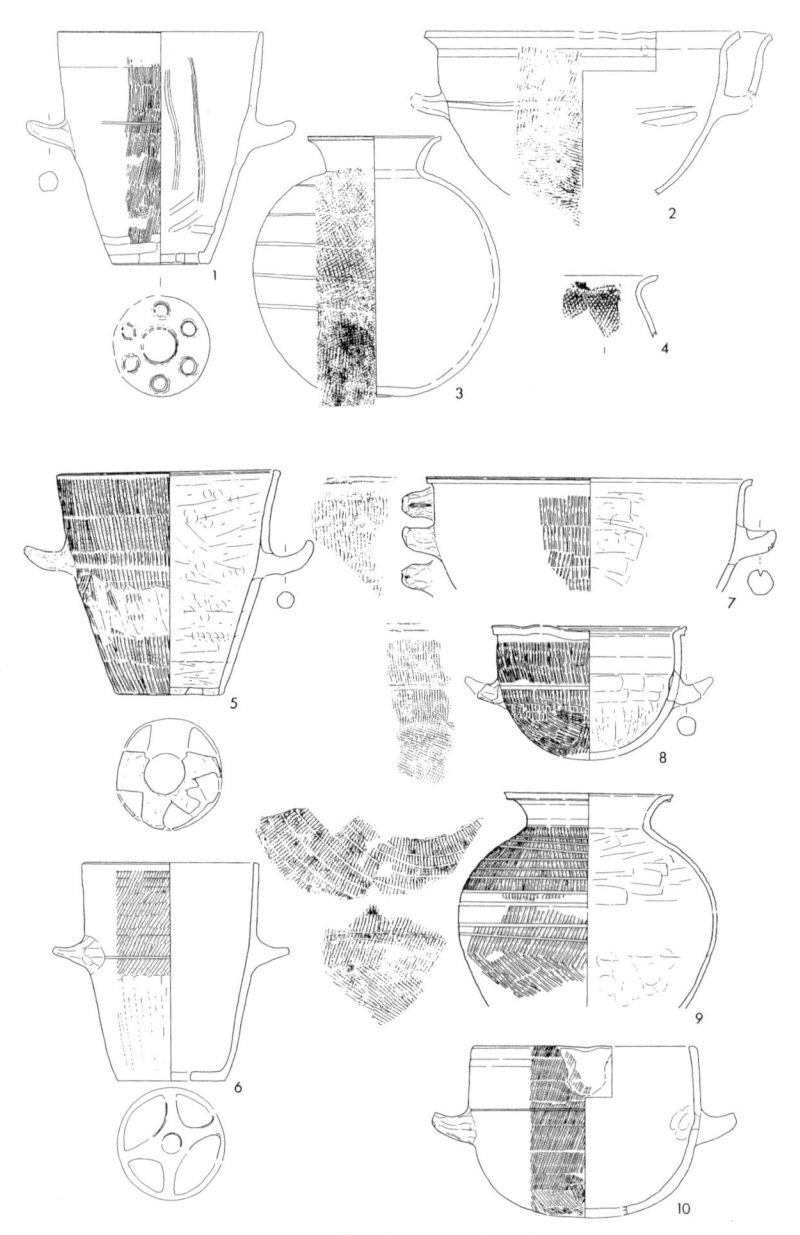

86 第Ⅱ部 列島出土の朝鮮半島系土器と渡来人

第28図 尾張の軟質土器系譜の須恵器

2類)に穿孔される(第28図1)。また平行叩きの片口の堝が出土する。SK109では格子叩きの壺で胴部中位から上位に5本、底部に1本の沈線が巡るが、螺旋文を意識していると考えられる(第28図3)。このほかに縄蓆文・格子・斜格子叩きの須恵器・土師器の甕・壺・甑が数十点出土するという(第28図4)。灰白色あるいは灰色〜黄灰色であることから須恵器とするが、器形は軟質土器である(名古屋市教育委員会 1996)。

また志賀公園遺跡でも遺物集中地点SU11から、東山111号窯期(陶邑TK216型式並行)の尾張型須恵器の中に、平行叩きとわずかに縄蓆文叩きの甑・堝が出土する(第28図5・7・8)。甑は平底で中央に円孔1+三角放射状孔(筆者分類7類)に開けられている。土師器は宇田Ⅰ式1段階という。また、SU13からは1点の縄蓆文叩きの壺が出土するが土師器は松河戸Ⅱ式2段階といい、SU11よりも遡るようである。また従来から指摘されていた東山111号窯や東山48(218-Ⅰ)号窯の壺の螺旋文を意識した並行沈線文が見られる(第28図9)(愛知県埋蔵文化財センター 2001)。

このように尾張では尾張型須恵器の中に軟質土器の器種や技法が導入され、甑や堝が継続して古代まで(第28図6・10)生産される地域であることは特筆される。

5. 土師器に取り入れられた軟質土器

古墳時代中期には多くの朝鮮半島系土器である軟質土器が見られる。この中で土師器に取り入れられる甑・平底鉢・堝・長胴甕などがあるが、当初の叩き技法が消滅しハケ目技法が施されるようになる。

京嶋覚は、長原遺跡周辺地域では朝鮮半島系土器を模倣した、粗いハケ目を施した粗雑な仕上がりの土器群が存在するが、これが新しい土師器群の祖型となったとした(第29図)。この土器群は、TK73型式やTK216型式の須恵器や叩きを残す軟質土器を伴うという。続くTK216型式の時期からTK208型式の時期にかけて叩き目を施す平底鉢はしだいに減少するという。また、平底

88　第Ⅱ部　列島出土の朝鮮半島系土器と渡来人

韓式系土器　　　　　　　土　師　器

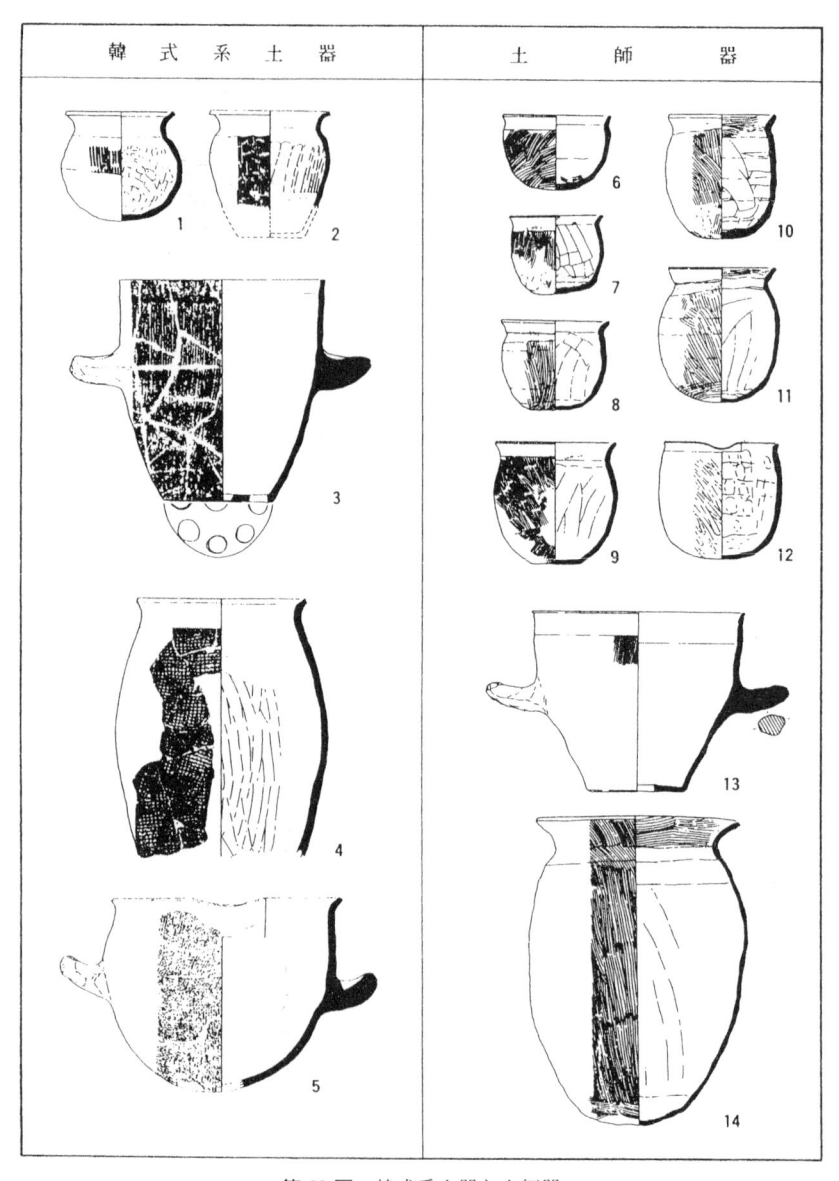

第29図　韓式系土器と土師器

鉢は当初は煮沸用の器種であったが、この時期のものは煮沸用の痕跡が残らないという。さらに、京嶋は長原遺跡と対比して他地域にはそれぞれの土器様式の地域色があり、長原遺跡が独自の土器様式成立に向けていち早く動いた地域とした（京嶋 1994）。

武内雅人は和歌山県の朝鮮半島系土器検討の中で、軟質土器の変遷を古段階と新段階に時期区分し、平底鉢が新段階では姿を消すこと、叩きは古段階では平行・格子・縄目叩きがあるが、新段階は平行叩きだけになるとした。この平行叩きは目が横位であり他地域では見られない特徴を持ち、坏・高坏・甑・堝・壺などに見られる。なお、新段階には順次叩き技法が衰退し、ナデ・ハケ調整が伸長するという（武内 1989）。

6. 渡来人と軟質土器

前述したように西日本を中心に各地に軟質土器を多く出土する遺跡があるが、その出土はすでに4世紀から始まる。西新町遺跡では鉄との関わり、出合窯跡は土器生産というように、当時の渡来人の移住は何らかの生産・あるいは交易との関わりが想定される。渡来人の出自については西新町遺跡のように百済・栄山江流域・加耶の沿岸地域からと想定される。出合窯跡では忠清北道鎮川地域の土器と類似していることから、百済地域と関連があるが、栄山江流域の土器とも共通点がある。近畿地方でも東大阪市水走遺跡の軟質壺は畿内第Ⅴ様式後半、大阪市長原遺跡の鳥足文叩きの軟質広口壺はⅤ様式末頃と想定され、3世紀代にはすでに渡来していたようであるが、その目的、生業等については今後の課題であろう。渡来人の居住形態については、西新町遺跡から見るに倭人と混在して居住したようである。

5世紀代の渡来人は岡山市高塚遺跡、柏原市大県遺跡のように鉄生産、四条畷、寝屋川に分布する朝鮮半島系土器が出土する遺跡では馬匹生産、大庭寺窯跡のように窯業生産、御所市南郷遺跡群のように玉作・鍛冶・銅・武器・木工・ガラスの生産と各種の生産に関わっている。5世紀代には東日本にも渡来

人は来ており、古墳時代中期は古墳とともに集落も規模が大きくなり、渡来人を受け入れる環境が整っていたと考えられる。津市六大A遺跡では窯業生産、高崎市剣崎長瀞西遺跡では馬匹生産に関わったことが指摘されている。九州においても甘木市古寺・池の上墳墓群では、墓に副葬されて算盤形紡錘車が出土し、須恵製であることからも共伴する須恵器とともに朝倉窯跡群で焼成したことが推定され、渡来人が窯業生産に関わっていたようである。

　やはり5世紀代の渡来人も生産と関わっていることが分かるが、その生産も多岐にわたるようで、倭における各地の首長層の勢力伸張に伴い、各地の首長層が技術導入を図り渡来人の技術者を受け入れたのであろう。それは畿内も同様で、陶邑をはじめ各生産遺跡について大和王権が直接掌握したというよりも、畿内の各首長層が導入し、大和王権はそれを間接的に掌握し、その生産物は貢納により集積したと想定したい。

　この時期の渡来人の敷地については、以前軟質土器の平底鉢、甑で想定したことがある（酒井 1998）。特に甑は朝鮮半島でも地域色があり、大きくは半島西半部の平底、東半部の丸底という特色があり、さらに高句麗・百済・全羅南道を中心とした栄山江流域・加耶西部・加耶東部・新羅などの地域色があった。倭の甑は平底系が圧倒的に多く、甑の形態分類1・2類および4～6類の一部が百済南部および加耶西半部を中心とした地域で最も多いとした。また4～7類の一部が加耶の沿岸沿いの地域と関連するとした。新羅の系譜は8類、加耶東部の系譜は9・10類としたが、量的に少ないとした（酒井 1998）。すなわち倭の甑は平底系が圧倒的に多いことを考えると、半島の甑が西半部は平底系であり、ほとんどが百済・栄山江流域系になってしまう。たとえば大庭寺窯跡の須恵器は加耶系が主体であることは各研究者にも了解されている。ところがそこから出土する甑はいずれも平底で、筆者の4類、5類、6類である。もう一つの特色として口縁部が外反する。新羅・加耶東部では甑の口縁が外反する。全羅南道の伏岩里古墳にも外反する甑はあるものの直行するものが多いこと、近年加耶南部沿岸で平底の甑が散見されることを考えると、大庭寺遺跡の甑は加耶系と想定できる。そのことは共伴する平底鉢が撫でにより、叩きがほ

とんど目立たない特色をもつことがあげられるが、これは甑にもいえることである。百済・栄山江流域の甑・平底鉢には叩きがほぼ全面に見られることからも、大庭寺遺跡の甑・平底鉢は加耶系であろう。また、長胴甕・堝・甑に青海波が見られるものがあることも加耶系といえよう。

　5世紀の段階で軟質土器の器形は須恵器あるいは土師器に取り入れられていく。須恵器は渡来人が生産に関与し自ら使用する軟質系の土器を須恵器と同一の窯で焼成したため、須恵器の器形に採用されたのであろう。陶邑においては当初甑・平底鉢・長胴甕がわずかに焼成されているが、その後は甑のみが須恵器の器形として存続する。それに対して尾張では甑のほか、堝も継続して古代まで生産されている。また、螺旋文を意識した壺も見られ、尾張の特色といえよう。

　土師器への軟質土器の取り入れられ方は各地で違いがある。従来軟質土器は土師器に器形が取り入れられるとともに消滅すると解釈されたが、京嶋は長原遺跡では韓式系土器を模倣した粗雑な仕上がりの土器群が、須恵器や叩きを残す軟質土器を伴うとする。この粗雑な土器群が新しい土師器群の祖型となったとすることから、土師器工人が韓式系土器を模倣したといえよう。和歌山でのあり方は、順次叩きが消滅し新たにナデ・ハケ技法に変わることは、軟質土器の土師器化と捉えるべきであろう。叩き技法の消滅と軟質土器の器形の存続が軟質土器工人の消長とどのように関連するのか、今後検討すべき課題である。

　軟質土器について思いつくまま述べてきたが、軟質土器は一方は土師器の器形として取り入れられ、一方は須恵器の器形として存続するものの、受け入れられ方にはそれぞれの地域で違いが想定される。また、平底鉢のように使用方法がかならずしも解明されたといえない器形もあり、渡来人がなぜ軟質土器をたずさえてきたのか検討すべき問題も多い。

参考文献
愛知県埋蔵文化財センター　2001『志賀公園遺跡』

亀田修一　2008「播磨出合窯跡の検討」『岡山理科大学埋蔵文化財研究論集』岡山理科大学埋蔵文化財研究会
京嶋　覚　1994「韓式系から土師器へ」『韓式系土器研究5』韓式系土器研究会
黒田　晃　2001『剣崎長瀞西遺跡1』高崎市教育委員会
酒井清治　1998「日韓の甑の系譜からみた渡来人」『楢崎彰一先生古稀記念論文集』楢崎彰一先生古稀記念論文集刊行会
武内雅人　1989「和歌山県の初期須恵器・陶質土器・韓式系土器」『韓式土器研究Ⅱ』韓式土器研究会
中村　浩　1978『陶邑』Ⅲ、大阪府文化財調査報告書第30輯
名古屋市教育委員会　1996『伊勢山中学校遺跡第5次』
穂積裕昌　2002『六大A遺跡発掘調査報告書』三重県埋蔵文化財センター

図版出典
第25図　黒田 2001
第27図　中村 1978
第28図　1～4：名古屋市教育委員会 1996、5～10：愛知県埋蔵文化財センター 2001
第29図　京嶋 1994

第2章　朝鮮半島系土器から見た日韓交流

1. はじめに

　南郷遺跡群には多くの朝鮮半島系土器が存在するが、この朝鮮半島系土器は朝鮮半島からの渡来人との関わりがある。当時の朝鮮半島三国時代は高句麗・百済・新羅・加耶など各地で土器の違いがあり、日本列島で出土する朝鮮半島系土器を検討することにより、渡来人が朝鮮半島のどこから渡来したかなど渡来人の故地を推測することができ、土器から見た朝鮮半島との交流を探ることもできる。

　本章では南郷遺跡群出土の朝鮮半島系土器からどの地域の渡来人が居住していたのか、当時朝鮮半島と倭がどのような地域と交流を持っていたのかを土器から探ってみる。

2. 朝鮮半島系土器について

　5世紀の朝鮮半島には陶質土器、軟質土器、瓦質土器がある。このうち瓦質土器は日本列島に伝わることはほとんどなかった。それまでの日本列島では土師器だけであったが、西日本各地に陶質土器の技術が渡来人により伝えられて生産が開始され、これを須恵器と呼んでいる。しかし、日本で生産されたものは陶質系土器とは呼ばず須恵器と呼ぶものの、初現期の製品は渡来人が生産に直接関与しているため、製品によっては陶質土器と区別が付かないものが多く、南郷遺跡群でも判別困難な資料がある。今後、胎土分析などを利用した識別も必要となろう。

また、軟質土器も渡来人の移住に伴い、渡来人自ら使用するため日本の各地で生産されたようであるが、これらは研究者により軟質系土器、韓式系土器、朝鮮半島系土器などと呼称される。軟質土器の深鉢・甑・鍋・壺・長胴甕などは渡来人の実際の生活用具であり、その出土は渡来人の存在と密接な関わりがあるが、この軟質土器が何点出土すれば渡来人が確実に居住していたかは断定できず判断が難しい。

　この軟質土器はその後、土師器の器形として取り入れられていくとともに軟質系土器は消滅していった。

　しかし、この時期の土器群はそれほど単純ではない。南郷遺跡群をはじめ西日本各地の渡来人居住地には、上記の土器以外にロクロを使用した酸化炎焼成で硬質あるいは軟質の土器や、須恵器に酷似した器形で酸化炎焼成の土器がある。渡来人定着時に作り出された土器であるものの、渡来人とどのように関わっているのか検討が必要であり、須恵器定着時の複雑な様相が見て取れる。また、土師器に取り入れられていった軟質土器の器形も、青柳泰介が指摘するように土師器の器形をベースに取り込まれた器形、土師器の器形をベースにできず、軟質土器の器形が土師器として取り込まれた甑・鍋がある。このような朝鮮半島系土器の土師器への影響は、渡来人がもたらした竈や深鉢・鍋による煮沸方法、甑による蒸す方法、さらには坏という銘々器が新たに加わった食文化とも関わっていたようである。

3．南郷遺跡群出土朝鮮半島系土器

　南郷遺跡群の朝鮮半島系土器については坂靖・青柳泰介・小栗明彦らによってまとめられているが、その成果に学びながら第30図の土器を見てみると、加耶系と栄山江流域・百済系に大きく分けられる。詳細に見れば加耶にも地域差があり、栄山江流域、百済にもそれぞれ違いがあるが、大きく東西に二分した理由は、東アジアの中での朝鮮半島と日本列島との交流を分かりやすい地域区分で探るためである。

第2章 朝鮮半島系土器から見た日韓交流 95

	陶質	硬質	軟質
蓋			
高杯			
把手付椀			
甑			
平底鉢			
丸底鉢			
甕			
狭口壺			
広口壺			
長胴甕			

○：加耶系　●：栄山江流域・百済系

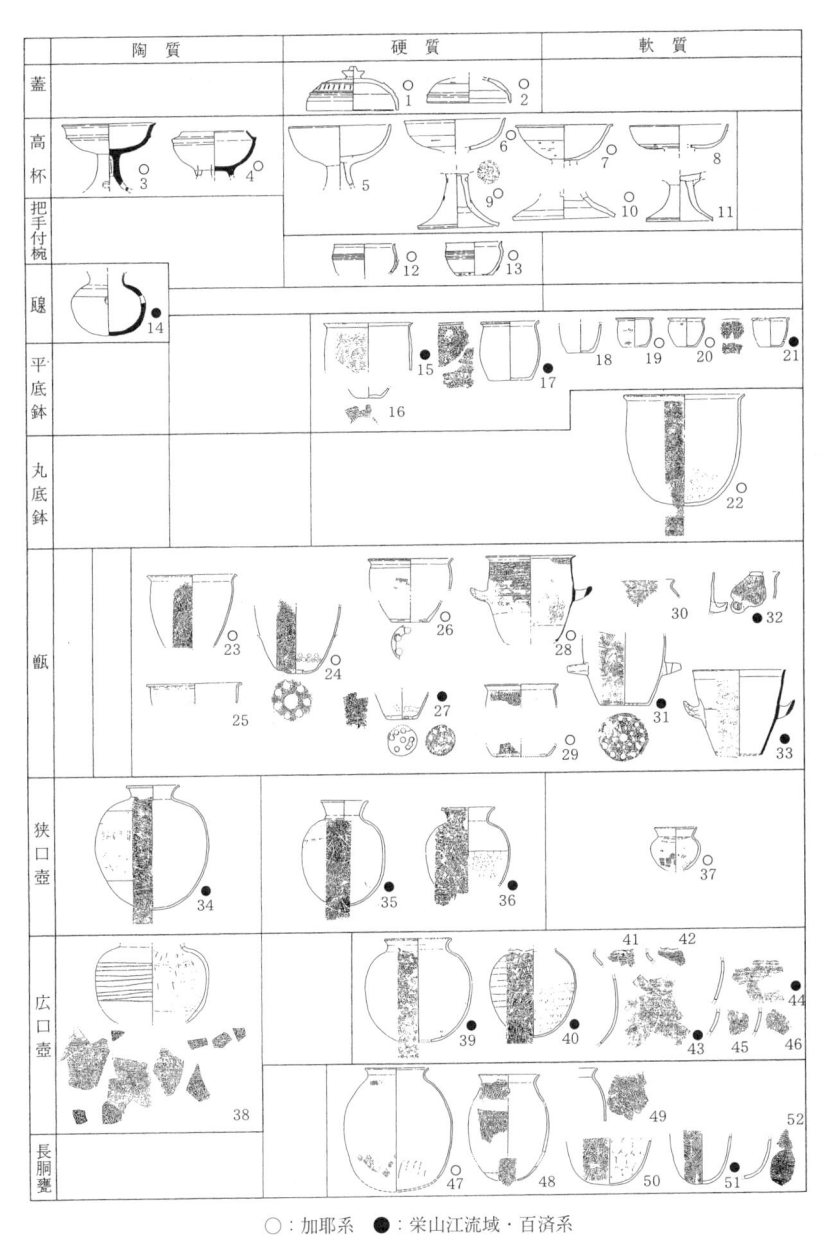

第30図　南郷遺跡群出土韓式系土器器種分類図

まず、軟質系土器について深鉢土器は、長方形格子叩き文を持つ（第30図17）や格子叩きの15・21が栄山江流域・百済系、平行叩き文を撫で消す19・20は加耶系であろう。甑は24の内面に青海波当て具痕を持ち、底部にも叩きを持つもの、23のように口唇部が矩形に作り出されるものなど加耶系と考えられ、31の格子叩き文で底径の広い平底の甑は栄山江流域・百済系であろう。狭口壺、広口壺は栄山江流域・百済系が多く、39のように長方形格子叩き文は17の平底鉢とともに栄山江流域・百済系の特徴といえる。丸底鉢22・24は同様に内面に青海波の当て具痕が見られ、類似した製品が製品が大庭寺窯跡から出土しており、加耶系といえよう。

このほか注目されるものとして、下茶屋カマ田遺跡大型土坑SX02出土の鍔付土器と山陰形甑型土器があげられる。これらは、甑型土器の口縁部を下にして上下逆さに置き、その上に鍔付土器を乗せ、組み合わせて竈の煙突として使用したと考えられる（第31図1）。韓国の光陽例と公州博物館例に同類があり、光陽例は酷似し、公州大学博物館例も低いながら類似する。堺市伏尾遺跡の円筒形土製品は一本の鍔のない筒状であるが、やはり煙突であろう。近年大阪で資料が増加しているU字形板状土製品と呼ばれる竈焚口の飾り枠がある。この朝鮮半島出土例は、最北でソウル風納土城9号住居跡から出土し、南では光州月桂洞1号墳、羅州新村里9号墳など、栄山江流域に最も集中して出土する。日本でも牧で馬匹生産を行った四条畷市蔀屋北遺跡、陶邑ON231号窯、堺市大庭寺遺跡から出土している。煙突、竈焚口枠飾りとともに、朝鮮半島では栄山江流域・百済地域に分布していることから、栄山江流域・百済地域からの渡来人と直接的に関わる資料といえよう。

南郷遺跡群出土韓式系土器分類図（第30図）では須恵器のように還元炎焼成されていない硬質の土器を、硬質土器として区分している。硬質土器に区分されているロクロで成形された土器は、蓋・高坏・把手付椀ともに加耶系といえるが、高坏5に類似したものが栄山江流域の伏岩里1号墳からも出土している。硬質土器の高坏坏部と脚部の接合方法が須恵器と共通しているものの、焼成方法が異なる。軟質系土器の深鉢が陶邑窯跡群大庭寺窯跡、TK73・TK85

号窯などで焼成されており、硬質土器がロクロ成形で黒斑を持たない点から窯で焼成された可能性もあるが、還元炎焼成になっていないことから須恵器とはいえない。硬質土器と分類されるものの軟質もあり、各地の渡来人居住域から出土することからも、そこへ供給されていることを考えると、渡来人と関わりがある土器だと考えられる。窯で焼成されたとすれば、この時期の須恵器窯は南郷遺跡群の地になく、陶邑窯跡群から運んだ可能性がある。須恵器が水越峠を越えて運ばれた可能性が指摘されており、かりにそうであるならば和泉で生産した硬質土器が、葛城の渡来人集団まで運ばれる供給システムが構築されていたことになる。陶邑窯跡群が王権の工房とするならば、ある特定の渡来人に向けて供給することがあり得たのか、あるいは主長層にもたらされた須恵器が再分配されたのか今後検討する必要があろう。

このように南郷遺跡群出土朝鮮半島系土器は、加耶系と栄山江流域・百済系両者が共存するようであるが、後者が多いようである。

4. 土器から見た南郷遺跡群の渡来人

青柳が「渡来系土器が在地系土器を数量で上回るというケースは1例もない。この問題は渡来人が存在したという物的証拠がまだいかに不安定かということを露呈していよう」と述べるように、朝鮮半島系土器が出土するからといって渡来人が居住していたとは断定できない。渡来人が遺跡の中に10%いたからといって朝鮮半島系土器は10%を占めることはないと考えられる。それは渡来人のみで大集落を構成していた集団ならばいざ知らず、すべての渡来人集団がおのおのの居住集落内で、土器を自給自足して補っていたとは考えられず、土師器で代用できるものはそのようにしたために、順次朝鮮半島系土器が減少していったのであろう。千葉市大森第2遺跡では、竪穴住居跡から栄山江流域の土器が3点出土したが、他はすべて土師器であり、集落の中の1軒だけから出土したことを考えると、渡来人は倭人と混在して居住していたようである。南郷遺跡群での出土量から考えて、渡来人は出土土器の割合以上に倭人

の中で混在して居住していたと想定できよう。

　青柳は、南郷遺跡群では1期の布留4式新相から、2期布留式直後様式に軟質系土器が見られるものの、3期には姿を消すという。この軟質系土器を見ると、叩き技法を含め朝鮮半島の技術・器形そのままで製作した例が多いことから、渡来人の居住と無縁ではないと思われる。しかし、その土器が3期で姿を消すことから、はたして渡来人が姿を消すといえるのであろうか。この変化は南郷遺跡群だけでなく日本列島の中では各地で同様のあり方が見られ、軟質系土器が土師器に取り込まれるとともに、渡来人は土師器を使用するようになっていったのであろう。5世紀後半のある段階には、軟質系土器はほとんど消滅し、それ以降土器から渡来人を探ることはできない。このことから南郷遺跡群では、3期の段階にも継続して渡来人は居住していたと考えられ、倭人と混在して居住していたのであろう。

5. 土器から見た朝鮮半島との交流

　5世紀に西日本だけでなく東日本にまで朝鮮半島系土器が出土する状況は、東アジアの情勢と大きな関わりがある。

　倭は以前から鉄などを求めて朝鮮半島へ進出していたが、好太王碑には、400年に高句麗は歩騎五万で新羅を救援するために新羅城に入って倭を退けたこと、また、高句麗・新羅に対して倭・百済・加耶の連合軍による戦いが起こったこと、さらに404年には倭は百済の西海岸を北上して帯方界の高句麗領まで進入したこと、407年には高句麗が倭と考えられる相手と戦い勝利して、甲冑一万余領などを押収したこと、が記されている。このような戦いが契機となって、加耶地域の陶質土器工人が倭に渡来して西日本を中心に生産を行ったのが須恵器生産の始まりと考えられる。渡来人は土器生産以外の技術者を含め大勢移住してきたようで、技術導入だけでなく、竈の導入や食文化など生活の面でも大きな変革をもたらしたと考えられる。そのとき移住した渡来人の中に敵対していた新羅地域の人が少なかったことは、列島で出土する甑の形態から

推測できる。新羅特有の甑は丸底で、底部周辺に放射状の細い蒸気孔を開けるが、わずかに岡山県倉敷市に見るだけで日本列島にはほとんど見られないことから、加耶や栄山江流域・百済地域の渡来人が主体を占めていたと考えられる。

　倭は5世紀初頭における高句麗との戦いの後、すぐに朝鮮半島の中でも西方の加耶西部から栄山江流域・百済地域と交流を深めたようで、西日本に広く行われていた須恵器生産は、大和王権の関わりのある大阪府陶邑窯跡群を中心に生産が集中するようになり、その生産に栄山江流域・百済の工人が加わり、須恵器が加耶系から栄山江流域・百済系に順次変遷したと考えられる。その理由は加耶にない、つまみを持たない蓋をかぶせる蓋坏や、甑・樽型甑が増加すること、陶邑TK216号窯の両耳付壺、TK73号窯やTK85-1号窯の平行する目に1本だけ直交して交差する叩き目文、陶邑ON231号窯のU字形板状土製品（竈焚口枠）、TK87号窯の甑底部に見られる1＋4の蒸気孔など栄山江流域・百済系の様相が見えることから、日本列島の須恵器は最初に導入された加耶系がそのまま日本化したのではなく、栄山江流域・百済系の様相が加わり変遷したと考えられる。

　日本列島の須恵器に見られる加耶系から栄山江流域・百済系への様相の変化は、朝鮮半島においても遺跡・遺物の上から確認できる。

　5世紀末から6世紀前半に栄山江流域に見られる13基の前方後円墳や埴輪、石見型木製埴輪、九州型横穴式石室、加耶西部から栄山江流域・百済地域に分布する須恵器、石製模造品、あるいは彼の地で作られた須恵器系土器などから、倭の交流の主体が加耶東部を中心とした地域から、朝鮮半島西部の栄山江流域・百済に移っていったようである。

　特に栄山江流域の地である高敞鳳徳遺跡では、複数の須恵器とともに焼け歪んだ須恵器類似品が見られ、この地で須恵器系譜の土器が生産されていたようで、これを須恵器系土器と呼ぶことにする。この北西約30kmの半島先端には倭系の石製模造品などを出土した、倭ともかかわりの深い祭祀遺跡である扶安竹幕洞遺跡がある。また、栄山江流域には甑・樽形甑が多く分布しており、

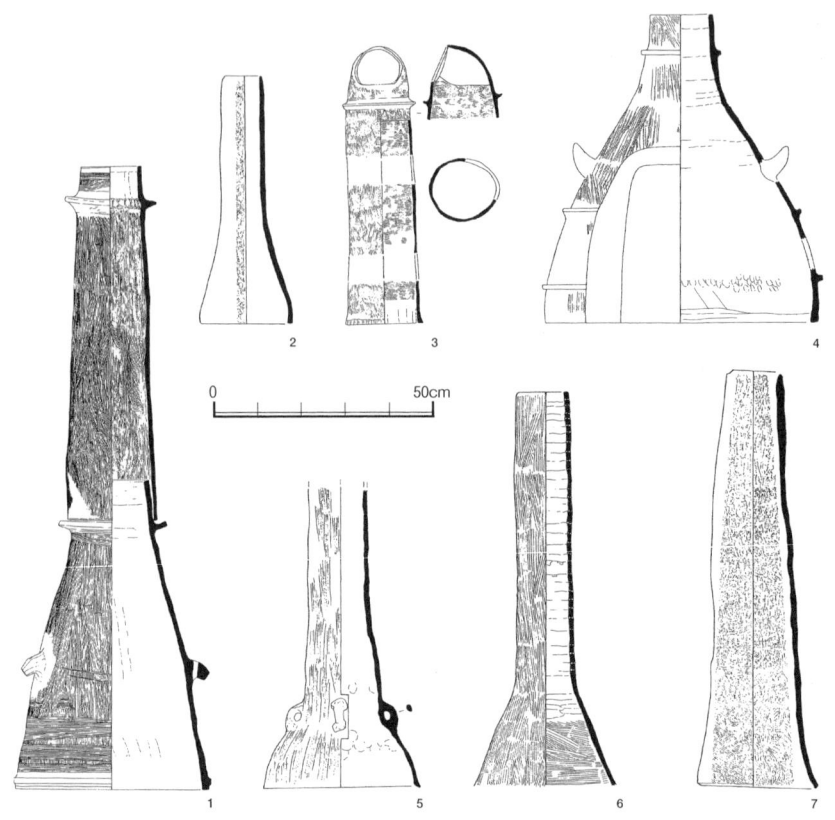

1:下茶屋カマ田遺跡(奈良) 2:大谷里遺跡(韓国) 3:内里八丁遺跡(京都) 4:小堤遺跡(滋賀) 5:楠遺跡(大阪) 6・7:伏尾遺跡(大阪)

第31図 日韓出土の煙突土器実測図

以前から倭とのかかわりの深い地域だと認識されていた。しかし、この地の甑・樽形甑は年代的に5世紀初頭に遡る例はなく、倭の器形が逆に栄山江流域へ伝わった可能性も考えてみたい。

次に日本列島で渡来人の痕跡を土器から探すと、軟質系土器は加耶系だけでなく栄山江流域・百済の鳥足文叩き文、長方形格子叩き文、平行する目に1本だけ直交する叩き目文を持つ土器や、両耳付壺、円筒形土器(煙突)(第31

図)、U字形板状土製品(竈焚口枠)、平底で多孔の蒸気孔を持つ甑、甑の1＋4の蒸気孔を持つ甑、長卵形土器と呼ばれる長胴甕などが多く見られ、栄山江流域・百済との交流が深まっていったことが分かる。特に栄山江流域とした栄山江流域の前方後円墳の分布は、日本出土の栄山江流域・百済系資料の濃密な分布と符合して、両地域の親密な関係が読み取れる。その時期は朝鮮半島出土の須恵器から見ると、栄山江流域の潭陽城山里4号住居跡の須恵器からTK73号窯式の5世紀初頭に始まっており、日本でも加耶系の須恵器を焼成した大庭寺遺跡に、わずかに栄山江流域・百済系の平底坏が焼成されており、交流の始まりの様相が見える。

　その後5世紀後半から6世紀前半にかけて加耶西部から栄山江流域の固城松鶴洞古墳、山清生草9号墳、羅州伏岩里2・3号墳、高敞鳳徳遺跡などでは、須恵器が多いところでは1ヶ所に11点も出土する。それまでの朝鮮半島における須恵器の出土が1、2点であったのに対して、まとまった点数が出土する場合が多くなるようである。須恵器から交流関係を見るならば、前方後円墳の築造前の5世紀初頭から始まり、順次その交流は深まっていったようであり、倭でも栄山江流域・百済地域土器類が増加することと符合している。

6．おわりに

　南郷遺跡群の朝鮮半島系土器を見ると、加耶系と栄山江流域・百済系の両者が見えるが、倭での渡来人の受け入れ方は、朝鮮半島の特定地域の渡来人を集めたのではなく、地域を特定せずそれぞれの技術集団を集め、倭人と混在して居住させたようである。南郷遺跡群の朝鮮半島系土器は、加耶、栄山江流域・百済地域の形態・技術を残しており、土器から見るならば直接渡来した1世と考えられる。特に南郷遺跡群の渡来人は、この地の首長層が朝鮮半島の技術集団を自らの勢力範囲に集めたのであり、分け与えられたり、列島のどこかを経由して来たのではない。朝鮮半島と関わりを持った当時の有力首長層はそのように技術工人の確保を行い、自らの勢力範囲に技術導入していったのであろう。

参考文献
青柳泰介ほか　2003『南郷遺跡群Ⅲ』奈良県立橿原考古学研究所調査報告第 75 冊
小栗明彦　2003「南郷遺跡群出土韓式系土器の系譜」『南郷遺跡群Ⅲ』奈良県立橿原考古学研究所調査報告第 75 冊

図版出典
第 30 図　小栗 2003 を改変

第3章　関東の朝鮮半島系土器と渡来文化

1. はじめに

　関東の渡来文化は陶質土器や朝鮮半島系軟質土器をはじめ、環状つまみ付土師器蓋、把手付甑、金銅製毛彫金具、馬冑、蛇行状鉄器、杏葉、轡などの馬具類、蛇行状鉄器を持つ馬形埴輪、長筒袖の人物埴輪、格子叩き目文円筒埴輪、飾り大刀や刀装具、銅鋺、銅製匙、青銅製火熨斗、金銅製指輪などの装身具類、住居の竈、馬匹生産、馬の殉葬などさまざまなものがある。
　東日本の朝鮮半島系土器は各地に出土し、定森秀夫・坂野和信らによって今日まで論議されてきているが、関東となると数少なく、陶質土器の数はごくわずかである。ましてや渡来人を陶質土器から論じることは、陶質土器を渡来人がたずさえたことが証明され、移住と関連してもたらされたことが保証されなくては難しい。それは交易・交流によってもたらされた舶載品であった可能性があるからで、渡来人の移住を論じることは陶質土器だけでは困難である。
　一方、朝鮮半島系土器には列島の土師器にあたる酸化炎焼成の軟質土器がある。この土器は土師器と異なり叩きを持っており、九州・近畿をはじめ西日本中心に大量に見つかっており、渡来人がたずさえてきた、あるいは渡来人が移住してきた列島内で製作した日常土器である。この土器が生活遺跡から複数出土したなら、渡来人がいた可能性が高いと考えられる。
　関東では千葉市大森第2遺跡68住居跡から3点出土することは、朝鮮半島、あるいは西日本から遠く離れ、さらに1軒から複数出土することから渡来人が居住していた確率が高いといえよう。また、群馬県高崎市から渋川市にかけて軟質土器が一定の数出土することからも、やはり渡来人の居住域が推定で

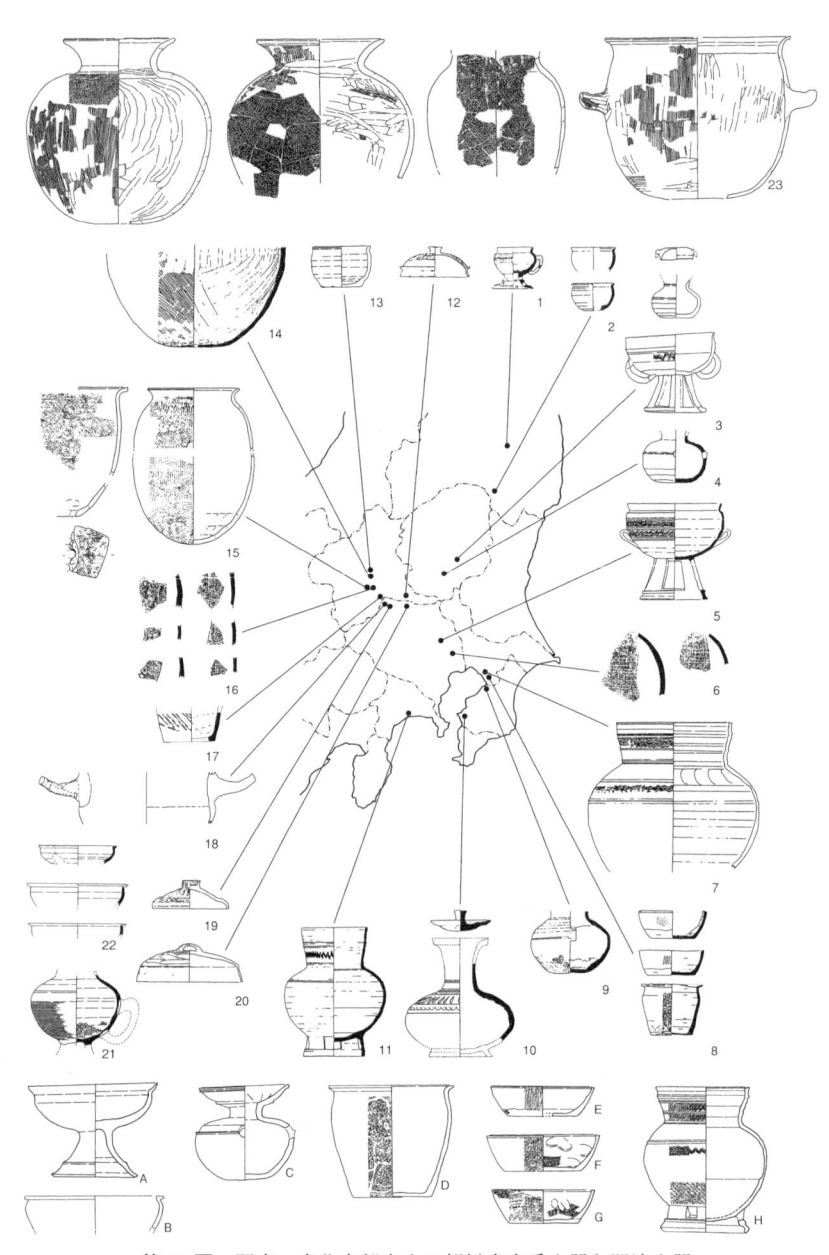

104　第Ⅱ部　列島出土の朝鮮半島系土器と渡来人

第32図　関東・東北南部出土の朝鮮半島系土器と関連土器

(第32図に対応する番号)
1：郡山市山田遺跡　2：表郷村三森遺跡　3：上三川町殿山遺跡　4：栃木市白山遺跡　5：さいたま市殿の前遺跡　6：足立区伊興遺跡　7：千葉市戸張作遺跡　8：千葉市大森第2遺跡　9：市原市草刈遺跡　10：富津市野々間古墳　11：大磯町愛宕山下横穴　12：太田市延享割遺跡　13：渋川市空沢遺跡　14：渋川市行幸田山遺跡　15：高崎市剣崎長瀞西遺跡　16：高崎市七五三引遺跡　17：藤岡市温井遺跡　18：児玉町平塚遺跡　19：本庄市諏訪遺跡　20：深谷市城北遺跡　21：市原市草刈川焼台遺跡　22：松戸市行人台遺跡　23：渋川市吹屋糀屋遺跡　A：金海礼安里94号墳　B：光州山亭洞3号窯跡　C：光州東林洞102号溝　D：同23号住居跡　E：同74号溝　F：同151号溝　G：羅州長燈51号住居跡　H：金海礼安里46号墳

きよう。しかし、関東の中でも埼玉、東京、神奈川を見ると軟質土器は管見によれば出土していない。はたして関東の土器から渡来人を探ることができるであろうか（第32図）。

　吉井秀夫は渡来人・渡来系文化について「朝鮮半島や中国におけるルーツを探すこと以上に、新たな文化や人々が登場した時に、在地の集団がどのようにそれを受容し、その社会がどのように変容したのか（あるいはしなかったのか）が、問われるべきだろう」（吉井 2003）とした。「そうした問いに答えられるのは、『渡来系文化』にみられる朝鮮半島の資料との類似性ではなく、受容の過程で生じた『相違点』ではなかろうか」とする。わずかな渡来系遺物から渡来人の存在やそのルーツを探っても不鮮明な渡来人像が見えるだけである。時にはそのような方法も必要であるが、渡来人が直接影響を与えたものだけでなく、渡来文化として伝わった土器文化も含めて論じてみよう。本章では渡来人、あるいは渡来文化が伝わって当時の社会の何がどのように影響を受けたのかを探ってみたい。

2. 関東の朝鮮半島系土器と渡来人

　確実に朝鮮半島からもたらされた土器は、神奈川県大磯町愛宕山下横穴墓の脚付長頸瓶（第32図11）と東京都足立区伊興遺跡の壺（第34図）と瓶（第33図）である。愛宕山下横穴墓例は韓国慶州皇南大塚南墳主槨、蔚州良東洞2号墳例に類似し、洛東江の東岸地域や下流域に分布する新羅土器である。金海

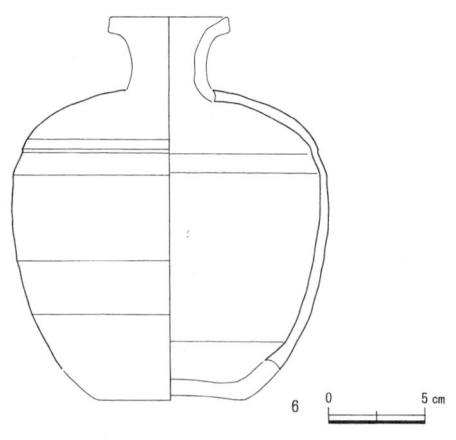

第33図　伊興遺跡出土朝鮮半島系土器（1）

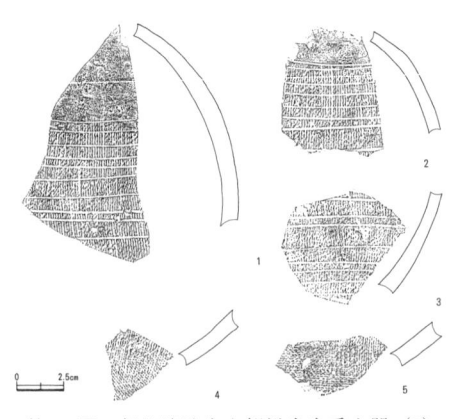

第34図　伊興遺跡出土朝鮮半島系土器（2）

を中心とする金官加耶は、5世紀前半に消滅していくとともにその地域には新羅の土器が流入し、順次増加していくことから新羅がこの地域に勢力を広げていったことが想定される。愛宕山下横穴墓の土器はまさにこの時期の土器である。しかし、横穴墓は7世紀であることから、そこに入るまでどのように時間経過したのか不明である。一方、伊興遺跡の壺は、縄蓆文叩きの上に螺旋状の沈線が巡り、4世紀後半から5世紀前半にかけて朝鮮半島南部に分布する器形で、瓦質や陶質の両者があるが伊興遺跡の壺は陶質で茶褐色の堅致な焼成である。伊興遺跡にはもう一点陶質の瓶形土器が出土する。この土器は口縁部と底部を失っているが、叩きを持たない平底の瓶類と考えられ、胎土・器形から馬韓・百済系の5世紀後半の瓶形土器であろう。

　また、陶質土器の可能性を持つ資料としてさいたま市殿の前遺跡（白鍬あるいは八王子遺跡と同一）から出土した把手付無蓋高坏（5）がある。坏部は椀状で深く板状の把手が付き、脚部の透しが広く、形態からも新羅土器の可能性が高いが断定できない。

　このような5世紀代の陶質土器は列島の中で見るならば多くの渡来人の移動とかかわり、もたらされた可能性はあるが、愛宕山下横穴墓例は同町釜口古墳

の青銅製散華文小匙や、大磯町高麗神社の高麗若光との関わりが想定されたり、伊興遺跡と殿の前遺跡では初期須恵器が出土しており、拠点的集落から出土する土器として関連が想定されるものの、渡来人との関わりは不明確と言わざるを得ない。このような陶質土器はまだ須恵器生産が本格的に操業されていない関東においては、須恵器などに直接影響を与えることはなかったようである。

　埼玉県には土師器の蓋でつまみを持つ器形がある。深谷市城北遺跡第118号住居跡の環状つまみ付土師器蓋（20）、坂戸市塚の越遺跡第50号住居跡の環状つまみ付土師器蓋、本庄市諏訪遺跡第49号住居跡の輪状つまみ付土師器坏蓋（19）である。本来列島の土師器につまみが付かないことから、渡来系の器形から影響を受けたと考えられるが、各地に見られることからこのような器形があるといっても、出土した遺構について直接渡来人と結びつけることには躊躇する。土師器に取り入れられて各地に伝わったのか、それぞれの地域で模倣したのか不明確であるが、渡来系土器の器形の一つといえよう。

　このような様相は甑にも見られ、行田市武良内遺跡第2号住居跡の土師器多孔甑は把手の位置に沈線が巡るなど軟質土器の様相を持つものの、叩き技法を持たず、土師器に取り入れられた軟質土器の器形である。直接的な渡来人とのかかわりは不明確であるものの、近畿などの軟質土器あるいは土師器に模倣されたばかりの器形と比較するならば、より軟質土器に近い器形である。

　このように渡来系土器と渡来人の関連は、埼玉、神奈川では直接的な関連は難しいものの、明らかに渡来系土器は存在しており、何らかの影響を受けたと想定できる。

　千葉県には、松戸市久保平賀行人台遺跡で出土した多孔式甑と鋳造鉄斧、および4片の坏類がある（22）。6号住居跡から出土した多孔式甑と鋳造鉄斧は5世紀中葉頃で、多孔式甑は丸底であることから淵源は朝鮮半島金海地域に求められるという。坏類は5世紀中葉頃とし、口縁部が受け口状になる特徴を持つことから、淵源を金海礼安里94墳例（A）から朝鮮半島東南部の金海地域に求めた（日高 2007）。

　千葉市大森第2遺跡（8）は住居跡1/4の発掘で、朝鮮半島で製作された軟

質土器である平底鉢1点、平底坏2点とともに土師器や滑石製円板・臼玉が出土するが、房総への竈波及以前の陶邑ON231からTK73型式段階前半のⅢ期の住居と考えられている。平底鉢は縄蓆文（格子か）叩きであり、底部には方形痕というロクロ心棒の痕跡が見られる。平行叩き坏はやや高温で焼成され、格子叩き坏はやや軟質である。かつて筆者は百済土器と報告したが、近年韓国の発掘調査が進展し、韓国南西部の全羅南道光州市東林洞遺跡（E・F）、羅州長燈51号住居址（G）など栄山江流域の土器と考えられる。栄山江流域の土器は列島各地で出土し、渡来人が半島から持参したり居住した場所で製作しているが、大森第2遺跡では栄山江流域からの渡来人が直接土器を保持して渡来し居住していた可能性が高い。

　市原市草刈川焼台625住居跡から、台付把手壺（21）の胴部のみが出土する。胎土は白色で柔らかいことから、軟質土器と呼んでいるようであるが、器形から陶質土器の系譜と考えられる。胴部から肩部に施される文様がないこと、頸部が細いこと、肩部の蓋を受ける突線が不明瞭であること、把手の位置が低いことなど半島の事例と異なる点が多い。共伴遺物からⅡ期とされ、陶邑TG232・231号窯の段階であることから、列島の須恵器生産開始時期にあたり、本資料が列島で生産されているならば最も早い須恵器となるが、検討を要する。また、市原市草刈六之台806の住居跡から、陶質系須恵器と呼ぶ甕（9）が出土する。特徴は列島の須恵器では見られない平底で底部円板作りであること、底部付近に縄叩きを持つこと、肩部の沈線が孔部にかかることなどから、栄山江流域の陶質土器である。栄山江流域では大型甕の部類に入り、底部に叩きを持つ特徴は共通する。光州東林洞102号溝（C）のように頸部が細く直立し、大きく開く古式の様相を持つが、草刈遺跡ではⅣ期の陶邑編年TK73後半からTK216型式併行とする。

　千葉市戸張作遺跡177号住居跡の陶質土器長頸壺（7）は大型であるが、頸部が短い形態で類例は少ない。新羅土器と考えられ、肩部に丸みがあり波状文を巡らすことから、時期は5世紀中葉前後であろう。金海礼安里46号墳（H）は小型であるが、口縁部が内に折れ曲がる特徴が共通する。

富津市野々間古墳の統一新羅緑釉瓶と蓋（10）は全国的にも数の少ない優品であるが、釉が剥がれ落ちた部分が多い。瓶は肩部にコンパス文を上下に巡らせ、その間に水滴文を配している。蓋は落とし蓋である。時期は7世紀後半であろう。

　このように千葉県内の朝鮮半島系土器は5世紀前半には搬入され、大森第2遺跡のように栄山江流域からの渡来人が居住していた場合もあったが、1軒だけであり、その後の二世、三世に続く痕跡は見出せない。

　関東各地で朝鮮半島系土器を探すと、その多くは陶質土器であるが、群馬県では軟質系土器が広く分布する特徴がある。

　群馬県の利根川西岸に分布し、渋川市空沢・行幸田山Ａ2号墳・吹屋糀屋遺跡、高崎市剣崎長瀞西・八幡・八幡中原・七五三・海行Ａ・五反田・堀米前・不動山東・西島相ノ沢・高崎情報団地Ⅱ遺跡、藤岡市温井遺跡などから軟質土器あるいは列島で製作した軟質系土器が出土する。中でも剣崎長瀞西遺跡では、格子叩きの甑や平行叩きの甕（15）が住居跡・古墳から出土し、5世紀前半に遡るようである。同様に高崎情報団地Ⅱ遺跡でも格子叩きの甕や甑が住居跡から出土し、高崎市内の軟質系土器は格子叩きが多いが、藤岡市温井遺跡の平底鉢（17）は平行叩きである。また、渋川市行幸田山Ａ2号墳の甕（壺）（14）は縄蓆文叩きである。5世紀中葉から後半にかけての、栄山江流域の系譜を引く土器が多いようである。

　五反田遺跡と吹屋糀屋遺跡の甕（壺）（22）は、前者は格子叩きであるが、後者は縄蓆文叩きが2点、格子叩きが1点である。それとともに叩き技法は確認できないが、関東では類例がほとんど確認されていない堝が出土する。叩き技法を持つ3点は、土師器の器形や技法も見られ、五反田遺跡例とともに在地で製作された可能性が高い。大阪・奈良の軟質土器を多く出土する渡来人集落を見ると、渡来した人々が持参したと考えられる軟質土器のほか、叩き技法を持つ列島で製作した軟質系土器が作られ、さらに器形は軟質土器であるものの叩き技法が消滅して刷毛目技法に変化した土器が作られる。これは、渡来した一世から二世の頃になり渡来人の持つ土器製作技法が消滅していくということ

である。すなわち渡来人も日常什器として土師器を使用したため叩き技法を放棄したか、軟質土器工人が土師器工人集団に吸収されていったのであろう。

　関東の状況を見ると、大森第2遺跡では移住した渡来人がわずかであったためか軟質土器工人を伴っておらず、軟質系土器の供給がないため土師器を使用したことにより二世の痕跡は不明確となった。それに対して群馬県では渡来した人数も多く、叩き技法を持つ工人がいたため、二世以降も軟質系土器を製作することができたのであろう。大阪・奈良と異なるのはすべて土師器技法（大阪・奈良の場合は刷毛目）に変換するのではなく、叩き技法を保持し叩き技法の痕跡を刷毛目ですべて消し去っていないことである。この点が群馬の渡来人は後裔としての意識があったと考えられる。

3. 渡来人が伝えた技術と文化

　関東の渡来人は何のためにやってきたのであろうか。高崎市剣崎長瀞西遺跡13号馬土壙、甘楽町西大山1号墳の馬土壙、佐倉市大作31号墳1号馬土壙から5世紀前半から中葉には馬匹生産が行われていたようである。このような馬の埋葬例が集中する長野県飯田・下伊那地域では28例が見つかり、5世紀前半に遡るようである。列島に馬が大陸から運ばれてきたのは5世紀といわれ、大阪河内湖に面したところに牧が作られ、河内の馬飼がいたようである。その地域は朝鮮半島系土器が多く出土し、渡来人が馬匹生産に関わっていたようであるが、馬の飼育はすぐに長野や群馬で行われていたようである。土壙出土の馬は、馬具を着けた場合も多いが、馬の埋葬が供犠か殉葬の区別は難しい。長野や群馬で見られる殺馬儀礼は馬飼集団と関わり、それを渡来人が行っていた可能性が高いと考えられる。

　河内では馬骨が出土する遺跡には製塩土器が出土するが、『延喜式』に記されているように馬には塩を与える必要であったことと関わる。しかし、群馬・長野・山梨あるいは千葉など古墳時代の製塩土器は出土していない。近年関東・東北にも古代の製塩土器が発見されたことから、今後古墳時代の製塩土器

と馬匹生産の関わりが見えてこよう（山梨県考古学協会 2008）。

　渡来人が伝えた技術の一つに鍛冶技術による鉄器生産がある。中期には列島各地に見られ、関東だけでなく福島、宮城に見られ、さらには5世紀中葉から6世紀初めの住居跡から竈、鍛冶関連資料、馬歯が見つかっている岩手県水沢市中半入遺跡にまで広がる。亀田修一は各地の鍛冶生産と渡来人の関わりから渡来人が関与していると想定している（亀田 2012）。古瀬清秀は、弥生時代以来の鍛冶に対して古墳時代以降の鍛冶は外来技術による専業色・政治色が強く、両者が共存するという。

　千葉県において鉄器生産が始まるのは弥生時代終末期から古墳時代前期にかけてで、旭市岩井安町遺跡、八千代市沖塚遺跡の住居内から鍛冶炉跡が発見されている。しかしその後の鉄器生産は不明瞭で、古墳時代中期にいたり、柏市呼塚遺跡、千葉市鎌取遺跡・杉葉見遺跡、木更津市塚原遺跡、四街道市中山遺跡・小屋ノ内遺跡、市原市草刈遺跡などで鍛冶関係の炉や羽口が見つかっている。高坏転用羽口が多いことが指摘できるが、神野信は高坏転用羽口が高温操業をもたらせたことは認めるものの、新技術に結びつけるには難しいとし、鍛冶の痕跡に外来新技術が直接影響を与えたと認められる要素は薄いとする。また、中期の操業内容について刃部の再生や叩き延ばし・切断・折り曲げによる再利用であり、首長層直属の（専業）鍛冶集団とすることには躊躇している（神野 2012）。

　列島には当時半島で行われていた太い送風管を使用する、最先端技術である鉄を作り出す製鉄技術は伝わらず、鉄素材を精錬する鍛冶技術が伝わっただけである。その技術は福岡市西新町遺跡でも住居内から検出されることから、「国家とは直接的な関係をもたない周辺部の」渡来人が保持していた先進的なものとはいえない技術だったのであり（坂 2012）、その技術が関東にも伝播してきたと考えられる。大和王権には半島の最先端の製鉄技術は伝えてもらえなかったが、列島に伝えられた製錬技術は、当時列島においては最先端の技術だったのであり、千葉県の住居跡から検出される鍛冶技術も同様であろう。渡来人が関わっていたかは、それぞれの遺構ごとに検討が必要である。

渡来系文化の一つとして大型甑や坏の導入があるが、これは竈の導入と密接な関わりがあることは中村倉司や末木啓介が指摘している。末木は関東でも早くに竈が導入された埼玉県の中でも本庄台地では竈や大型甑、坏などが導入されるものの、漸移的で画一的な方向に向かったとしたが、妻沼低地では変化が画一的で急激に、岩殿丘陵・毛呂台地東端部では集落を再編し、新しい文化要素を導入したとした（末木 1994）。高久健二は、本庄台地における竈の導入・定着過程について、後張遺跡のような拠点集落では竈の導入に先立って甕や大型甑が導入され、両者は同時期ではないとした（高久 2003）。また、後張遺跡においてこのような土器組成が漸移的に変化しているのは保守的なためで、諏訪遺跡や西富田新田遺跡など新興集落では急激に変化することは積極的に新たな生活様式を導入したと推定された。末木は本庄台地の竈や大型甑などの新しい文化要素の導入は、在地首長が積極的に先進技術を獲得しようとした副産物とした。

群馬においては5世紀中葉以前の高崎市剣崎長瀞西遺跡で竈が付設され、数棟から軟質系土器が出土し、それに後続する甘楽町甘楽条里遺跡、富岡市上丹生屋敷山遺跡では鍛冶関係の資料が見つかっている。渋川市吹屋糀屋遺跡でも軟質系土器が見つかっていることから、渡来人集団との関わりが想定されている。千葉ではⅣ期に草刈遺跡に甑と竈が出現するという。導入期の竈は煙道が竪穴の外に長く伸びるタイプが目立ち、壁の中央から偏った位置に設けられるという。Ⅴ期に草刈遺跡で竈が普及し、壁の中央部に煙道の短いタイプが主体になる。Ⅵ期にいたりやっと房総東部で竈が出現し、壁の中央に煙道が位置する。渡来文化の一つとして伝わったのであるが、渡来人との関わりを探すことは難しい。

竈の導入については、かならずしも竈と土器文化が同時期に入ってきたとはいえず、最初に導入した近畿において両者が併存しないことからも、渡来文化の一つとしてそれぞれが導入されたのであろう。5世紀に近畿で渡来人が使用した軟質土器は、小型平底鉢・甑・壺・堝・長甕が基本セットであるが、当時朝鮮半島に一般的であった平底坏は数少ない。前者の器形が土師器に取り入れ

られていくのに対して平底坏は取り入れられず、坏という銘々器の考え方が導入され、おそらく列島の椀が坏として改良されたのであろう。このように近畿に渡来文化として伝えられた土器文化から甑や坏などが土師器に取り入れられ、関東にも伝わった点で、土器の渡来系要素が見られるといえよう。

　このような土器の渡来系要素と関わる資料として、埼玉県行田市埼玉古墳群中の山古墳出土の須恵質埴輪壺を取り上げてみよう。この須恵器質埴輪壺は中の山古墳の墳丘を巡るように立て並べられたようである。若松良一はこの埴輪壺を百済系と述べる（若松 1989）。近年韓国栄山江流域の発掘調査や分布調査が進展し、栄山江流域の墳墓形態が明らかになり、この地に前方後円墳が13基分布していることが判明した。それとともに円筒形土器と呼ばれる埴輪形土製品も分布しており、日本の埴輪あるいは円筒形土器との関連が太田博之、小栗明彦、大竹弘之、坂靖らによって論じられてきた。

　栄山江流域で出土する円筒埴輪に酷似した円窓を持つ円筒形土器は、倭の影響を受けたものであろうが、壺形で平底中央に円孔が開く円筒形土器（底部有孔壺）が作られる。この円筒形土器も古墳に巡らされた器形であるが、類似した器形が日本の三重県北野遺跡土師器窯跡から出土し、上村安生によって有孔広口筒形土器と名付けられている（上村 2005）。一方、円筒形土器の系譜を引くと考えられる須恵質埴輪壺が、大分県日田市朝日天神山古墳群２号墳（旧天満２号墳）、福岡県嘉麻市（旧稲築町）次郎太郎２号墳と埼玉県行田市中の山古墳に見られる。九州の２例は６世紀前半、中の山古墳例は６世紀末から７世紀初頭、北野遺跡例が８世紀初頭という。北野遺跡例を除けばいずれも古墳に立て並べられたようであるが、次郎太郎２号墳、中の山古墳例が底部有孔であるのに対して、朝日天神山古墳例はいくつかが底部有孔であるものの主体は底部がある。須恵質埴輪壺は九州例が古く、時期的にも栄山江流域の円筒形土器と連続することから関連があろう。その器形が中の山古墳まで伝播した円筒形土器の系譜を引いた可能性がある。しかし、中の山古墳出土の須恵質埴輪壺を焼成した窯が埼玉県寄居町末野３号窯で、上野国の須恵器に類似した形態の北関東型須恵器を焼成しており、中の山古墳の須恵質埴輪壺は円筒形土器の残影

を模倣したといえよう。その点では中の山古墳の須恵質埴輪壺は将軍山古墳、酒巻14号墳の渡来系文物との関連も想定できよう。なお、北野遺跡例は輪積み痕が残り、黒斑を持つなど栄山江流域の円筒形土器と共通するものの、ハケ目やヘラ削りを持つことなど相違する点があること、年代差も大きいことなどから、系譜が問題とされている。上村安生は北野遺跡以外に唯一斎宮跡で出土することから、埴輪ではなく、何らかの「儀器」と想定されたが、その円筒形土器という器形の持つ意味が継承されて来た可能性を考えたい。

また、群馬や埼玉では平底瓶（徳利形壺）が作られている。田口一郎らによって論じられているが、九州をはじめ各地に出土し、百済土器の瓶との関連が想定されている。この平底瓶は胴部にカキ目が巡るもの、波状文が巡るものなどがある。先の日田市朝日山古墳群2号墳須恵質埴輪壺の中に、口唇部内外面に波状文を持つものや螺旋状のカキ目を施すものがある。口唇部内外面の波状文は綿貫観音山古墳をはじめ北関東型須恵器の特徴といえ、また、螺旋状カキ目も関東に多い技法である。螺旋状カキ目は尾張の須恵器にもあり、今後直接系譜は検討が必要であるが、平底瓶が須恵質埴輪壺との関連で伝わった可能性も想定する必要があろう。

4. 朝鮮半島系土器研究の問題点

このように土器から見た東国の渡来文化の移入は、渡来人の東国への移住だけで伝わったものではない。西日本に入った渡来系土器文化が竈の導入による調理方法の変化、あるいは食生活の変化とともに東国に伝わり、坏という銘々器の発達、竈と甑や小型甕による調理方法の変化、さらに須恵器の導入により坏、𤭯などが生活や祭祀に影響を与え、副葬のあり方にも変化が見られるなどさまざまな要素が複合的に伝わったのである。このような渡来文化の伝播はそれぞれの地域の首長層が先進技術・文化を取り入れようとした動静の中で伝わったものであり、渡来人の移住もその中で考えるべき問題である。

東日本の朝鮮半島系土器研究の動向の中で、田口一郎は平底鉢を三国系土器

の広がりとして考えられた。坂野は畿内に定着しなかった栄山江流域系の内湾平底坏、加耶系の平底椀などの平底食器が関東・南東北地域に認められること、関東・南東北に分布する平底鉢を韓半島系土器の模倣形態として、さらに加耶系・百済系などに分類している現状がある（坂野 2007）。はたして形態模倣だけで半島系土器を模倣したか疑問であり、ましてや加耶系、百済系と分類できるかは問題である。特に平底鉢は半島において小型煮沸形態であったが、どのように使用されたか明らかではない。関東に見られる平底鉢は甕形態であり、渡来人が持ち込んだ平底鉢の系譜を引いたものといえるのか疑問である。平底坏の出現にしても、坂野のいう特に馬韓（栄山江流域）系の内湾平底坏は、瓦質あるいは陶質化しており、渡来人が倭へ持ち込んだ土器のほとんどが軟質土器である。渡来人が倭で製作した軟質系土器の中にも瓦質系の内湾平底坏は存在しない。また、栄山江流域の平底坏はロクロ回転と叩き技法で製作され、登窯で焼成されている。坂野のいう関東の平底食器の系譜について、半島の土器製作技法を引いているものは見られない。ただ形態模倣だけとするならば、はたして半島系土器と呼称すること、ましてや加耶系・百済系ということが可能なのかきわめて疑問である。当然この時期に坏の出現などが見られることは新たな食器様式の変化といえよう。その影響の一つが朝鮮半島系土器であるが、須恵器の坏形態の模倣も含めて考えなくてはいけないであろう。そのような点から渡来系土器文化の伝播といえようが、その背景に渡来人を見る場合、東国・東北においては直接的な渡来人の影響なのか、近畿など西日本ですでに取り入れられた渡来系土器の器形の影響なのか慎重になるべきであろう。

　関東・東北において土器から渡来人、あるいは渡来系土器文化を論じるためには資料を蓄積し、詳細に検討するなど、まだまだすべきことが多く残されている。

参考文献
上村安生　2005「北野遺跡出土有孔広口筒形土器について」『研究紀要』第14号、三重県埋蔵文化財センター

亀田修一　2012「渡来人の東国移住と多胡郡建郡の背景」『多胡碑が語る古代日本と渡来人』吉川弘文館
神野　信　2012「古墳時代の鉄製品―中期を中心に―」『研究紀要』27、千葉県教育振興財団
末木啓介　1994「埼玉県におけるカマド導入期の様相―カマド、大型甕、杯の形態を中心として―」『研究紀要』第11号、埼玉県埋蔵文化財調査事業団
高久健二　2003「埼玉県における竈の導入・定着過程と器種組成変化に関する一考察―本庄台地を中心にして―」『古墳時代東国における渡来系文化の受容と展開』（基盤研究（C）(1) 研究成果報告書）専修大学
中村倉司　1989「関東地方における竈・大形甕・須恵器出現時期の地域差」『研究紀要』第6号、埼玉県埋蔵文化財調査事業団
坂　靖　2012「古墳時代中期の遺跡構造と渡来形集団」『集落から探る古墳時代中期の地域社会―渡来文化の受容と手工業生産―』（古代学研究会2012年拡大例会シンポジウム資料集）古代学研究会
坂野和信　2007『古墳時代の土器と社会構造』雄山閣
日高　慎　2007「行人台遺跡の金海系土器について」『松戸市立博物館紀要』14
山梨県考古学協会　2008『塩の考古学―ゆく塩、くる塩、古代の塩とその流通を考える―』
吉井秀夫　2003「信濃から百済をみる―善光寺平の渡来系考古資料を見学して―」『古墳時代東国における渡来系文化の受容と展開』（基盤研究（C）(1) 研究成果報告書）専修大学
若松良一　1989「中の山古墳の須恵質埴輪壺について」『奥の山古墳　瓦塚古墳　中の山古墳』埼玉県教育委員会

第4章　長野県飯田市新屋敷遺跡出土の
　　　　百済・栄山江流域系土器

1. はじめに

　長野県飯田市新屋敷遺跡出土の蓋（第36図）は、天井部が扁平で、両端に耳状の突起の付く特異な土器である。この蓋は後に述べるように韓国の忠清道から全羅道に分布する両耳付壺の蓋と同じ形態である。壺には耳が付いて孔が開けられ、蓋に開けられた孔と紐などで縛り固定することのできる器形である。蓋は残念ながら遺構に伴わず、古墳時代の住居跡から20mほど離れて出土したという[1]。

　近年、長野県では木島平村根塚古墳の渦巻文の付いた鉄剣や、長野市浅川端遺跡の馬形帯鉤が発見され、いままで全く予想もしなかった朝鮮半島系の遺物が出土した。このような朝鮮半島系の遺物は直ちに渡来人と結びつけることはできないが、資料の蓄積は怠ることはできない。新屋敷遺跡の資料も今まで朝鮮半島系資料の多かった善光寺平ではなく、東山道で信濃へ入る一方の入口にあたり、伊那谷の古墳時代の馬文化を考えるとき重要な資料になるのではないかと資料紹介する。

　なお、新屋敷遺跡の報告は遺構編（飯田市教育委員会 1986）だけで、該期の遺物は未報告であるが、重要な資料であることから飯田市教育委員会小林正春にお願いし、資料紹介させていただいた。

2. 新屋敷遺跡について

　新屋敷遺跡は飯田市の市街地北東約4kmにある恒川遺跡群の北端の、飯田市座光寺高岡字新屋敷に所在する（第35図）。遺跡の立地は天竜川の下位段丘上にあるが、北側を南東流する大島川の氾濫により扇状地を形成している。北側には隣接して新井原遺跡が、北西には高岡1号墳がある。一般国道153号座光寺バイパス建設に伴い、遺跡群のいくつかの遺跡とともに1977年から79年にかけて発掘調査されたが、縄文早期の小竪穴や弥生時代中期の住居跡12軒、後期の住居跡1軒、古墳時代後期の住居跡36軒、奈良時代の住居跡2軒、時期不明住居跡7軒、官衙と関連のある掘立柱建物跡19棟などが検出されている（飯田市教育委員会　1986）。古墳時代後期の住居跡はいずれも竈を持ち、須恵器を出土する例が多いが、未報告のため詳細は不明である。百済・栄山江流域系土器[(2)]はこの遺跡から出土するものの、残念ながら遺構に伴っていないという。1989年、新屋敷遺跡に隣接する座光寺4737番地外が調査されて、弥生時代中期住居跡2軒、古墳時代後期住居跡59軒、平安時代住居跡5軒、掘立柱建物跡28棟などが検出されているが、古墳時代後期の住居跡の須恵器は5世紀に入る資料がほとんどない（飯田市教育委員会　1991）。新屋敷遺跡は恒川遺跡群の一つであるが、恒川遺跡群からは大型掘立柱建物跡、鉄鈴、和同開珎銀銭などが出土しており、正倉など確認された「伊那郡衙」推定地は新屋敷遺跡の西方にあたる。また、座光寺地区の古墳および約400m離れた高森町武陵地1号墳からそれぞれ1枚ずつ富本銭が出土する。

3. 新屋敷遺跡出土両耳付壺の蓋について

　蓋（第36図）は天井部が扁平で、焼成のためやや窪む。天井部はヘラ削りされ、その後周辺部もヘラ削りする。口縁部は丸みを持って広がり、口縁部外面の一部は縦にひび割れ、そこを焼成前にヘラ磨きで補修している。口唇部は

第4章　長野県飯田市新屋敷遺跡出土の百済・栄山江流域系土器　119

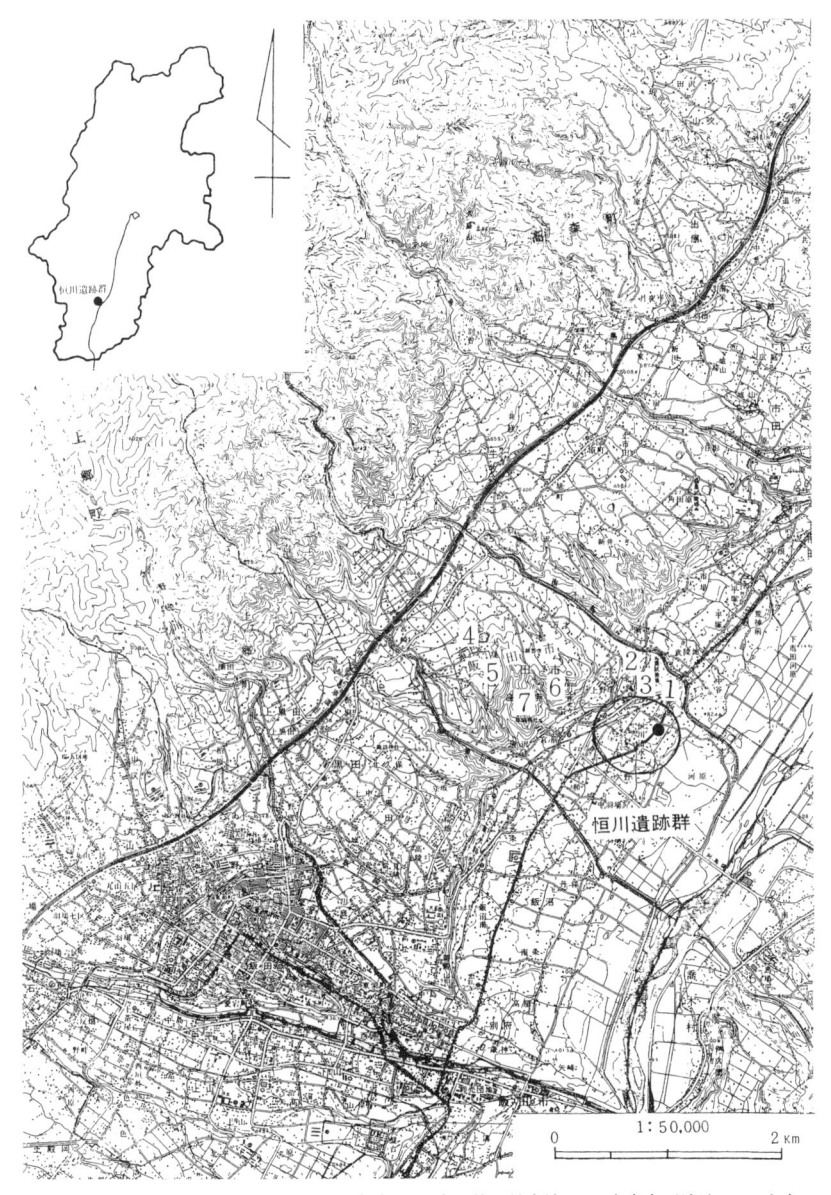

1：新井原第12号古墳　2：畦地第1号古墳　3：高岡第1号古墳　4：座光寺原遺跡　5：中島遺跡　黒丸：新屋敷遺跡

第35図　恒川遺跡群と新屋敷遺跡

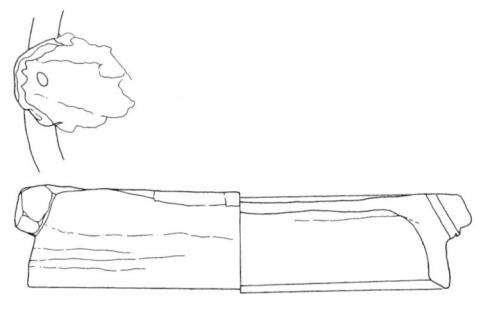

第 36 図　新屋敷遺跡出土の両耳付壺の蓋（1/2）

内側に斜行し、中窪みの内斜する平坦面を持つ。内面は中央に指頭痕が見られ、周辺部は横撫でされるが粘土紐接合痕が明瞭に残る。この土器の特徴は、天井部から外へ相対した場所に扁平な突起が突き出ることであるが、この突起は指頭により整形されている。突起は上から下へ口縁に沿って斜めに径 0.25cm の孔が開けられている。焼成はやや甘く、須恵器と異質であり、暗灰色で白色砂粒を含む。色調などから見ると、焼成時壺に蓋を被せたまま正位置で焼成している。口径 11.5cm、器高 2.9cm、器厚は天井部が 0.3cm、口縁部がやや厚く 0.5cm である。

4. 両耳付壺について

　列島における両耳土器の類例は、陶邑 TK216 号窯の須恵器（第 37 図 12）にあり、窯出土の須恵器では唯一である。この両耳付壺はやや扁平な丸底で、胴部中位に最大径があり、そのすぐ上に方形で扁平な両耳がやや上方を向いて相対して付けられる。両耳は上から下へ穿孔される。残念ながら蓋は存在せず、新屋敷遺跡例との形態の比較はできない。また、九州の福岡市西新町遺跡（第 37 図 10・11）や前原市浦志遺跡から出土するものの、同様に蓋を伴わない（国立公州博物館 2000）。
　両耳付壺の遡源は朝鮮半島にあり、金鍾萬により検討されている（金鍾萬 1999）。忠清道から全羅道にかけての馬韓圏に分布しており、I 類の平底と II 類の丸底に分類され、特に錦江流域と栄山江流域に多く分布する（第 7 図）。金鍾萬は両耳付壺の起源を中国後漢時代に求め、それが楽浪、さらに馬韓に伝わってきたとする。3 世紀頃に忠清南道西部地方で受容され、馬韓の多くの国

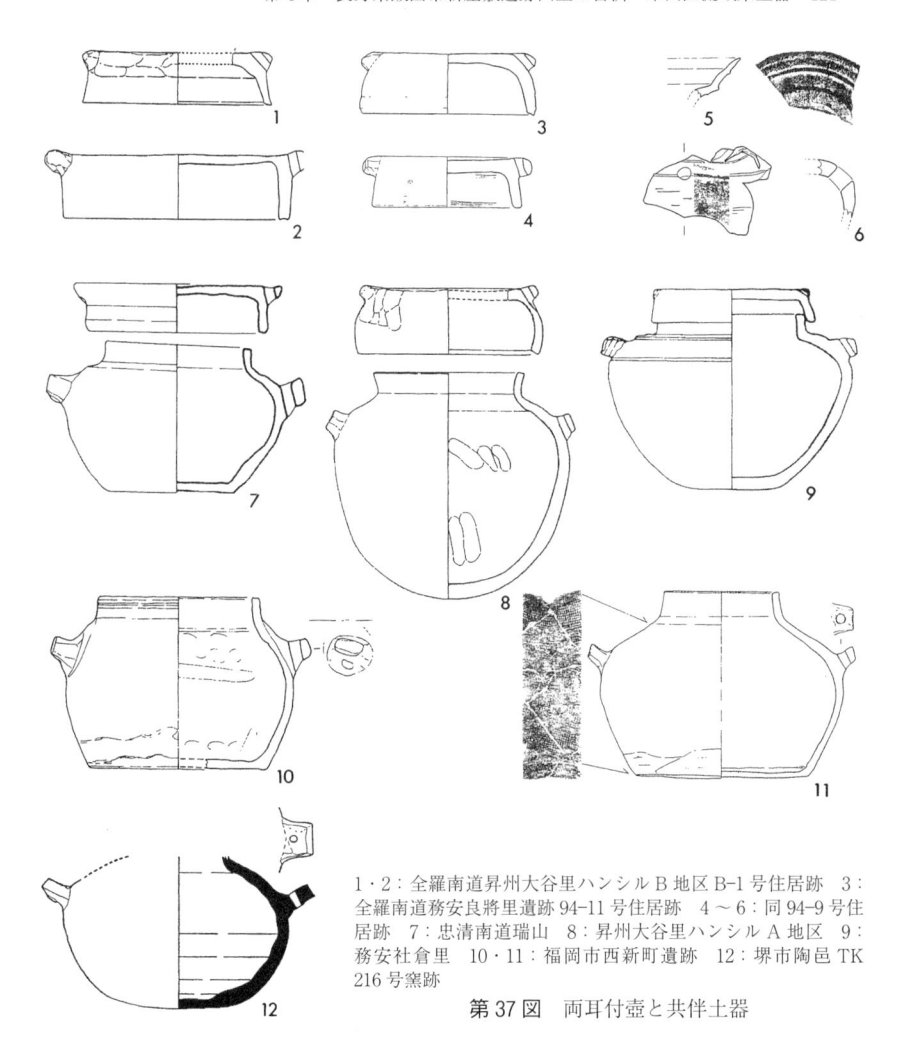

第4章 長野県飯田市新屋敷遺跡出土の百済・栄山江流域系土器 121

1・2：全羅南道昇州大谷里ハンシルB地区B-1号住居跡 3：全羅南道務安良將里遺跡94-11号住居跡 4〜6：同94-9号住居跡 7：忠清南道瑞山 8：昇州大谷里ハンシルA地区 9：務安社倉里 10・11：福岡市西新町遺跡 12：堺市陶邑TK216号窯跡
第37図 両耳付壺と共伴土器

に波及し、5世紀初め西南部地方で消滅するという。

　本来蓋を伴う器形であるが、韓国でも蓋を伴う出土例は少なく、瑞山（第37図7）、高敞新月里甕棺墓（第38図10）、務安社倉里（第37図9）、昇州大谷里ハンシルA地区（第37図8）などから出土する。蓋だけは務安良將里遺跡94-9号住居跡（第37図4）、同94-11号住居跡（第37図3）（木浦大学校博

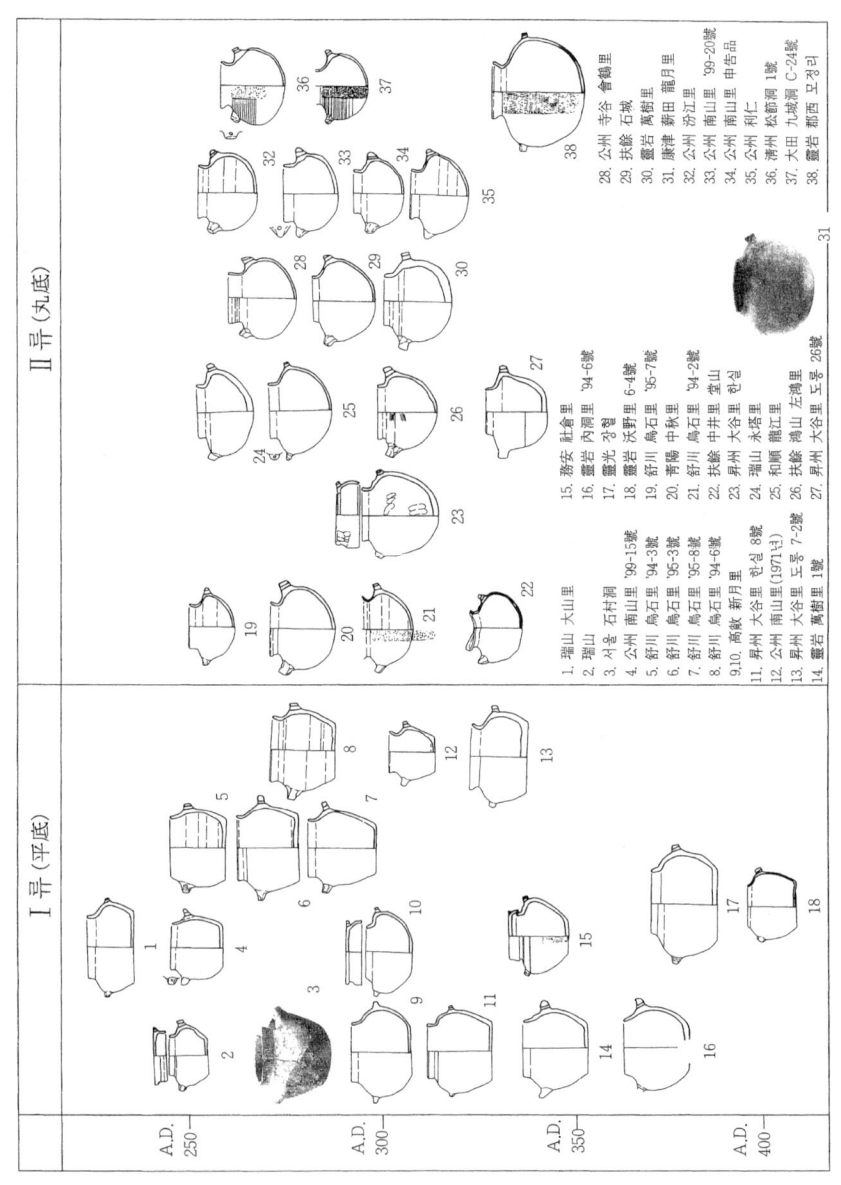

122　第Ⅱ部　列島出土の朝鮮半島系土器と渡来人

Ⅱ류(丸底)

Ⅰ류(平底)

1. 瑞山 大山里
2. 瑞山 石村洞
3. 서울 石村洞
4. 公州 南山里'99-15號
5. 舒川 烏石里'94-3號
6. 舒川 烏石里'95-3號
7. 舒川 烏石里'95-8號
8. 舒川 烏石里'94-6號
9,10. 高敞 新月里
11. 昇州 大谷里 벼슬 8號
12. 公州 南山里(1971년)
13. 昇州 大谷里 도롱 7-2號
14. 靈岩 萬樹里 1號
15. 務安 社倉里
16. 靈岩 內洞里 분장
17. 靈岩 沃野里'94-6號
18. 靈岩 沃野里 6-4號
19. 靑陽 中秋里
20. 舒川 烏石里'95-7號
21. 舒川 烏石里'94-2號
22. 扶餘 中井里 堂山
23. 昇州 大谷里 한실
24. 瑞山 永岱里
25. 和順 龍江里
26. 扶餘 鴻山 左鴻里
27. 昇州 大谷里 도롱 26號
28. 公州 寺谷 會鶴里
29. 扶餘 萬齡里
30. 靈岩 萬樹里 龍月里
31. 廉津 沙江里
32. 公州 南山里'99-29號
33. 公州 南山里 申古品
34. 公州 利仁
35. 淸州 松節洞 1號
36. 和順 龍江里
37. 大田 九城洞 C-24號
38. 靈岩 都雲 모정리

第38圖　兩耳付壺編年圖

物館、務安郡・韓国道路公社 1997)、昇州大谷里ハンシル B 地区 B-1 号住居跡（第37図1・2）(李命熹・成洛俊・孫明助 1990) から出土する。新屋敷例は口縁部が丸みを持ち、突起は指頭により整形されているが、この類例は昇州大谷里ハンシル B-1 号住居跡、務安良將里 94-11 号住居跡、やや高さがあるものの高敞新月里甕棺墓出土品に類似する。金鍾萬は蓋の変遷を瑞山→高敞新月里→務安社倉里と考えているが、新屋敷例は新月里例に類似する。金鍾萬の編年では新月里は A.D.300 年におき、務安社倉里を A.D.350 年のやや前においている（第38図）。列島では福岡市西新町遺跡例は赤褐色軟質土器の広い平底で、叩き整形される例もあり、3世紀後半から4世紀にかけての年代が与えられている。列島出土の赤褐色軟質の両耳付壺から見ると、金鍾萬が3世紀後半におく資料や新月里例が陶質であることを考慮すると、年代観に問題がある。また、金鍾萬の編年では霊岩沃野里 6-4 号甕棺墓の壺（第38図18）が A.D.400 年頃に編年されている。そこに伴う蓋と甑は陶質土器であることから年代対比は注意が必要であるが、日本では5世紀中葉前後に並行すると考えられる。前述した金鍾萬が A.D.300 年頃に編年した新月里例（第38図10）に甑が伴うが、明らかに沃野里例よりも後出する例であり、共伴する甑から見ると年代が逆転している。さらに新屋敷例に類似する務安良將里 94-9 号住居跡例に伴う甑（第37図5・6）も5世紀中葉前後におけることから、新屋敷例も5世紀中葉前後の年代と想定する。以上から両耳付壺の存続年代を4～6世紀代とする見解（国立公州博物館 2000）は支持できる。

5. 新屋敷遺跡の百済・栄山江流域系土器出土の意義

新屋敷遺跡出土の百済・栄山江流域系土器は、唯一1点である。はたしてこの土器から渡来人は見えるのであろうか。

近年、善光寺平の朝鮮半島系遺物の出土が増加し、周知の大室古墳群の積石塚古墳や合掌形石室の存在とともに、渡来人を予測する資料が増加してきた。積石塚古墳については多くの研究があるのでここでは触れないが、出土遺物に

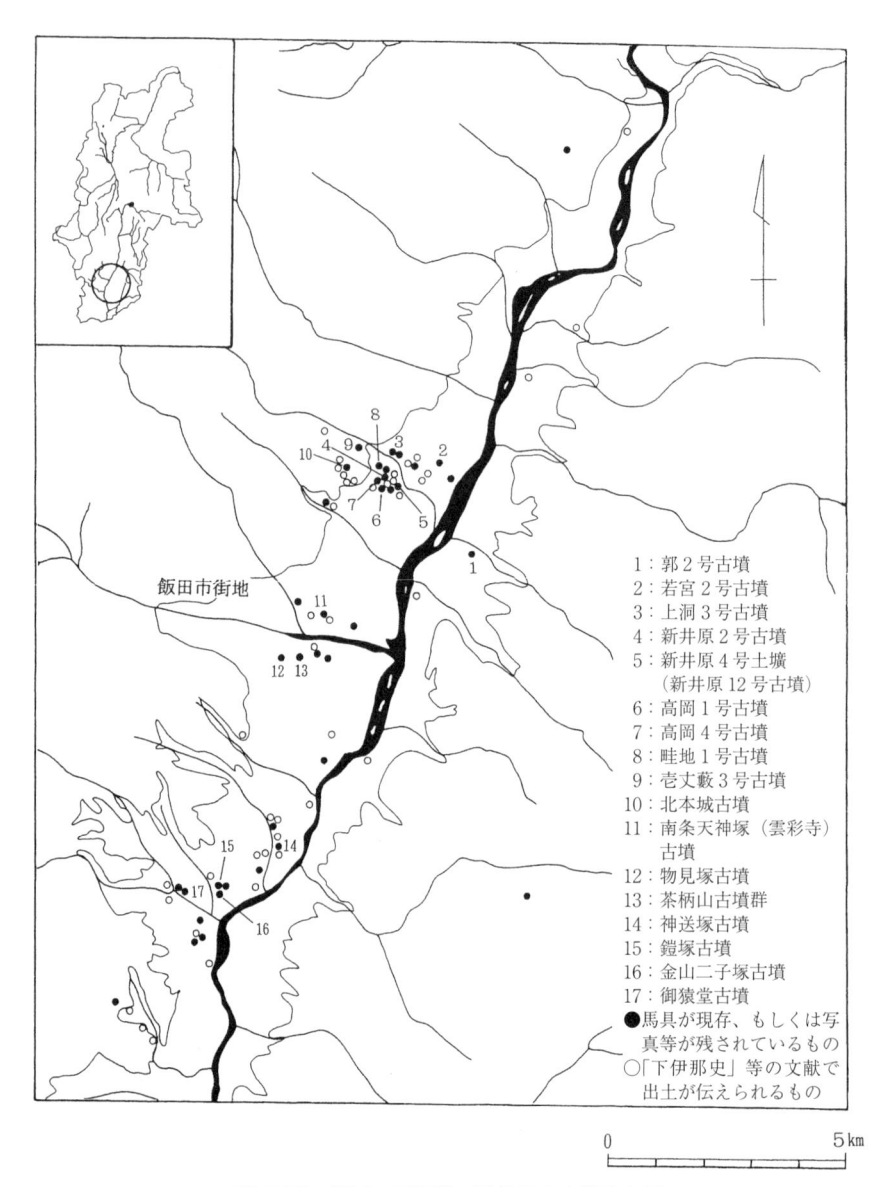

124　第Ⅱ部　列島出土の朝鮮半島系土器と渡来人

飯田市街地

1：郭2号古墳
2：若宮2号古墳
3：上洞3号古墳
4：新井原2号古墳
5：新井原4号土壙
　（新井原12号古墳）
6：高岡1号古墳
7：高岡4号古墳
8：畦地1号古墳
9：壱丈藪3号古墳
10：北本城古墳
11：南条天神塚（雲彩寺）
　　古墳
12：物見塚古墳
13：茶柄山古墳群
14：神送塚古墳
15：鎧塚古墳
16：金山二子塚古墳
17：御猿堂古墳
●馬具が現存、もしくは写真等が残されているもの
○「下伊那史」等の文献で出土が伝えられるもの

0　　　5km

第39図　飯田・下伊那の馬具出土古墳分布図

ついては風間栄一によってまとめられ（風間 1998, 2000）、更埴市城の内遺跡の有蓋（把手付）台付壺、長野市鶴萩七尋岩陰遺跡の韓式系土器、同市伝土口将軍塚古墳の有蓋高坏、同市地附山古墳群上池ノ平5号墳の鑣轡、牟礼村鍛冶久保古墳の鋳造鉄斧2点、中野市林畔1号墳の鑣轡、須坂市鎧塚2号墳の鋳板の出土が知られている。その後、木島平村根塚古墳の渦巻文の付いた鉄剣、さらには長野市浅川端遺跡の馬形帯鉤が確認された。

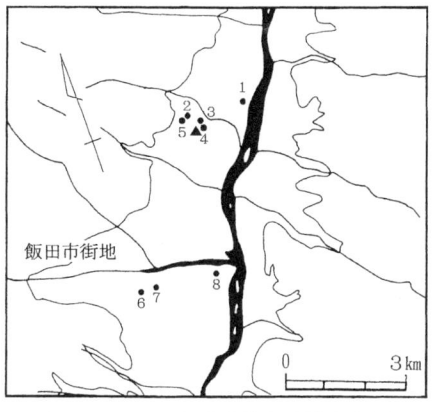

第40図　馬の埋葬を伴う古墳分布図
（▲は新屋敷遺跡）

　善光寺平の朝鮮半島系遺物を検討している風間栄一は、「半島系遺物からは、そこに直接的な渡来人の姿を見ることは難しいと指摘できる」とした。そして「確実に存在したであろう渡来人の活動の痕跡や半島系の遺物が有した性格を具体的に掘り下げていくことが次の課題とできよう」と述べた（風間 1998）。その後風間は「みえない渡来人」と表現して「在地集団による伝統的世界の開放と渡来集団の積極的同化とが相互に働き合い融合した結果と考えられ」ている（風間 2000）。確かに遺跡に渡来人の痕跡が見出せない場合、出土遺物だけではとうてい渡来人の存在を明確にすることはできない。

　筆者はこれまで東日本の渡来人を予測する資料として、主に土器の存在から推測してきた。それは特に軟質土器ならば渡来人の生活遺物であり、軟質土器の甕・平底鉢・甑・竈のセットが多く揃えば揃うほど渡来人の存在の確率が高くなると考えた。しかし、馬具や武器、鋳造鉄斧は渡来人と関わりなく製品として流通する可能性が高い。長野県に多いこのような渡来系武器・馬具などは、遺跡あるいは周辺とトータルで考える必要がある。たとえば善光寺平に渡来系の馬具が多いとするならば、従来いわれているような馬文化、あるいは大室古墳群との関わりなどである。

では新屋敷遺跡の百済・栄山江流域系土器はどうであろうか。焼成、つくりなどを見ると明らかに須恵器ではなく、朝鮮半島から搬入された製品であるが、金鍾萬のいうように両耳付壺は錦江、栄山江流域に多いものの、前述したように類例が昇州、務安、高敵に見られることは、栄山江流域およびその周辺からもたらされた可能性が高い。

　飯田・下伊那地域は約700基の古墳があり、そのほとんどが飯田市内の南北約10kmに集中するという。また、飯田には前方後円墳が24基存在し、10〜11基は5世紀代という。馬具の出土も長野県は全国でも最多を争う地域で、飯田も濃密に分布する（第39図）。さらに飯田・下伊那では馬の埋葬例が28例あり、馬具を伴う例もあり全国的にも注目できる地域である。この馬の埋葬例は飯田では新屋敷遺跡の位置する座光寺に集中し、近接して新井原古墳群、高岡古墳群がある（第40図）。また、松尾地区にも多い（小林 1994, 2000、飯田市美術博物館・飯田市上郷考古博物館 1997）。このようなことから飯田・下伊那地域には5世紀代から馬匹生産を行う集団がいたと考えられている。

　新屋敷遺跡では多くの須恵器が出土し、恒川遺跡群としては陶邑産の初期須恵器の出土量が多い。たしかに風間が指摘するように朝鮮半島系の遺物は初期須恵器等の流通の結果と違いはない。しかし、須恵器の流通を見たとき、生産地である陶邑から集積地を経て各地へと運ばれた可能性が考えられ、朝鮮半島から舶載された陶質土器がその流通ルートにのる可能性は少ないのではなかろうか。全国各地に見つかる陶質土器すべてを陶邑産の初期須恵器の流通ルートにのっていたと考えるのは問題があろう。当然ここの場合を考える必要があるが、軟質土器同様陶質土器も渡来人がもたらした場合も考えられ、新屋敷遺跡例はその可能性が高いと積極的に想定したい。

　このような想定にたち、新屋敷遺跡出土の百済・栄山江流域系である両耳付壺の蓋は、馬匹生産に関わった栄山江流域を中心とする渡来人がもたらしたと考える。今後伊那谷にも渡来系遺物が発見されることを期待したい。

註
(1) 飯田市教育委員会小林正春にご教示いただいた。
(2) 栄山江流域は5世紀中葉の段階では百済の領域に入っていないが、両耳付壺が錦江流域の百済領域にも分布することから百済・栄山江流域系とする。

参考文献
飯田市教育委員会　1986『恒川遺跡群』遺構編
飯田市教育委員会　1991『恒川遺跡群新屋敷遺跡』
飯田市美術博物館・飯田市上郷考古博物館　1997『特別展 伊那谷の馬 科野の馬—古墳時代における受容と広がり—』
風間栄一　1998「長野県善光寺平の半島系遺物雑考」『ASIAN LETTER』東アジアの歴史と文化談話会
風間栄一　2000「科野・善光寺平における渡来系集団とその動向」『考古学ジャーナル』No.459
木浦大学校博物館、務安郡・韓国道路公社　1997『務安良將里遺跡』
金鍾萬　1999「馬韓圏域出土両耳附壺小考」『考古学報』第10輯、韓国考古美術研究所
国立公州博物館　2000『日本所在百済文化財調査報告書Ⅱ—九州地方—』
小林正春　1994「長野の古墳—下伊那の古墳時代の埋葬馬—」『日本考古学協会1994年度大会研究発表要旨』
小林正春　2000「馬生産に関わる伊那谷古墳時代の集団」『考古学ジャーナル』No.459
田辺昭三　1981『須恵器大成』角川書店
李命熹・成洛俊・孫明助　1990「大谷里ハンシル住居址」『住岩ダム水没地域文化遺蹟発掘調査（Ⅶ）』全南大学校博物館・全羅南道

図版出典
第35図　飯田市教育委員会 1991を一部改変
第37図　1・2：李命熹・成洛俊・孫明助 1990、3～6：木浦大学校博物館、務安郡・韓国道路公社 1997、7～11：国立公州博物館 2000、12：田辺 1981
第38図　金鍾萬 1999
第39・40図　飯田市美術博物館・飯田市上郷考古博物館 1997

第5章 市川市出土の新羅土器

1. はじめに

　列島には朝鮮半島から多くの文化や技術・文物がもたらされ、列島に多大な影響を与えた。その一つが土器文化である。特に5世紀前半代には多くの渡来人とともに土器の焼成技術あるいは陶質土器、軟質土器がもたらされ、須恵器の生産開始、土師器の器種構成の変化などに影響を与えた。渡来人はその後も多く渡ってきたと想定されるものの、5世紀代と比較して7世紀以降は朝鮮半島系土器が少ないといえよう。その理由は今後の課題であるが、7世紀代の渡来人を土器から探ることは容易ではなかった。

　ところが近年栃木県には多くの新羅土器が出土し、『日本書紀』持統元年、3年、4年の記事から渡来人の下野国への配置と新羅土器が関係することが想定できるようになってきた。

　市川市教育委員会の整理事務所を訪れた際、下総国分寺跡と曽谷南遺跡出土の新羅土器と想定できる2点の壺を偶然実見した。新羅土器とするならば新羅人配置の記録のない下総国であり、はたして新羅人と関わるのか、東国の新羅人配置問題を考えていく上にも重要な資料となると考え、資料紹介を行う。

　なお、資料紹介にあたり市川市教育委員会ならびに松本太郎には写真・図面の提供、掲載許可について快諾をいただいたことを感謝する。

2. 遺跡について

　下総国分寺跡は、千葉県市川市の北西部の下総台地から派生した国分台の南

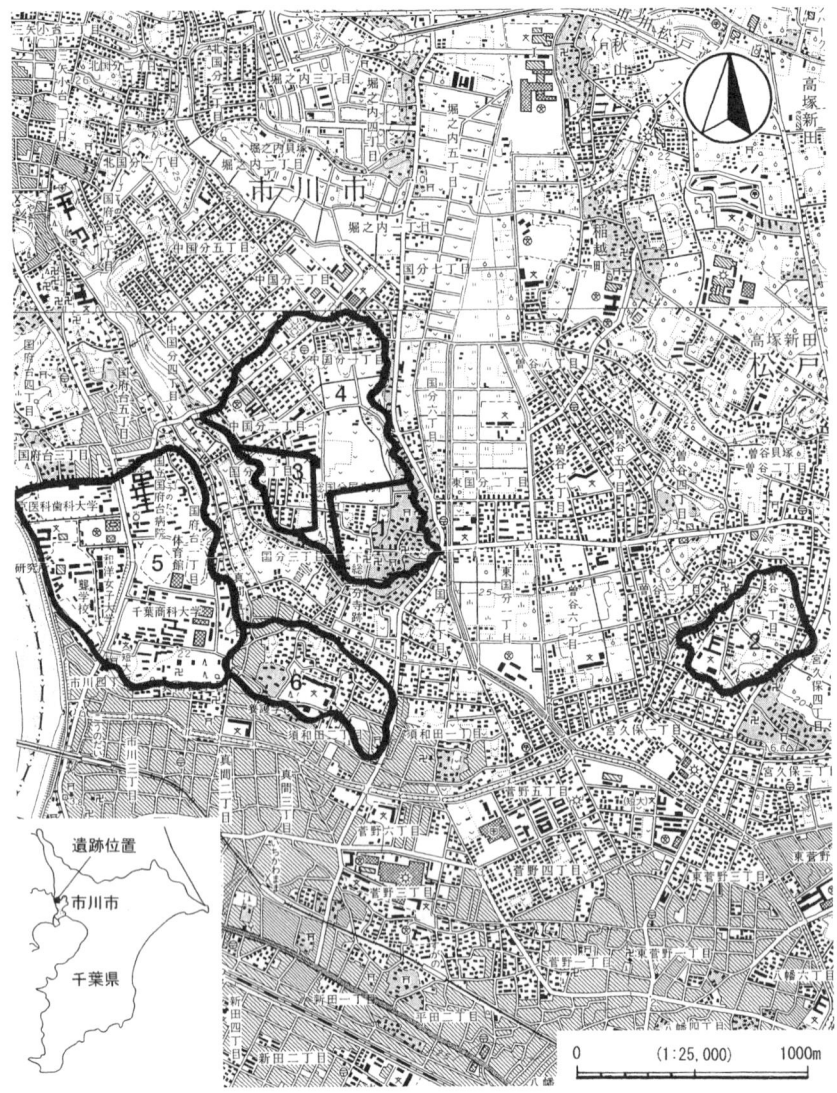

130　第Ⅱ部　列島出土の朝鮮半島系土器と渡来人

1：下総国分寺跡　2：曽谷南遺跡　3：下総国分尼寺跡　4：下総国分遺跡　5：国府台遺跡
6：須和田遺跡

第41図　遺跡の位置

端に位置する。これまでの発掘調査では、古墳時代の遺構は少なく、8世紀中葉以降に増加するが、国分寺の造営や下総国府との関わりが想定されている。新羅土器が出土したのは、第55次調査による縦穴建物SI03である。

曽谷南遺跡は、市の北部中央の曽谷台南西部に位置する。縄文・古墳・奈良・平安時代の遺構が確認される、市内有数の遺跡である。新羅土器が出土したのは第10地点の縦穴建物SI01である（第41図）。

3. 出土遺物

（1）新羅土器

①短頸壺1（第42図1、第43図）

口径15.0 cm、器高18.7 cmで、短頸壺2と比較して大きく、色調は暗灰色で胎土は細かな白色粒を含み、焼成は普通である。わずかな上げ底気味の平底から最大径を中位に持つ球胴を経て、短いが大きく外反する口縁に至る。内面の底部と胴部の境は、強い撫でによって屈曲する。口唇部は上方に強くつまみ上げられ尖る。

最初縦位の平行叩きにより成形され、続いて上半部を轆轤回転で成形する。その後この器種の特色であるが、底部から中半部やや上方まで再度平行叩きを施し、底部付近は叩き目が放射状に見える。再度の叩きは新羅土器に見られる技法である。内面には叩きに伴う無文の当て目がつく。なお、叩き具は平行の叩き目であるものの詳細に見ると、平行の叩き目に1本（2本か）が直交する叩き目文である。

底部には焼成時窯床に敷かれた砂がわずかに付着する。

②短頸壺2（第42図4）

推定口径10.0 cm、推定器高10.6 cm、底径6.1 cmで、完存していない。この大きさや形は新羅土器に通有な器形である。口唇部は肥厚し、上部に細い沈線が巡る。胴部中位には把手の剥離痕がある。色調は灰色で、胎土は微細な白色粒を含み、焼成は普通でやや多孔質である。平底から球胴を経て短いが大き

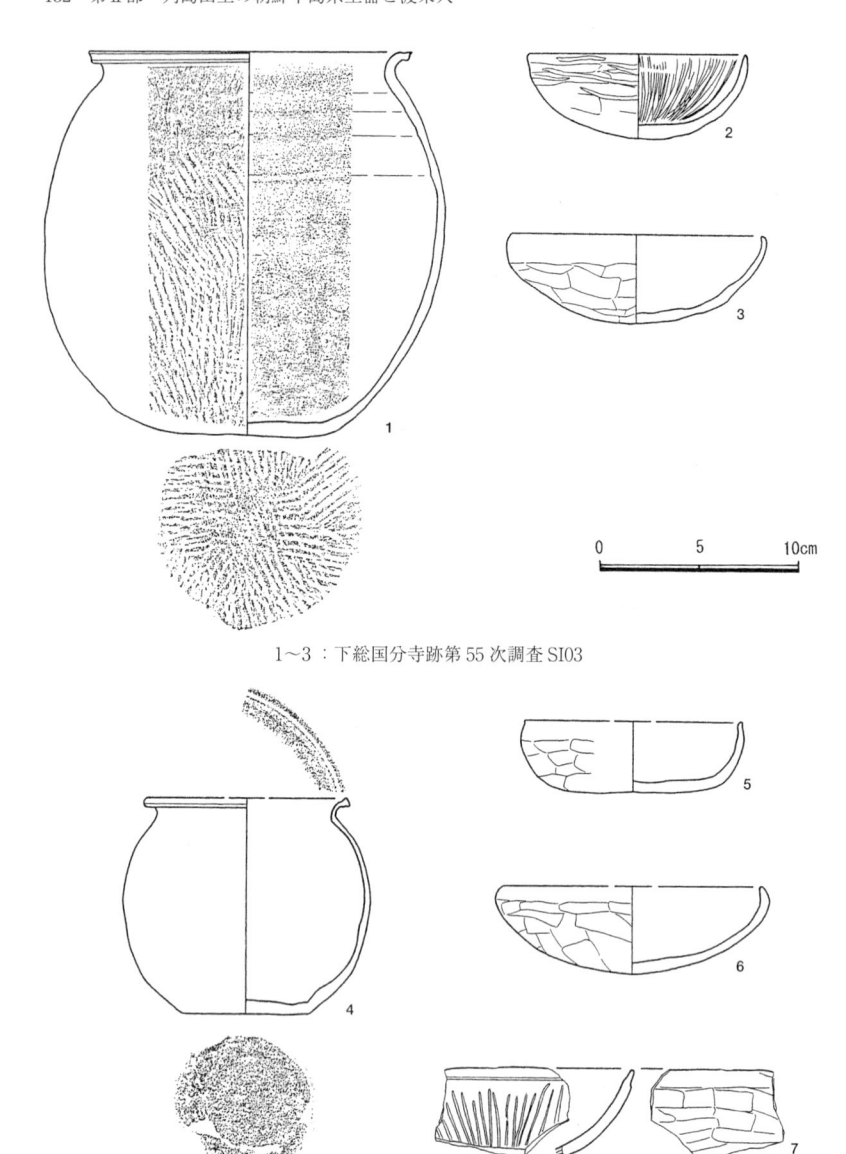

132　第Ⅱ部　列島出土の朝鮮半島系土器と渡来人

1～3：下総国分寺跡第55次調査 SI03

4～7：曽谷南遺跡第10地点 SI01

第42図　市川市出土の新羅土器および土師器

く外反する口縁に至る。内面の底部と胴部の境は強い撫でが施され凹線が巡る。口唇部は断面三角形状になり端面を持ち、上面に回転で施した浅い沈線が巡る。胴部は叩きが確認できないが、下半部に不明瞭な斜位の削りが施される。

底部には焼成時に窯床に敷かれた砂がやや多く融着する。

（2）韓国における短頸壺の類似資料

2点の新羅土器は形態的に球胴であり、口縁が短いものの大きく

第43図　下総国分寺跡第 55 次 SI03 出土の新羅土器（短頸壺1）

外反する。しかし、成形の上では叩きの有無など大きな違いがある。短頸壺1について韓国で類例を探すと韓国出土例は短頸壺1よりも大型の製品が多い。またより古いものほど胴部上位に最大径があり、肩が張る傾向がある。頸部径は胴部に比較して小さい（第 44 図 1）。新しくなると最大径が中位に近く、頸部径も広がり広口になる（第 44 図 2）。全面に叩きが見られるが下半部に再度叩きを施し、上げ底気味に叩き出す例も多く、短頸壺1と共通する特徴が見られる。口唇部も上端を引き出す点では共通している。

短頸壺2については新羅土器の器高 10 cm ほどの小型壺に、轆轤で引き上げ胴部下半をヘラ削りする例がある（第 45 図 1～5・7・8・13～15）。短頸壺2はこのヘラ削りが不明瞭である。しかし、新羅土器の口唇部は肥厚し、上面が凹線あるいは沈線状に窪み、短頸壺2との共通点が見出せる。これらの壺はほとんどが叩き目を持たない点でも短頸壺2と共通する。

次にこれらの新羅土器の製作年代について検討してみよう。韓国においては新羅土器短頸壺の編年が少なく、窯跡も競馬場建設関連の発掘調査報告が刊行

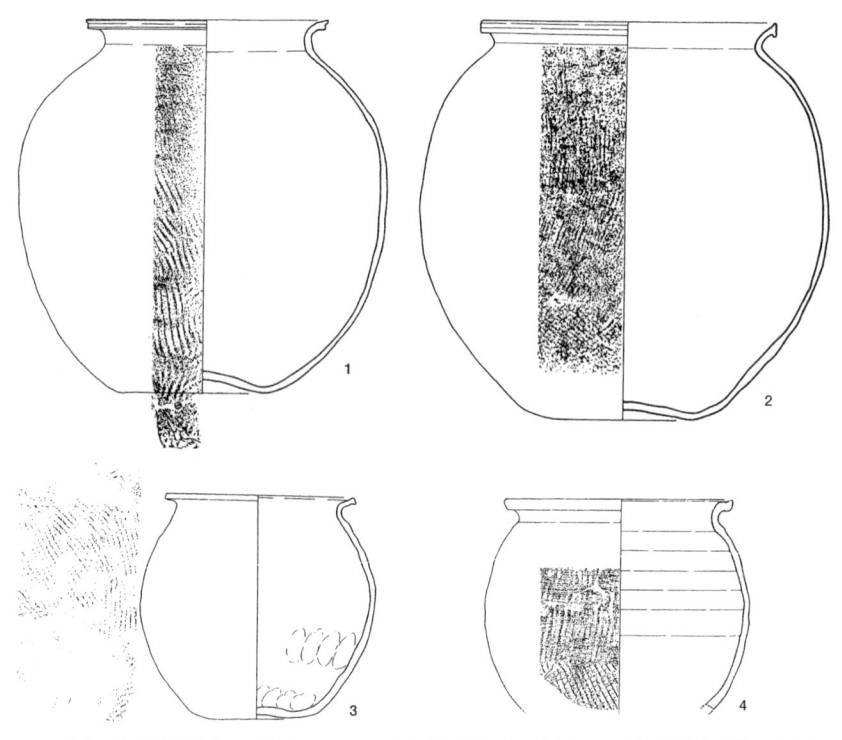

1：慶山林堂古墳群造永1B地域C-19　2：釜山五倫台遺跡82号墳　3：昌寧桂城古墳群13号墳
4：金海礼安里古墳群30号墳
第44図　新羅土器短頸壺（1）

されたが、この時期の資料は少ないため、製作年代については、尚州青里遺跡三国時代古墳編年表（韓国文化財保護財団 1999）を参考にしてみたい（第46図）。この編年表は新羅土器を代表する高坏・長頸壺とともに短頸壺も編年され、Ⅰ段階からⅨ段階まで設定されている点で参考になる。新羅土器は高坏が長脚から短脚へ、長頸壺の口縁部が直口から二重口縁のように段を持つようになること、印花文を持つ細頸壺の出現など統一新羅様式に変遷していく。そのような変化は青里遺跡編年表Ⅴ段階に見られる。編年表によればその変化は墓制にも見られ、それまでの石槨墓から石室墳に変わるという。短頸壺はⅣ段階以前とⅥ段階以後では後者の方が長胴となり、口縁も大きく外反する変化が見

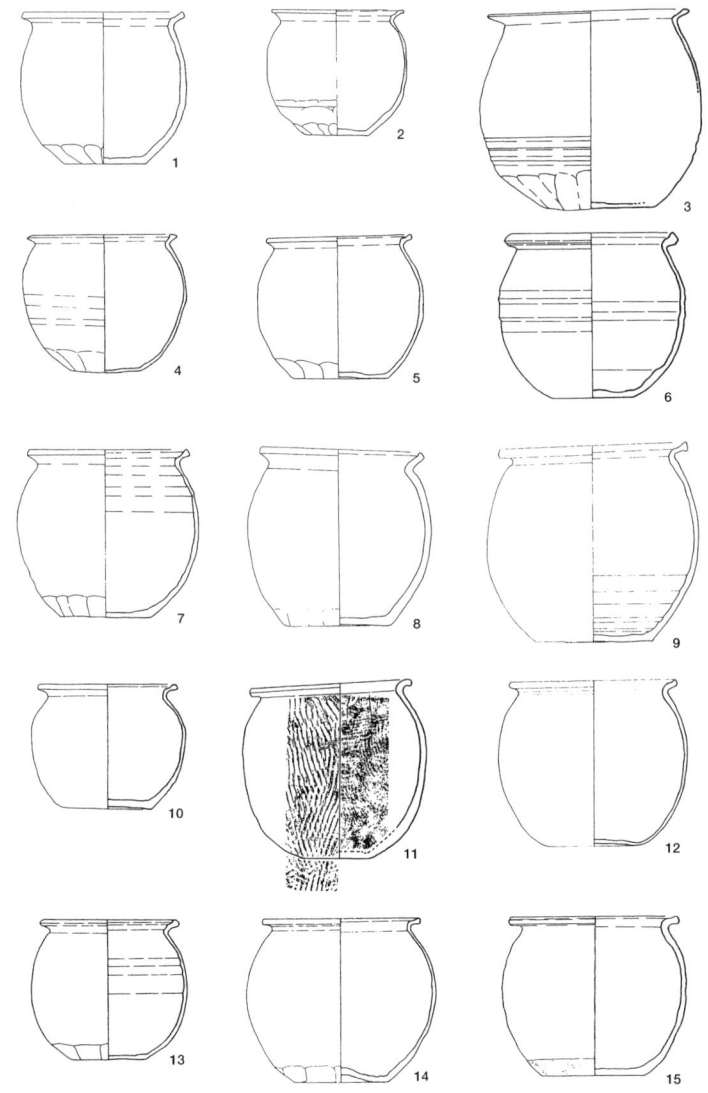

第 5 章 市川市出土の新羅土器 135

1：大邱旭水洞古墳群 92-4 号　2：同　3：同 I C-9 号　4：慶山林堂古墳群造永 1B 地域 30 号　5：旭水洞古墳群 I B-62 号　6：釜山五倫台遺跡 73 号墓　7：旭水洞古墳群 I D-204 号　8：漆谷・多富洞古墳群 2-B 石槨　9：同　10：金海礼安里古墳群 78 号墳　11：釜山五倫台遺跡 84 号墳　12：慶山林堂古墳群 C 地区古墳群 C-I-24 号　13：慶山林堂古墳群 D-II 地区古墳群 D-II-41 号　14：慶山林堂古墳群 D-III 地区古墳群 D-III-16 号　15：昌寧桂城古墳群 3 号墳

第 45 図　新羅土器短頸壺（2）

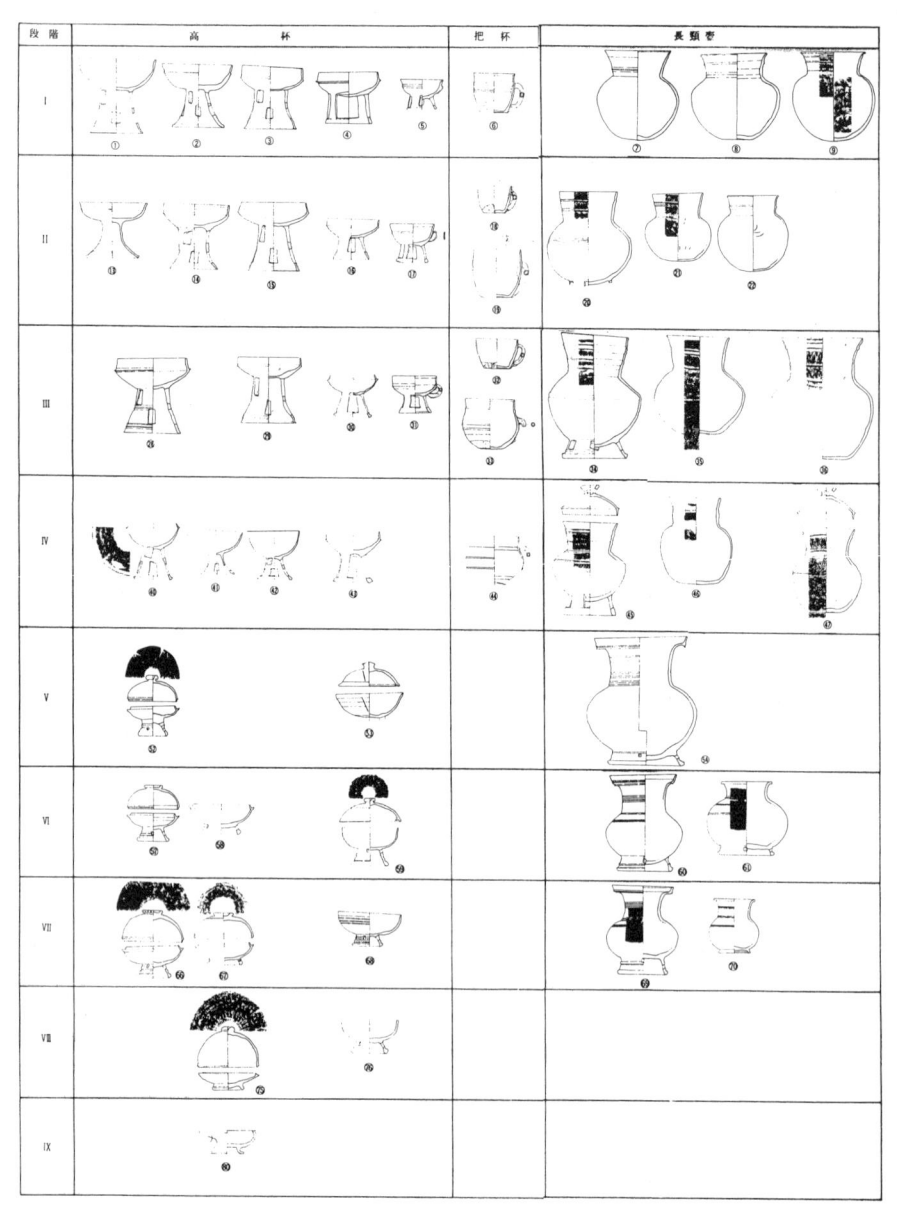

136　第Ⅱ部　列島出土の朝鮮半島系土器と渡来人

段階	高杯	把杯	長頸壺
Ⅰ			
Ⅱ			
Ⅲ			
Ⅳ			
Ⅴ			
Ⅵ			
Ⅶ			
Ⅷ			
Ⅸ			

第46図　尚州清里遺跡三国時代古墳出土土器編年表

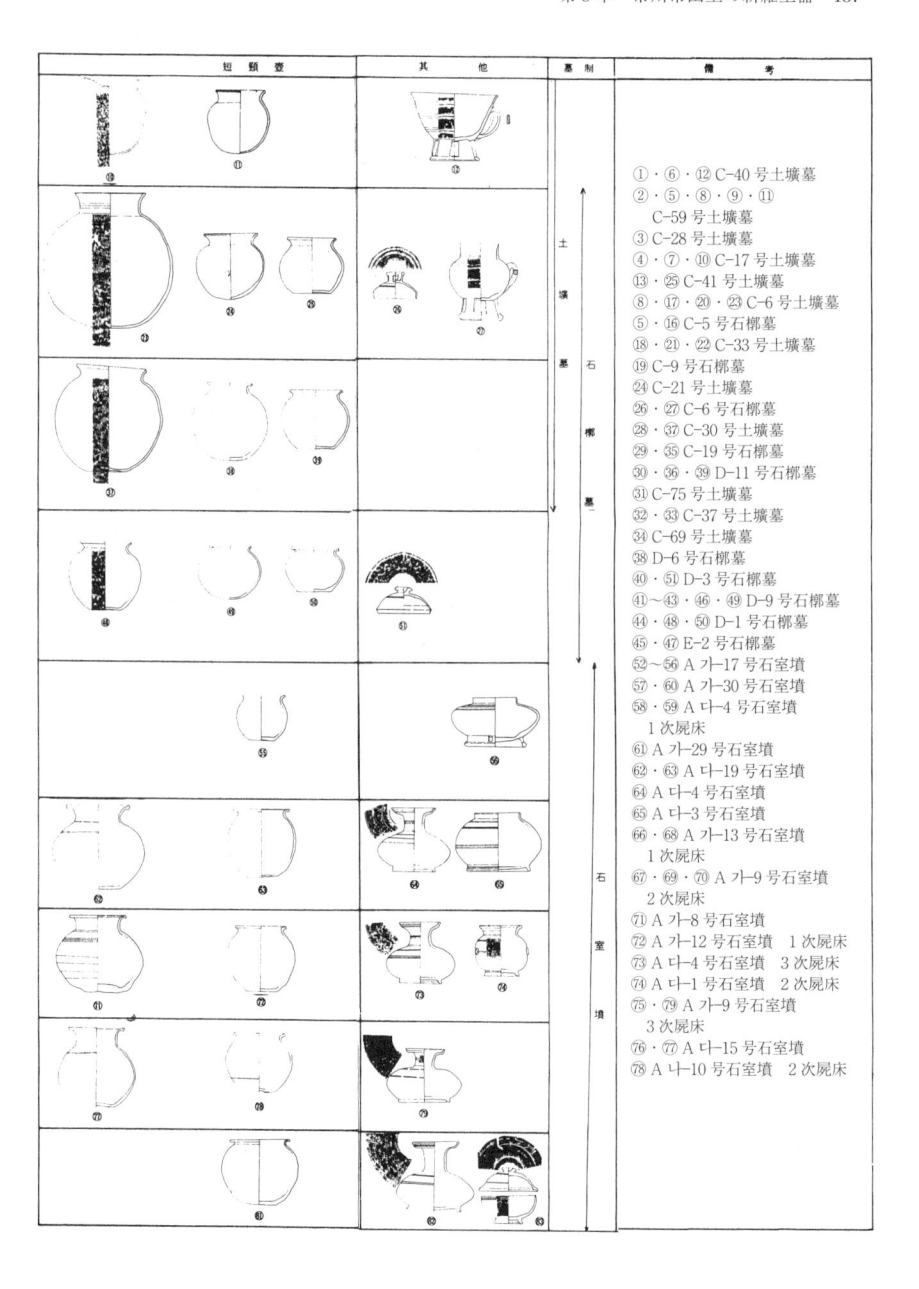

短頸壺	其他	墓制	備考

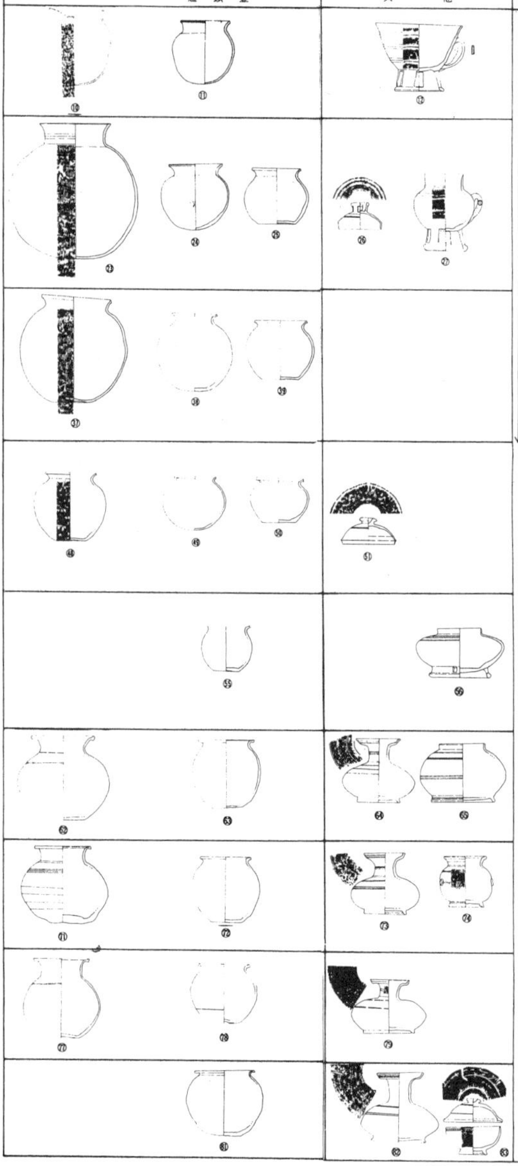

墓制：土壙墓／石槨墓／石室墳

備考

①・⑥・⑫ C-40 号土壙墓
②・⑤・⑧・⑨・⑪ C-59 号土壙墓
③ C-28 号土壙墓
④・⑦・⑩ C-17 号土壙墓
⑬・㉕ C-41 号土壙墓
⑧・⑰・⑳・㉓ C-6 号土壙墓
⑤・⑯ C-5 号石槨墓
⑱・㉑・㉒ C-33 号土壙墓
⑲ C-9 号石槨墓
㉔ C-21 号土壙墓
㉖・㉗ C-6 号石槨墓
㉘・㊲ C-30 号土壙墓
㉙・㉟ C-19 号石槨墓
㉚・㊱・㊴ D-11 号石槨墓
㉛ C-75 号土壙墓
㉜・㉝ C-37 号土壙墓
㉞ C-69 号土壙墓
㊳ D-6 号石槨墓
㊵・(51) D-3 号石槨墓
㊶～㊸・㊻・㊾ D-9 号石槨墓
㊹・㊽・㊿ D-1 号石槨墓
㊺・㊼ E-2 号石槨墓
(52)～(56) A 가-17 号石室墳
(57)・(60) A 가-30 号石室墳
(58)・(59) A 다-4 号石室墳 1 次屍床
(61) A 가-29 号石室墳
(62)・(63) A 다-19 号石室墳
(64) A 다-4 号石室墳
(65) A 다-3 号石室墳
(66)・(68) A 가-13 号石室墳 1 次屍床
(67)・(69)・(70) A 가-9 号石室墳 2 次屍床
(71) A 가-8 号石室墳
(72) A 가-12 号石室墳　1 次屍床
(73) A 다-4 号石室墳　3 次屍床
(74) A 다-1 号石室墳　2 次屍床
(75)・(79) A 가-9 号石室墳 3 次屍床
(76)・(77) A 다-15 号石室墳
(78) A 나-10 号石室墳　2 次屍床

られるが、高坏・長頸壺と比較して大きな変化とはいえず、漸次変遷した器形である。とはいってもその変化は時期の判定に使える。

　短頸壺1はⅣ段階まで一般的に見られる、やや大型で上げ底気味の短頸壺の系譜を引くと考えられる。変化は新しくなるほど小型化し、口縁が短く外反していくことが看取できる。短頸壺1はこの編年表と比較して見ると、二度目の叩きが上半部にないこと、頸部径が広く、口縁がさらに短く大きく外反していることが特徴である。編年表では大型短頸壺はⅤ段階以降にないが、編年表に掲載する小型の短頸壺と比較してⅥ段階以降におけよう。短頸壺1に類似した資料は釜山五倫台82号墳（第44図2）や昌寧桂城13号墳（第44図3）にあるが、口縁の外反が少なく「く」の字口縁に近い。金海礼安里30号墳（第45図4）は短頸壺1に口縁の外反、口唇部をつまみ上げて尖るところ、二度目の叩きが上半部にないことなどが類似する。共伴遺物から青里遺跡編年表にあてるならば五倫台82号墳や桂城13号墳はⅥ・Ⅶ段階、礼安里30号墳はⅨ段階である。ちなみにⅥ段階は6世紀後葉、Ⅶ段階は6世紀末から7世紀初、Ⅸ段階は7世紀中葉とする。短頸壺1は礼安里30号墳に近いと考え7世紀中葉頃の年代の可能性を想定したい。

　短頸壺2は青里編年表のⅠ段階から掲載されているように、三国時代から新羅土器に多い器形である。短頸壺2も口縁部が短く大きく外反すること、口唇部が肥厚することなどを考慮すると編年表Ⅷ段階かⅨ段階におけよう。ほかの遺跡でも口縁部は「く」の字が古いので丸く外反する例を探すと、礼安里78号墳（第45図10）、五倫台遺跡84号墳（第45図11）および昌寧桂城3号墳（第45図15）などがあり、前者はⅥ段階に並行し、後者はⅦ段階に並行しよう。この段階の口縁部は大きく外反して水平により近くなるが、短頸壺2は斜行することから編年表Ⅷ段階かⅨ段階に近いと考えると7世紀前葉から中葉の年代があてられる。

（3）共伴遺物

　下総国分寺跡第55次調査SI03から新羅土器短頸壺1点と土師器坏2点（第

42図2・3）が共伴する。

　2は半球形の坏で、口径10.2 cm、器高4.1 cm。赤燈色でよく焼き締まり、砂質で雲母微粒子を多く含み、黒色粘土状粒子や白色針状物をやや含む。外面はヘラ削りののちに口唇部を指撫でする。内面は指撫で後に放射状の暗文を施す。

　3は丸底から口縁部が内彎する坏で、口径12.4 cm、器高4.4 cm。茶褐色で、黒色粒・白色粒・雲母・角閃石・石英をわずかに含む。外面は指撫での後、底部をヘラ削り、口唇部を横撫でする。

　曽谷南遺跡第10地点SI01から新羅土器短頸壺1点と土師器坏3点（第42図5〜7）が共伴する。

　5は平底から内湾しながら立ち上がる坏で、口径10.7 cm、器高3.5 cm。明黄褐色で褐色粘土粒子・黒色粒・雲母をやや含む。外面はヘラ削りで、口縁部は横撫でを施す。内面は指撫でと口縁部を横撫でする。

　6は丸底で口縁部は強く内彎する。口径13 cm、器高4.3 cm、赤褐色で角閃石・石英・白色粒・黒色粒および微細な雲母を含む。外面底部はヘラ削りし、口縁部に沿って横方向のヘラ削りを行う。内面は指撫でする。

　7は破片であるが丸底の坏で、口唇部はつままれ薄くなる。黄褐色で角閃石・白色粒・黒色粒・褐色の粘土粒子も含む。外面はヘラ削り、内面は暗文が施される。

　これらの土師器は、工藤朱里によれば3・5・6は北武蔵型坏であり、7世紀中葉から後半にかけて北武蔵や上野地域に分布する。また、内面に暗文が施される2・7は、2が上総や北武蔵地域に類例が求められ、7世紀中葉に出現し、後半から末葉にかけて主体となる。7は北武蔵の北島型暗文土器と考えられるとする。さらに市内出土の暗文土器と比較検討し、これらの土師器は7世紀後半でも末葉に近い年代が与えられるという。

4. 関東の新羅土器

　これらの土器について土師器は前節（3）で検討したように7世紀後半から末の年代が与えられる。新羅土器については短頸壺1が7世紀中葉、短頸壺2が7世紀前葉から中葉に比定できた。この年代差をどのように考えるかが問題である。関東で現在まで発見されている新羅土器は7世紀後半代である。今回の年代比定に問題があるのか、伝世期間を考えるべきであろうか。

　千葉県では上総国の富津市野々間古墳から統一新羅の緑釉蓋付長頸壺が出土していることは知られていたが、市川の出土例ははたして新羅人とかかわりがあるのか検討してみよう。

　関東に新羅土器が出土することについては、すでにいくつかの論考がある。そのいずれもが栃木県出土の新羅土器をあつかったものである。関東への新羅人配置記事は下野国では持統天皇元年（687）、同3年、同4年に、武蔵国では持統元年、持統4年、天平宝字2年（758）、同4年などがある。栃木県では統一新羅土器の台付椀（盒）が、芳賀町免の内台遺跡SI306号住居跡、宇都宮市前田遺跡SI079号住居跡、南河内町落内遺跡から出土する。また、免の内台遺跡に隣接する芳賀工業団地内遺跡SI014号住居跡からは統一新羅の壺が、前田遺跡SI114号住居跡からは小型器台の緑釉陶器が出土する。その後、石橋町惣宮遺跡から壺が、同町郭内遺跡からは広口壺が出土した。注目されるのは宇都宮市西下谷田遺跡で盒、蓋、長頸壺、甑など6点が出土したことである。一遺跡としては量が多いこと、列島ではほとんど見つかっていない甑が出土したことは、生活道具として新羅人が持参した可能性が高く、この地に新羅人が居住した可能性を高めた。いずれも7世紀後半から8世紀初頭で、『日本書紀』に記された配置記事と関係があろう。

　一方、新羅人配置記事にある武蔵国では、現段階では新羅土器は1点も出土していない。かつて免の内台遺跡の新羅土器も胎土の悪さから生産地も含め疑問視されたことがある。本稿の市川市出土の資料も胎土・焼成はよいものとい

えない。

　天智天皇2年（663）の白村江の戦い以降、天智4・5年に近江へ400余人と東国へ2000余人の百済人を移住させた。この時の百済人は時期的に渡来直後の配置と考えられるが、近江ではこの時期の百済土器はほとんど見つかっていない。7・8世紀には関東地方に多くの百済人・高句麗人・新羅人が配置された。中でも霊亀2年（716）の高麗人1799人を武蔵国へ移して高麗郡を建てた記事は知られているが、現段階では彼らのもたらした土器は見つかっていない。この高麗人は駿河以東の7か国の高麗人を移住したということから、高句麗滅亡の668年からすでに48年を経過しており、二世あるいは三世の可能性があり、故地から持参した土器を持っていなかった可能性がある。高句麗人が関東へ配置された初見は高句麗が滅んでから18年後の持統元年で常陸国である。同じ年に下野国へも新羅人が配置されている。なぜ下野国に配置された新羅人は、数多くの新羅土器を残したのであろうか。

　新羅土器から見ると7世紀後半が主体であることから、記事との関連から一世がもたらした土器と想定できよう。しかし、西下谷田遺跡を見たとき陶質土器ばかりであることに気づく。5世紀代の渡来人の生活土器は軟質土器が主体で、それを列島でも短い間であるが製作していた。しかし、7・8世紀はどうであろうか。新羅では陶質土器のほか瓦質土器、軟質土器が使われている。このような土器は管見によれば列島ではほとんど出土していない。5世紀代と7・8世紀では渡来人の人口比率の違いがあるのか、それぞれ土器に対する時代的な認識の違いがあるのであろうか。この点は渡来人と土器との関係で重要な意味を持っているが今後の課題としたい。

　現段階では栃木県出土の新羅土器と下野国への新羅人配置が関連あると想定する。特に関東の新羅人配置記事のある地域の場合、新羅土器出土は新羅人との関連を想定する上に重要な意味を持とう。

　そこで市川市出土の新羅土器について考えてみよう。栃木県出土の新羅土器は分布地域がそれほど広くなく、河内郡あるいは芳賀郡に限られている。出土遺跡の性格は集落が多いものの、西下谷田遺跡は八脚門を持つ官衙的様相の強

142 第Ⅱ部 列島出土の朝鮮半島系土器と渡来人

い建物群の脇で出土し、下野市(旧南河内町)落内遺跡は下野薬師寺と関連がある。市川市も国府・国分寺の存在した地域である。しかし、新羅土器はそれを遡る遺物である。この地域では7世紀後半代に湖西産の須恵器など各地から土器がもたらされているが、物資の集積する地域として後の国府・国分寺が設

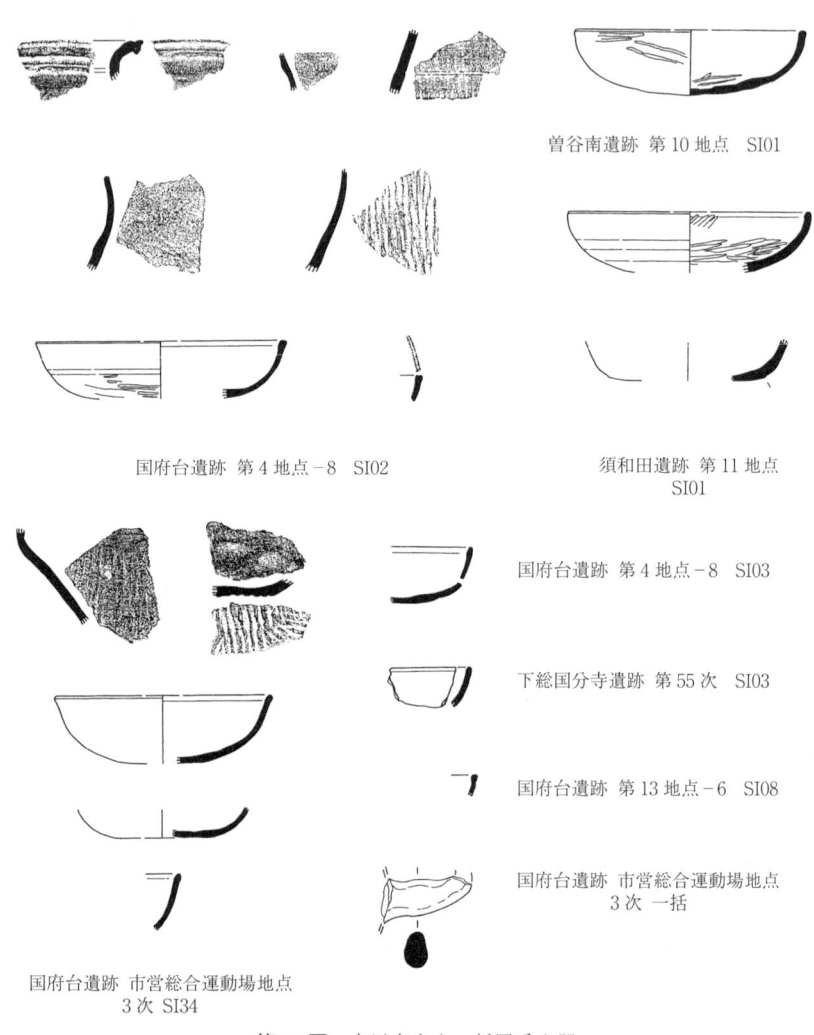

曽谷南遺跡 第10地点 SI01

国府台遺跡 第4地点-8 SI02

須和田遺跡 第11地点 SI01

国府台遺跡 第4地点-8 SI03

下総国分寺遺跡 第55次 SI03

国府台遺跡 第13地点-6 SI08

国府台遺跡 市営総合運動場地点 3次 一括

国府台遺跡 市営総合運動場地点 3次 SI34

第47図 市川市出土の新羅系土器

置されるようになったのであろう。おそらくその前段階に官衙的様相を持つ施設があり、その関係で新羅人が居住したことにより新羅土器がもたらされたと想定したい。

5. おわりに

　今回資料紹介した土器は、土器から直接渡来人を推測するには問題が多いといえようが、栃木県の新羅土器の例もあり、今後その可能性を考えていきたい。いずれにしろ関東において下野国以外で数少ない新羅土器であり、今後この時期の対外交渉あるいは当時戦勝国である新羅人がなぜ列島へ渡り、関東に配置されたのか、百済・高句麗の渡来人とともに列島の対外交流史を考える上での参考資料になろう。

　市川市出土の新羅土器を三辻利一が胎土分析して、在地産との結果を出した（三辻・松本・松田 2003）。三辻らは新羅土器の胎土分析の結果、千葉の須恵器に近く共伴する無台坏と全く同じ胎土であることから、これらは千葉北部での生産の可能性があるとした。その後、曽根南遺跡第 10 地点 SI01、下総国分寺跡第 55 次 SI03、須和田遺跡第 11 地点 SI01、国府台遺跡第 4 地点-8 SI03、国府台遺跡第 13 地点-6 SI08 から坏片が、国府台遺跡市営総合運動場地点 3 次 SI34、国府台遺跡第 4 地点-8 SI08 から甕片と坏片が、国府台遺跡市営総合運動場地点 3 次一括した把手片が新たに出土した（第 47 図）（松本・曽根 2008）。現段階では列島においてこの時期の新羅土器が製作された事例はなく、もし下総で新羅土器が製作されていたならば、その技術、形態がその後の土器にも継承するかを検討する必要がある。市川市出土の新羅土器 2 点は、形態・技術の上でも新羅土器そのものであり、千葉県内で製作したことについてはいまだ懐疑的である[1]。今後の研究の進展を見守りたい。

　本章は初出論文として 2 と 3（3）を工藤朱里が分担したが、工藤の了承を得て要約して掲載した。

註

(1) 重見は市川市出土の新羅土器の甕について、7世紀後半で、粗製土器の煮沸具であることから、日本で新羅人が生産したものという（重見 2012）。渡来した新羅人の中に偶然いた工人が行ったとし、松本太郎の考えを支持して、下総国の須恵器生産に関与した可能性を説く。しかし、新羅工人が須恵器の生産に従事させられたならば、新羅土器と同一の土器を須恵器として生産したのか、あるいは須恵器を作るかたわら、新羅土器も焼くことができたのか疑問である。やはり北部九州の高台付椀のように、新羅の影響までであろう（寺井 2012）。

しかし、新羅土器甕類が破片であるが4ヶ所から出土することは無視できない事実である（第47図）。かりに須恵器生産に関与したことを認めた場合、時期は降るが、下総にも多い、燻焼焼成の土師質の須恵器との関連も視野に検討すべきと考える。

参考文献

赤熊浩一　1988『将監塚・古井戸―歴史時代編Ⅱ―』（財）埼玉県埋蔵文化財調査事業団

浅野晴樹　1989『北島遺跡』（財）埼玉県埋蔵文化財調査事業団

板橋正幸　2001「栃木県内出土の新羅土器について」『研究紀要』9 栃木県埋蔵文化財センター

市川市教育委員会　1989『千葉県市川市埋蔵文化財分布地図』

小沢　洋　1989『小浜遺跡群Ⅱマミヤク遺跡』木更津市小浜土地区画整理組合・（財）君津郡市文化財センター

小沢洋ほか　1992「特集・鬼高式土器の諸問題」『考古学ジャーナル』No.342、ニューサイエンス社

韓国土地公社・韓国文化財団保護財団　1998a『慶山林堂地域古墳群（Ⅱ）C地区古墳群』

韓国土地公社・韓国文化財団保護財団　1998b『慶山林堂地域古墳群（Ⅳ）D-Ⅱ地区古墳群』

韓国土地公社・韓国文化財団保護財団　1998c『慶山林堂地域古墳群（Ⅲ）D-Ⅰ・Ⅲ・Ⅳ地区古墳群』

韓国文化財保護財団　1999『尚州青里遺跡（XI）』

湖巌美術館　2000『昌寧桂城古墳群（上）』

酒井清治　1996「下野国出土の統一新羅系緑釉陶器」『韓式系土器研究』Ⅵ、韓式系土器研究会

酒井清治　1997「関東の渡来人―朝鮮半島系土器から見た渡来人―」『生産の考古学』同成社

重見　泰　2012『新羅土器からみた日本古代の国家形成』学生社
昌原大学校博物館　1991『大邱〜春川高速道路（漆谷・多富洞古墳群）』
鈴木徳雄　1984「いわゆる北武蔵系土師器坏の動態―古代武蔵国における土師器生産と交易―」『土曜考古』第 9 号、土曜考古学研究会
田中広明　1991「東国の在地産暗文土器―北武蔵の暗文土器と 7 世紀の集落―」『埼玉考古』第 28 号、埼玉考古学会
鶴間正昭　2001「関東における律令体制成立期の土師器供膳具」『東京考古』第 19 号、東京考古談話会
寺井　誠　2012「6・7 世紀の北部九州出土朝鮮半島系土器と対外交渉」『沖ノ島祭祀と九州諸勢力の対外交渉』（第 15 回九州前方後円墳研究会北九州大会資料集）
釜山大学校博物館　1985『金海礼安里古墳群Ⅰ』
釜山大学校博物館　1993『金海礼安里古墳群Ⅱ』
釜山直轄市立博物館福泉分館　1999『釜山五倫臺遺蹟』
松本太郎　1996『平成 7 年度市川市内遺跡発掘調査報告』市川市教育委員会
松本太郎ほか　2000『平成 11 年度市川市内遺跡発掘調査報告』市川市教育委員会
松本太郎・曽根俊雄　2008『平成 12〜15 年度市川市内遺跡発掘調査報告』市川市教育委員会
三辻利一・松本太郎・松田礼子　2003「房総における白鳳時代の新羅土器―日本列島産の可能性を探って―」『考古学雑誌』第 90 巻第 1 号、日本考古学会
宮内勝巳　1983「東京湾沿岸における奈良・平安時代土器の様相」『房総における奈良・平安時代の土器』史館同人
宮崎光明・江浦洋　1989「日本出土の統一新羅系土器『盒』」『韓式系土器研究』Ⅱ、韓式系土器研究会
山路直充ほか　1994『下総国分寺跡』市川市教育委員会・市立市川考古博物館
嶺南大学校博物館・韓国土地公社　1998『慶山林堂地域古墳群Ⅲ―造永 1B 地域―』
嶺南大学校博物館・大邱広域市開発公社　1999a『時至の文化遺蹟Ⅱ』
嶺南大学校博物館・大邱広域市開発公社　1999b『時至の文化遺蹟Ⅵ』
嶺南大学校博物館・大邱広域市開発公社　1999c『時至の文化遺蹟Ⅶ』

図版出典
第 43 図　市川市教育委員会から提供
第 44 図
　1　嶺南大学校博物館・韓国土地公社　1998
　2　釜山直轄市立博物館福泉分館　1999
　3　湖巌美術館　2000
　4　釜山大学校博物館　1985

第 45 図
1・2・3　嶺南大学校博物館・大邱広域市開発公社 1999c
4　嶺南大学校博物館・韓国土地公社 1998
5　嶺南大学校博物館・大邱広域市開発公社 1999a
6・11　釜山直轄市立博物館福泉分館 1999
7　嶺南大学校博物館・大邱広域市開発公社 1999b
8・9　昌原大学校博物館 1991
10　釜山大学校博物館 1993
12　韓国土地公社・韓国文化財団保護財団 1998a
13　韓国土地公社・韓国文化財団保護財団 1998b
14　韓国土地公社・韓国文化財団保護財団 1998c
15　湖巖美術館 2000
第 46 図　韓国文化財団保護財団 1999
第 47 図　松本・曽根 2008、図 233 を大幅に改変

第6章　古墳出土の土器の特質

1. はじめに

　古墳出土の土器は土師器と須恵器があるが、本章では後期古墳から主体的に出土する須恵器について述べてみたい。須恵器は集落においては日常什器、祭祀遺跡では祭器に使用され、古墳に限れば葬送儀礼全般に使われる。副葬品について見るならば、武具・馬具などは主体部埋納に限定され、古墳構築過程の諸儀礼に使用されることはない。その点で、土器、特に須恵器は馬具や武器などの副葬品と異なり、儀礼の道具あるいは死者の死後の世界での道具という性格も保持し、古墳の葬送諸儀礼と関連を持つと考えられている。また、生産地が判明することから需給関係が分かることも特徴であることを念頭に以下述べてみる。

2. 石室出土土器研究略史

　石室出土の土器について研究史の上で避けて通れないのは、小林行雄のヨモツヘグイであり、白石太一郎のコトドワタシである。小林は石室内の須恵器の中には内容物が存在した、土器を副葬することは火の禁忌を取り入れた儀礼のためとした（小林 1949）。白石は出土する供膳形態から会食に伴う儀礼で、石室出土はヨモツヘグイに対応し、その後大甕を割る行為はコトドワタシに対応するとした（白石 1975）。亀田博は棺内の土器は被葬者が冥界で食事をするとき用いるもので、これをヨモツヘグイ、棺側から出土した土器は、殯の場所から古墳に持ち込まれたものであるとした。また、大甕を掘り据える行為をコト

ドワタシとした（亀田 1977）。藤原学は墳丘における死者との決別の儀礼から、木棺内・墓壙内へ入るとした。また、横穴式石室の導入で墓室空間ができたことにより、甕・高坏・壺の長大化を誘発し、器台、大型長頸壺が石室に入ったとしたが、これは白石のいう大陸・半島からの「黄泉国」イデオロギーに基づくとした。さらに後期後半の儀礼の思想的背景は金属器を写した台付長頸壺から仏教と考えた（藤原 1985）。

　土生田純之も、新しいイデオロギー（他界観）に基づいた葬送儀礼が実施され、須恵器もその道具としての意義が付与されたが、これは新羅・百済・加耶と共通する儀礼と述べている。この時期に百済の第一次滅亡が引き金になり、5 世紀末から 6 世紀前半に大変革があり、北部九州地方では TK23 〜 TK47 型式頃、畿内では TK47 型式頃、そして東海地方では TK47 〜 MT15 型式頃に、須恵器の主体部内埋納が定着に向かうという。それは、畿内型石室の強い浸透と密接に関係し、横穴式石室への須恵器埋納が定着しはじめるのは 6 世紀前半であり、小林行雄や白石太一郎のいうヨモツヘグイ、コトドワタシの儀礼の確立は 6 世紀中葉を遡ることはないという。また、土器の埋置は、土地神に対する食物の供献儀礼を示し、墳丘上で実施された共食儀礼の痕跡と考えられる土器の集積遺構は、後期の横穴式石室墳にも認められており、重層的・累層的な儀礼のあり方がうかがわれるという（土生田 1998）。

　寺前直人は土生田のいう畿内型石室が新しい葬送儀礼を内在した墓制と評価できるのは、ごく一部のきわめて外来要素が強い群集墳に限られ、新たなイデオロギーの普及はかならずしも順調ではなかったという（寺前 2006）。森本徹は石室は石室外で実施された飲食儀礼に使用された土器を配置した場所であり、狭く、暗い石室内であることからも、ヨモツヘグイに反映した葬送儀礼とみるかどうかは難しいとした。寺前も小林が火の使用を伴う調理具の存在とあわせて議論したのではないかと考え、炊飯具形土器こそがヨモツヘグイ論の基軸とした。しかし、水野正好がいうように炊飯具形土器は渡来人と関係する特殊な葬制の一要素であることから、葬送儀礼を論じる遺物でなくなったという。そして炊飯具形土器を伴わない石室内への土器の「持ち込み」を無批判に

「ヨモツヘグイ」論と結びつけることに疑義を述べている（森本 2008）。和田晴吾は黄泉国訪問譚は九州系の「開かれた石室」こそが相応しいと、今までの畿内系の「閉ざされた石室」は比較の対象として適切ではないとした。また、訪問譚にでてくる「黄泉戸喫」「度事戸」もまた改めて考えなおす必要性がでてきたとし、黄泉国訪問譚の研究は新しい段階に入ったという（和田 2008）。

すでに研究の方向性は次の段階に進んでいるようであるが、古墳出土の須恵器について須恵器の出現期との関わり、および石室内の儀礼がいつまで存続したのかについてふれてみよう。

3. 須恵器の出現と儀礼

須恵器の生産が西日本の広い地域で開始されたのは4世紀末という見解もあるが、筆者は5世紀初頭に主に加耶から伝えられたと考えている。この頃相前後して須恵器だけではなく鍛冶、金属加工、馬具、馬匹生産など、さまざまな渡来系技術が導入された。須恵器や鍛冶技術は当初西日本各地の首長層によって導入されたようであるが、大和王権によって畿内に集められ、須恵器は陶邑窯跡群で、鍛冶は大県・森・布留遺跡などで大規模生産が行われたといわれている。

では、須恵器はなぜ導入され、陶邑で集中生産が行われたのであろうか。初現期の大庭寺窯跡 TG231・232 号窯は、諸特徴から主に加耶地域の系譜を引いている。渡来した工人たちも当然加耶の墳墓に陶質土器が埋納されることは知っていたであろう。TG231・232 号窯で生産された器種は、大甕を主体とし、甕、壺、高坏、椀、把手付椀、器台が多く、𤭯・坏はわずかで樽形𤭯は見られないが、軟質土器の平底鉢、堝、長胴甕、甑などが焼成されていることが注目される。続く ON231 号窯ではこのほか樽形𤭯が増加し、U字形板状土製品（竈焚口飾り）も生産され、香川県宮山1号窯跡では算盤玉形紡錘車が焼成され、福岡県池の上墳墓群では算盤形紡錘車が石棺墓に副葬されている。このように初現期の窯では須恵器だけではなく、渡来人自ら使用する軟質土器など

も焼成していたようである。

　須恵器が伝えられた加耶では、昌寧余草里窯跡においても大甕が主体で、甕・壺・爐形器台・高坏・蓋・把手付椀を生産しているが、甑・長胴甕・紡錘車・陶錘なども焼成しており、加耶と倭では古墳に見られる器種以外の什器も焼成し、共通するようである。ところがこの時期加耶では陶質土器を古墳に埋納するが、倭ではまだ須恵器を埋納する例がわずかで、宝器とする考え方もある。半島において古墳に埋納された土器は儀礼に使われた土器であると考えられる。しかし、金海大成洞29号墳副槨では東西二群に短頸壺を並列して設置した例や、星山38号墳では主槨から75点、副槨から馬具とともに185点の高坏などを横積みや縦積みに何段も重ねて埋納した例や、慶州皇南大塚南墳主槨・副槨では総数3134点など大量の土器を副葬する古墳もあり、大量埋納による表徴を意図する例もある。なお、星山38号墳副槨から大量の籾や高坏と壺2点から巻き貝が出土し、単なる大量埋納であったのか検討が必要である。

　では須恵器が日本で生産されるようになってから石室に一般的に埋納されるまでの、5世紀初頭から5世紀後半までの間、須恵器はどのような目的で生産されたのであろうか。TG232号窯では600個体以上の大甕が焼成され、大量の高坏、器台、壺が生産されており、加耶と同様の器種組成になっているものの、石室にはほとんど埋納されない。それは畿内に須恵器生産開始の頃、加耶的な石室が導入されなかったため、葬送儀礼のうち石室に埋納するという儀礼が主体とならなかったのであろう。最も多く生産した大甕については、八女市小田茶臼塚古墳墳丘に並べられているように、墳丘での儀礼で使用したことも多いと思われるが、容器としての機能も発揮したと考えられる。藤井寺市野中古墳のように墳丘の主体部付近に高坏・台付壺1点ずつのほかは、数多くの器台の上に壺を乗せて墳丘上に設置されたことが想定される例（第12図）や、岸和田市持ノ木古墳では須恵器や陶質土器の高坏・器台・把手付台付壺などが墳丘に置かれ、それが周溝に転落して出土した例（第13図）などから、初現期の須恵器は墳丘における葬送儀礼用の土器として用いられる場合が多かったのであろう。

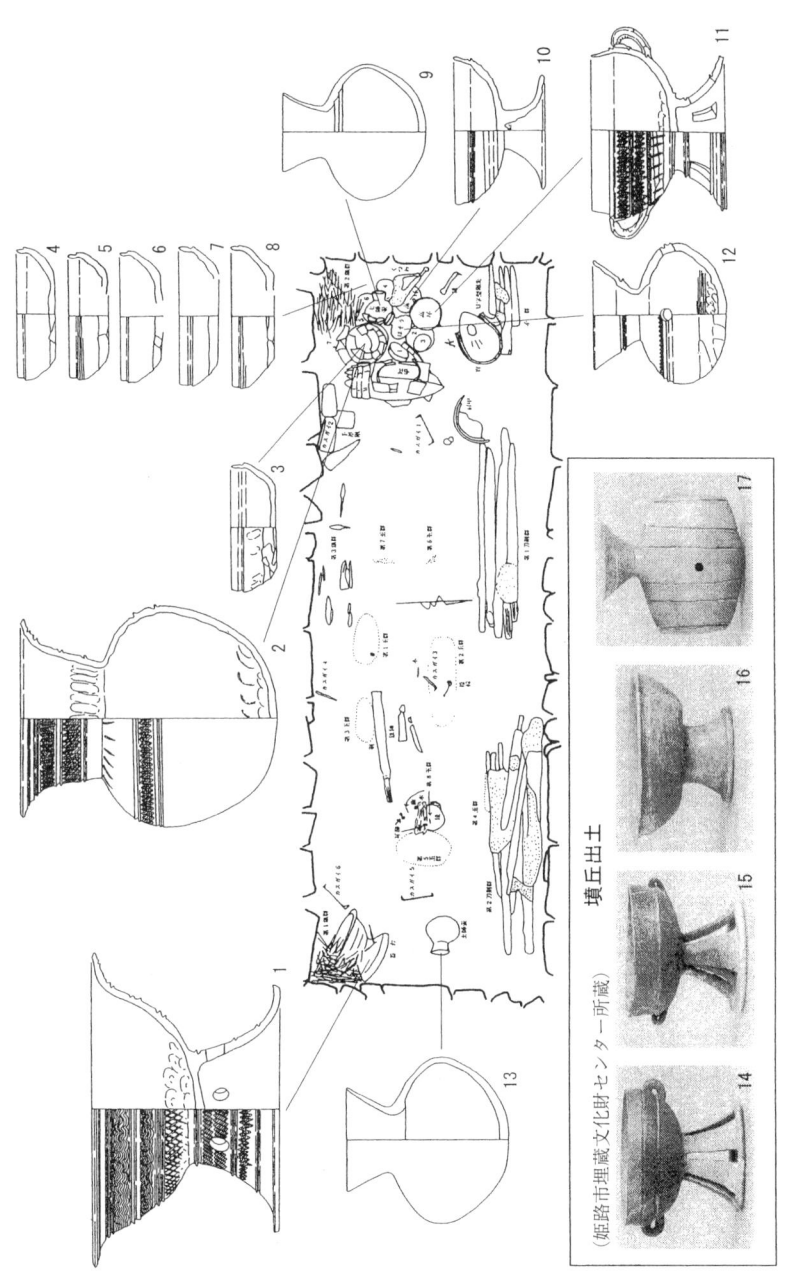

第6章 古墳出土の土器の特質 151

第 48 図 宮山古墳第 3 主体および墳丘出土土器

それに対して、姫路市宮山古墳第2主体から須恵器把手付有蓋高坏のセットが、第3主体（第48図）からは器台1点（1）、それとセットになる壺1点（2）、把手付無蓋高坏1点（11）、無蓋高坏1点（10）、甑1点（12）、平底坏1点（3）、および土師器は平底坏6点（4〜8、1点は脆いため破損）、壺2点（9・13）が出土する。このほか墳丘出土として樽形甑1点（17）、把手付無蓋高坏2点（14・15）、無蓋高坏1点（16）、坏蓋1点のほか、同一個体と考えられる櫛描斜格子文の器台坏部片と櫛描コンパス文の器台脚部片とともに、平底坏1点が出土する（大谷編 2005）。墳丘出土の樽形甑、把手付無蓋高坏、器台は、段や文様区画線として特徴的な沈線が巡り、同じ沈線を持つ第3主体の須恵器と同一の窯で焼成されたようであり、平底坏を除いて合計8個体確認できた。第3主体の須恵器平底坏は、体部下半に手持ちヘラ削りがあり、方形痕の一部が確認でき焼成も甘いこと、土師器平底坏も体部下半に手持ちヘラ削りがあることから、第3主体の土師器平底坏6点は生焼けの須恵器である可能性がある（木下 1984）。さらに墳丘出土1点を加えると平底坏は合計8点となる。第3主体では出土須恵器18点中、同一窯の製品と思われる土器が16点となる。なお、この平底坏は韓国清原主城里遺跡1号墳など、百済領域に類例がある。

　宮山古墳墳丘出土の把手付無蓋高坏脚部（14）は、透しを開けたのち透し周囲を面取りしており、第2主体の把手付無蓋高坏と共通している。両者は時期が異なるものの同一技術系譜を持つと考えられ、この面取りの透しは加古川市池尻2号墳（印南野2号墳）無蓋高坏2点や、三木市高木9号墳無蓋高坏1点にもある。これらは宮山古墳第2主体例と同様いずれも身が深い特徴がある。宮山古墳第3主体と墳丘出土の一群がこの地域で生産されていたようであり、第2主体出土把手付有蓋高坏の系譜を引く、面取を持つ高坏の一群も可能性を残しておきたい。とするとこの地域の首長層が須恵器生産を掌握しており、宮山古墳にも供給され、これだけの量を同一古墳に供給したのであろう。

　宮山古墳第3主体と墳丘出土の須恵器が同一窯の製品であるならば、石室埋納と墳丘儀礼を同時に行っていた可能性があり、墳丘出土と石室に埋納された

平底坏計8点の存在から考えても宝器ではなかろう。このあり方は野中古墳も同様である。野中古墳では主体部第二列に陶質土器の可能性のある小型把手付壺4、同蓋3点が出土し、宝器と想定されている。しかし、墳丘上から出土した器台19点や壺21点の中には陶質土器の可能性があるものが存在していることから、儀礼に使用した小型品のみを主体部に埋納したと考えられる。墳丘も含めた土器群の中で、はたして埋納された把手付壺だけが宝器として扱われたのか疑問である。

　生産した窯から見るならば、TG231・232号窯は加耶系であるため、主体は高坏・壺・器台などであることから、古墳での葬送儀礼用の土器生産が主目的であろう。しかし、TG232号窯では加耶にない平底坏や甑、ON231号窯では多くの甑や樽形甑を生産していることは、加耶の様相と明らかに異なる。野中古墳墳丘出土の土師器にも甑が模倣され、集落と関わる祭祀遺跡からも甑が多く出土する例があることから、導入の目的の一つに墳丘を含めた葬送儀礼や祭祀との関わりが考えられよう。さらに加耶と異なり平底坏に続いて蓋坏が生産増加し、集落域出土例の多さから見て、日常什器としての位置づけが須恵器出現後すぐになされたのであろう。

　すなわち初現期須恵器の段階、あるいは初期須恵器の早い段階に須恵器は、墳丘儀礼を主体に古墳に持ち込まれ、一部石室に埋納された。また、集落での祭祀や日常什器として一般集落に供給されていったことは、近畿全域の須恵器の膨大な出土量を見るならば明らかであり、須恵器を宝器と考えるよりも古墳の葬送儀礼の一つとして埋納されたと考えられる。

4. 須恵器と土器儀礼の終末

　列島においては6世紀になると、提瓶、大型短頸壺の出現、高坏脚部や台付壺の長脚化、甑頸部や壺の長頸化が図られ、葬祭供献用土器としての位置づけがなされたのであろう。おそらく大甕の墳丘や作り出しへの設置も関連があろう。墓室空間が広がったことにより須恵器が多量搬入され、石室床面に正位置

で据え置いて祭祀をすることが可能となり、それにより甑、高坏、壺が長大化し、墳丘にあった器台や長頸壺も石室内に入った（藤原 1985）という。しかしはたして暗闇である石室の中、しかも敷き詰められた石の上の不安定な場所に置くことにより倒れる場合もある、狭い石室の中でどのように儀礼を行ったのであろうか。土師器を含む器種構成そのものが階層性を反映し、脚付器種の有無が古墳秩序に対応する考え方もある（寺前 2005）。しかし、この時期高坏など高さは中村Ⅱ-4～5、田辺 TK209 型式を頂点として再び小型化していくが、この時期以前に藤ノ木古墳、牧野古墳などでは短脚タイプの高坏が出現し長脚とともに併存する。蓋坏の容量については、中村Ⅱ-2、田辺 TK10 型式が最大で、中村Ⅲ-1、飛鳥Ⅲ段階が最も少ない。高坏の長脚化の時期は畿内において前方後円墳が消滅していく時期であるが、階層化と整合性はあるのであろうか。新しいイデオロギーをもたらした半島について見ると、高坏脚部長脚化、長大化、大型化は見られず、新羅や加耶においては6世紀になり順次小型化していく。列島との違いは何に起因しているのであろうか。寺前のいうように脚付器種の有無と墳丘形態、規模、副葬品目が古墳秩序と関わるならば、半島の古墳の規模は階層上位でも大型ではないことから土器の長大化が進まなかったと解釈できよう。しかし、列島では古墳の全体的な規模と整合性はなく、各器種の大型・小型の土器が同一古墳で併存していることからはたして土器が階層性を反映していたのか疑問である。

　次に土器儀礼の終末について、森本はシシヨツカ古墳を例にあげ、羨道入口の両側に須恵器甕を据え置き、西側の壺の中に無蓋高坏4点が納められ、しかも高坏の口縁が欠いてある点を指摘した。森本はこれを飲食儀礼と考え TK209 型式段階まで続いたこと、閉塞儀礼は飛鳥Ⅰ段階までで終焉を迎えたとする。7世紀の須恵器の動向は、寺院や評衙を含めた官衙の成立と関連し、律令的土器様式、宮都的土器様式などとよばれ、畿内だけではなく各地で坏Gなどはほぼ同様な時期に出現し、古墳時代的な坏Hは飛鳥Ⅲ段階、7世紀中葉すぎには消滅していく。森本はこの坏Hの消滅以前に石室の諸儀礼は終焉するというのである。

第6章 古墳出土の土器の特質 155

　一方、寺前は新たなイデオロギーの普及はかならずしも順調ではなかったとし、森本も炊飯具形土器を伴わない石室への土器の持ち込みとヨモツヘグイの関係を疑問視する。和田のいう黄泉国訪問譚は、今までの畿内系の「閉ざされた石室」は比較の対象として適切ではないということからも、炊飯具形土器が出土しない東日本ではヨモツヘグイをどこまで実証できるのであろうか。
　7世紀の太平洋側の東海、関東、東北にかけて横穴式石室と横穴墓の須恵器出土状況は、7世紀末、あるいは8世紀初頭まで追葬する場合が多く、その須恵器は、湖西産須恵器の広域流通品としてもたらされ、各地域でも在地産須恵器を生産開始する場合もある。7世紀の湖西製品は、蓋坏・高坏・𤭯・フラスコ瓶・平瓶・台付長頸瓶・壺・甕などである。この土器のうちフラスコ瓶が穿孔された例、甕の穿孔、破砕例もあることから、何らかの儀礼があったことは確かであろうが、それが全く確認できない埋納例も、器種が揃わない場合もある。同じ湖西の製品を使用しながら統一された儀礼を行ったわけではなさそうである。その中で東日本の特色は、提瓶の発展形態であるフラスコ瓶の新たな出現、台付長頸瓶や甕の埋納、𤭯の注口部突出による使用方法が明確で使いやすい形態となったことなどである。全国的な変化として、台付壺や器台の消滅、高坏の短脚化、𤭯の短頸化があるが、これは坏の小型化と関連があろう。
　この土器が東日本で横穴式石室や横穴墓から出土することは、6世紀の高坏の長脚化、長大化は葬祭供献用土器の位置づけがなされたことや、古墳秩序との関わりでは解釈できない。
　木更津市金鈴塚古墳では、横穴式石室から3体の埋葬が確認できたが、総数251点の須恵器、23点の土師器が出土する。主体となる土器は奈良県牧野古墳に後続する時期で、飛鳥Ⅰ、TK209型式新段階であり、TK217型式、TK46型式も出土する。このような大量埋納が7世紀初頭の関東でも行われていたが、出土状況は玄室中ほどから奥壁にかけて散乱していた。市原市南総中学校11号墳は終末期の房総に多い小型方墳で、主体部は養老川流域に特徴的な木棺直葬である。須恵器甕が西周溝内から散乱して出土したが、復元ではほぼ完形になり底部穿孔されていた。墳丘の主体部付近と北側から穿孔された底部片

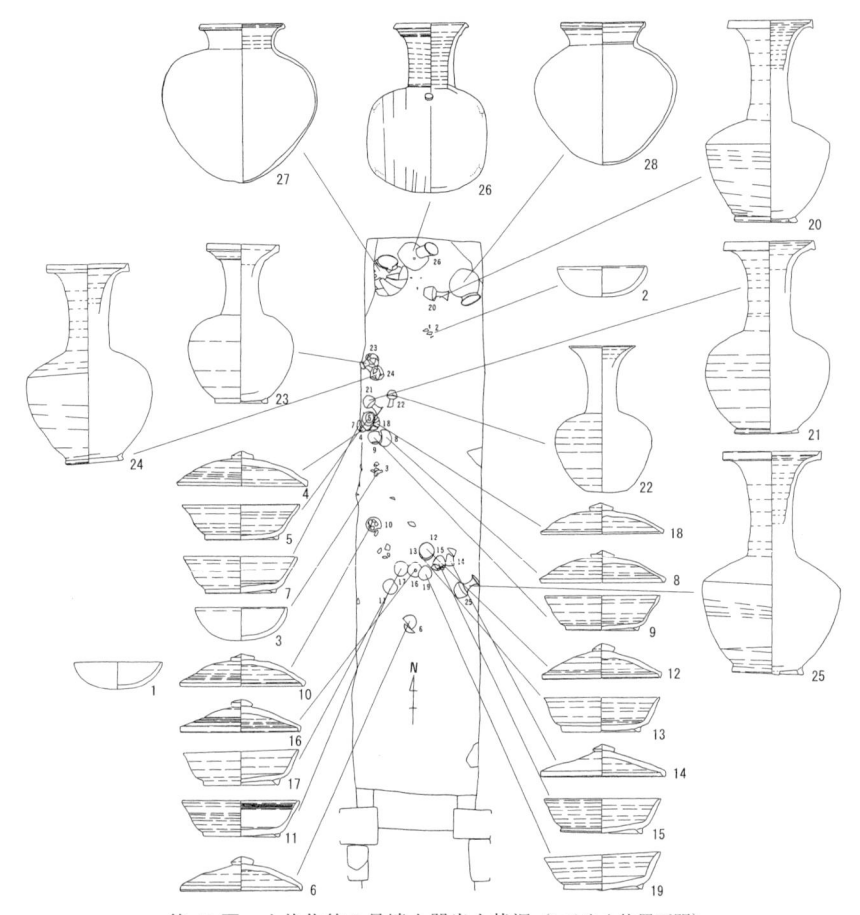

156 第Ⅱ部 列島出土の朝鮮半島系土器と渡来人

第49図 山伏作第5号墳土器出土状況（1は出土位置不明）

が出土して、西周溝内の甕と接合した。このことから埋葬後墳丘儀礼により底部穿孔が行われ、甕は墳丘に設置されていたものが周溝へ転落したようである。土師器高坏脚部のほかは、湖西産の甕やフラスコ瓶、高台付長頸瓶が出土するが、これらが併存する時期は7世紀第4四半期であろう（倉田 1978）。

　木更津市山伏作5号墳はやはり小型方墳で狭長な切石の石室であるが、報告者は一回の使用でまもなく崩壊したとする。棺推定場所を囲むように、石室奥壁側、西壁側、中央部の3群から、高台付蓋坏8セット、高台付長頸瓶4点、

無高台長頸瓶1点、俵壺1点、甕2点が出土する（木更津市請西遺跡調査団1977）（第49図）。須恵器は後藤健一のⅣ-1、贄元洋の律令前期第1様式-3で、8世紀第1四半期、あるいは8世紀前半であり、この時期まで須恵器を埋納した好例である。

　群馬県、埼玉県北部でも7世紀末から8世紀初頭の台付長頸瓶が追葬として埋納される例も多く、関東から東北では横穴墓も含め地域によっては8世紀前半まで須恵器埋納が続いており、玄門付近で甕の破砕や長頸瓶の埋納が行われている。また、墳丘での甕の破砕や底部穿孔が行われていることから、土器を使用した儀礼が継続していることは確かであるが、これがヨモツヘグイ、コトドワタシといえるのか不明確である。畿内において森本は7世紀初頭に終末をむかえるというが、関東から東北にかけて8世紀前半まで続いていることを考えると、畿内でも土器儀礼は形を変えた葬送儀礼として存続していたのではなかろうか。

　588年に造営を始めた飛鳥寺の塔心礎から挂甲・蛇行状鉄器・金環・勾玉をはじめ古墳の副葬品と同類の出土品が見られる。これについて古墳の副葬品との関連が想定されているが、鈴木靖民は「東アジアレベルの寺院造営の儀礼での舎利安置に伴う埋納行為の流れの中に位置づけることが適切」と中国・朝鮮半島を経由した東アジアの仏教儀礼として解釈しようとする（鈴木 2008）。

　いずれにしてもこの塔心礎に関わる埋納儀礼には土器が伴わないことが特記される。このことは埋納遺物の中でも、土器は異なる性格を持つ器物とみられていたことを示している。すなわち土器は純粋な副葬品としての性格を持つものではないと考えられ、葬送儀礼の器物としての性格に重きが置かれ、さまざまな儀礼でそれぞれ意義を持たされ使用されたのであろう。

参考文献

大谷輝彦編　2005『姫路市埋蔵文化財センター開館記念特別展図録「宮山古墳」』姫路市埋蔵文化財センター

亀田　博　1977「後期古墳に埋納された土器」『考古学研究』第23巻第4号、考古学研究会

木更津市請西遺跡調査団　1977『請西　千葉県木更津市請西遺跡発掘調査報告書』木更津市教育委員会
木下　亘　1984「古墳出土の初期須恵器をめぐって―畿内及びその周辺地域の資料を中心として―」『原始古代社会研究』6、校倉書房
倉田芳郎ほか　1978『千葉・南総中学校遺跡』駒沢大学考古学研究室
小林行雄　1949「黄泉戸喫」『考古学集刊』第2冊、東京考古学会
白石太一郎　1975「ことどわたし考」『橿原考古学研究所論集　創立35周年記念』吉川弘文館
鈴木靖民　2008「王興寺と飛鳥寺の創建」『古代文化の源流を探る～百済王興寺から飛鳥寺へ～』國學院大學エクステンション事業課
寺前直人　2005「後期古墳における土器埋葬の階層性」『井ノ内稲荷塚古墳の研究』大阪大学稲荷塚古墳発掘調査団
寺前直人　2006「ヨモツヘグイ再考」『待兼山論叢』第40号、大阪大学文学会
土生田純之　1998『黄泉国の成立』学生社
藤原　学　1985「須恵器からみた古墳時代葬制の変遷とその意義」『末永先生米壽記念獻呈論文集』乾
松本正信・加藤史郎　1973『宮山古墳第2次発掘調査概報』(姫路市文化財調査報告Ⅳ)姫路市文化財保護協会
森本　徹　2008「横穴式石室と葬送儀礼」『研究集会　近畿の横穴式石室』横穴式石室研究会
和田晴吾　2008「黄泉国と横穴式石室」『吾々の考古学』和田晴吾先生還暦記念論集刊行会

図版出典
第48図　写真は大谷 2005、土器実測図は木下 1984、石室実測図は松本・加藤 1973
第49図　木更津市請西遺跡調査団 1977

第Ⅲ部
百済と栄山江流域の土器

第1章　栄山江流域の土器生産とその様相
―羅州勢力と百済・倭の関係を中心に―

1. はじめに

　筆者は栄山江流域に分布する土器について、従来須恵器の似ているものを「須恵器類似品」と呼び、この土器が須恵器に影響を与えたと考えていた（酒井 1993）。その後実見する資料が増加するにつれ地域差とともに複雑な様相を認識するようになってきた。韓国で多くの資料を見る機会を得て、整理する意味でも栄山江流域の土器はどのようなものか明らかにしたい。

　栄山江流域でまとまって出土している遺跡は羅州潘南面古墳群（国立光州博物館 1988）や海南月松造山古墳群（国立光州博物館 1984b）をはじめ順次増加してきたものの、詳細については不明確であった。その後羅州伏岩里古墳群（国立文化財研究所 2001b、全南大学校博物館 1999a）の発掘や徳山里古墳群（全南大学校博物館 2002）の発掘により多量の土器が出土し、さらに全羅道の地域で多くの発掘が行われ、住居跡など共伴関係が明らかな務安良将里遺跡（木浦大学校博物館 1997, 2000a）をはじめ、資料も増加し、その詳細も明らかになりつつある。さらに東新大学校によって発掘された羅州五良洞窯跡、新加里窯跡（発掘時は唐家窯跡）（李正鎬 2003a, 2003b）はこの地域の土器生産と流通を考える上で最も重要な資料であり、新たな展開も生まれ今後研究は進展するであろう。

　栄山江流域の土器については近年の研究でもさまざまな見解がある。伏岩里古墳群の土器群について金洛中は百済式の土器として、朴淳発は栄山江流域様式土器とする。東潮も金、朴両氏の考えから栄山江流域特有の土器とする。[1]最

近詳細な編年を組み立てている朴天秀は、栄山江流域の蓋坏について坏蓋の天井、坏の底部が平らなものから丸くなるとして、後に述べる筆者の百済系土器と羅州系土器を同一基軸の上に並べている（朴天秀 2002）。

　このように栄山江流域の土器について、研究者の間でも認識が違い、それによって年代観、あるいは栄山江流域の土器生産の背景を考えるとき異なった見解が生まれてくる。筆者が本章で述べるように栄山江流域にはいくつかの出自や系譜の異なる土器群が存在していることを認識した上で、今回は一つの時間軸を設定するため蓋坏と甕を中心に取り上げた。また栄山江流域でも勢力のあった羅州を中心に分布している土器群を取り上げたのは、連続して土器生産が継続していることから量的にも多く、変遷を追うのに都合が良いためである。現在の研究はあまりにも栄山江流域の政治的・社会的・歴史的背景が主流となり過ぎているため、共通の物差しとしての基礎的な土器変遷を確立することが必要であると考えた。

　本章では土器から何が分かるのか、栄山江流域に分布する土器から出自や系譜を考えた後、羅州勢力の土器生産を百済、倭との関係で見ていきたい。

2. 栄山江流域の土器

（1）土器の特徴

　まず栄山江流域に分布する土器について、どのような土器があるのか見ていきたい。栄山江流域にはこれから問題にしていく陶質土器のほか軟質土器、瓦質土器がある。近年の伏岩里古墳群、徳山里古墳群の発掘によりその概要が分かってきた。筆者は伏岩里古墳群では二つの土器群に分類し、一つは羅州に多く見られることから羅州系土器（陶質）と名付ける。もう一つは東新大学校で発掘した新加里窯跡で見られる土器群で、伏岩里古墳群からも多く出土する百済系土器（陶質）とする。この両者は以前「須恵器類似品」と呼んだものである。また東新大学校で発掘した五良洞窯跡（木浦大学校博物館・東新大学校文化博物館 2004）の資料は今ではあまり知られていなかった様相を持つ土器群

で、筆者はその出自が瓦質土器から転換した土器と考えることから瓦質系土器（瓦質）とする。

　栄山江とはやや離れるが、高敞鳳徳遺跡では方形周溝墳や溝から須恵器とともに須恵器に類似した須恵器系土器（陶質）が出土する（湖南文化財研究院2003）。また、鳳徳遺跡では短脚高坏があり、陶質土器の高敞系土器（陶質）と名付けておく。今後各地でさらに地域色のある土器が確認されていくと想定されているが、そのいずれもが出自は違えども栄山江流域の土器である。

　このほか今回検討する坏との関連で椀について触れておく。5世紀の軟質土器平底椀は格子や平行叩き成形と叩きを持たないものがあり、体部下端にヘラ削りを施し、口唇部が外へ屈曲するものと、しないものがある。これに対して瓦質土器の椀は、五良洞窯跡例のように叩きを持たずロクロ回転成形で、体部下半部を回転あるいは手持ちヘラ削りする例がある。これも軟質土器と同様、口唇部が外へ屈曲するものと、しないものがある。瓦質土器椀はヘラ削りが底部周辺まで及ぶものがあるため、丸底気味になるものがあるが、ロクロから剥がした平坦面はわずかでも残している。五良洞窯跡では瓦質土器に叩きを持たず、百済土器を焼成した天安メソン窯跡では叩きを持つ椀が陶質に焼かれており、軟質・瓦質・陶質の三者の関係は複雑である。それは陶質・瓦質だけでなく、軟質土器も登窯で焼成することがあることとも関わりがあろう。

　以下、栄山江流域の土器の特徴を記してみる。

①瓦質系土器

　瓦質系土器を焼成した五良洞窯跡は羅州市街地の南西（第59図A）にあり、栄山江左岸の低い丘陵上に位置するが、A・B・C地区が栄山江に開く水田を取り巻くようにつくられる。今回発掘されたB地区は栄山江から700mの位置にあるが、おそらく当時は栄山江から広がる河川域が窯場近くまで及んでおり、焼成した甕棺なども水運で運ばれたと考えられる。五良洞窯跡の北西1.7kmの栄山江対岸には羅州伏岩里古墳群（第59図15）があり、窯場が羅州勢力の至近距離につくられていることは重要である。

窯跡は緩斜面に等間隔につくられ、斜面に向かって右方向に斜めに傾斜する半地下式の登窯である（第50図）。3号窯では下から上への2基の切り合いが確認でき、9号窯でも同様に下から上へ3基の窯が窯尻を破壊しながら一列に順次築造される。10号窯は他の窯と方向が異なるが、これは築造された位置が他の窯に比べてさらに緩やかな傾斜面であったため、傾斜面に対してほぼ直交して作られたのであろう。このことから他の窯が傾斜面に対して斜めに築造されているのは、窯床の傾斜角度を緩やかにすることと関連があろう。規模は窯の焚口からの全長は短い3-2号窯で5.67m、幅1.58m、傾斜角度7°、最長の9-1号窯（第50図）で7.28m、幅1.9m、傾斜角度7°である。焼成部の傾斜角度が6°～9°と緩やかなのは瓦質土器の窯であることと、甕棺を焼成したためであろう。各窯から甕棺片が出土するが、甕棺をこの窯跡群で焼成したという見解と焼台など窯道具として入れられたとの見解がある。この窯は焼成部の残存壁が垂直やアーチがわずかな例が多く、壁の残存高がほぼ垂直に1.4mを測る例があることから、天井が高く甕棺を焼くことができた窯と思われる。出土した甕棺片（第51図23）の多くは還元しており、発泡し焼け歪んだ例も多いものの、胎土が泥質であったためか、自然釉は見られない（木浦大学校博物館・東新大学校文化博物館 2004）。甕棺墓として出土する中に還元炎焼成されたものがあり、底部に土器片を再利用した焼台が一方に偏って3か所前後付着し、焼台が付いている面が火表になっていることから、窯の前面を向いて口縁部を上に立てて、傾斜面に置かれて焼成されたことが分かる。加耶などの陶質土器の大甕は焼台が一周巡る場合が多いのに対して甕棺の焼台が一方に偏っているのは、甕棺窯の床傾斜が陶質土器に比べ緩やかなためであろう。栄山江の酸化炎焼成甕棺も底部の色変化から、口縁部を上に立てて焼成している。以上から五良洞窯跡群では甕棺を焼成する窯であったといえよう。また、瓦質土器の椀・堝・甑を焼成していることから、瓦質土器の窯ともいえよう。

　五良洞窯跡の瓦質系土器は、報告書によれば3-1号窯から瓦質系土器坏蓋8点、瓦質土器椀2点、3-2号窯から瓦質土器甑、瓦質系土器小壺、4号窯から瓦質系土器坏蓋1点、瓦質土器椀3点、9-1号窯から瓦質系土器坏蓋1点、瓦

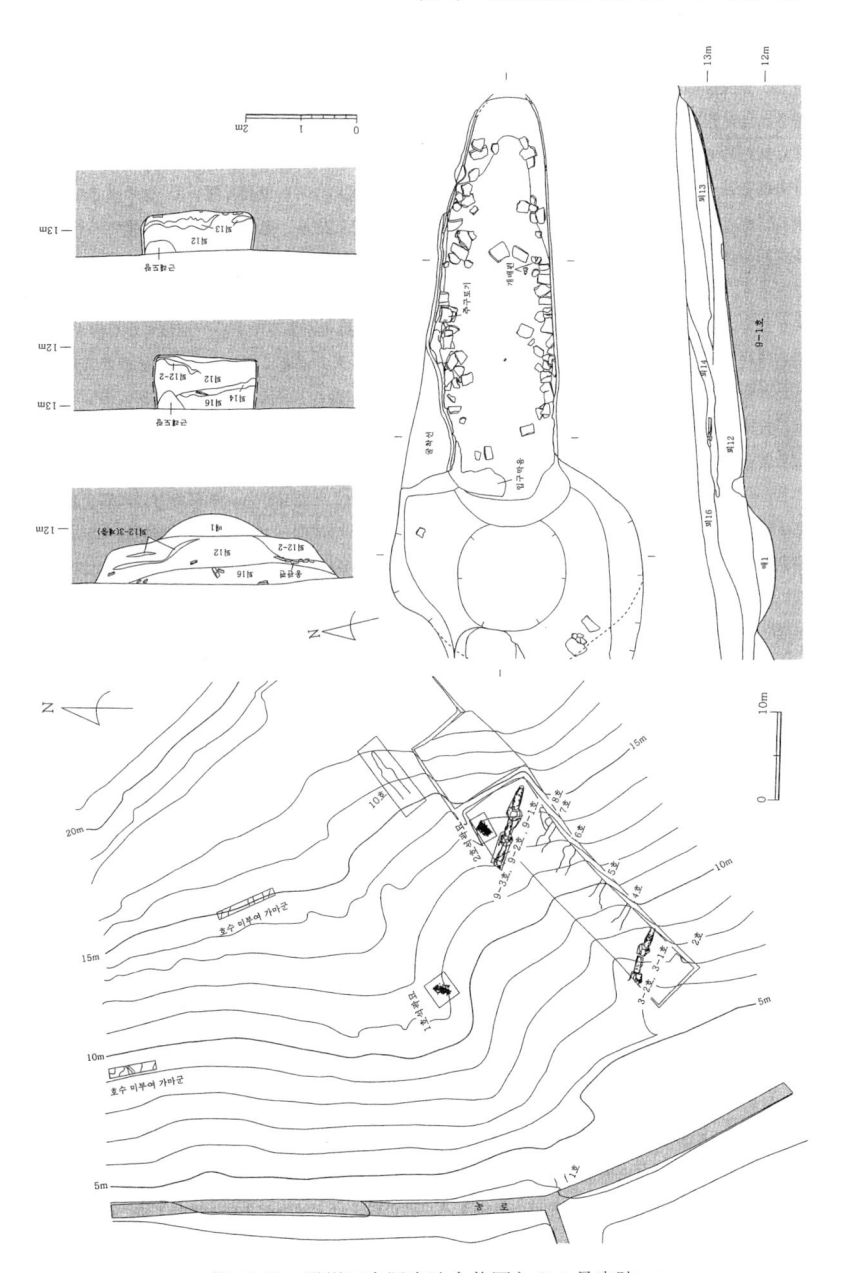

第1章 栄山江流域の土器生産とその様相 165

第50図 羅州五良洞窯跡全体図と9-1号窯跡

166 第Ⅲ部 百済と栄山江流域の土器

1~10：3-1号窯　11・12：3-2号窯　13~16：4号窯　17~20：9-1号窯　21~23：9-2号窯　24~27：9-3号窯

第51図　羅州五良洞窯跡出土土器

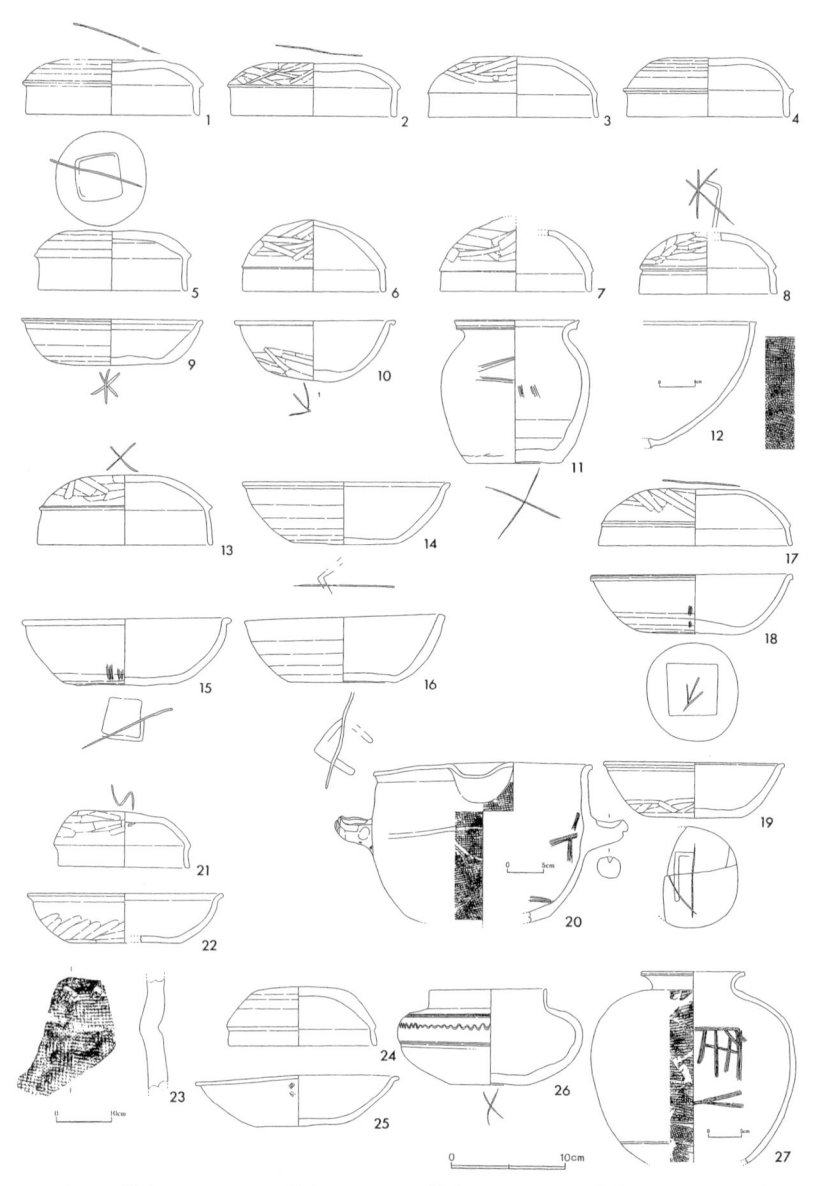

質土器椀2点、堝1点、9-2号窯から瓦質系土器坏蓋（椀か）1点、瓦質土器椀1点、9-3号窯から瓦質系土器坏蓋1点、壺1点、瓦質土器椀1点が多くの甕棺片とともに出土した。共伴例や技法から瓦質系土器と瓦質土器が併焼された可能性が高く、注目される。瓦質系土器の蓋坏は12点報告されているが、いずれも蓋である。口径は11.7〜17.5 cmであるが、その多くは13〜15 cmが多い。(2)成形はいずれも左ロクロ回転で、瓦質土器椀と同じである。底部は両者ともロクロからの切り離しは工具を使わず剝がしただけで、平坦面には整形を施さないため方形痕が残る例が多い。瓦質系土器の天井部の平坦面は広いもので9 cmを測る例がある。また天井部や底部には「−」「※」「≫」「▷」「＋」「レ」のヘラ記号を持つ割合が高く、瓦質系土器、瓦質土器とも同じヘラ描きを持つ例があり、このことからも瓦質系土器と瓦質土器は密接な関係があろう。

　瓦質系土器蓋の天井部、瓦質土器椀体部下半の整形を実見したところ、五良洞窯跡には①左回転ヘラ削り、②右回転ヘラ削り、③左←右の手持ちヘラ削り（坏身底部あるいは坏蓋天井部を上にした場合の削り方向）、④左→右の手持ちヘラ削りの四つの技法があり、②〜④は瓦質系土器、瓦質土器とも両方に存在するが、①は瓦質土器だけに見られる（第2表）。瓦質系土器の胎土は砂粒をほとんど含まず川などに二次堆積した泥質の粘土を使用した可能性がある。この粘土は不純物が多く含まれるので耐火度が低く、低い温度で焼き締まるものの、高温では焼き崩れてしまう可能性があり、事実自然釉が掛かっていなくて焼け歪んだ製品が多い。この粘土は瓦質土器椀の胎土と共通する。また焼成方法も同様であったようで色調が類似する。さらに口縁を上にした重ね焼き法も共通する。蓋の稜部は鋭いものが多いが丸味のあるものもある。口唇部は平坦なものが多いが丸いものもある。共通する特徴は全体に口径が大きいことと、天井部平坦面の広いものが多く、内面天井部も平坦で周囲に強い撫でを巡らせていることで、瓦質土器椀と共通する特徴を持つ。

　なお、五良洞窯跡はその後国立羅州文化財研究所で発掘が続けられ、合計49基の窯が確認された。また、13基の発掘調査が行われ、報告書（国立羅州

第2表 羅州五良洞窯跡出土瓦質系土器蓋杯と瓦質土器椀（番号は第51図に対応）

番号	窯名	器形	系譜	口径	器高	成形	整形（削り）	ヘラ記号	備考
1	3-1	蓋	瓦質系	15.5	4.7	左回転	右回転	―	
2	3-1	蓋	瓦質系	14.6	4.4		手持		
3	3-1	蓋	瓦質系	14.9	5.2	左回転	手持　左←右		
4	3-1	蓋	瓦質系	14.5	5.1	左回転	右回転		
5	3-1	蓋	瓦質系	13.2	5.1	左回転	右回転	―	方形痕
6	3-1	蓋	瓦質系	12.8	6.2	左回転	手持　左→右	―	方形痕
7	3-1	蓋	瓦質系	13.4	6.5	左回転	手持　左→右	※	方形痕
8	3-1	蓋	瓦質系	12.4	5.4	左回転	手持　左→右		方形痕
9	3-1	埦	瓦質	16.0	4.1	左回転	左回転	※	
10	3-1	埦	瓦質	14.2	6.4	左回転	手持　左←右	＞	
13	4	蓋	瓦質系	15.5	6.1	左回転	手持　左→右	＋	
14	4	埦	瓦質	18.6	5.4	左回転	右回転	―	方形痕
15	4	埦	瓦質	18.7	6.0	左回転	右回転	―	方形痕
16	4	埦	瓦質	18.0	5.7	左回転	手持　左→右	―	方形痕
17	9-1	蓋	瓦質系	17.5	5.1	左回転	手持　左←右		
18	9-1	埦	瓦質	18.0	5.2	左回転	左回転	＞	方形痕
19	9-1	埦	瓦質	16.1	4.8	左回転	手持　左→右	＞	方形痕
21	9-2	蓋？	瓦質系	11.7	4.8	左回転	手持　左←右	Ｎ	方形痕
22	9-2	埦	瓦質	17.3	4.3	左回転	手持　左←右		
24	9-3	蓋	瓦質系	13.0	5.1	左回転	右回転		
25	9-3	埦	瓦質	17.9	4.4	左回転	左回転		

※整形（削り）の手持削りの方向は、底部あるいは天井部を上にした場合の方向

文化財研究所 2011）が刊行され、類似した資料が出土している。窯は第50図の北側の同一斜面に、数多くの窯が切り合い検出されている。

②羅州系土器

　羅州系土器は、五良洞4号窯出土瓦質系土器杯蓋（第51図13）が、形態な

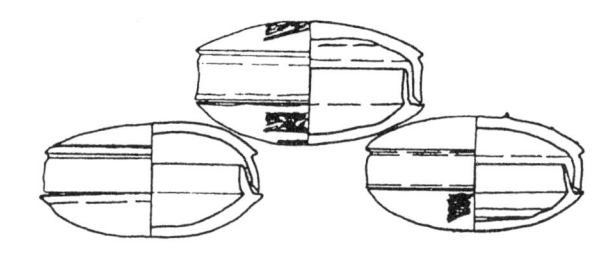

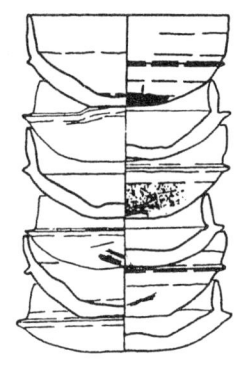

左：百済系土器窯詰焼成法　右：羅州系土器窯詰焼成法
第 52 図　窯詰焼成法の比較

ど羅州系土器と共通することから、瓦質系土器の中から発展して出現したと考えられる。最も大きな変化は瓦質系土器が瓦質土器の延長上にあり、胎土も泥質の瓦質土器と同じ粘土を使用するのに対して、羅州系土器は粘性の強い一次粘土である風化粘土を使用したと考えられる。この粘土は耐火度が高く、羅州系土器は陶質土器といえるが、陶質土器の成立は百済あるいは加耶の陶質土器の技術が影響している可能性がある。瓦質系土器とは器種も異なり、甑、高坏、短頸壺、壺、器台など陶質土器の器形を焼成する。

　羅州系土器は、胎土に鉄分を多く含むため色調も暗青灰色で外面に火襷を持つのが特徴である。これは焼成時に坏と蓋を交互に口縁部を上にして積み重ね、それぞれの間に藁のような植物で土器を包むようにして重ね焼きしたために付いた火襷である（第52図）。金鐘萬も筆者と同様の重ね方を想定するが、金鐘萬は窯詰めの時、口縁を下にする積み重ねであるが、筆者は自然釉の被り方から口縁を上にして重ねて窯詰めしたと考えている。その場合の高さはせいぜい3セット前後であろう。

　この焼成方法は瓦質系土器や椀と共通する。このような重ね焼き法は高霊土器も同様である。外面の天井部や底部の中央部には小さな平坦部（第53図左1）を持っているが、これも瓦質系土器や瓦質土器椀につながる特徴である。内面にも平坦部を持つ（左2）が百済系土器より狭く、蓋の内面天井部の稜部付近、身の体部蓋受け部付近が厚く作られ（左3）、百済系土器と比べて全体

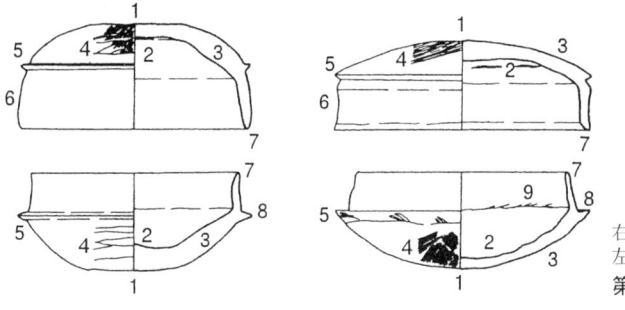

第53図　土器の特徴
右：百済系土器
左：羅州系土器

に厚く重量がある。蓋・身とも底部・天井部を手持ちあるいは回転ヘラ削りで整形（左4）するが、削りは稜部・蓋受け部（左5）にまで及ばない。古式のものは平坦面（左1）が広く、蓋の口縁部が長く（左6）直線的に広がり、口唇部先端が尖る（左7）。新式なものほど蓋の口縁部が短く内彎気味になる。蓋受け部の段は窪まず水平に近くなり（左8）、百済系土器と大きな違いがある（第53図左）。

③百済系土器

東新大学校は羅州五良洞窯跡から約11km上流の栄山江左岸で、7基の窯を発掘しており新加里窯跡群という（第59図B）。そのほとんどの焼成部に日本の湖西窯のような階段を持っていることが特徴である。多量の蓋坏・壺・瓶等々を出土するが、三足土器も少ないながら出土することが注目される（李正鎬　2003a, 2003b）。

新加里窯跡群群から出土した土器群は同じ羅州にある五良洞窯跡群と様相が異なる点から、栄山江流域土器としてくくると紛らわしくなることから、百済系土器とした。その理由は後に述べるように技術的に百済土器と類似していること、百済系土器を出す新加里窯跡群から三足土器と平底瓶、異形瓶形土器が出土することから名付けた。しかし、現在窯跡が栄山江流域でしか見つかっていないこと、新加里窯跡群群の三足土器もわずかで、錦江流域の三足土器と様相が異なることから、百済系としても熊津期の百済周辺部の土器系譜と考え

る。本来は百済土器技術系譜の栄山江流域土器とすべきであるが、ここでは百済系土器と呼称する。

　この土器の特色は、羅州系土器と比較して色が灰白色から灰色で、百済土器と同様蓋坏も高坏も蓋を被せて焼成するのが、羅州系土器と違う最も大きな特徴である（第52図）。新加里窯跡出土品に第52図左の積み方で、三段分の水平に置かれた状況を示す融着した例がある。三段目は前後に重ねられており、窯に階段を設置し水平の床面を作ったためにできた窯詰め方法であろう。おそらく蓋坏の重ね焼きの高さは三段までであろう。多くの蓋坏は口縁部あるいは蓋受け部に植物繊維が多量に付着するが、羅州系土器が火襷状の線となるのに対して、新羅・加耶と同様短い数ミリの繊維が不定方向に付着する。外面天井部と底部の中央は丸味を持ち（第53図右1）、尖り気味になる例もある。内面の中央部には広い平坦面の周囲に粘土接合痕がある（右2）が羅州系土器と比較して広く、厚さは全体に薄い（右3）。外面の天井部と底部はすべて手持ちヘラ削りをし（右4）、回転ヘラ削りはごくわずかである[(5)]。稜部・蓋受け部にまで削りの範囲が及ぶ（右5）のが特徴である。坏蓋の口縁に特徴があり、口縁部は緩やかに膨らむS字状の曲線を描く例が多く、中央部が膨らむ例もある（右6）。口唇部は段を持つが坏身の口縁には段がない（右7）。蓋受け部は窪みが作られ斜め上方にのびて（右8）蓋を受けやすくなっている。口縁には斜行整形痕が入る例があり（右9）、独自の製作技法を持っていたようである（第53図右）。同様の技法は、公州武寧王陵出土の高坏（第98図）や艇止山遺跡の杯蓋の中に見られる。

④須恵器系土器

　須恵器系土器は木下亘がその名称を使うが、倭の須恵器と同一技法あるいは模倣して朝鮮半島で生産した土器の意味である。木下が清州新鳳洞古墳群、公州艇止山遺跡、扶安竹幕洞遺跡、羅州伏岩里古墳群、固城松鶴洞1号墳出土例をあげている（木下 2003）。しかし、この土器について筆者と木下との見解の相違もあり、どれを須恵器系土器とするかは須恵器と酷似しており区別が困難

な場合が多い。その中で高敞鳳徳遺跡（湖南文化財研究院 2003）出土の蓋坏は、稜部が明瞭で、回転ヘラ削りで丁寧に整形されるものが含まれ、須恵器との識別が困難な蓋（第54図20・21）がある。しかし、焼け歪んで膨らみ、天井部に円形の割れ目が巡る蓋や歪んだ蓋が2点（第54図11・23）含まれ在地で製作されている。また、坏身で口唇部が尖り気味で蓋受け部が水平に作られる例（第54図26～29）があり、在地で生産された可能性もある。この土器は身に蓋を被せて焼成した可能性が高く、須恵器や百済系土器と共通する。この遺跡から4点ほどの須恵器が出土していることから、須恵器の技術がこの地に導入された可能性も高い。筆者は清州新鳳洞B地区1号墳の土器群を須恵器と主張してきたが、器厚が厚い蓋（第10図2）もあり、高敞鳳徳遺跡の須恵器系土器と類似する点もあり、再検討が必要かもしれない。

⑤高敞系土器

高敞系土器は短脚の台が付く坏であるが、坏部が大型であることから高坏と考えられる。有蓋・無蓋(6)があり、脚部の透しは長方形が主体で三角形や無窓がある。鉄分を多く含み、坏底部は回転ヘラ削りや手持ちヘラ削りで整形される。精緻な作り（第54図6・7）と稚拙な作り（第54図5）があるが、精緻な作りはロクロ技術が高いもので、この地の須恵器系土器と関連が想定できる。高敞系土器は焼け歪んだものも多く高敞周辺地域で生産された製品であろう。2004年5月に新たに開館した国立公州博物館で百済との交流とした地域の土器として、高敞系土器が新羅の地域のものとして展示されるが、現在の分布から考えても高敞で出現した土器であろう。

(2) 変遷と分布

①瓦質系土器

瓦質系土器は五良洞窯跡出土資料12点がいずれも蓋であるということから坏身が不明確である。しかし、9-2号窯の坏蓋（第51図21）は無蓋椀と想定したい。このような口径が大きく底部が平底で広い形態を探すと霊岩万樹里2

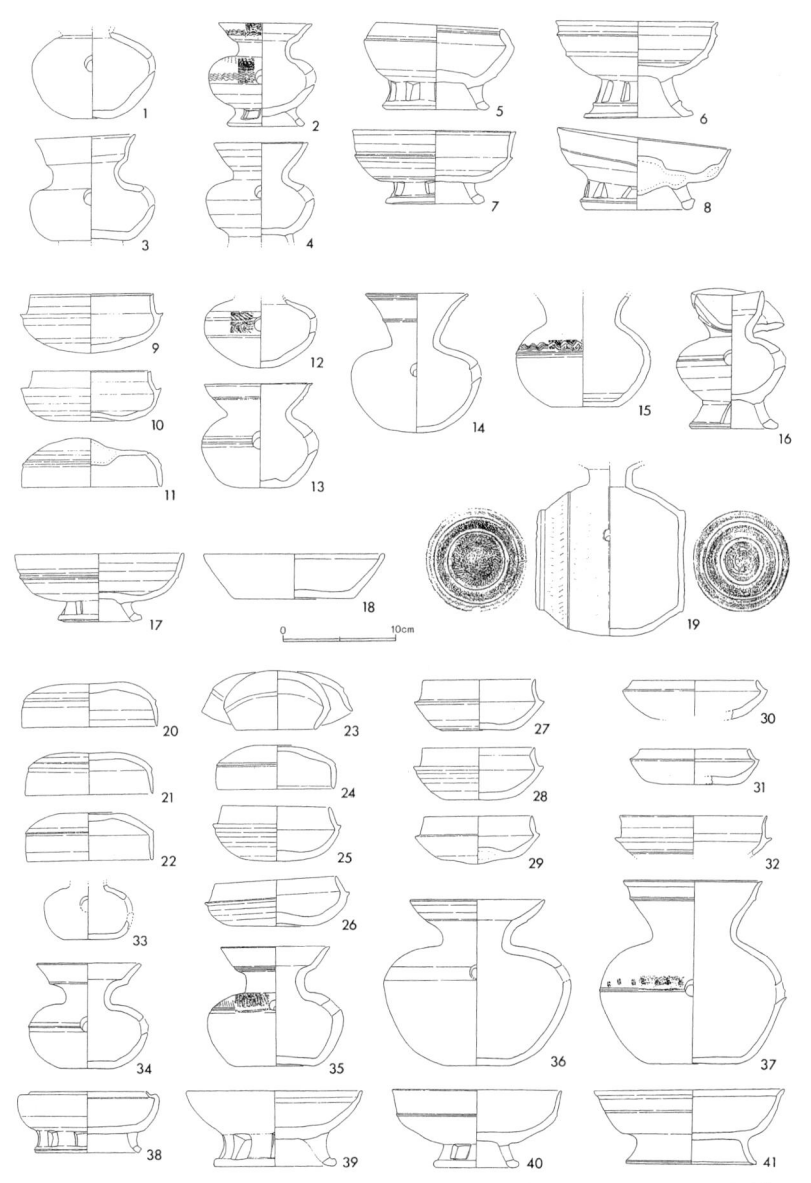

第1章　栄山江流域の土器生産とその様相　173

1～8：カ地区方形推定墳北側周溝　9～16：カ地区方形推定墳南側周溝　17・18：カ地区方形推定墳東側周溝　19：カ地区溝1　20～41：ナ地区溝1

第54図　高敞鳳徳遺跡出土土器（1・9・10・12は須恵器）

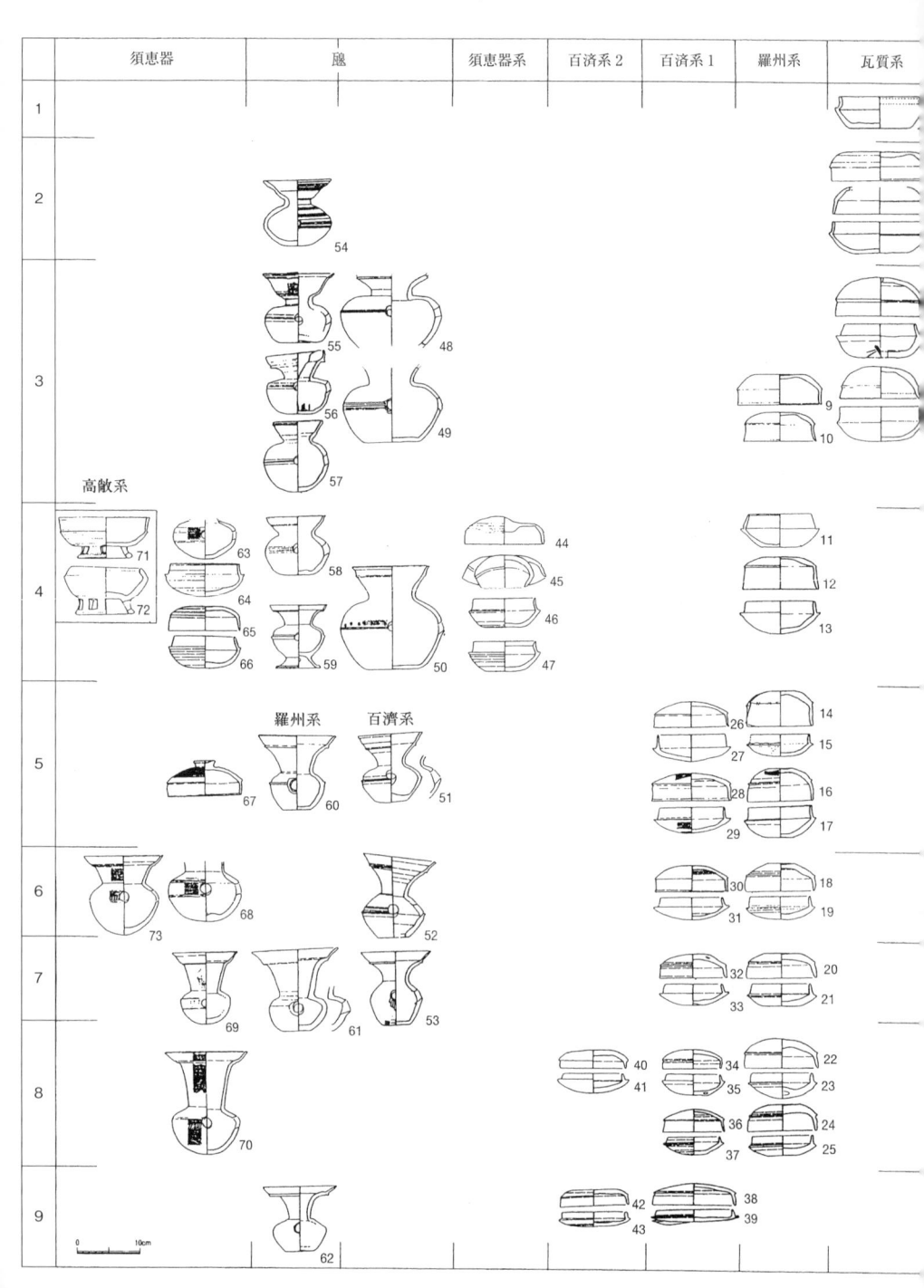

	須恵器	甕		須恵器系	百済系2	百済系1	羅州系	瓦質系
1								
2		54						
3		55, 56, 57	48, 49				9, 10	
4	高敷系 71, 72	63, 64, 65, 66	58, 59	50	44, 45, 46, 47		11, 12, 13	
5		羅州系 67	60	百済系 51			26,27,28,29	14,15,16,17
6		73, 68	52				30, 31	18, 19
7		69	61, 53				32, 33	20, 21
8		70			40, 41	34,35,36,37		22,23,24,25
9		62			42, 43	38, 39		

第55図　栄山江流域の土器変遷

（第55図に対応する番号）
1：霊岩内洞里　2・3：務安良将里水路1　4：霊岩万樹里2号墳　5：光州楓岩洞水路　6：同1号住居跡　7～10・49：務安良将里Ⅱ30号住居跡　11・59：羅州大安里9号墳　12・13：羅州新村里4号墳南周溝　14：羅州徳山里11号墳2号甕棺　15：同墳西側周溝　16・17・28・29・60・67：羅州伏岩里2号墳北側周溝　18・19・52：伏岩里3号墳2号石室　20・21・32・33：伏岩里3号墳'96石室2号甕棺　22・23・34・35・40・41・70：同石室4号甕棺　24・25・36・37：伏岩里3号墳4号甕棺墓　26・27：霊岩泰潤里チャラボン古墳　30・31・68・73：伏岩里3号墳'96石室1号甕棺　38・39・42・43：伏岩里3号墳11号墓　44・58・63・64：高敞鳳徳カ地区方形推定墳南側周溝　45～47・50・65・66：同カ地区溝1　48：霊岩沃野里6号墳　51：伏岩里3号墳墳丘盛土層　53：霊光鶴丁里テチョン4号墳54：万樹里2号墳1号甕棺　55：同4号墳1号木棺墓　56・57：良将里ナ地区包含層　61：伏岩里3号墳9号甕棺　62：伏岩里2号墳1・2墳間周溝表採　69：伏岩里1号墳周溝東区　71・72：鳳徳カ地区方形推定墳定墳北側周溝

号墳（第55図4）（国立光州博物館 1984a）、羅州新村里9号墳（国立文化財研究所 2001a）の坏身（第9図22）や椀が該当する。前述したように瓦質土器の椀から瓦質系土器は発達したと考えられ、霊岩内洞里遺跡の椀（第55図1）（国立光州博物館 1984a）がその祖形となると想定する。おそらく五良洞窯跡の李正鎬報告の無蓋椀や万樹里2号墳の椀のように当初は無蓋もあったのであろう。五良洞窯跡では口径が11.7～17.5 cmの偏差があるが、おそらく時期差が想定でき、口径の大きいものが平坦部も広く、古いと考えられる。

　清州市新鳳洞B地区1号土壙墓の百済土器の蓋坏は、坏身が平底であるのに対して蓋は丸底を持ち、坏身と坏蓋の平坦部の変化は同一でない（忠北大学校博物館 1990）。新鳳洞B地区1号土壙墓の蓋の口径が14 cm前後あり、坏身の類例は羅州新村里9号墳の中にある。新鳳洞B地区1号土壙墓からは須恵器陶邑TK208～TK23型式が共伴し、5世紀後半と想定できることから、瓦質系土器の出現はそれを遡り5世紀前半代の可能性がある（第10図）。

　日本の大阪府陶邑窯跡群の大庭寺窯跡（TG231・232号窯跡）（岡戸ほか 1995）で焼成されたと想定される大庭寺遺跡出土の坏身（第5図1）は、底径の広さや形態が霊岩内洞里遺跡の椀（第55図1）に類似しており、栄山江流域で蓋坏を指向する椀の出現が5世紀初頭の陶邑TG232型式段階まで遡る可能性がある。霊岩内洞里遺跡の椀形態が倭に伝播したと考えられる。

　瓦質系土器はその後口径を11 cm前後まで縮小するが、瓦質土器椀と同様6世紀にはほとんどなくなり羅州系土器が主体となる。

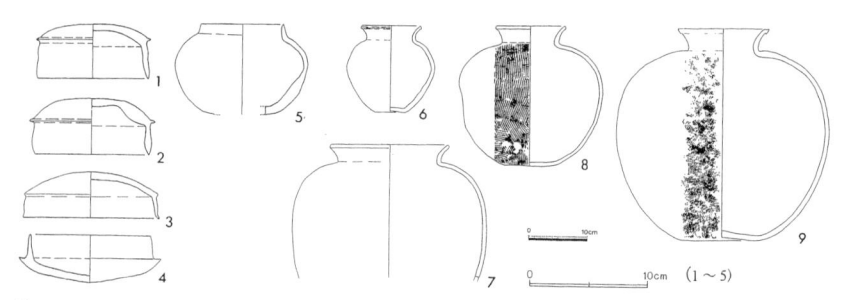

第 56 図　霊岩泰澗里チャラボン古墳石室内出土土器(1・2：羅州系土器　3・4：百済系土器)

　瓦質系土器は瓦質土器から出現したと想定でき、瓦質土器が栄山江流域だけでなく百済地域にもあることから、今後その分布は広がる可能性がある。
　現在の分布については羅州新村里9号墳、同大安里、光州月田里3号地上建物北側溝状遺構、光州楓岩洞1・2号住居跡・水路、和順雲月里1号住居跡、霊岩万樹里2号墳、霊岩沃野里、務安良将里水路1、務安良将里Ⅱ30号住居跡、昇州大谷里 A-1 号・B-1 号住居跡など全羅道に分布する。現在生産地は五良洞窯跡があり、栄山江を使って運ばれた可能性が高い。

②羅州系土器
　羅州系土器は五良洞4号窯に蓋坏の祖形（第51図13）があることから瓦質系土器の中から出現したと考えられる。五良洞4号窯の祖形は口径 15.5 cm を測ることから、羅州系土器との口径差が大きい。ちなみに出現期の羅州系土器の口径は 12～13 cm である。務安良将里Ⅱ30号住居跡から蓋の口径 12.9 cm の瓦質系土器（第 55 図 7）と 13.5 cm と 11.7 cm の羅州系土器蓋（第 55 図 9・10）、大型甕（第 55 図 49）が共伴しており、5世紀後半代の良好な資料といえる（木浦大学校博物館　2000a）。これと類似した羅州系土器が5世紀第4四半期の羅州新村里古墳群、徳山里古墳群などに見られる。この土器は蓋の口縁が長い形態であるが、蓋の口径は 12 cm 前後（第 55 図 12）と 10 cm 前後（14）があり、時期差が想定できる。チャラボン古墳では 10 cm 弱の羅州系土器（第 56 図 1・2）と 11.7 cm の百済系土器（第 56 図 3・4）が共伴しており、両者

の並行関係を知る良好な資料である。なお、2011年に行われたチャラボン古墳の発掘調査で、TK47～MT15型式の須恵器坏身、円筒形土器が出土した（大韓文化遺産研究センター 2011）。日本の岡山県天狗山古墳から蓋の口径12.4cmの口縁が外反する羅州系土器が出土する[7]（松木ほか 2001）。類例は伏岩里3号墳1号甕棺、同墳4号甕棺、新村里9号墳丙棺例にあるが、いずれも天狗山古墳例よりも後出形態である。天狗山古墳例はTK47型式の須恵器と共伴している。

　5期の中で内彎する口縁の蓋が潘南古墳群、伏岩里古墳群の中に現れ、その後の羅州系土器の形態となっていく。

　6世紀に入ると羅州伏岩里3号墳2号石室墓（第55図18・19）や咸平新徳古墳のように、口径は12cm以下となり順次蓋や身の口縁が短くなり扁平化して、全体に厚みを増し、蓋坏の容積が小さくなっていくが、蓋と身の平坦部は最後まで見られる。

　甑は羅州系土器だけではく高敞などでもつくられるが、大型甑は頸部が細く、肩が張るもの（第55図48）から頸部が太く最大径が胴部中位に下がるもの（第55図50）へ変化し、倭と同様5世紀代で消滅すると考えられる。小型甑はやはり頸部が細く胴部が扁平なもの（第55図54）から平底の広いもの、丸底、口縁に段を持つものやラッパ状に開くもの、台が付くなど各種ある。6世紀になると口縁が長く大きく開くが、百済系土器に取り入れられた甑（第55図51・52）の口縁は長くならない。

　伏岩里3号墳では'96（1996年発掘）石室は玄室に1→2→3→4の変遷で順次埋葬された四つの甕棺（第57図）のうち、2号と4号甕棺に羅州系土器蓋坏が伴うが、蓋坏と有蓋短頸壺に「T」字状の同一ヘラ記号があり、時期的に近接している可能性がある（第58図）。また、百済系土器には大型と小型があること、百済系土器でも異なる系譜のものが1号・4号甕棺に伴うようである。4号甕棺にMT15型式からTK10型式にかけての過渡的な甑が伴い[8]、羅州系土器は6世紀第2四半期までは存在しているようである。しかし、6世紀後半の羅州系土器は不明で、6世紀中葉頃には潘南面、伏岩里から突如として消

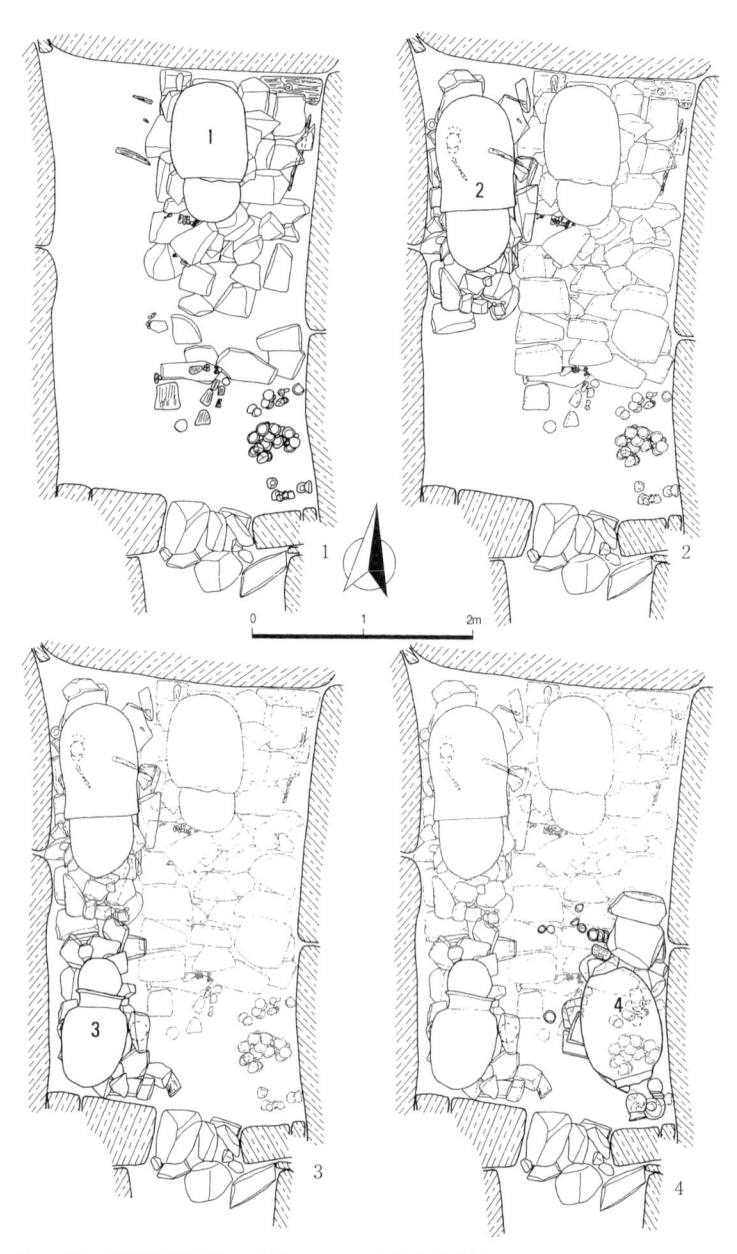

第57図　羅州伏岩里第3号墳'96石室甕棺埋葬順序（番号は甕棺の号数を表す）

え去ってしまう。

　分布は5世紀代には羅州新村里4・6・9号墳、徳山里4・11号墳、大安里9号墳、霊岩チャラボン古墳、海南造山古墳、和順雲月里2号住居跡、務安良将里水路1・良将里Ⅱ30号住居跡、洪城神衿城内城南壁に広がるが、6世紀になると羅州伏岩里1～3号墳・大安里9号墳、海南造山古墳、咸平進徳古墳と狭くなり、離れて公州道川里遺跡（金鐘萬 2001）、扶餘泗沘都城（忠南大学校百済研究所 2003）にまで運ばれている（第60図上）。

　③百済系土器

　百済系土器は5期の霊岩チャラボン古墳で羅州系土器と共伴するのが最古例（第56図3・4）と考えられる（韓国精神文化研究院 1992）。それと同時期かわずかに後出する例が伏岩里2号墳周溝（第55図28・29）（全南大学校博物館 1999a）で出土し、いずれも蓋の口径が12 cm前後を測る。伏岩里3号墳17号甕棺もほぼ同時期であろう。続いて6期の伏岩里3号墳'96石室1号甕棺（第55図31・32）が11 cm前後であるが、坏身の口縁立ち上がりが短く新しい。同墳3号墓の土器もほぼ同時期であろう。霊光鶴丁里大川3号墳（木浦大学校博物館 2000b）（第63図）に後続して伏岩里3号墳'96石室2号甕棺（第55図32・33）、さらに同石室4号甕棺（第55図34・35）、同墳4号甕棺（第55図36・37）へと続き、順次口径が縮小する（国立文化財研究所 2001b）。新加里窯跡群の百済系土器は蓋の口径10～11 cmを測り、口縁が長く古い形態（李正鎬 2003b）で、6期の伏岩里3号墳'96石室1号甕棺に類似した蓋坏もあり、ほぼ同時期であろう。

　百済系土器は伏岩里3号墳'96石室1号甕棺、4号甕棺のように同時期に大型・小型の口径の異なる蓋坏がつくられ法量分化していることが特徴で（第58図）、口径のほぼ一定した蓋坏のつくられる羅州系土器と、大きな違いの一つである。

　伏岩里3号墳'96石室は前述したように四つの甕棺が順次入れられ、最初の1号甕棺にはTK47型式とMT15型式の甑が伴い、最後の4号甕棺にはMT15

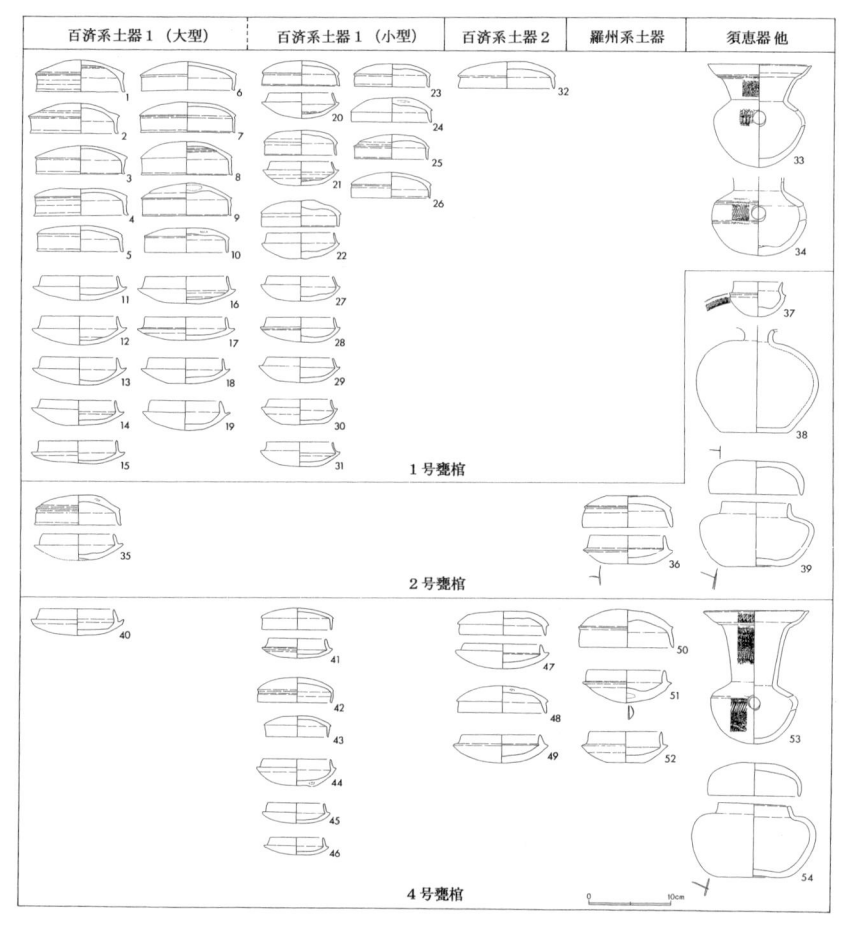

1～34：1号甕棺　35～39：2号甕棺　40～54：4号甕棺
第58図　羅州伏岩里3号墳'96石室出土土器（33・34・53は須恵器）

型式からTK10型式にかけての甕が伴っている。1号と4号甕棺の百済系土器は口径がわずかに小さくなり前後関係が認識できる。1号甕棺は共伴する須恵器から6世紀第1四半期と考えられ、それを遡るチャラボン古墳例やそれに続く伏岩里2号墳周溝は5世紀第4四半期に置けよう。百済系土器の終末は伏岩里3号墳11号墓（第55図38・39）にあり、6世紀第3四半期に置いておく。一方異なる系譜の百済系土器（百済系2）が6期の'96石室1号甕棺（第58図

32) に伴い、続いて8期の'96石室4号甕棺（第55図40・41）にも伴う。9期の伏岩里3号墳11号墓の百済系土器は口径13.2cmと巨大化しており、それに共伴する11号墓、10号墓の土器群では、異なる系譜の百済系土器（百済系2）が見られる（第55図42・43）。光州杏岩洞3号窯から9期に類似した蓋坏が三足土器脚部と共伴する。この時期の土器群が今までの縮小化傾向に逆らうように巨大化するのは、異なる百済系土器の出現も勘案すると大きな土器生産体制の変化が起こった可能性がある。この頃栄山江流域の百済系土器も羅州系土器と同様消滅していくのである。おそらく前述した異なる百済系土器は百済中央と関連する土器であり、百済中央の大きな影響がこの地に及んだことが原因であろう。

　分布は5世紀代には羅州伏岩里2号墳、霊岩チャラボン古墳、光州楓岩洞1-2号住居跡・月田洞・ボサン遺跡に、6世紀になると羅州伏岩里1～3号墳・新村里9号墳、海南造山古墳、霊光鶴丁里大川2～4号墳、咸平信徳古墳、光州明花洞古墳・双岩洞古墳、和順雲月里2号住居跡、長城鈴泉里古墳、潭陽斎月里古墳、高敞鳳徳ナ地区溝3、公州艇止山遺跡と広く各地に見られるようになるが、羅州伏岩里古墳群、霊光鶴丁里大川古墳群、咸平新徳古墳、長城鈴泉里古墳（全南大学校博物館 1990）、潭陽斎月里古墳（木浦大学校博物館 1996）で良好なセットが出土することは、唯一発見されている新加里窯跡群だけでなく、各地に窯がある可能性が高い。なお光州双岩洞古墳では蓋坏4セットが出土するが、窯詰め方法は百済系土器と同じであるものの、形態が羅州系土器に類似する器形があり、甑・無蓋高坏が羅州系土器に類似することからも、あるいは羅州系土器の影響を受けた百済系土器の可能性もあり、光州は6世紀になると羅州と様相がやや異なるようである。

④須恵器系土器

　須恵器系土器は前述したように判断が困難な場合が多い。高敞鳳徳遺跡ではカ地区、ナ地区合わせて須恵器あるいは須恵器に類似する甑や蓋坏が出土するが（第54図11・23～29など）、朝鮮半島のこの地で生産された須恵器系土器

の可能性が想定される(湖南文化財研究院 2003)。これについては後述する。

⑤高敞系土器

また鳳徳遺跡では高敞系土器と筆者が仮称する短脚の高坏(第54図5〜8、17、38〜41)が出土し、鳳徳遺跡では25個体が、高敞中月里遺跡(円光大学校馬韓・百済文化研究所 1984)でも5個体が報告され、この地域で生産された土器であろう。公州艇止山遺跡(国立公州博物館 1999)に2点見られる高敞系土器もこの地から運ばれたものであろう。この他ソウル風納土城、光州東林洞遺跡(湖南文化財研究院 2007a)、羅州長燈遺跡(湖南文化財研究院 2007b)からも出土した。高敞系土器の量的な広がりがないこと、羅州系土器が高敞に入らない点で両地域の勢力を見るとき、その事実は重要である。現段階では高敞系土器は高敞を中心に分布し、時期は5世紀末から6世紀初頭であろうが、今後資料の増加を待って検討したい。

第55図のように栄山江流域の土器の流れを1〜9期に分けてみたが、3期以前は不明確である。また、9期も相対的に置いただけであり、編年は今後の課題である。年代は共伴する須恵器などから1期が5世紀第1四半期、2期が5世紀第2四半期、3期が5世紀第3四半期、4期が5世紀第3四半期〜第4四半期にかけて、5期が5世紀第4四半期、6期が6世紀第1四半期、7期は設定したものの6期に近く、時期的には6世紀第1四半期の中に置けよう。8期は6世紀第2四半期であり、9期は6世紀後半と考えている。

3. 栄山江流域の土器と倭の須恵器との関係について

最も古く出現する瓦質系土器は、成形・整形技法や胎土、焼成方法などを見ると、瓦質土器椀から発達したと考えられ、当初椀類似の器形や椀に蓋を被せる器形として坏身に蓋受け部が作り出されたものの、画一化した器形にまで至っていない。倭でも大庭寺窯跡で椀(日本では坏と呼ぶ)が生産され、当初蓋を持っていないと考えられ、倭の初期須恵器の坏が百済や栄山江流域からも

たらされたといえる。五良洞窯跡では𤭯が出土していないようであるが、𤭯は瓦質系土器の中からは出現しなかったと考える。それは前述したように𤭯は瓦質土器の器形ではなく陶質土器の器形と考えるからである。

　倭では5世紀初頭と考えられている大庭寺窯跡から少ないながら10点の𤭯が出土しており、霊岩内洞里遺跡の椀形態が倭に伝播したと同様、𤭯も従来の研究では栄山江流域から伝わったことになっているが、はたしてどうであろうか。

　5世紀後半の栄山江流域には、小型𤭯や樽形𤭯の他に大型𤭯も存在する。しかし、特に数の多い小型𤭯は定型化しておらず、5世紀前半に遡る𤭯は少ないようである。また、栄山江流域では台付𤭯があるのに倭にはないことと、栄山江流域では胴部に突線がありその位置に孔が開けられる例が主体であるが、倭では2本の突線の間に孔の位置がある。栄山江には平底と丸底があるのに倭では丸底である。また倭では胴部の孔は円筒工具で切り抜いたようにほぼ一定の大きさで斜め上方にに直線的に開けるため、管を斜め上方に押し込むことができる。栄山江の𤭯は孔の大きさが一定でなく、孔の開け方が棒を差し込んでこじ開けるタイプのため、内側に粘土がまくれる（第99図）。また孔径が筒状になっておらず、内外面よりも孔部中央が細いため、管を挿すには適していない。このような開け方は徳山里9号墳（全南大学校博物館 2002）の埴輪形土器の孔やこの地域の甑の孔と共通しており、𤭯は外部にも粘土が出るためヘラで削り取る例が多いが、倭にはそのような例はほとんどない。さらに、栄山江には孔部の下側に管を支える粘土の突出部を作り出す例（第55図53・56・61）があるが、倭の尾張・遠江の突出部と目的は同じであるものの、倭では粘土を筒状に付着させる点で異なる。このように栄山江流域の𤭯と倭の𤭯は差異があると同時に栄山江流域の𤭯は定型化していない。栄山江流域の𤭯より年代的に遡ると想定する大庭寺窯跡や陶邑ON231号窯（西口 1994）では、定型化とまでいえないものの一定の𤭯の器形を作り出している。

　𤭯を最も多く出土する高敞鳳徳遺跡から型式的に遡る𤭯を想定すると、頸部が細く、口縁の段が強く屈曲する形態と考えられ、霊岩万樹里2号墳1号甕棺

出土例（第55図54）（国立光州博物館 1984a）は胴部が扁平で口縁部が段を持ち、胴部と口縁部の径がほぼ同一であり現段階で最古の例と想定できる。このような例を倭の甑に探すと、陶邑TK208型式頃の甑が、口径と胴部がほぼ同じになると同時に胴部が扁平になる（田辺 1981）。大庭寺窯跡の甑は胴部よりも口径が小さく、そのような形態は全羅道にはほとんどない。はたして両地域の甑の変遷が同一かは慎重に検討する必要があるが、栄山江の甑が倭に伝わったなら万樹里2号墳のような、頸部が直立したのち大きく開き、底部が平底の甑が大庭寺窯跡で作られていてもいいのに、大庭寺窯跡から出土するのは口径が胴部より小さく、口縁が逆八の字状に開く器形である。倭の陶邑TK208型式前後の甑が栄山江流域に伝わったと考えると、出現時期や器形の変遷について理解できる。

　現在、栄山江流域の甕棺の編年は各氏により年代観の違いと年代幅がある。李正鎬は、甕棺古墳Ⅱ類型に2形式の甕棺があり、この段階に甑が出土するという（李正鎬 1996,1997）。年代は4世紀前半から5世紀前半頃とした。金洛中（金洛中 2001）は伏岩里3号墳出土の甕棺を編年したが、古式の甑が出土した下層出土の伏岩里3号墳18号甕棺を350年から500年の間の早い時期に置かれている。しかし、18号甕棺の甑は頸部が太く型式学的には万樹里2号墳例よりも新しく、羅州大安里9号墳（国立光州博物館 1988）の甑に近いと考える。18号甕棺と同じ下層出土の17号甕棺に5世紀第4四半期の百済系土器が伴うことからも、18号甕棺をそれほど遡らせる必要はないであろう。また甕棺の叩きから見ると鳥足文は5〜6世紀に多く、伏岩里3号墳'96石室2号甕棺・7号甕棺・9号甕棺の鳥足文の真ん中の足が3本になる例は、伏岩里16号甕棺に見られる平行文に3本の線が直交する叩きから発展したと考えられる。そのことから16号甕棺やその型式と同じ時期に置かれる18号甕棺は時期がもう少し下がるのではないかと考えられる。朴天秀は栄山江流域土器編年の4期に松龍里甕棺の甑を掲載し、5期の万樹里4号墳1号木槨（第55図55）の甑よりも古くした。しかし、4期と5期を4段階と設定し5世紀中葉としている（朴天秀 2001）。朴天秀が4期に置いた松龍里甕棺の甑は、口縁部が胴部

径よりも小さい形態である。類似形態が高敞鳳徳遺跡では TK23 型式の須恵器と共伴しており、はたして栄山江流域ではこのような形態が出現時期の形態かは問題である。

また、務安良将里 II 遺跡 30 号住居跡（第 55 図 49）（木浦大学校博物館 2000a）、長興枝川里ナ地区 14 号住居跡・同ナ地区 30 号竪穴遺構（木浦大学校博物館 2000c）、霊岩沃野里 6 号墳（第 55 図 48）（木浦大学校博物館 1996）などの甑は古式であるものの、共伴土器から 4 世紀まで遡ると考えられず、栄山江の甑の出現時期は 5 世紀前半で、はたして初頭まで遡るかは現段階では疑問である。

栄山江流域の甑は 1 本の突線上に孔が開けられるが、光州東林洞遺跡では倭と同様な 2 本の突線の間に孔が開けられた甑が見られ（第 80 図 118）、波状文も多用され、形態も倭の甑に類似している点で、栄山江流域で生産された須恵器系土器の甑の可能性がある。木下亘が述べるように、樽形甑は倭から逆輸入した（木下 2003）、と同様に栄山江流域の甑も倭から伝わった可能性をあるが今後検討が必要である[10]。

その後甑は伏岩里古墳群では百済系と羅州系が見られる。百済系甑は伏岩里 3 号墳墳丘盛土土層（第 55 図 51）、同 2 号石室墓（第 55 図 52）と続くが、その後は不明確である。本来百済土器に甑はないと考えているが、新加里窯跡群に存在していることから、おそらく百済系土器および百済土器の甑は羅州系土器から導入されたと考えられる。同様に慶尚南道河東・固城地域に見られる甑も、井上美奈子のいうように、栄山江流域から伝播したものがその地で作られたのであろう（井上 2004）。その後も羅州系甑は継続して作られ、順次頸部が長くなり、倭の須恵器 MT15 型式以降の型式変化に対応しており、この地域で須恵器が出土することとも関連して、須恵器の影響を受けた可能性があろう。

羅州系土器は瓦質系土器の中から発達し、外からの影響で技術的に陶質土器になったものと考えられる。この土器になると定型化した器形が作られ、羅州の土器生産体制が整備されてきたといえる。その体制は潘南古墳群と伏岩里古

墳群への土器供給から5世紀後半から6世紀中頃まで続くようであり、羅州勢力の安定した時期といえよう。羅州系土器の定型化する5世紀後半には多くの甑が作られるが、鳳徳遺跡では甑および大型甑22点、樽形甑1点が方墳の周溝や溝から出土しており、墳墓で甑を使う倭と同様の行為が行われたようである。また蓋坏も溝1に13点出土し、その使用方法が問題となる（湖南文化財研究院 2003）。甑や蓋坏を使う祭祀行為と、甑、蓋坏、器台などの須恵器が多く出土することは、近くに竹幕洞祭祀遺跡（国立全州博物館 1994）があることとも関連して、この地も倭人と関連した地域といえよう。このような倭人と関連した地域で須恵器系土器が作られた可能性が考えられる。その場合須恵器系土器が高敞の地で生産されたとするならば、形態と技術が須恵器と酷似しており、工人が倭から渡来したか倭の技術を習得した在地の工人の可能性がある。各地の須恵器系土器も今後生産地が問題となろう。

4. 栄山江流域の土器と百済系土器の関係について

　まず百済の土器生産体制から見てみよう。百済では、漢城時代の硬質の百済土器は器形や技法も確立されたものがあり、風納土城出土の台付坏（高坏）など、磨きを持つ瓦質系、高温焼成され自然釉も見られる陶質系があることから、瓦質系土器と陶質系土器の技術集団が生産したようである。ところが熊津期になると前半は漢城時代の技術を継承するものの、土器生産は低下し、器形も画一的でなくなる。公州艇止山遺跡（国立公州博物館 1999）に見るように各地のさまざまな土器が流入している。青陽鶴岩里窯跡などに生産地が築かれたが、画一的な製品が作られるような生産体制が構築されていないのであろう。そのため、三足土器などのようにロクロ技術の劣る製品も多く見られる。その後泗沘期の途中から高台付椀など高度な土器製作技術が見られるようになるが、低下した土器技術も併存する。この点は新羅のように都を移さず、特定の場所で継続して土器技術を継承した体制と大きな違いがある。倭の陶邑も新羅と同様に確立した技術を継承する。おそらく熊津期以降の百済の土器生産体

制は、遷都したことも関連すると想定されるが、特定の大きな窯跡群を持たず、各地から土器を集積するシステムであったのであろう。これは加耶・新羅と比較して百済の古墳に土器が少ない要因ともなっており、古墳出土品に同一窯の製品が少ないことからも想定できよう。また、中央文化財研究院発掘の天安市竝川面メソン里窯跡（ピョンヨンナン 2003）では陶質土器とともに瓦質土器の椀を併焼しており、瓦質土器との明確な分離がなされておらず、窯構造も大量生産や高火度焼成に適した窯でない点も、加耶、新羅と違う点である。

　4・5世紀の百済領域の土器と栄山江流域の土器を見ると、たとえば甕棺、両耳付壺、壺、瓶、椀など共通する技術を持った器形も多い。このことは原三国時代から同じ土器文化圏であることと関連していたのであろう。このようなことを念頭に置いて、百済系の新加里窯跡群や伏岩里古墳群に入る百済系土器の存在から栄山江流域について考えてみよう。

　百済系土器の生産開始は、栄山江流域では 5 世紀末までには始まっている可能性が高いが、羅州新加里窯跡群は階段を持ち、坏類の重ね焼きに対応する窯の改良がこの地でなされていること、甑も焼成するなど変質していったようである。おそらく導入後順次変質していったのであろうが、その変質は内的な変質で、近くの羅州系土器に影響を受けたものの、淘汰されることなく、終焉まで当初の基本的技術は保持されている。このことは大変重要なことで、この窯が大規模でしかも継続して操業されていたためだと考えられる。

　霊光鶴丁里大川古墳群の土器群はいくつかに分類できるものの、焼成から同じ窯の百済系土器が多いと考えられ、近いところに窯が存在すると考えられる。三足土器は鶴丁里大川古墳群では出土せず、後続する新加里窯跡群でもほとんどない。また、百済中枢にある公州艇止山遺跡では百済系土器の蓋 11 点、身 5 点が出土するものの、出土量からすれば主体を占めていない。百済土器の窯である益山新龍里窯跡（全州市立博物館 1987）と百済系土器の蓋坏を比較すると形態が異なり、新龍里窯跡では多くの三足土器を出土することから、百済系土器は百済中心部の土器ではなく百済周辺部の土器と考えられる。

　新加里窯跡群は五良洞窯跡群の栄山江上流約 11 km の距離にある。李正鎬

によれば五良洞窯跡群の近くには川を挟んで2kmの地点に伏岩里古墳群や多くの遺跡が分布しているが、新加里窯跡群の近くには遺跡がないという（李正鎬 2003b）。五良洞窯跡は瓦質系土器蓋坏や瓦質土器椀・㙛など日常器品だけでなく、甕棺用の窯といえることから、羅州勢力が従来からの土器製作技術で成立させた窯跡群である。それに対して新加里窯跡群はどうであろうか。最古の製品は霊岩のチャラボン古墳に入る。続いて羅州伏岩里2号墳、霊光鶴丁里大川古墳群、光州ポサン遺跡（朝鮮大学校博物館 1995）などに分布するが、新加里窯跡群の製品とするならば栄山江を利用して運ばれたのであろう。チャラボン古墳や伏岩里古墳群では羅州系土器と百済系土器が共伴している。伏岩里2号墳北側周溝では蓋坏は羅州系53点に対して百済系は27点出土する。伏岩里1号墳周溝では羅州系24点に対して百済系14点である（全南大学校博物館 1999a）。また、咸平新徳古墳でも羅州系88点に対して百済系20点でいずれも羅州系の方が多い。しかし、報告書で5世紀末に置かれている伏岩里3号墳17号甕棺では、蓋坏3点と短頸壺はいずれも百済系土器である。また、伏岩里3号墳'96石室の中に甕棺が4基あり、最初に入れられた1号甕棺では35点がすべて百済系で占められる。続く2号甕棺では羅州系2点、百済系2点、4号甕棺では羅州系3点、百済系12点（第58図）（国立文化財研究所 2001b）と、かならずしも時期に比例していないことは、その時々の埋葬段階における供給量の量差であり、百済系土器が羅州系土器を順次駆逐していく構図ではなく、両者が共存していることが特色といえる。あるいは伏岩里3号墳'96石室1号甕棺のように百済系土器で占められるのは、金銅飾履、金銀装三葉文環頭刀など百済と関連する威信財が多いことと関連すると考えられる。

　残念ながら羅州系土器の窯跡は未発見であるが、瓦質系土器から成立したと考えられることから、おそらく五良洞窯跡群の近くにある可能性が想定できる。伏岩里古墳群などのように同じ古墳群へ異なる系譜の土器を供給するあり方をどのように考えるべきであろうか。従来から土器は国と関わり、土器からその領域が考えられてきた。その考え方からすれば栄山江流域は5世紀末には百済系土器の生産開始から、百済と何らかの関わりのある領域に含まれ始めた

ことになってしまうが、厳然と羅州系土器が定型化してしかも大量に生産されていることから考えるならそれはあり得ない。しかし、全く遺跡のない位置にそれも大規模に百済系土器が生産され広く供給されていることは、百済系土器の成立に百済周辺部が関わっていたと想定したい。また、百済系土器が瓦質系土器の窯場を避けて作られていることは、瓦質系土器あるいは羅州系土器の存続を認めていることであり、百済系土器の製品の供給先が広いことを考えると羅州だけがその導入に関わったのではなく、栄山江流域勢力全体が関わったと想定したい。しかし、光州地域では瓦質系土器は入るもののその後の羅州系土器はほとんど入らず、羅州と一線を画した地域もあったようである。

　伏岩里3号墳の土器様相を見ると、'96石室4号甕棺の中に今まで見てきたのと違う百済系土器（第55図、第58図百済系土器2）が現れ、今までの百済系土器が消滅していくことは、この地の百済系土器の生産体制に変化が現れたと考えられ、羅州系土器の消滅時期にもあたり、栄山江流域に展開した羅州の土器生産体制の崩壊を迎えるのである。土器から見るなら6世紀中葉以降羅州勢力も大きく後退していったと考えられる。

　この大きな土器の動きを前方後円墳との関わりで見ていくと、前方後円墳からは羅州系土器や百済系土器は出土するものの、須恵器はごくわずかである。最初に築造されたと想定されているチャラボン古墳には、須恵器や百済系土器も入るが羅州系土器も入ることから、この古墳を百済が羅州勢力牽制のために築造（朴天秀 2002）したとは考えられない。その後の前方後円墳が羅州から離れて築造されていることからも首肯されよう（第59図）。

　瓦質系土器の分布は羅州から光州、和順、霊岩、務安、昇州に、羅州系土器は5世紀代には羅州から霊岩、海南、和順、務安、洪城に分布し、6世紀には咸平が加わり、離れて公州・扶餘に見られる。さらに羅州で生産が確認されている百済系土器の分布も5世紀代には羅州、霊岩、光州、霊光に、6世紀代には羅州、海南、霊光、咸平、光州、和順、長城、潭陽、高敞さらには公州に広がることは、瓦質系土器、羅州系土器とともに羅州を中心とした土器供給圏が形成されていた可能性がある（第60図）。この土器供給圏を中心に、ある一定

1. 高敞鳳德里・竹林里古墳群
2. 高敞七岩里古墳
3. 霊光鶴丁里古墳群
4. 霊光月山里月桂古墳
5. 長城鈴泉里古墳
6. 潭陽古城里古墳
7. 咸平長年里長鼓山古墳
8. 咸平礼徳里新徳古墳
9, 10. 光州月桂洞1, 2号墳
11. 光州双岩洞古墳
12. 潭陽聲月里古墳
13. 務安高節里古墳
14. 咸平馬山里杓山古墳群
15. 羅州伏岩里古墳群
16. 光州明花洞古墳
17. 和順千徳里古墳群
18. 羅州潘南古墳群
19. 羅州松堤里古墳
20. 霊岩チャラボン古墳
21. 海南星山里古墳群
22. 海南龍頭里古墳
23. 海南造山古墳
24. 海南方山里長鼓山古墳
25. 竹幕洞祭祀遺跡

(▲前方後円墳, ■方墳, ●円墳)

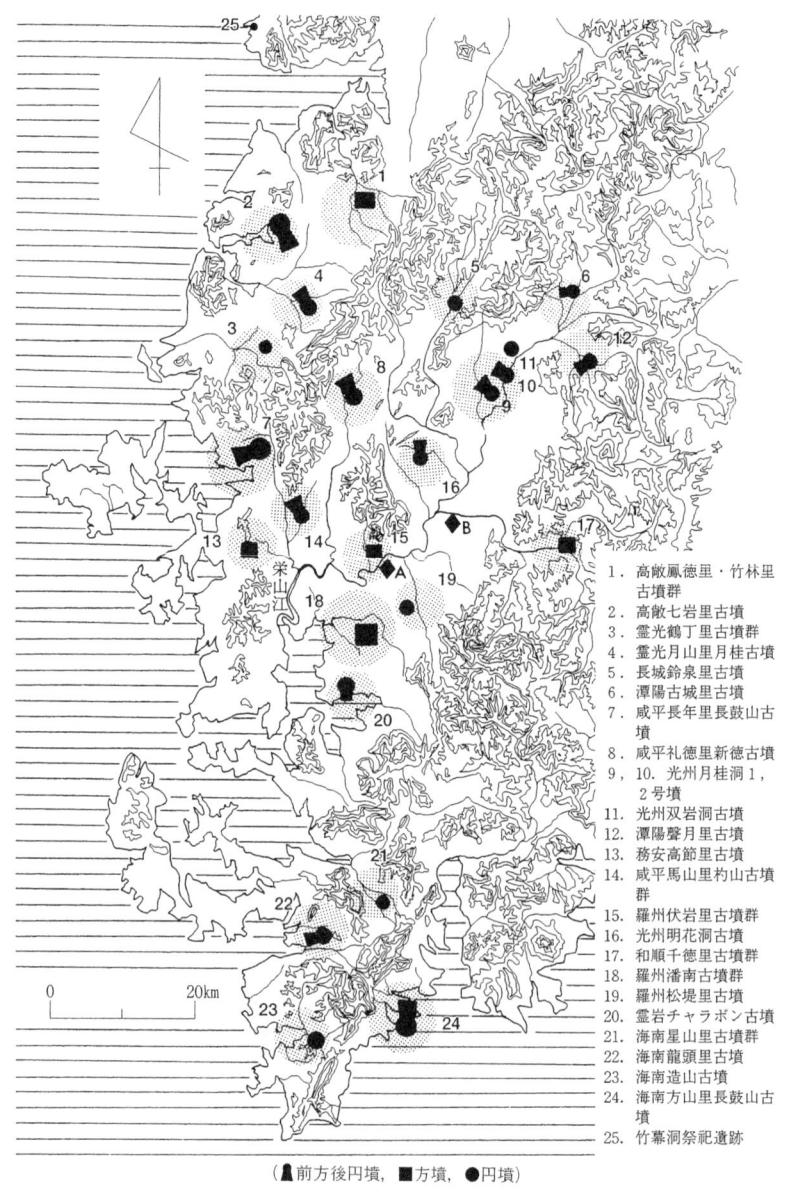

第 59 図　栄山江流域の古墳と遺跡（朴天秀 2002 を改変）
A：羅州五良洞窯跡　B：羅州新加里（唐家）窯跡

の地域圏としてまとまりがあり、それぞれの地域勢力が同様な動きをして前方後円墳を導入したと想定したい。しかし、その供給圏からはずれる高敞や、6世紀になり百済的な様相の土器が多くなる光州なども前方後円墳を導入しており、それぞれの地域勢力は一様ではなかったといえる。また、その中心となる羅州がなぜ前方後円墳を導入しなかったかが問題であるが、百済系土器の操業を開始している地であることから想定すると、より百済寄りであったことが関係していると推測したい。

　このように前方後円墳が築造される5世紀末には羅州系土器の定型化する時期であり、百済系土器も導入され、須恵器の移入あるいは須恵器系土器も生産されるなど、この地域の動静は倭、百済と密接な関連を持っていたことは確かで、羅州だけではなく栄山江流域各地の在地勢力が一定の力を持ってきた可能性がある。それは、羅州系土器が高敞や光州に入らないこと、高敞では高敞系土器や須恵器系土器が生産されることから、羅州だけでなくそれぞれの地域にある程度の独自の勢力基盤があったと想定できる。

　そのことを円筒形土器で見ると、羅州新村里9号墳から徳山里9号墳（全南大学校博物館 2002）へ続く円筒形で上部がラッパ状と壺形のものと、月桂洞1号墳・2号墳（林永珍 1994）、明花洞古墳（国立光州博物館 1996）へ続く朝顔埴輪形と円筒埴輪形は系譜の違いと出現時期の違いがある。後者の方が後出し、前方後円墳の導入と一緒に倭から新たに影響を受けたもので、羅州と光州の違いをここににも見ることができる。また、羅州の中でも伏岩里2号墳、咸平中良古墳（木浦大学校博物館 2003）の壺形で底部が開けられる土器は潘南古墳群にはなく、逆に円筒形でラッパ状と壺形のものは伏岩里古墳群にはなく、羅州は二つの勢力に分かれていたのであろう。しかし、両地域に瓦質系土器、羅州系土器が入ることは大きくは同一勢力圏と考えられ、順次潘南面から伏岩里へ勢力は移っていったのであろう。また、務安高節里古墳（木浦大学校博物館 2002）では羅州徳山里9号墳に類似したラッパ状に開く円筒形土器が、咸平中良古墳では壺形土器が出土するが、務安は瓦質系土器が、咸平は羅州系土器が分布する地域であり、務安は潘南面に勢力があった段階から羅州の

土器分布圏に含まれ、咸平は伏岩里に勢力が移ってからその関係は強くなった地域だと考えられる。潘南面には羅州系土器は入るものの、百済系土器は徳山里8号墳、新村里9号墳に各1点が確認されるだけである。潘南面の古墳群は時期的に伏岩里よりも遡るものの、6世紀代の羅州系土器も入っていることから、潘南面に百済系土器がわずかであることは新加里窯跡群の成立とそれに関わる勢力を考えるとき、羅州の中でも伏岩里の勢力がより強く関与していた可能性が高い。このような地域を広く百済系土器の分布が覆うことは、やはり百済周辺部の土器であることを勘案しても、直接的でないものの百済との関連は深かったのであろう。

5. おわりに

このように土器生産から考えるなら栄山江流域在地勢力の中でも羅州勢力は5世紀前半代から従来の土器生産を発展させて、瓦質系土器という新たな土器生産を開始したと考えられる。それはこの時期倭の土器生産に百済・栄山江流域の影響が見られることを考慮すると、倭あるいは加耶との交流、さらに百済との交流の中から生まれた可能性も否定できない。倭との交流が想定される甑もその一つであろう。5世紀第3四半期に須恵器が多く入りはじめていることは、倭との交流がさらに盛んになったことが考えられ、その後の前方後円墳の築造、円筒形土器、須恵器系土器などにつながっていくのであろう。

また、栄山江流域には各地に勢力基盤が存在しながら、それを覆うように百済の何らかの影響が及んでいたのであり、その影響が羅州から見るとちょうど勢力の伸張時期の5世紀第4四半期にあたり、各地の栄山江流域勢力も百済の威信を利用した可能性がある。ちょうどこの時期に前方後円墳が導入されているが、各地に築造されており、各勢力が同様な動きをしたと考えられることから、栄山江流域の地域圏として、あるまとまりがあったのであろう。[13]しかし、6世紀中葉にはこの地域に百済の中央勢力の影響が直接浸透してくるようであり、羅州勢力は力を失っていったようであるが、その終焉については土器から

見るならば6世紀後半にも地域色を持つ土器が存在することからその命脈を保つ可能性があるが、羅州勢力が主体をなすのは6世紀中葉前後までであろう。

註
（1）東潮は清州市新鳳洞B地区1号墳の須恵器を栄山江流域（慕韓）産の土器とし、江田船山古墳の土器を栄山江流域産の陶質土器とするが、新鳳洞B地区1号墳の一部は朝鮮半島産の可能性はあるものの、主体は須恵器であり、江田船山古墳の土器は錦江流域の土器である。
（2）現地で確認できた表採資料に復元径19.6 cmの蓋がある。
（3）坏の底部と蓋の天井部に口縁部の融着痕が見られる例がある。融着痕の範囲は蓋天井部の方が狭く、身底部の方が広いことから、蓋天井部には坏身の口縁部が融着し、身底部には蓋の口縁部が融着したようである。蓋受け部に自然釉が掛かることから第52図のように、蓋と身それぞれ口縁部を上にして交互に重ねたと想定できる。
（4）火襷は高霊土器の坏・高坏・長頸壺の底部などにも見られるように、韓国の加耶・新羅の陶質土器では一般的な技法である。この目的は藁に珪酸体が含まれるので融着しにくくすることが考えられるが、重ね焼きで色調が茶褐色になることを藁の炭化によって防ぐ意味もあった可能性がある。
（5）回転ヘラ削りが確認できたのは伏岩里3号墳'96石室4号甕棺と、霊光鶴丁里大川古墳出土の一部だけである。
（6）有蓋といってもかならずしも蓋が伴うとは限らず、口縁部が内斜している坏部をいう。漢城期の百済土器にも有蓋の高坏で蓋を伴わない器形がある。
（7）岡山県天狗山古墳の土器については、松木武彦、大熊美穂、高田貫太にご教示いただいた。また、2度の実見による。
（8）伏岩里3号墳'96石室4号甕棺に伴う𤭯はMT15号窯の𤭯と比較すると、胴部が扁平になりかけ、口頸部に対して口縁部が短くなり、新しい傾向がある。また、羅州系土器にも型式変化が認められたので区分したが、相対的な変化であり、型式として設定できるかは今後の課題である。
（9）朴淳発にご教示いただいた。
（10）栄山江流域やその周辺の𤭯の中に口唇部が須恵器に酷似するもの（第55図58）や、類似する国立扶餘博物館蔵の𤭯がある。
（11）高敞鳳徳遺跡では軟質土器の椀は出土するものの瓦質土器の椀、瓦質系土器の蓋坏は出土しない。しかし、高敞中月里遺跡には瓦質系土器と想定される土器が出土しており、羅州地域以外の瓦質系土器については今後の課題である。光州では双岩洞古墳に百済系土器と羅州系土器の影響を受けたと想定できる、百済系土器と同様な焼成方法をとる土器があり、羅州系土器の影響もわずかに見られる。

(12) 光州では羅州と同様、埴輪形土器が出土するが、林永珍は墳周土器と呼び分類し、羅州と光州では地域差が見られるとする（林永珍 2003）。大竹弘之も形態、製作技法、調整技法などが多様であることから、オーダーメイドであった可能性を想定し、栄山江流域の各地域集団の自立性を説いた（大竹 2002）。

(13) 朴淳発は百済と栄山江流域の関係について「支配的同盟関係」と考え、金洛中は百済の支配を認めながらも相互の必要によって結んだ同盟関係、支配領域よりも百済の影響圏ないし勢力圏に含まれていたとした。東潮は、栄山江の諸勢力が512、13年頃までには百済大王に統合されたとし、田中俊明は百済が5世紀末から6世紀の半ばにかけて、全南地域全体を領有化していったとした。山尾幸久は百済王権が全羅道の要地を拠点的に組織するのは熊津王都時代とする（『前方後円墳と古代日朝関係』同成社）。

参考文献

東　潮　2002「倭と栄山江流域」『前方後円墳と古代日朝関係』同成社
井上美奈子　2004「韓国慶尚南道出土の有孔広口壺について」『専修考古』10号、専修大学考古学会
円光大学校馬韓・百済文化研究所　1984『高敞中月里文化遺跡調査報告書』
大竹弘之　2002「韓国全羅南道の円筒形土器」『前方後円墳と古代日朝関係』同成社
岡戸哲紀ほか　1995『陶邑・大庭寺遺跡Ⅳ』大阪府教育委員会・（財）大阪府埋蔵文化財協会
小栗明彦　2000「全南地方出土埴輪の意義」『百済研究』32輯、忠南大学校百済研究所
韓国精神文化研究院　1992『チャラボン古墳』
木下　亘　2003「韓半島出土須恵器（系）土器について」『百済研究』37輯、忠南大学校百済研究所
金鐘萬　2001「公州道川里出土の百済土器小考」『国立公州博物館紀要』創刊号
金洛中　2001「埋葬施設の構造」『羅州伏岩里3号墳』
金洛中　2002「5～6世紀の栄山江流域における古墳の性格―羅州新村里9号墳・伏岩里3号墳を中心に―」『前方後円墳と古代日朝関係』同成社
国立公州博物館　1999『艇止山』
国立公州博物館　2002『日本所在百済文化財調査報告書Ⅲ―近畿地方―』
国立光州博物館　1984a『霊岩万樹里古墳群』
国立光州博物館　1984b『海南月松里造山古墳』
国立光州博物館　1988『羅州潘南古墳群』
国立光州博物館　1990『霊岩万樹里4号墳』
国立光州博物館　1996『光州明花洞古墳』
国立全州博物館　1994『扶安竹幕洞祭祀遺跡』

国立文化財研究所　2001a『羅州新村里9号墳』
国立文化財研究所　2001b『羅州伏岩里3号墳』
国立羅州文化財研究所　2011『羅州五良洞窯跡Ⅰ1～4次発掘調査報告書』
湖南文化財研究所　2003『高敞鳳徳遺跡Ⅰ』
湖南文化財研究院　2007a『光州東林洞遺跡Ⅲ』
湖南文化財研究院　2007b『羅州長燈遺跡』
崔盛洛・李暎澈　2000「咸平中良遺跡」『第43回全国歴史学大会考古学部発表資料集』
酒井清治　1993「韓国出土の須恵器類似品」『古文化談叢』30号、九州古文化研究会
酒井清治　2004「5・6世紀の土器から見た羅州勢力」『百済研究』39輯、忠南大学校百済研究所
全州市立博物館　1987『益山新龍里百済土器窯址発掘調査報告書』
全南大学校博物館　1990『長城鈴泉里横穴式石室墳』
全南大学校博物館　1997『光州治平洞遺跡』
全南大学校博物館　1999a『伏岩里古墳群』
全南大学校博物館　1999b『光州楓岩洞・金湖洞遺跡』
全南大学校博物館　2002『羅州徳山里古墳群』
全南大学校・光州広域市　1996『光州月田洞遺跡』
全南大学校博物館・国立光州博物館　1990『住岩ダム水没地域文化遺跡発掘調査報告書Ⅶ』
大韓文化遺産研究センター　2011『霊岩泰澗里チャンボン古墳』(パンフレット)
田辺昭三　1981『須恵器大成』角川書店
忠南大学校百済研究所　2003『泗沘都城』
忠北大学校博物館　1990『清州新鳳洞百済古墳群発掘調査報告書―1990年度調査―』
朝鮮大学校博物館　1995『光州山月・トゥグィ・ポサン遺跡』
西口陽一　1994『野々井西遺跡・ON231号窯跡』大阪府教育委員会・(財)大阪府埋蔵文化財協会
ピョンヨンナン　2003「天安メサン里遺跡発掘調査概報」『第8回湖西考古学会学術大会発表要旨』
朴淳発(吉井秀夫訳)　2002「栄山江流域における前方後円墳の意義」『前方後円墳と古代日朝関係』同成社
朴天秀　2001「栄山江流域の古墳」『東アジアと日本の考古学Ⅰ』同成社
朴天秀　2002「栄山江流域における前方後円墳の被葬者の出自とその性格」『考古学研究』49-2
松木武彦ほか　2001『吉備地域における「『雄略朝』期」の考古学的研究』
木浦大学校博物館　1996『全南の古代墓制』
木浦大学校博物館　1997『務安良将里遺跡』

木浦大学校博物館　2000a『務安良将里遺跡Ⅱ』
木浦大学校博物館　2000b『霊岩鶴丁里・咸平ヨンサンリ遺跡』
木浦大学校博物館　2000c『長興枝川里遺跡』
木浦大学校博物館　2002『務安高節里古墳』
木浦大学校博物館　2003『咸平中良遺跡Ⅰ』
木浦大学校博物館・東新大学校文化博物館　2004『五良洞窯遺跡』
李正鎬　1996「栄山江流域甕棺古墳の分類と変遷過程」『韓国上古史学報』22号
李正鎬　1997「全南地域の甕棺墓」『湖南考古学報』6輯
李正鎬　2003a「湖南地方の土器窯―三国時代の土器窯を中心に―」『陶瓷考古学に向けて』韓国上古史学会
李正鎬　2003b「栄山江流域古代窯と歴史的性格」『三韓・三国時代の土器生産技術』
林永珍　2003「韓国墳周土器の起源と変遷」『湖南考古学報』17輯
林永珍　1994「光州月桂洞の長鼓墳2基」『韓国考古学報』31
林永珍・趙鎮先　1996「羅州潘南面新村里4号墳の墳丘と周溝」『碩晤尹容鎮教授停年退任記念論叢』
盧美善　2004「有孔広口小壺小考」『研究論文集』4号、湖南文化財研究院

第2章　栄山江流域の土器
――霊光鶴丁里大川古墳群出土土器の再検討――

1. はじめに

　栄山江流域にはいくつもの系譜の土器が出土するが、その系譜についてはかならずしも充分検討されていない。その中で霊光鶴丁里大川古墳群の出土土器は、この地域の土器としては時期が遡り、土器系譜を理解する上に参考となると考え検討を行ってみる。

2. 栄山江流域の土器

　栄山江流域の土器については、近年の発掘調査の進展により順次資料も増加しており、金洛中は百済式の土器（金洛中 2002）、朴淳発は栄山江流域様式土器（朴淳発 2002）、東潮も栄山江流域特有の土器（東 2002）、朴天秀は栄山江流域産の土器（朴天秀 2002）などと栄山江流域の土器の認識が明確となって来ている。しかし、その編年となると問題点が多い。そこで筆者は窯跡が確認されている羅州を中心に分布し、その変遷をたどることのできる蓋坏と甕を取り上げ、時間軸としての土器編年を試みた（第55図）（酒井 2004b, 2005）。栄山江流域の土器を総合的に検討した徐賢珠が、栄山江流域にはまださまざまな土器があることを指摘するように、複雑な様相があることは確かで、今後発掘が進めばさらに明らかになるであろう（徐賢珠 2006）。
　筆者が指摘した瓦質系土器、羅州系土器、百済系土器、須恵器系土器、高敞系土器があるが、本章に関わる羅州系土器と百済系土器ついて触れておこう。

羅州系土器は第55図の3期、5世紀第3四半期に出現し、器種は蓋坏、甑、短頸壺、壺、器台などがある。形態は天井部・底部が平坦になることが特徴であり、また、天井部・底部には回転あるいは手持ちヘラ削りが施されている。焼成方法も特徴的で、窯詰め方法は身と蓋を交互に口縁部を上にして重ね、それぞれの土器の間に藁で土器を包むようにしたため火襷痕が見られる。瓦質土器の椀も同様の火襷痕が見られることから、同一の技術系譜と想定できる。しかし、瓦質土器椀が釉化していないにもかかわらず焼け歪みが多いことから、泥質の土を使用していると考えられる。これに対して羅州系土器は、堅緻で自然釉が掛かるものの焼き歪みがほとんどないことから、粘土の選択も行われたようで、羅州系土器の段階から陶質土器に分類できよう。羅州系土器は羅州、霊岩、海南、和順、務安、洪城に分布し、6世紀に咸平、公州、扶餘にまで見られる（第60図上）。

百済系土器は霊岩泰澗里霊岩チャラボン古墳出土例が最古と考えられ、5期5世紀第4四半期と想定した。百済系土器を焼成した新加里窯跡は、7基の窯が発掘されている。焼成部には階段を持っていることが特徴で、4世紀代の鎮川三龍里90-4号窯も階段を持つものの、その系譜はまだたどれない。また、2007年度に発掘された光州杏岩洞1号、5号窯（全南文化財研究院 2011）も階段を持つが、焼成品は底部・天井部が平らな在地系の土器を焼成することから、階段を持つ窯の系譜は百済・栄山江流域にあった構造のようである。

器形は新加里窯跡では蓋坏、高坏、三足土器、甑、壺、平底瓶、異形瓶形土器などが出土している。霊光鶴丁里大川古墳群（崔盛洛・金建洙 2000）では複数の百済系土器が出土しており、焼成・胎土から同一窯の製品と想定され、羅州新加里窯跡以外にも百済系土器の生産地が存在したようで、栄山江流域に広がる土器様式と考えられる。蓋坏の形態は天井部、底部とも緩やかな丸味を持ち、坏蓋の口縁部はわずかに膨らんでS字状を描き、口唇部に段を持つ。天井部・底部とも手持ちヘラ削りで整形し、内面は広い範囲で不定方向の撫でを行う。また、口縁部内外には工具による斜行整形痕が入る例が多く、特に坏身の蓋受け部内面に、成形段階で口縁部を貼り付けるときに指で押圧した指頭

痕が見られる例がある点が特徴である（第 82 〜 95 図）。

　さらに大きな特徴として、蓋坏や高坏の焼成技法が羅州系土器と異なり、須恵器と同様に身に蓋を被せて焼成している点があげられる。坏蓋の口縁部や身の蓋受け部に植物繊維が多量に付着しており、焼成技法の一つとして、蓋を被せるときに藁などの珪酸体を含む灰を故意に挟んで焼成したようで、藁状のものを巻いて火襷の痕跡を残す羅州系土器と系譜が異なるであろう。ちなみに倭の須恵器は火襷の焼成技術を取り入れたようである。大加耶土器の中で蓋が被る器形は、蓋を上下逆さに重ねて藁状のものを巻いた火襷の痕跡があるが、壺の底部には灰状になった植物繊維が付着しており、植物の使用方法が異なっていたようである。

　新加里窯跡から百済系土器の蓋坏とともに三足土器、平底瓶、異形瓶形土器など百済の器形が出土する。三足土器は百済の器形であることから、百済系土器は百済の影響を受けて作られた土器といえよう。また、錦江流域熊津期の蓋坏が回転ヘラ削りを多用する器形と、手持ちヘラ削りを施す器形の両者があるものの、百済系土器の器形と異なることから熊津期の百済土器系譜ではなく、その周辺部の土器系譜と考えられ、百済土器技術系譜の栄山江流域土器といえよう。公州艇止山遺跡など百済領域から出土する百済系土器も栄山江流域で生産された土器である。分布は 5 世紀代には羅州、霊岩、光州、霊光に分布し、6 世紀には海南、咸平、和順、長城、潭陽、高敞、公州に広がる（第 60 図下）。

3. 百済および栄山江流域の須恵器と須恵器系土器

　百済地域や栄山江流域には多くの須恵器、須恵器系土器が出土している。
　木下亘は新鳳洞遺跡例、艇止山遺跡例、竹幕洞遺跡例および羅州伏岩里 '96 石室例の一部について、須恵器系土器としている（木下 2003, 2006）。須恵器か須恵器系土器か判断が難しいが、筆者が須恵器と認識したものについて検討してみる。
　百済地域、栄山江流域で出土する須恵器は、型式でいえば最も古いのは百済

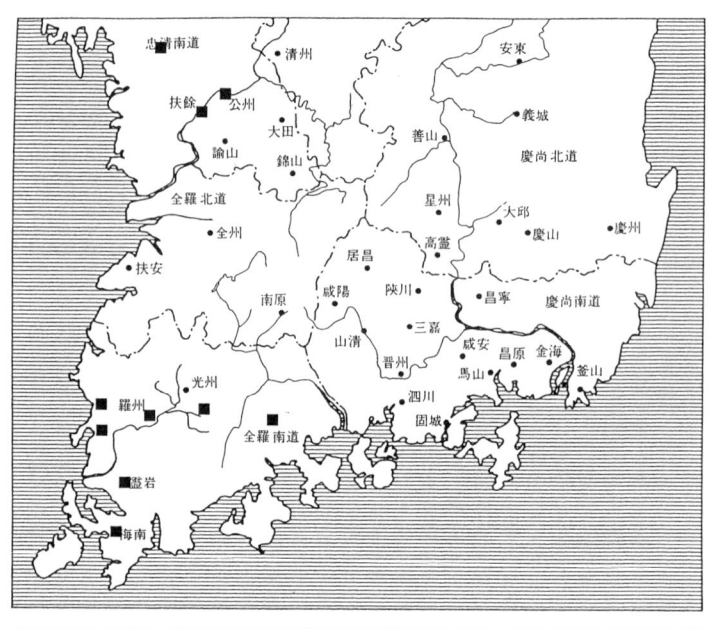

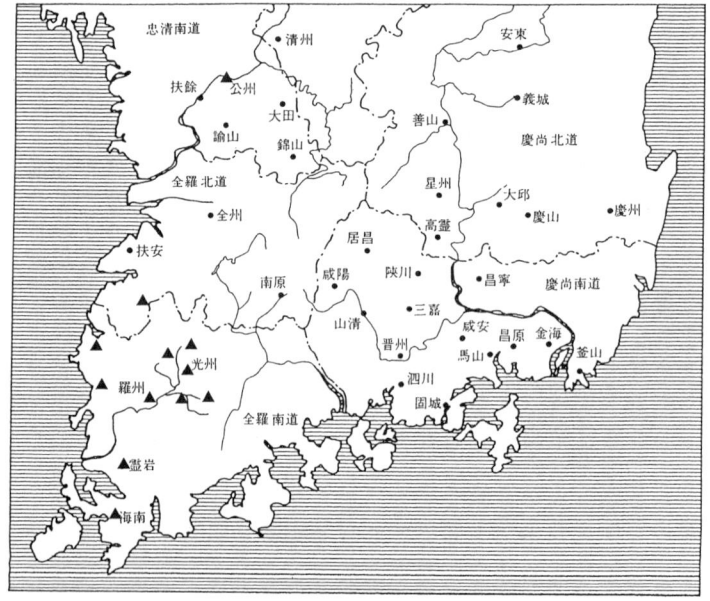

第60図 栄山江流域の羅州系・百済系土器分布図（■：羅州系　▲：百済系）

地域では清州新鳳洞 B 地区 1 号土壙墓の TK208 型式で、栄山江流域では潭陽城山里 4 号住居跡のいわゆる鍋形の坏身で、大庭寺 TG232 号窯に後続する ON231 号窯に類例が見られるが、TK73 型式並行と考えたい。須恵器が増加するのは両地域とも TK23 型式 TK47 型式であり、MT15 型式には減少し、筆者の年代観でいうなら 5 世紀初頭にはすでに栄山江流域に入り、5 世紀後半に多く入っており、5 世紀末から 6 世紀初頭には減少をはじめている。

栄山江流域ではこのような須恵器だけではなく須恵器系土器も出土する。確実なのは前述した高敞鳳徳遺跡出土の蓋坏（第 80 図 101・102）と長興上芳村 A 遺跡の坏身（第 80 図 103）で、いずれも焼け歪んでいることからそれぞれの地で生産された須恵器系土器と考えられる。また、高敞鳳徳遺跡では平底化する須恵器系土器の蓋坏が複数個体出土している。公州丹芝里 11 号横穴墓の蓋坏は、MT15 型式の須恵器に酷似しており須恵器とする研究者もいるが、しかし、蓋稜部形態や広い範囲の内面不定撫で、身の口縁立ち上がりが須恵器と相違する（第 80 図 99・100）。須恵器系土器の中で光州東林洞 I 区域 10 号溝（最大径 5.75 m の円形周溝）出土の𤭯は注目される。栄山江流域の𤭯は胴部に 1 本の突線が巡ることが多く、その場合に孔は突線上にかかっている。しかし、東林洞遺跡例は胴部に栄山江流域に見られない 2 本の区画線が巡り、その間に孔が穿たれ、倭の須恵器との関連が想定される。東林洞例は胴部の 2 本の突線の間と上の突線上部に波状文が巡る。さらに口縁部にも 2 段に波状文を巡らすなど、波状文を多用する点で須恵器に類似するものの、頸部が直立することでは万樹里 2 号墳・4 号墳の𤭯と類似しており、栄山江流域で生産された初期の𤭯だと考える（第 80 図 118）。また、長興上芳村 A 遺跡の𤭯は、栄山江流域の𤭯のうちではイチジク形で、口縁部の段や稜などが須恵器に最も類似している（第 80 図 116）（酒井 2008）。さらに栄山江流域にも大型𤭯があり、倭と共通していることは重要なことである。

大庭寺窯跡の𤭯は口縁部の段が明瞭でないものが多く、段がないものもあり、確認できるものはすべて丸底である。そのような𤭯は栄山江流域の初期の𤭯と相違し、孔の開け方も異なっている。栄山江流域に多量の𤭯が存在してお

り、大庭寺窯跡で出土する平底坏が栄山江流域から伝わったとするならば、甑も同様と考えられる。あるいは甑が両地域で相違することから、倭、栄山江流域それぞれの地域で出現した可能性も考えられるが、年代的に大庭寺窯跡が5世紀初頭、栄山江流域の甑の出現が5世紀前半と想定でき、倭の甑が早く作られている可能性が高い。倭の甑は、土師器の腹部穿孔する器形から考え出されたとすることはできないであろうか。このような甑が祭祀土器として須恵器に取り入れられ、倭から栄山江流域に甑が伝播したと想定したい。栄山江流域出土の樽形甑も出土個体数がわずかで、やはり倭から伝播した可能性があるという（木下 2003）。

このように倭からもたらされた須恵器が出土し、それを模倣、あるいは技術を取り入れた須恵器系土器が作られていることが明らかで、その時期も5世紀後半から6世紀前半という栄山江流域で前方後円墳が築造される時期にあたり、今後須恵器や生産技術が倭のどこからもたらされたのか明らかにする必要があろう。

4. 霊光鶴丁里大川古墳群出土土器の検討

鶴丁里大川古墳群は報告書では3→2→4→1号墳の順序であり3号墳は5世紀末、2号墳以降は6世紀とする（崔盛洛・金建洙 2000）。しかし、土器から見ると1→3→2→4号墳の順序と考えられる（第65図）。古墳から出土した土器を中心に検討してみる。

1号墳からは坏蓋3点、坏身4点、短頸壺3点、壺1点が出土する（第61図）。7以外はいずれも石室から出土し、坏身（第61図4〜6）の立ち上がりは直立気味に立ち上がり、蓋（第61図1〜3）も稜が明瞭で口縁部は垂直に作られるなど、形態的には古い様相を持っている。出土状況は第61図の坏蓋1と坏身4、坏蓋2と坏身5、坏蓋3と坏身6が口縁を上にしてそれぞれ重ねられて出土した。いずれも左回転成形であるが、削りは回転（第61図4・6）と手持ち（第61図2・5）の両者がある。第61図2は口縁部内面に工具による斜

行整形痕があるなど百済系土器と共通するものの、色調が灰白色で焼成も異なる。共伴する短頸壺（第61図10）は羅州伏岩里3号墳'96石室の羅州系土器の短頸壺と比較して、平底であることは共通しているが、口径が大きく古い様相を持つ。

　坏身1点（第61図7）は堆積土内から出土しており、立ち上がりが内傾して低く、時期が新しいと考えられる。この土器は、形態や蓋受け部など固城松鶴洞1号墳1A-1号石槨出土の小加耶土器の坏身に類似することから、小加耶土器の可能性があり、後述するように他の蓋坏と同時期と考えられる。

　2号墳は坏蓋6点、坏身2点、短頸壺2点、壺4点が出土する（第62図）。蓋坏はいずれも手持ちヘラ削りで百済系土器と考えられるが、第62図8の蓋は百済系土器の特徴を持つものの、天井部が回転ヘラ削りである。坏身は1号墳に比べ口縁部が短く内傾した新しい様相であり、短頸壺も口径が小さくなり新しい。

　3号墳は坏蓋14点、坏身7点、有蓋高坏5点、瓶1点、壺1点が出土する（第63図）。蓋坏の蓋と身は百済系土器15点と非百済系土器6点である。百済系土器はいずれも手持ちヘラ削りで、坏蓋口縁部の膨らみ、口唇部の段、身との被せ焼の痕跡など典型的な百済系土器である。非百済系土器は第63図の坏蓋16と坏身19、坏蓋17と坏身20、坏蓋18と坏身21がセットであろうが、坏身21だけは底部手持ちヘラ削りで、それ以外は回転ヘラ削りである。いずれも形態や焼成などが類似し、同じ窯で焼いた可能性がある。同じ窯で焼いた資料の中に回転ヘラ削りと手持ちヘラ削りがあることは、のちに述べるように百済系土器の出現を考えるのに参考となる。

　坏身19～21の蓋受け部の藁灰状植物繊維痕と被せ焼きの痕跡は、百済系土器に類似しているが、外面は回転ヘラ削りで内面にはロクロ撫でが施され、内面円板痕跡が見えないこと、セットとなる蓋が回転ヘラ削りであること、斑点状の自然釉が掛かることなど、百済系土器と異なる。また、この古墳からは5点の百済系土器の有蓋高坏（第63図22～26）が出土するが、伏岩里2号墳と比較すると口縁部の立ち上がりが内傾しており、脚部が低く新しい傾向と考え

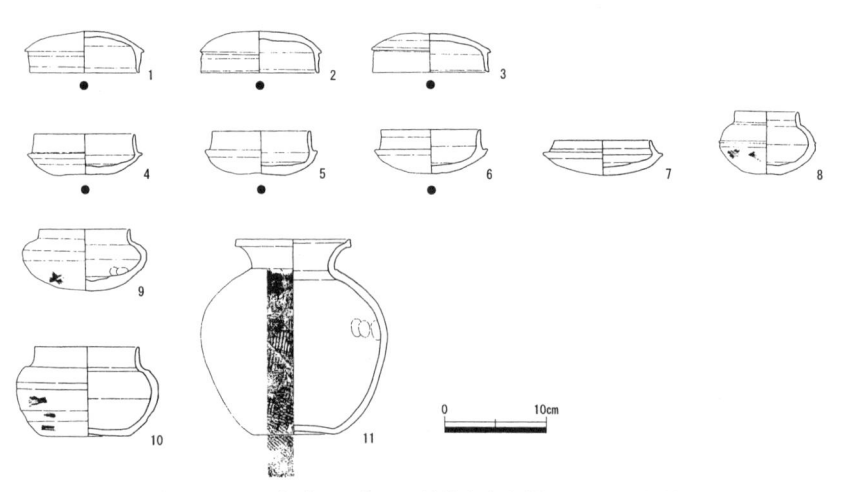

204 第Ⅲ部 百済と栄山江流域の土器

第61図 霊光鶴丁里大川1号墳出土土器（●:非百済系）

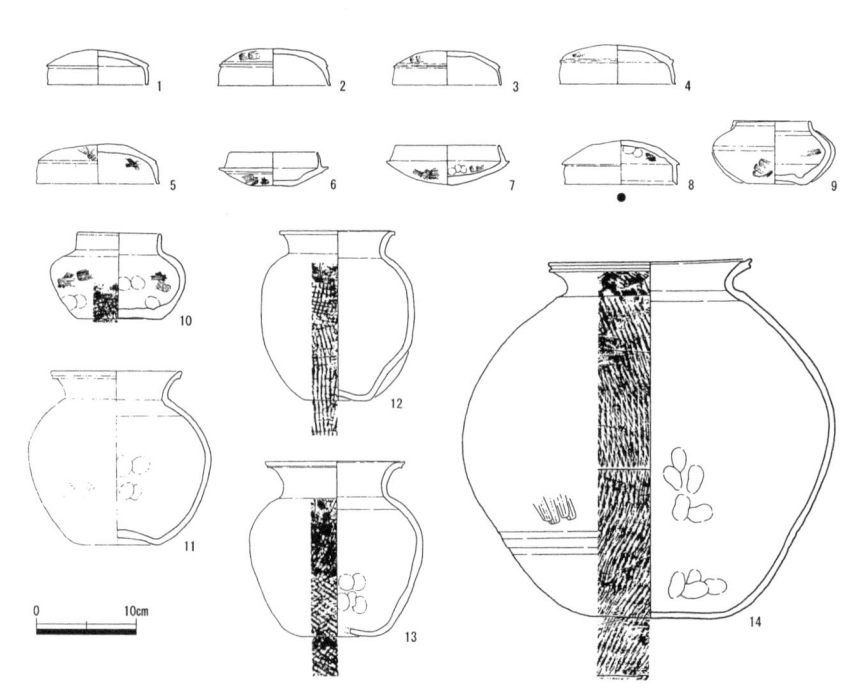

第62図 霊光鶴丁里大川2号墳出土土器（●:非百済系）

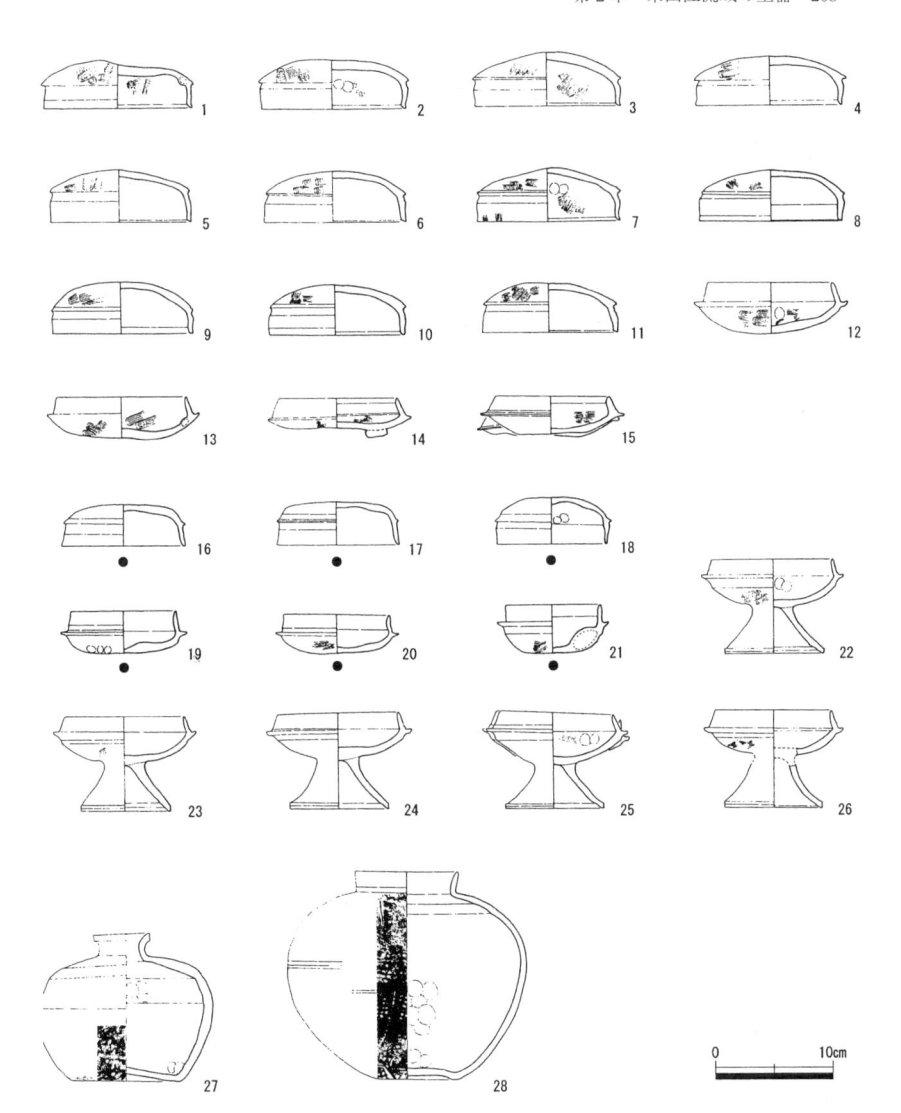

第 2 章　栄山江流域の土器　205

第 63 図　霊光鶴丁里大川 3 号墳出土土器（●：非百済系）

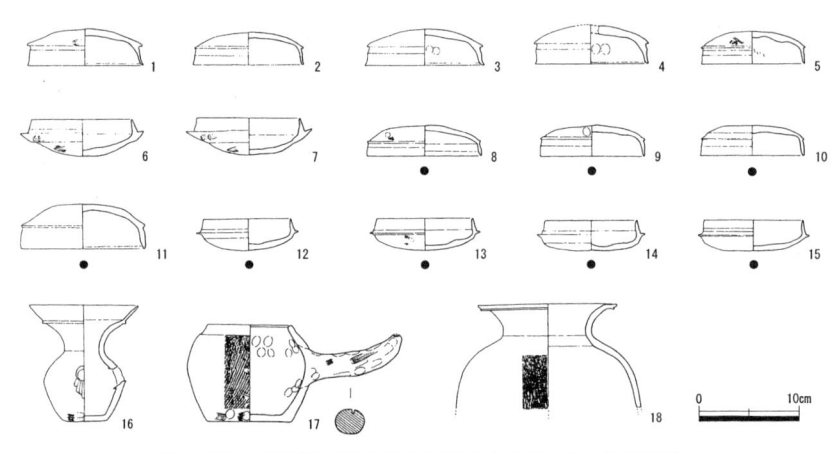

第64図　霊光鶴丁里大川4号墳出土土器（●：非百済系）

　られる。
　4号墳は坏蓋9点、坏身6点、甑1点、壺1点、軟質土器の把手付有蓋盌1点が出土する（第64図）。蓋坏のうち百済系土器は蓋5点（第64図1〜5）、身2点（第64図6・7）である。坏蓋は口縁部が開きはじめ、坏身は底部が突出する形態で新しい傾向がある。一方、被せ焼きであるものの右回転ヘラ削りを施した坏蓋（第64図11）や、内面ロクロ撫でを行うものなどがあり（第64図15）、百済系土器ではないものも出土している。また、甑（第64図16）も共伴するがまだ頸部が短く、胴部に突線を巡らさない形態である。
　このように鶴丁里大川古墳群の蓋坏は百済系土器が出土するものの、羅州系土器の坏蓋は1点も出土しないが、1号、2号墳の短頸壺（第61図10・第62図10）は羅州系土器であり、壺のいくつかも同様である。また1号墳では百済系土器の様相を持つものの灰白色で、ロクロ回転ヘラ削りを施し百済系土器とはやや様相の異なる非百済系土器が出土する（第61図1〜6）。一般に百済系土器は灰色で回転ヘラ削りは持っておらず、回転ヘラ削りを持つものは管見によれば羅州伏岩里3号墳'96石室例と鶴丁里大川古墳群例だけである。第Ⅲ部第1章では百済系土器の出現は霊岩泰澗里チャラボン古墳としたが、鶴丁里大川1号墳例は口縁部が直立し長いことから、チャラボン古墳例よりも古い様

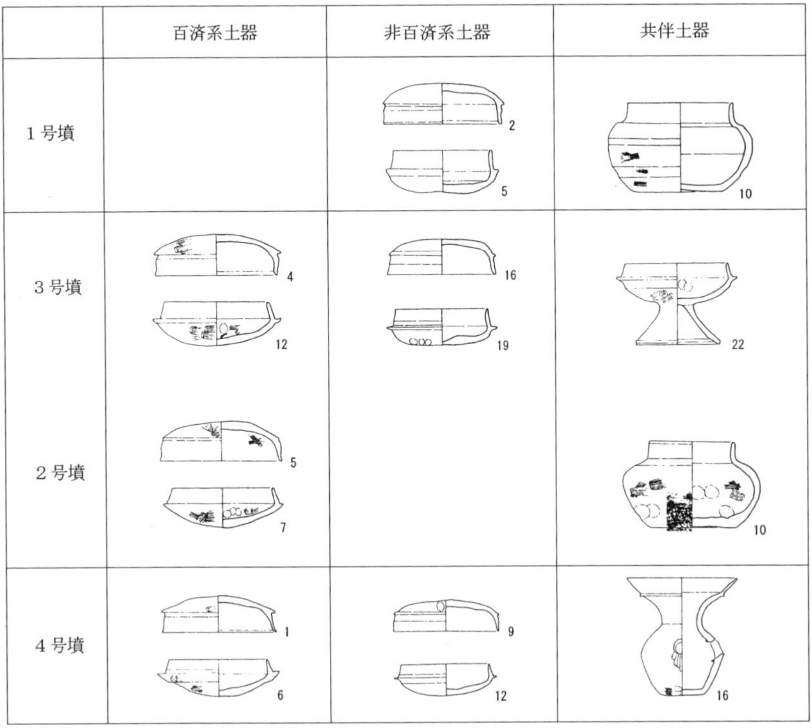

第 2 章 栄山江流域の土器 207

	百済系土器	非百済系土器	共伴土器
1号墳		2, 5	10
3号墳	4, 12	16, 19	22
2号墳	5, 7		10
4号墳	1, 6	9, 12	16

第 65 図　霊光鶴丁里大川古墳群出土土器変遷図

相を持っており、百済系土器の出現が1号墳第61図1～6の蓋坏と関連する可能性がある。1号墳には栄山江流域に見られる平底壺、短頸壺が共伴し、続く3号墳、2号墳にも百済系土器が出土しており、やはり平底壺、短頸壺が共伴する。さらに、3・2・4号墳に回転ヘラ削りや内面回転ロクロ撫でを施す非百済系土器が継続してみられることは、この土器群が同一系譜にある可能性があろう（第65図）。このように鶴丁里大川古墳群出土土器は百済系土器と非百済系土器があるものの、両者はお互い同一技術も保持しながら、それぞれが鶴丁里近辺で生産を行っていた可能性がある。

　鶴丁里大川1号墳から小加耶土器の坏身（第61図7）が出土するが、固城松鶴洞1号墳1B-1号石槨から小加耶土器とともに、須恵器、新羅土器、大加

耶土器、さらには鶴丁里大川4号墳の非百済系土器蓋坏（第64図8～10、13～15）と類似した土器が出土し、固城と霊光など栄山江流域の交流が行われていたことが想定できる（沈奉謹 2005）。

　鶴丁里大川古墳群の築造変遷は、3号→2号→4号→1号墳の順序が想定され、徐賢珠も3号→4号・2号→3号追加→1号・3号追加の順序としている（徐賢珠 2007）。筆者は土器から見ると鶴丁里大川古墳群は1→3→2→4号墳の順序と考えており、3号墳・2号墳の百済系土器は、伏岩里3号墳'96石室1号甕棺とほぼ同時期であろう（第58図）。また、3号墳の高坏は、伏岩里2号墳例と比較すると脚が低く、口縁部の立ち上がりがやや内傾して新しい傾向がある。4号墳の百済系土器は蓋の口縁部が開き、身も浅くなり新しい。特に身は底部中心部が丸く膨らむ形態で、チャラボン古墳例の系譜を引いている。さらに、4号墳の甑は伏岩里3号墳2号石室出土例と同時期か後出であろう。

　年代について朴天秀は、鶴丁里大川3号墳に刀身形鉄鏃を伴い、坏の底部が平面をなす古式の蓋坏が出土するとし、5世紀第4四半期前半に位置づけている（朴天秀 2005）。徐賢珠は3号墳を6世紀前後、4号・2号墳を6世紀第1四半期、1号墳を6世紀第2四半期にする。筆者は1号墳の坏身（第61図7）が小加耶土器だとしたが、固城松鶴洞1号墳の小加耶土器から年代を考えてみる。固城松鶴洞1号墳ではいくつかの石槨から須恵器が出土するが、1A-1号石槨からは須恵器TK47型式が、それ以外は須恵器MT15型式が出土する。それぞれの石槨には小加耶土器の蓋坏が共伴するが、TK47型式が伴う1A-1号石槨出土の坏身の立ち上がりは高く、MT15型式に共伴する坏身は低くなる。このことから鶴丁里大川1号墳の坏身（第61図7）は、立ち上がりが低いものの須恵器TK47型式並行の小加耶土器と想定できる。この土器は堆積土内から出土したことから、石室出土の蓋坏（第61図1～6）が先行すると考えられ、酒井時期区分の5期の5世紀第4四半期頃で、4期に遡る可能性もあろう。3・2号墳は同時期と考えられる伏岩里3号墳'96石室1号甕棺から、TK47型式とMT15型式の甑が出土していることから、酒井6期の6世紀第

1四半期であろう。しかし、3号墳の方が伏岩里3号墳'96石室1号甕棺よりも古い様相を持ち、先行しよう。4号墳は百済系土器が7期であり、共伴する非百済土器が松鶴洞1号墳1B-1号石室から、MT15〜TK10型式の須恵器甕を出土している。一応7期の6世紀第1四半期の中においておく。

5. 栄山江流域土器の再検討

　栄山江流域の土器について筆者の従来の見解は、五良洞窯跡出土瓦質系土器から羅州系土器が出現し、5世紀後半から6世紀初頭まで続いた。一方百済系土器は百済周辺部の土器の影響で5世紀末までに出現し、6世紀第3四半期まで続き、羅州系土器と共伴する場合が多いが、羅州系土器よりも広い分布圏を持つ（第60図）。高敞系土器は高敞で作られたと想定でき、公州とソウルでわずかに出土する5世紀末から6世紀初頭の土器である。須恵器系土器も高敞で生産されていたようであるが、長興や光州にもあることが分かってきた（酒井2008）。現段階では5世紀末の土器である。これらから瓦質系土器と羅州系土器は、羅州を中心に栄山江流域に分布する土器群であるが、百済系土器も重複して分布する場合が多い。しかし、高敞には羅州系土器は入らず、光州では瓦質系土器は入るものの、その系譜を引く羅州系土器はほとんど入らないことから、羅州、光州、高敞などそれぞれの地域である程度の勢力基盤があったと想定した（酒井 2005）。

　今回、鶴丁里大川古墳群の土器を再検討してみると、鶴丁里大川1号墳のロクロ回転ヘラ削りの非百済系土器に百済系土器の特色も併せ持つことから、百済系土器の遡源がこの土器と関連する可能性がある。また、3号墳、4号墳では回転ヘラ削りを持つ非百済系土器が継続して作られ、それらは羅州系土器のように平底化していないことから、この土器群が霊光地域の土器の可能性がある。鶴丁里大川古墳群で出土する多くの百済系土器は特徴が共通しており、発掘されている羅州の新加里窯跡以外に霊光鶴丁里付近に生産地があると考えられ、栄山江流域に広く窯跡が分布している可能性が出てきた。

また、朝鮮大学校博物館蔵の光州ポサン遺跡の土器を実見したところ、光州月桂洞長鼓墳、光州雙岩洞古墳出土の回転ヘラ削りを持つ土器群と類似しており、この土器群を光州系土器(1)と仮称したい。上記光州の3遺跡では光州系土器と百済系土器が共伴しており、光州に羅州系土器がほとんど入らないのは光州に分布する光州系土器と百済系土器が分布するためであろう。

6. 土器から見た栄山江流域

土器から見ると栄山江流域では羅州を中心に羅州系土器、あるいは百済系土器が、光州には光州系土器の可能性が、高敞には高敞系土器、須恵器系土器が分布し、霊光にも地域色を持つ土器があることが分かった。

栄山江流域は馬韓、あるいは慕韓と呼ばれる地域であるが、土器を巨視的に見るならば蓋のつまみや三足を持たない蓋坏分布圏である。微視的に見るならば栄山江流域の羅州、光州、高敞、あるいは霊光などそれぞれの地域で特色ある土器を生産し供給している。このような供給圏をどのように考えたらよいのであろうか。

韓国において百済、新羅の土器のように広域に分布する土器は、それぞれの国の領域と関わる土器群であるといえるが、加耶についても金官加耶、阿羅加耶、大加耶、小加耶地域の土器が認識され、それぞれの勢力範囲と関わる土器といえる。

では栄山江流域の地域色を持つ土器群についてはどうであろうか。前章では土器供給圏を中心に、ある一定の地域圏としてのまとまりがあったとし、羅州、高敞、光州などにある程度の独自の勢力基盤があったと想定した。それぞれの地域勢力が倭との関係を持ったことが前方後円墳、埴輪、横穴式石室、須恵器系土器、甑などの導入につながり、百済との関係を持ったことが羅州伏岩里3号墳（尹根一ほか 2001）に見られる金銅製飾履、冠帽、金銀製冠飾など百済系威信財、百済系土器の存在から想定できた。しかし、栄山江流域では製作技法や焼成技法が異なる羅州系土器と百済系土器が、羅州の同一勢力圏内で

生産され、栄山江流域各地で共伴する場合が多く、同一勢力範囲内に二つの土器様相が見られる。筆者は、在地勢力の土器である羅州系土器の分布圏に、百済周辺部と密接に関わる百済系土器の導入を栄山江流域勢力が行ったと想定しているが、はたして同一勢力範囲内に二つの土器様相が見られることがありうるのであろうか。

　百済・新羅はともかく、領域の狭い加耶においてもそれぞれの領域と関わる地域色がある土器が分布するが、その領域に他地域で製作された土器が搬入され、複数の加耶土器あるいは新羅土器を共伴する場合も多い。たとえば固城松鶴洞1号墳では、地元の小加耶土器に大加耶土器、新羅土器、栄山江流域の土器、さらには須恵器が出土するなど、他地域の土器が搬入されることが一般的である。ところが栄山江流域においては羅州系土器と百済系土器が共伴する場合が多いが、両者とも生産地が羅州にあると考えられることから、栄山江流域の在地勢力圏には二つの土器様相が見られる場合がある。このことから栄山江流域では、最も勢力の大きかったと想定できる羅州でさえ、在地の技術系譜である瓦質系土器から出現した羅州系土器だけでなく、他地域から技術導入された百済系土器も生産しているのである。羅州の土器生産体制から推測するならば、栄山江流域の各勢力は、それぞれの伝統的土器様相の中に、他地域との交流関係によって新たな土器製作技術を取り入れたのであろう。

　鶴丁里大川1号墳例は、焼成方法などが百済系土器に類似しているのにもかかわらず、ロクロ回転ヘラ削りであることから、その導入が霊光で行われた可能性が想定され、百済系土器の導入もやはり百済との関わりが考えられる。これは栄山江流域の勢力範囲が狭いため、このような生産体制がとられ、第60図のような広域流通が図られたが、この土器分布範囲は流通範囲であって、勢力範囲とはいえない。

7. おわりに

　本章では栄山江流域の土器について、各地にさまざまな土器があることを明

らかにした。また、百済、栄山江流域に多くの須恵器が搬入されていることを指摘したが、栄山江流域で須恵器を模倣、あるいは技術を取り入れた坏蓋、甑、樽形甑など須恵器系土器が作られているようである。

　また、霊光鶴丁里大川古墳群1号墳から4号墳出土土器を分析して、百済系土器、非百済系土器、羅州系土器の共伴から各地の交流が行われたこと、1号墳出土の小加耶土器から小加耶との交流も想定した。また、霊光鶴丁里大川古墳群1号墳のロクロ回転ヘラ削りの蓋坏が百済系土器の遡源であった可能性を指摘した。

　栄山江流域では各勢力圏の中に、羅州のように複数の技術系譜が異なる土器生産地があり、他地域との交流関係により土器製作技術を導入したようで、この土器分布範囲は流通範囲であって、勢力範囲とはいえず、それぞれの勢力範囲を越える土器供給圏が形成されたようである。

　近年、栄山江流域の発掘は目覚ましいものがあり、新資料が増加し、須恵器の出土が最も多い地域であることも分かってきて、須恵器系土器も光州で生産が行われていることが判明してきた。新資料の出土は今後の土器研究の進展に寄与するであろう。

註
（1）光州系土器は回転ヘラ削りを持つことから須恵器系土器といえるが、高敞の須恵器系土器と異なることから、ここでは光州系土器とする。

参考文献
東　潮　2002「倭と栄山江流域」『前方後円墳と古代日朝関係』同成社
木下　亘　2003「韓半島出土の須恵器（系）土器について」『百済研究』37輯
木下　亘　2006「韓半島出土の須恵器及び須恵器系土器に就いて」『須恵器生産の成立と展開』（財）大阪府文化財センター
金洛中（竹谷俊夫訳）　2002「5～6世紀の栄山江流域における古墳の性格」『前方後円墳と古代日朝関係』同成社
酒井清治　2004a「須恵器生産のはじまり」『国立歴史民俗博物館研究報告』第110集
酒井清治　2004b「5・6世紀の土器から見た羅州勢力」『百済研究』39輯
酒井清治　2005「韓国栄山江流域の土器生産とその様相―羅州勢力と百済・倭の関係を

中心に―」『駒澤考古』第30号
酒井清治　2008「韓国出土の須恵器」『生産の考古学Ⅱ　倉田芳郎先生追悼論文集』同成社
徐賢珠　2006『栄山江流域古墳土器研究』学研文化社
徐賢珠　2007「栄山江流域古墳の編年」『日韓古墳・三国時代の年代観（Ⅱ）』釜山大学校博物館・国立歴史民俗博物館
全南文化財研究院　2011『光州杏岩里土器窯』全南文化財研究院学術叢書第51冊
田辺昭三　1982「初期須恵器について」『考古学論考』平凡社
崔盛洛・金建洙　2000『霊光鶴丁里・咸平龍山里遺跡』木浦大学校博物館・益山地方国土管理庁
沈奉謹　2005『固城松鶴洞古墳群』東亞大学校博物館
朴淳発（吉井秀夫訳）　2002「栄山江流域における前方後円墳の意義」『前方後円墳と古代日朝関係』同成社
朴天秀　2002「栄山江流域における前方後円墳の被葬者の出自とその性格」『考古学研究』49-2
朴天秀　2005「栄山江流域における前方後円墳からみた古代の韓半島と日本列島」『海を渡った日本文化』西都原考古博物館
尹根一ほか　2001『羅州伏岩里3号墳』国立文化財研究所

第3章　百済泗沘期の風船技法で製作された高台付椀

1. はじめに

百済泗沘期の土器製作技法研究は金鐘萬によって精力的に続けられている。泗沘期の高台付椀は扶餘官北里遺跡、軍守里遺跡、花枝山遺跡、宮南池遺跡、扶蘇山城、陵山里廃寺、雙北里遺跡、益山王宮里遺跡など官的な遺跡から多く見つかっている。国立扶餘博物館収蔵の扶餘官北里遺跡、軍守里遺跡出土の高台付椀を見る機会を得て、金鐘萬と異なる見解を持つに至った。

本章はこの泗沘期高台付椀の製作復元をしてみることが目的である。

2. 風船技法について

日本では須恵器の製作技法として風船技法が検討されたことがある。風船技法は、ロクロで挽いた袋物である小型・中型器形の口を塞いで風船状にしたもので、いったん口を閉じるため中に空気が閉じこめられたままになる。このような状態で外部から加圧すると風船を押したのと同じように、中の空気圧で押していない場所が膨らんでくる。この原理を利用してロクロの上で工具を押し当て細長い器形や肩が張る器形など、目的の器形を自由に作り出していく技法であり、中に空気が閉じこめられているため成形段階で崩れにくい特性を持っていると考えられている（北野 2001）。

このような風船技法は日本古墳時代の須恵器から見られる。5世紀の樽形𤭯、6世紀の提瓶、横瓶、7世紀の平瓶などがある。また8世紀以降の瓶類も

同技法であることが確認されている。特に古墳時代の風船技法はロクロ上で粘土紐により素形を作りロクロで挽いたり、叩き技法で成形し、ロクロ回転成形の中心軸と直交する体部に新たに穴を開けて口縁部を作る。この技法は栄山江流域の樽形甁、百済のチャングン、横瓶と同じ技法である。

　ここで注意すべきは風船状に口を塞ぐ技法の中で、樽形甁や叩き成形で作り上げる横瓶は、口を塞いだのち器形を押圧により変形させることは少ないと考えられることである。それに対して、叩きを持たずロクロ回転で挽き上げた器形の方が、粘土が柔らかいことから変形しやすく、風船技法の特性を生かしていると考えられる。北野博司はこれを狭義の風船技法とする。

　韓国にも樽形甁、チャングンという横瓶、扁瓶という平瓶、提瓶、異形土器と呼ばれる壺や蓋坏を重ねた器形の一方に皿状の口が出るもの、虎子（溲瓶と考えられる）などがある。風船技法の口の閉塞は絞り閉塞技法や円盤閉塞技法があるが、韓国では原三国時代から大甕の底部が絞り技法で製作されていることから、絞り閉塞は多く見られる。

3. 高台付椀製作技法の従来の研究

　高台坏椀の製作技法に関する研究は少ない。金容民は蓋と身を同時に一体の球形として成形した後、その中間部分をロクロを回しながら横に切断して各々蓋と身に分離したとする（金容民 1998）。

　これに対して金鐘萬は蓋と身を別々に製作したと考えている。金鐘萬の復元された製作過程は①内型に粘土を貼り付ける。②ロクロを回転させながら内型に粘土が密着するように叩き板を利用して叩く。③内型に貼り付けた粘土板が薄くなるようにヘラを利用して厚さを調整する。④ロクロを回転させながら高台を取り付ける。⑤内型を抜き取り椀の内部をロクロを回転させながら調整するが、内底面の調整は停止された状態で行う。⑥日陰で一定期間乾燥させる。⑦別に作っておいた蓋を椀に被せ、口縁部分を二次調整した後、蓋と椀が一つのセットであることが分かるよう垂直に合わせ目印の線を引いて目印にする。

二次調整によって椀の口縁部の内側は段をなし、土器の蓋の返りにもカットした痕跡が残っている。⑧ロクロから外すときはロクロをゆっくり回転しながらヘラを利用して外すが、椀の底部にはヘラ痕跡が一定間隔に3～4ヶ所残っている、とする（金鐘萬 2002）。その後、金鐘萬は椀内面に残る突起が型の痕跡として型作りの根拠とした（金鐘萬 2003）。

　両者の考え方を検討すると、筆者は金容民の考え方に賛成するが、どのように製作したか具体的でない。金鐘萬の復元で問題は⑤の型から抜き取ることは剥離材を使っても容易ではないこと、内面に多くのロクロ回転痕が残ること、⑧の底部切り離しの痕跡は回転ヘラ削りの整形痕であること、根拠とした型の突起は、突起の中央に孔の開く例があることから、後に述べるように薄く小さな工具による刺突痕であることなどから型作りの可能性はない。

4. 高台付椀の製作技法

（1）高台付椀の製作技法の観察

　第66・67図の国立扶餘博物館蔵の高台付椀は胎土に砂粒をほとんど含まず、焼成も良好で灰白色である。高台付椀底部内面に粘土接合痕が見られ、百済によく見られる粘土板を置いたのち粘土紐を巻き上げ、平行叩きで成形していったと考えられる。その後左ロクロ回転で整形し、椀内面にロクロ痕が明瞭に付く。内面底部には不定方向の撫でが見られ、ロクロ痕を消す。不定方向の撫での後に問題の小さな孔が開けられる（第66図2の矢印方向の内面底部に見られる黒点、第68図）。椀の外面はヘラによる丁寧なやや光沢を持つロクロ撫でが9～10本入る。椀の口縁部付近は外面がわずかにヘラ削りされている。椀の底部をヘラ削りしたのち高台が貼り付けられ、接合面を内外より撫でる。

　蓋は内面天井部が不定方向に撫でられたのち周辺を口縁に沿って撫でる。外面は丁寧に何度も削るためヘラ削りの単位が不明確である。口縁部は内斜する口縁が貼り付けられる。つまみは擬宝珠を付けたのち接合部を撫で整形する。高台付椀の「七」の文字は高台を貼り付けたのち高台を上にした状態で書いて

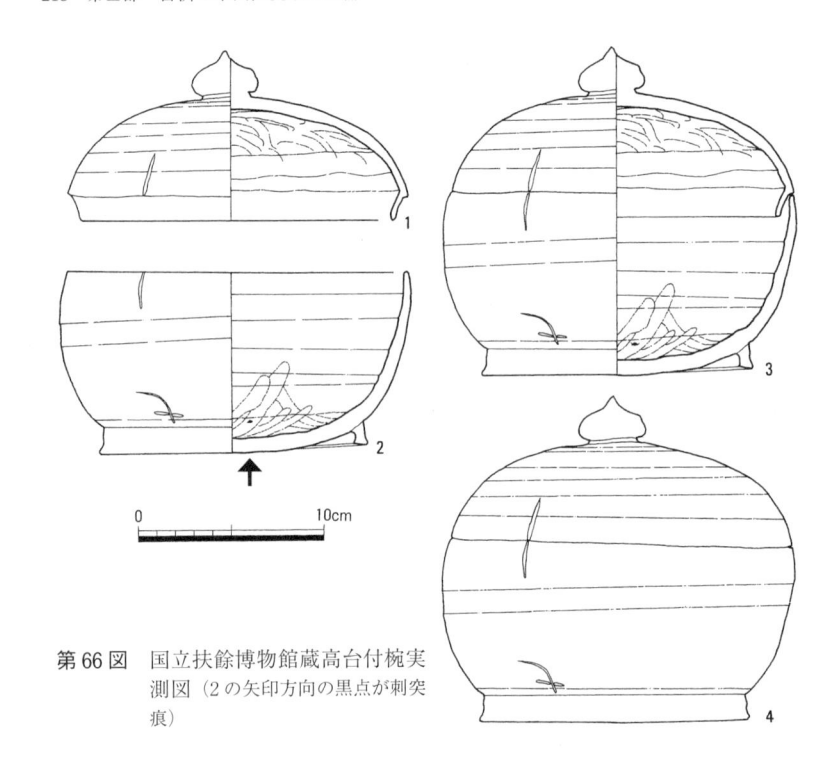

218　第Ⅲ部　百済と栄山江流域の土器

第66図　国立扶餘博物館蔵高台付椀実測図（2の矢印方向の黒点が刺突痕）

第67図　国立扶餘博物館蔵高台付椀

おり、それと一緒に縦の刻線も切断した位置に被せて、高台側からつまみ側に引いている。「七」「八」以外に「十」があるというが、すべての土器にあるわけでなくその目的は定かでない。

泗沘期の高台付椀の特徴について列記すると、1. 大型高台付椀や鍔付椀の底部に小さな突起状の粘土が見え、その中央には小さな孔が開いている例が多い（第66・

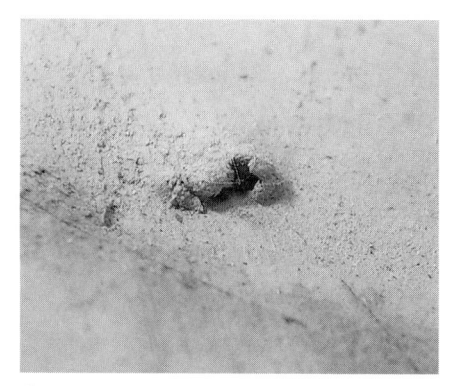

第68図　高台付椀の内面に見られる風船技法による刺突痕（空気孔）

68図）。泗沘都城の高台付椀には8mmほどの突起が見え、やはり孔が開いている。それぞれの突起の形は異なり、型の痕跡とは考えられない。2. 椀底部内面と蓋天井部内面に中央から外へ斜行する強い撫でが施され、小型高台付椀には量的に少ないがロクロ回転撫でも見られる。3. 内面の突起の上には底部に施されていた撫でが、穿孔により変形して見られ、突起した後の撫では見られない。また、ヘラで潰そうとした刻線状の工具痕が見られる。4. 突起の位置は必ず高台に相対する内側の位置にある。5. 高台付椀の底部は丸底で、ロクロ左回転ヘラ削りで整形されている。6. 椀と蓋の口縁部は水平で、製作時口縁部に縦に1本入れる刻線によって同一個体と確認できるものは、口径も同一で両者は正確に重なる。7. 蓋のかえりの外側（椀の口縁と接するところで身受け部といえるところ）が水平で、同様に椀の口唇部も水平に平坦面を作る。8. 椀口唇部は外面を削り薄くしてから回転ロクロ撫でをする。9. 特に大型の高台付椀は蓋と身を重ねた外形が連続した曲線を描く（第66図4）。10. 椀に蓋を被せた状態で口縁付近に縦の刻線を入れる。11. 大型高台付椀には高台の外側に、小型高台付椀には高台の内側に、椀を逆さに置いて整形した時に付着した湿台（シッタ）の痕跡と思われる粘土付着痕や窪みが巡る例がまれに見られる。

(2) 高台付椀の製作技法の特色

上記の特徴について製作技法として以下のことを推測してみた。

1の突起について金鐘萬は型の痕跡とするが、型の痕跡とするなら同じ位置で同じ形をしているはずであるが、位置も形もさまざまであることから型の痕跡ではない。この痕跡は外面から鋭い工具で突き刺したために内側に粘土が飛び出し、突起の中央に孔が開いていると考えられる。工具は粘土の突起の形状が楕円形に近いことから細くて薄いナイフ状の工具であろう。4は突起の相対する外面が高台を貼り付ける位置であることから、ナイフで突き刺した孔を完全に塞ぐことと、外部から見えなくする目的があろう。また3から孔を開けられる柔らかい段階にはすでに高台付椀の内面に多くの撫でが施されていたことから、底部を製作する段階で付着した撫でである。さらに3から突起の上に刻線状の工具痕が見られることから、突起を消そうと努力をしたもので、工具痕に光沢があり相当堅くなっていた段階の作業である。

6と7から高台付椀の身と蓋は一体で作られ、水平に切断されたと想定する。それはこの器形の口縁部が平坦面に密着するほど水平になっていることからも考えられる。第66図の器形は球形がやや歪むにもかかわらず9のように外形の曲線は連続している。また、水平の切断がわずかに上下するため、刻線を合わせた以外のところでは蓋が被さらない。さらに、10から蓋を被せた状態で刻線を引いていることから乾燥状態が同一だと考えられ、別々に作ったのでは乾燥状態が違い同時に刻線を引くことが難しいと考えられる。

すなわちこの器形の特色は刻線を引くことで、それ自体高台付椀の身と蓋がセットであることを示している。粘土球体を切断したため、蓋のかえりを付ける位置が口縁部のすぐ内側になり、蓋を被せた場合ほとんど余裕がなく、別の蓋を被せても合わないことから、被せる位置や同一セットであることを示す目印が必要であったのであろう。

この大型高台付椀は高台を取れば底部が丸底であるが、ロクロから切り離したのち第69図⑦のような回転を利用したヘラ削りで丸底にしている。この作業には湿台（シッタ）を使い、ロクロの上にこの湿台を設置してその上に椀を

乗せロクロ回転で削りを行ったり、口縁部を撫でて整形したり、高台の貼り付け、あるいは蓋のかえりの貼り付け、整形を行ったようである。湿台は変形を避けるための支えとして使用する。その痕跡は密着した帯状のある粘土の付着や、湿台に押しつけたため帯状に窪んだ痕跡が巡っている。大型高台付椀には高台の外側に、小型高台付椀には高台の内側に湿台の跡が残る場合がある。

（3）高台付椀の製作技法復元

　次に、この高台付椀の実際の製作順序について復元してみよう（第69図番号参照）。

　まずロクロの上に粘土板を置き、その上に粘土紐で積み上げ（①）、平行叩き整形したのちロクロで回転撫で整形していく。形は球体になるよう成形し、頂部を縮めていき最後に穴を絞り技法で塞ぐと想定するが、盤で塞いだような製品もある（②）。この風船技法では球体を変形させることが可能で、径を大きくするなら上から押さえ、径を小さくするなら横から押さえることにより調節でき、同一の口径の個体を簡単に作ることができる。ロクロからの切り離し方法は、のちに述べるように底部回転ヘラ削りで痕跡が確認できない。高台を付着する予定の１ヶ所に外側からごく細いナイフで小さな孔を開け（③）、乾燥による収縮の際に空気が抜けるようにする。その後しばらく乾燥する。生乾きにして削りやすくなってから、身と蓋と分割するためにヘラで水平に切断する（④）。そのため両者の口唇部が水平になる。

　身と蓋の二つに分割したのち、身は底部内面を強く撫でるが、内面に突き出した突起を撫で消さず残る場合がある（⑤）。この突起を消すためヘラで潰す場合もあるが、すでに堅くなってきているため潰れず残る場合が多い。次に湿台（⑥）に身を被せて設置し、底部外面を回転ヘラ削りする（⑦）。高台を付ける位置に回転で刻線を２周ほど巡らし、高台を付け接着内外面を撫でる（⑧）。高台を付けることにより最初に開けた空気穴が塞がれる（⑨）。今度は身の口縁部が上になるように湿台に乗せ、口縁部が厚いものは削って薄くし、蓋とうまく重なるように調節し、ロクロ撫で整形する。

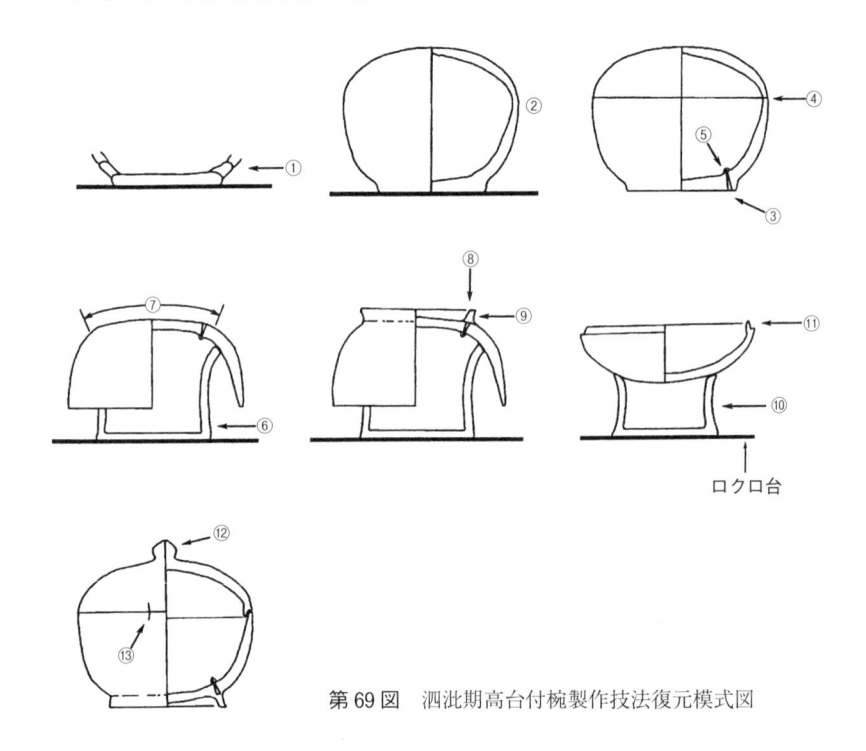

222　第Ⅲ部　百済と栄山江流域の土器

第69図　泗沘期高台付椀製作技法復元模式図

　一方、蓋は大型高台付椀については、絞り技法で閉塞した内面天井部の絞り痕跡を強い撫で整形で消す。その場合、粘土を補填した可能性がある。湿台（⑩）に乗せ口縁部内側に粘土を付けてかえりを作り出し、接着した内外面を撫でる（⑪）。天井部外面中央にヘラ先で刺突し、接着しやすくして宝珠つまみを付ける（⑫）。

　身に蓋を被せて、蓋の丸い大型高台付椀はヘラで外面を撫で整形し、蓋が扁平な小型高台付椀（第70図5～8）は、口縁部を合わせた外面をヘラ削りする。最後に蓋を被せ水平に切断した状態に合わせて縦に刻線を引く（⑬）。これを乾燥したのち焼成する。

（4）高台付椀の製作技法復元の問題点

　ここでは三つの問題点を取り上げる。

A．高台付椀の内面の空気孔のために突き刺した突起が風船技法の最も重要な証拠と考えるが、すべての高台付椀に突起がない。B．蓋の閉塞方法が不明確である。特に小型高台付椀（第70図5〜8）は蓋内面の整形が不定方向の撫で、ロクロ回転の撫で、平滑面を持つものなど各種あり、どのように製作したのか問題は多い。C．この技法の系譜が問題である。

　Aについて小型台付椀には突起が見られないことは、風船技法で製作しても中に閉じこめられる空気が少ないことから、乾燥段階でも中の空気圧で変形しにくかったためだと推測する。大型高台付椀の突起が見られない例については丁寧に消したか、あるいはつまみの位置などにあったかもしれないが、今後検討していきたい。Bについては残念ながら今後の資料に期待したいが、軍守里遺跡に絞り目らしい痕跡が残るものがあり、風船技法の可能性は高いと想定する。Cについては百済にも横瓶などがあり風船技法が存在すること、また大甕底部や新安内楊里古墳、光州ポサン遺跡の提瓶（朝鮮大学校博物館・光州広域市 1995）の絞り技法も存在すること、百済には瓶形土器が多いことなどから、このような高台付椀の風船技法が生まれたと考えたい。

5．高台坏椀について

　泗沘期の高台坏椀の出現はいつ、どのように出現したのであろうか。山本孝文は武寧王陵の金属器の椀をモデルとして高台坏椀が出現すると考えている（忠南大学校百済研究所 2003）。山本が紹介するように熊津期以降麗水鼓楽山城、扶餘軍守里・亭岩里など金属器写しが存在するが、公州山儀里40号石室墳例もその可能性がある。

　一方、泗沘期の土器のいくつかを高句麗土器に求める考え方がある。金容民は泗沘期には高台付椀の他に皿、鍔付土器（耳杯土器）（第70図9・10）、煙筒（竈の煙突）などが高句麗土器と類似することからその影響を考える。その後土田純子も同様の考えを示された（土田 2009）。確かにこのほかに甑、深鉢土器など帯状把手が水平方向に付けられる器形も類似する。高句麗土器の影響

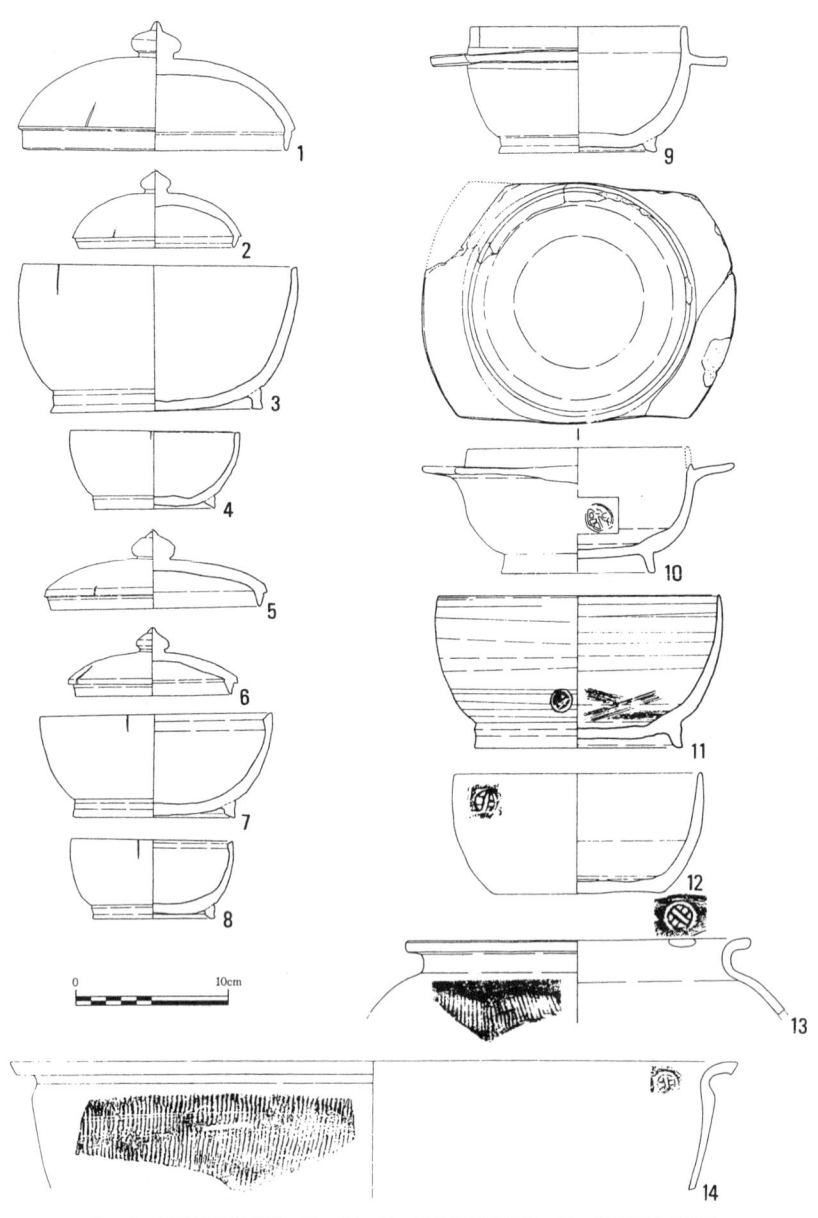

224 第Ⅲ部 百済と栄山江流域の土器

1〜9：扶餘官北里遺跡　10・12〜14：益山王宮里遺跡　11：扶餘軍守里遺跡
第70図　高台付椀各種と「北」銘刻印の土器

を百済が漢江に進出した551年に求めている。551年には百済から漢山地域を奪取するものの、553年にはそれを新羅に奪われてしまうのである。この短い期間にどれだけの影響を受けたのか定かでない。かりに551年以降高句麗からの土器技術の移入であるとするとどうであろうか。ソウル峨嵯山第4堡塁は高句麗が駐屯したところであり、大量の高句麗土器が出土する（ソウル大学校博物館 2000）。その中に金容民があげた泗沘期と共通する土器があるが、大型の高句麗土器にしても叩き技法が確認できず、粘土紐痕や磨き技法が見られる。泗沘期に共通する器形の甕、深鉢土器も同様である。しかし、百済泗沘期の百済土器は叩き技法を持つことから直接影響を受けているか疑問もある。土田は、鐔付土器、鉢、帯状把手付壺が高句麗土器の影響で6世紀中葉頃から作られたとした。また、韓国出土の叩き技法（縄）を持つ高句麗土器と、扶餘の暗文土器を集成したことから、高句麗土器との技術系譜が明らかになってきた（土田 2009）。それでもなお風船技法のロクロ技術の系譜はつながらない。

　もう一方で、百済は瓦などが中国南朝から導入されていることから、中国との関連も想定される。しかしここでは明確な類似資料を提示することができないが、泗沘期には多くの硯をはじめ虎子、緑釉陶器や土器に見られる高度なロクロ技術が出現することは、あるいは中国南朝との関連も想定できる。百済には椀があったこと、絞り技法もあったこと、成形が叩き技法であったことから、従来の百済土器系譜の上に中国からの風船技術を伴うロクロ技術が導入されて作られたのが高台付椀だと想定したい。この椀の器形は金属器模倣ではなく、中国の器形を指向したと考えたい。

　百済では熊津期の初期には漢城期の土器技術と同様な土器が作られるものの、その後は稚拙な土器が増加する。それは百済が遷都したこともあるためか、新羅のような大規模な窯跡群を形成せず、土器生産体制を整備していなかったためである。おそらく百済は各地の小規模な窯跡群から土器を集積するシステムであったため、古墳にも土器の出土が少なく、同一窯の製品も限られているのであろう。しかし、泗沘期になると稚拙な土器も残るものの、高度な土器製作技術が多く見られるようになる。その一つが高台付椀である。

このような土器について、金鐘萬は高台坏椀のような灰色系土器は国家の統制下で作られたものと考え、百済中央政府の地方統治の一環として普及したと考えている。出土地からいっても官的な遺跡から出土しており、そこで使用するためであることは確かである。また、高台付椀、椀、深鉢土器、甕に「北」銘の刻印が押されるものがあり（第70図10～14）、同様な刻印が定林寺址出土瓦にも見られることは、官営工房的な生産体制が整備されており、その供給先は官的な施設であったのであろう。官北里遺跡から「北舎」銘の刻印が押された土器が出土しており、このような施設に供給されるとも考えられるが、益山王宮里遺跡など地域を違えて供給されることは、北舎だけに限られて供給される製品ではない可能性がある。瓦には「北」の他多くの文字があることから、「北」銘刻印の土器は工房の中での生産に関する文字の可能性があるが、これも今後の課題である。

6. おわりに

　今回報告する百済泗沘期の高台付椀は、日本の風船技法の製作から想定できなかった高台付椀という器形であり、この技法の出自、他の器形やその後の土器への影響、日本への技術伝播など今後注視すべき問題は多いが、百済土器の製作技法の系譜問題は今後の課題である。
　高台付椀の実測、写真撮影は国立扶餘博物館の許可を得て、2003年10月13日に行った。

参考文献
北野博司　2001「須恵器の風船技法」『北陸古代土器研究（つぼとかめのつくり方）』第9号
金鐘萬　1996「百済黒色瓦器考―扶餘地方出土品を中心に―」『重山鄭徳基博士華甲記念韓国史学論叢　韓国史の理解』景仁文化社
金鐘萬　2001「泗沘時代百済土器に現れた地域差研究」『科技考古研究』第7号
金鐘萬　2002「百済土器に見られる製作技法―泗沘時代を中心として―」『朝鮮古代研

究』第3号
金鐘萬　2003「泗沘時代灰色土器の性格」『第7回湖西考古学会学術大会発表集（熊津・泗沘期の百済土器）』
金容民　1998「百済泗沘期土器に対する一考察—扶蘇山城出土土器を中心に—」『文化財』31輯
国立扶餘文化財研究所　2002『益山王宮里　発掘中間報告Ⅳ』
酒井清治　2003「百済泗沘時代台付椀の製作技法—風船技法紹介をかねて—」『泗沘都城』忠南大学校百済研究所
忠南大学校百済研究所　2003『泗沘都城』
忠南大学校博物館　1999『扶餘官北里百済遺跡発掘報告（Ⅱ）』
朝鮮大学校博物館・光州広域市　1995『光州山月・トクメ・ポサン遺跡』
土田純子　2009「泗沘様式土器に見られる高句麗土器の影響についての検討」『韓国考古学報』72、韓国考古学会

図版出典
第66図　筆者実測
第67図　筆者撮影
第68図　筆者撮影
第69図　酒井清治 2003
第70図　1～9：忠南大学校博物館 1999、10・12～14：国立扶餘文化財研究所 2002、11：忠南大学校百済研究所 2003

第4章　朝鮮半島と日本の底部糸切り離し技法

1. はじめに

　1995年、韓国扶餘にある陵山里廃寺（陵寺）の発掘調査を見学させていただいた際、現場で発掘したばかりの多くの土器片を見せていただいた。その中から無台椀の底部に静止糸切り痕を見つけ、発掘担当者であった金正完とこの遺物の重要性について語ったことを記憶している。これが韓国における糸切りに出会った最初である。

　その後糸切りの資料を実見する機会に恵まれずそのままになっていたが、2003年4月から1年間忠南大学校百済研究所へ在外研究で訪れた際、忠南大学発掘資料をはじめ多くの発掘資料を見る機会を得て、百済泗沘期に静止糸切りが多数存在することを再確認した。また国立扶餘博物館の金鐘萬が百済土器の論文で糸切りにも論究されており、百済の糸切りの概要が分かるようになってきた（金鐘萬 2002）。さらに、畿甸文化財研究所で発掘した華城旗安里遺跡の楽浪土器、ソウル大学校博物館所蔵の夢村土城やシル峰遺跡の高句麗土器を実見し、底部切り離し技法の違いを知ることができた。

　朝鮮半島においては糸切り技法は楽浪、百済泗沘期にあるものの、高句麗・新羅になく、朝鮮半島の中でも糸切りを受け入れた国とそうでない国があったようである。

　一方、日本においては出雲・尾張・武蔵に7世紀後半段階に出現するものの、そのほかの地域はさらに遅れる。特に畿内や西日本、北陸などの須恵器はヘラ切りが長く続く地域である。各地に静止糸切りがなぜあるのか、糸切りを持たない地域と持つ地域の違いは何か、静止糸切りと回転糸切りの違いは何か

など問題は多い。

本章では楽浪、百済、日本列島の静止糸切り技法と、回転糸切り技法への転換について述べてみたい。

2. 朝鮮半島の糸切り離し技法

(1) 楽浪土器

楽浪土器について①円筒形土器（第71図1）などは、底部円板造り→粘土紐積み上げ→（叩き成形）→ロクロ成形、②丸底壺などは、粘土積み上げ→叩き成形→ロクロ成形→底部叩き出し、③花盆形土器は、内型に布を被せた上に粘土を貼り付け叩き成形する内型造りであるという。いずれも中国の土器製作技法の系譜を引く。谷豊信が楽浪土城出土の土器を紹介して、基本的な製作技法は粘土紐積み上げとロクロによる回転撫で調整とし、しばしば叩き技法が併用されるとした。ロクロからの糸切り離しは、静止糸切りで回転糸切りの確かな例はないとした。糸切りを持つ器形は小型鉢、鉢、盤、盆、罐などをあげている。また谷は彩篋塚に副葬された罐に回転糸切りがあるものの、楽浪土城に回転糸切りが見られないことについて、①楽浪郡地域には回転糸切りは行われず、彩篋塚の土器は他地域からの搬入品である、②楽浪郡地域でも回転糸切りは行われたがあまり普及せず、彩篋塚の土器は例外的な部類に属する、③楽浪郡地域でも回転糸切りが行われたが、楽浪土城の存続の時期には一般的でなかった、などの可能性を考えた（谷 1984～1986）。

続いて楽浪土城出土土器の技法をさらに検討した鄭仁盛は、円筒形土器について粘土塊水挽き成形でなく、粘土紐積上げ成形を基本とし、叩き技法を加えるとする。その多くは最初粘土板を敷きその上に粘土紐を積み上げていくとした。楽浪土器はいずれも静止糸切りというが、壺などに回転糸切りも存在するとした。製作技法の中で粘土板を敷いてから積み上げていくとしたことは、高句麗土器・百済土器とも共通することで、重要な指摘である（鄭仁盛 2003）。

呉永賛も韓国国立中央博物館所蔵の平底短頸壺2点、ソウル大学校博物館所

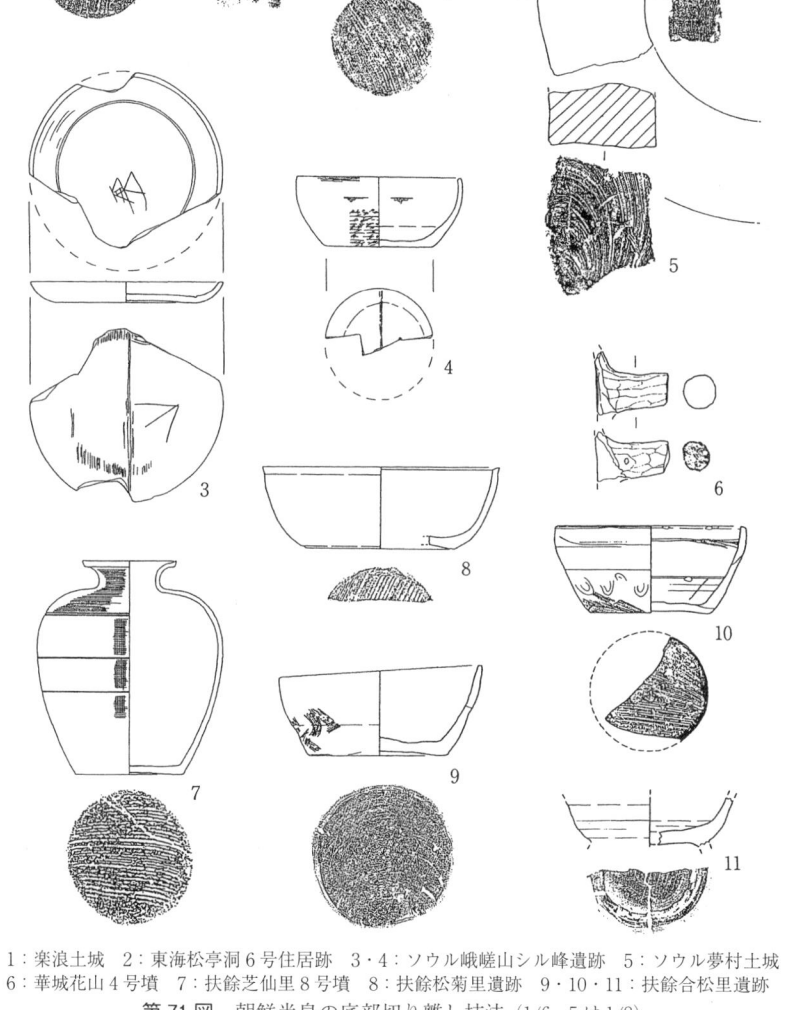

第4章　朝鮮半島と日本の底部糸切り離し技法　231

1：楽浪土城　2：東海松亭洞6号住居跡　3・4：ソウル峨嵯山シル峰遺跡　5：ソウル夢村土城
6：華城花山4号墳　7：扶餘芝仙里8号墳　8：扶餘松菊里遺跡　9・10・11：扶餘合松里遺跡
　　　　　第71図　朝鮮半島の底部切り離し技法（1/6、5は1/8）

蔵鳳山郡智塔里土城出土平底土器底部片に回転糸切りが見られることから、静止糸切りが主体であるものの、回転糸切りが当時一般的に広く行われていた製作技法だとした（呉永賛 2001）。しかし、現段階では日本出土の楽浪土器を含めて見ても静止糸切り技法が主体であり、回転糸切り技法の類例はわずかである。

（2）高句麗土器

　高句麗土器ソウル大学所蔵の夢村土城、峨嵯山第4堡塁、峨嵯山シル峰堡塁の良好な資料があり、その底部切り離し技法について見てみよう。[1]

　高句麗土器の基本的な製作技法は、粘土紐を積み上げたのち、中型品は撫でや磨きで整形し、格子状などの暗文が見られる場合も多い。小型品にはロクロ回転の撫でが見られる。管見によれば底部切り離しに糸切り技法を使用した例は見られない。高句麗土器は平底であり、中型・小型品いずれも底部は薄く、厚みが一定している。最大の特徴は皿、盤、椀、あるいは甑、瓶などの底部中央に二分割するように一直線の突線、あるいは段差となった線が見られる例が多い（第71図3・4）。この線に平行して木目が見られるものもある。また、小型皿の中にはこの突線・段差が底部から口縁近くまで湾曲しながら続いており、口縁部では横撫でで消されている例がある。この底部の一直線の突線や段差は二枚の板を合わせた隙間に粘土が入って反転した痕跡と考えられる。また、反転した粘土の先端が尖ること、固い粘土を押し付けた時にできる細かなひび割れが見られないことから、柔らかい粘土を密着させたようである。

　峨嵯山シル峰保塁出土土器の底部には一直線の合わせ目の線が確認できたうち、その長さは壺では12.6 cmや18 cmが、甑では15～18 cmが、蓋では17.5 cmや30 cmが、皿では8.6～14.6 cmが、椀では9 cmが確認できた。最大30 cmの平面に密着した土器を剥がそうとした場合、製作後すぐに剥がすことは離れ砂などの剝離剤を使用していないことからも容易ではない。しかも高句麗土器底部は均一の厚さで薄い。これらからかめ板の上で製作した後、そのまま移動し乾燥させたと考えられ、そのカメ板が2枚の板を中央で接合して

いたため、そこに粘土が入り込んだのではないかと考えられる。

　一方、小型皿で口縁近くまで突線や段差が続くものは、ロクロ盤の上では付着するとは考えられず、段差のある直線から見ても組み合わせた外型に薄い粘土を入れて底部を作った型作りと想定される。皿の中には内面に突線が1～4本巡ったものがあるが、これは外側に入れたままロクロの上で回転しながら圏線を描いたものであろう（第71図3）（ソウル大学校博物館 2002）。

　このように高句麗ではカメ板の上や型作りで製作していたようで、糸で切り離す技法は導入されていなかったと考えられる。

（3）新羅土器

　三国時代の新羅、統一新羅様式、統一新羅段階の陶質土器・瓦質土器は基本的にヘラ切り離しと考えられ、そのいずれにも糸切り技法を確認できない。

（4）百済漢城期

　近年韓国内には華城旗安里遺跡など楽浪土器の出土が多くなるにつれ、糸切りを持つ楽浪土器も増加している（第71図2）。しかし、糸切り技法について百済土器との関係は不明確である。漢城期の糸切りを持つ百済土器は、華城発安里遺跡の甑把手の先端を糸で切断し、弧状の糸切り痕が残る例だけである。同様な例は近くの華城花山古墳群にもある（第71図6）（韓神大学校博物館 2002）。また、風納土城では断面方形の環状土製品があるが（第71図5）（韓神大学校博物館 2004）、環状内面に布目があり、瓦製作技法との関連も想定されるが、土器技術との関連は不明である。糸切りを持つ楽浪土器が漢江南部にまで出土するものの、いまだ漢城期百済土器の底部切り離し技法としての糸切り離しは確認されていない。

（5）百済熊津期

　明確な熊津期の糸切り離し技法は扶餘芝仙里8号墳出土瓶が上げられる（第71図7）（扶餘文化財研究所 1991）。8号墳は左片袖の横穴式石室で、共伴遺

物は三足土器と短頸壺である。石室共伴遺物から熊津期と考えられる。また、静止糸切りを持つ瓶は大型で端正な作りで、外面に格子叩き文が見られ、等間隔に3本の沈線が巡る。焼きは甘い。また、同4号墳からも静止糸切り痕を持つ椀が出土するが、金鐘萬は黒色瓦器に分類する（金鐘萬 2006）。いずれにしても熊津期の糸切りはごくわずかであるが、静止糸切り技法の出現が熊津期にあることは確かで、端正で大型の瓶は泗沘期の瓶を遡るといえよう。

(6) 百済泗沘期

韓国で糸切り技法が報告されはじめたのは、それほど古いことではない。1991年、権五栄は松菊里遺跡の椀について報告では木理痕と平行線文の打捺としたが（国立中央博物館 1991）、平行線文の打捺としたもの（第71図8）は明らかに泗沘期の静止糸切りである。

その後百済熊津期、泗沘期の土器を研究している金鐘萬は、泗沘期土器のロクロからの切り離し方法は三種類あるとした（金鐘萬 2002）。一つ目は紐を利用した静止糸切り法、二つ目はヘラを利用した回転ヘラ切り離しで、扶餘陵山里寺址（陵寺）で出土するという。三つ目は底部をまず作り、輪積法や巻上法によって成形するものがあるとした。三つ目にあげられたものは底部に切り離した痕跡のないもので、完成後底部をロクロから工具を使わず剝がしたものと考えられ、日本の陶磁器用語の「板起こし」にあたると思われる。扶餘亭岩里窯跡に例があり、ロクロ接地面がそのまま残る。韓国では平底底面が台に接していた時に付着した方形痕（ゲタ印・ゲタ痕ともいう）が残る例が多くみられるが、金鐘萬は長方形の台痕跡を日陰で乾かすときに直に置かないで台を使用した痕跡（日本ではかめ板といい、大型品の製作でロクロの上に置いて製作後そのまま移動できる）とする。なぜ乾燥するのに痕跡が付くほど押しつけるのか、また方形痕のほとんどが中心に付くのか疑問である。方形痕は乾燥時の台の痕跡とするよりも成型時に付着したロクロの中心にはめ込まれたロクロ軸の軸受けを着装した痕跡、すなわちゲタ印あるいはゲタ痕と考えられる。また、亭岩里窯跡例などには、かめ板の上で乾燥すれば付着しない粘土のまくれが底

部周辺に見られることから、柔らかい段階でロクロからはずしたものと想定される。さらに亭岩里窯跡のロクロから剥がした椀には体部に平行叩きがあり、軟質土器の方形痕を持つ平底鉢も叩きを持つことから、ロクロあるいは回転台上に粘土板を置いて粘土を積み上げ、叩き技法で成形したのち、底部をロクロから剥がした方法が想定される。最近このようなロクロ構造について検討した土田純子は、筆者が以前手回しロクロ構造を念頭において検討した（酒井 1985）のに対して、蹴ロクロ構造として再検討している。土田は、土器底部の方形痕について、ロクロ盤の中心に柄（ほぞ）穴を開けて埋め込まれた心棒の痕跡とするが、その可能性が高い。方形痕の出現がいつからか定かではないが、高速回転が必要な陶質土器出現以前の可能性があり、軟質土器の製作に蹴ロクロが使用されたのか、回転台であったのか検討を要するが、回転台であっても軸を受ける中心構造は同様であった可能性がある。

　金鐘萬によれば静止糸切りは扶餘松菊里円形土壙（第71図8）、芝仙里4号墳、同8号墳（第71図7）、宮南池、陵山里寺址などで出土し、雙北里遺跡、扶餘佳塔里遺跡などでもするという（金鐘萬 2002）。また、管見によれば雙文里遺跡、扶餘合松里遺跡（第71図9〜11）、泗沘都城などにもある。器種はほとんどが無高台の椀であるが、芝仙里8号墳は瓶である。なお、金鐘萬は扶餘旧衙里井戸址で回転糸切りが1例あるという（金鐘萬 2002）。もし存在したとしても基本的に泗沘期の糸切り技法は静止糸切り技法が主体といえよう

3. 日本の糸切り離し技法

　日本の中で糸切り技法が最初に出現するのは、現段階では出雲・尾張・武蔵だと思われるが、越前にもあるという。それぞれの地域の糸切り離し技法を紹介してみる。

　出雲国庁では出土須恵器を5形式に分け、第3形式の無高台坏、高台坏、盤、甌、長頸瓶などに糸切りが見られるとした（松江市教育委員会 1970）。しかし、広江耕史によれば第2形式の環状つまみを持つ蓋の中央に静止糸切りが

残るものがあるという。第2形式にはかえりを持つ蓋が1点図示されるが、ほとんどかえりが見られない時期で、報告書では第2形式を「大原評」の木簡から藤原宮の時期とする。

高広遺跡ではⅢB期に蓋坏、甑、長頸壺に静止糸切りが出現するという（島根県教育委員会 1984）。蓋はかえりのあるものに加えてかえりがないものが出現するという。この静止糸切りを持つ蓋は、環状つまみで高台坏と組み合うようである。ⅢB期は陶邑Ⅳ型式に並行するとして7世紀末から8世紀前葉とする。

大谷晃二は、糸切りを持つ器形のうち、蓋坏をB3型、甑をA9型、長頸瓶を5型とし、並行関係から出雲8期としたが明確な年代には触れていない。蓋坏B3型は、蓋にかえりが付かないが環状つまみで、坏身には高台を持つ。甑は平底で静止糸切りののち無調整であり、長頸瓶は高台が付くという（大谷 1994）。

柳浦俊一は蓋にかえりを持つ坏・蓋Bを第1期とした（第72図）。この蓋坏は環状つまみを持ち、坏身は高く外傾する高台が付く。蓋Bの主体はヘラ切りであるが、静止糸切りがわずかに見られるという。また、甑は静止糸切りののち無調整で平底である。続く第2期（古）段階は蓋Bのかえりが消滅し、静止糸切りが優位な段階とした。柳浦は島根東部では第1段階（7世紀後葉）に静止糸切りが導入され、第2段階（7世紀末から8世紀前葉）でも古い時期である第2段階（古）に静止糸切りが主体となり、第2段階（新）以降回転糸切りが優勢になるという（柳浦 2001）。

尾張で最も古い糸切りは名古屋市高針原1号窯SY01窯体内の無高台の椀A・Bに見られる回転糸切りである（第73図1・2）。池本正明は報告でこの窯の須恵器を5期に分け、窯体内出土資料が最も新しく、そこから出土する糸切りを持つ椀A・BをⅤ期とし、斉藤孝正編年にあてた場合C-2号窯式8世紀前半にあたり、尾野善裕の編年にあてるとⅣ期中段階7世紀後半であるとした（愛知県埋蔵文化財センター 1999）。尾野はこの資料を取り上げ、Ⅳ期古段階〜中段階の過渡期（675年頃〜685年頃）前後に位置付けられるとした（尾野

杯・蓋B

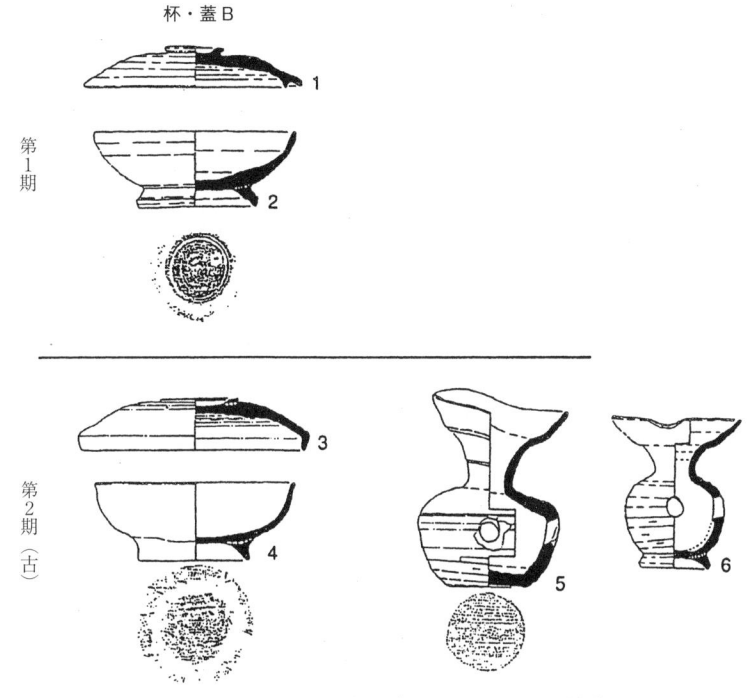

第1期

第2期（古）

第72図　島根東部（出雲）の底部切り離し技法

2001）。しかし、高針原1号窯は窯体の壁面が15面を数え、途中床面を掘り直す大きな改修が行われており、その廃土が灰原に間層として広がり、その上下の灰層で遺物の様相が変化していることからも、池本が詳述しているように長期間操業した窯と考えられ、SY01窯体内の回転糸切りの椀は7世紀末から8世紀初頭まで下がるのではないかと想定したい。

　志賀公園遺跡の坏G（第73図3）は、報告書（愛知県埋蔵文化財センター2000）によれば底部内面見込みに見られる糸切りで、いわゆる円柱造りの痕跡である。出土地点はNR07黒色土層（古代上層）で7世紀末から8世紀初頭ということで、先にあげた高針原1号窯に近い年代であろう。回転糸切りについて尾野は後続するNN105窯跡に見られないとしたが、Ⅳ新期には再び少数存在するとしている（尾野2001）ことから、継続して存在している可能性があ

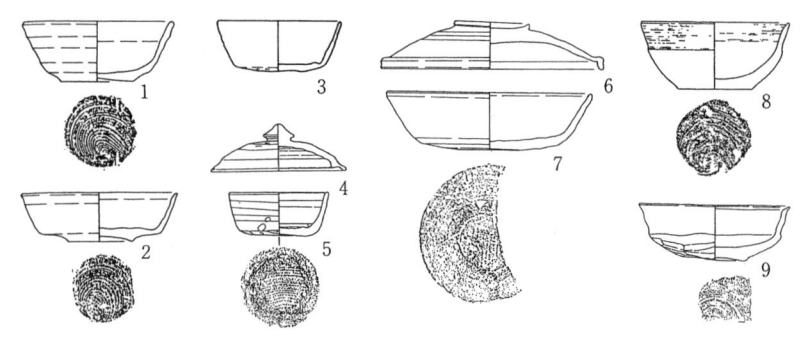

1・2：愛知高針1号窯　3：愛知志賀公園遺跡　4・5：埼玉若宮台遺跡第58号住居跡　6・7：埼玉山下6号窯　8：群馬堀ノ内遺跡GH-5号住居跡　9：群馬前沖72号住居跡
第73図　日本の底部切り離し技法（1/6）（8・9は土師器）

る。いずれにしても尾張において回転糸切りが最初に出現することは、出雲・武蔵と異なり注目される。

　武蔵においては7世紀第3四半期の埼玉県上里町若宮台遺跡第58号住居跡坏の静止糸切りが最古である（第73図4・5）。内山敏行は群馬県太田市大道東遺跡B-3号住居跡出土坏の静止糸切りも7世紀後半から8世紀初頭として上げられた（内山 2001）。続く8世紀初頭には北武蔵の南比企窯跡群山下6号窯に静止糸切りが見られる（第73図7）。この窯は鳩山I期であるが、その時期の後半には回転糸切りが出現し、それ以降は回転糸切りだけになっていく。また南武蔵の南多摩窯跡群百草・和田1号窯にも北武蔵の影響下に8世紀初頭に静止糸切りを持つ坏身が出現する。

　南武蔵には7世紀末頃に出現するは盤状坏とよばれる土師器が分布し、成形にロクロ回転を利用し、静止糸切りを持つことから、暗文土器あるいは須恵器の影響で成立したという考えがある。それに対して福田健司は土師器の糸切り技法が須恵器に導入されたと想定し（神奈川考古同人会 1983）、その考え方が支持されている。内山は陶邑TK43型式並行の静止糸切り土師器が栃木県上三川町磯岡遺跡・壬生町新郭遺跡から出土し、TK209・TK217型式並行時期の静止糸切りも含め、7世紀前半から8世紀前半にかけて神奈川・東京・埼玉・栃木、さらに山梨にも分布するとした。このほか管見によれば、静止糸切り土

師器坏は群馬県堀ノ内遺跡（第73図8）・前沖遺跡（第73図9）、内匠上之宿遺跡にも出土する。土師器と須恵器の静止糸切りの違いは、土師器は糸をたるませて引くため、入りの糸目に対して出の糸目の間隔が狭くなり、弧を描く場合が多く、また上げ底になっている。須恵器は強く張ったため糸目がほぼ並行で直線的になり、弧を描いてもわずかである。土師器の糸切りは最終的にはヘラ削りにより丸底を意図しているため、接着した成形品を切り離すことだけを目的にしているのに対して、須恵器は切断とともに平底を意図して切り離したと考えられる。

この3地域のほか北陸の福井県武生市王子保窯跡群中の7世紀後半から末頃の坏類に静止糸切りがあるというが、この地域はヘラ切りが主体であり、のちに継続しない。同窯跡群で瓦生産を行っていることから、糸切りの関連が想定されている（春日 2001）。

なお日本において5世紀の須恵器伝播当初から継続的に生産されてきた陶邑窯跡群では糸切りの出現は8世紀後半（末頃）以降といい、8世紀代の糸切りはほとんどないという（佐藤 2001）。

4. 糸切り離し技法の系譜

（1）朝鮮半島の糸切り離し技法の系譜

朝鮮半島周辺を見たところ、糸切り技法は中国に源流が求められ、楽浪にも糸切りは存在するものの、楽浪土城址出土の土器は静止糸切りがほとんどである。近年韓国内や日本で糸切り技術を持つ楽浪土器が発見されているが、いずれも静止糸切りである。また、日本・韓国で糸切り技法を持つ楽浪土器の再検討が行われ、回転糸切りが存在することが確認されるようになってきたもののその量は少なく、やはり静止糸切りが主体であることに変わりがない。

畿甸文化財研究院が発掘した華城発安里遺跡の3世紀末あるいは4世紀前半の百済軟質土器の甑は、牛角状把手先端を糸切りで切断したようで、切断面に静止糸切りを見ることができる。華城花山古墳群にも見られることから、ある

いは百済土器に糸切りが存在する可能性が出てきた。とはいうものの漢城期の陶質土器底部にヘラ切り痕は存在するが糸切りは確認されていない。百済領域内で楽浪人が居住していたと考えられる華城旗安里遺跡でも、楽浪土器の影響を受けた糸切り技法を持つ百済土器は出土していない。おそらく百済ではロクロ技術と叩き技法は取り入れたものの、底部糸切り離し技法は導入していないと考えられる。風納土城の環状土製品は糸切りが見られるものの布目を持つことから、瓦生産の糸切り技法との関連が想定されるが、風納土城の瓦には糸切りが見られないことから東晋との関連も考慮に入れて今後検討を要する。

同様に高句麗および新羅も糸切り技法を導入していないことは、国によって土器の系譜がさまざまであったことを示していよう。

百済熊津期については扶餘芝仙里8号墳の瓶から静止糸切りが存在することは明らかである。芝仙里8号墳出土瓶の特徴は底部の厚みが一定で、ロクロの上に適当な厚みの粘土円板を置き、その上に粘土紐を積み上げていったと考えられる。この技法は前代から百済あるいは栄山江流域だけでなく朝鮮半島に広く見られる。底部内面にはロクロ目の凹凸もなく、底部と体部および体部との屈折部も厚みがほぼ一定である。

百済泗沘期の糸切り技法は数少ないものの、一定量存在する。いずれも静止糸切りであることから楽浪土器の糸切りの系譜を引くという考え方もある。しかし、漢城期にはないことからも、楽浪土器との年代差がありすぎ、系譜としては連続しないと考えられる。金容民は百済泗沘期の各種の土器について、百済が漢江へ再度進出した551年頃に高句麗から影響を受けたと考えられている（金容民 1998）。その考え方を認めるならばその時糸切りが百済に導入された可能性はどうであろうか。確かに百済・高句麗の形態は類似するものの現段階では高句麗に糸切り離し技法が確認できず、また、百済に見られる叩き技法が高句麗に少ないことから直接的に関係はないと考えられる。また、553年には漢山地域を新羅に奪われてしまうことから、短期間でしかも戦いの場で高句麗からの導入はあり得ないであろう（酒井 2004）。さらに中国からの伝播を考えるならば、なぜ回転糸切りがないのか疑問である。

熊津期に始まり泗沘期に多く見られる静止糸切技法は、おそらく百済の底部円板作りで薄く成形する技法と関連した技法であろう。このあり方は楽浪土器と共通している。亭岩里窯跡のようにロクロとの接地面を残す椀の底面が薄いことから考えて、製作時の円板は薄かったと想定できる。底部が円板状の薄い粘土であるため、ロクロ盤に沿って糸を引く必要から静止糸切りにした可能性がある。この糸切りが瓦製作技法の影響を受けた可能性についてはどうであろうか。熊津期に瓦が存在するものの、糸切り技法を持つ土器は管見によれば芝仙里古墳群の例だけである。泗沘期の亭岩里瓦窯跡から出土した椀は、瓦と併焼されており、同一工房あるいは近接する工房で製作された土器だと想定できる。しかし、この窯出土の椀はロクロ台の圧着痕が見られ、糸切り痕が見られないことから、瓦から糸切り技法が導入されてはいないであろう。百済の土器系譜は漢城から熊津へ都を移したことにより技術が低下し、生産体制も整備できないままであったと考えられる（酒井 2005）。最近発掘された熊津末期と想定される青陽鶴岩里窯跡の土器を見ても全体に作りが悪いものが多く、この系譜は泗沘期まで続いている。これに対して新たに出現した土器群がある。これは風船技法で製作した金属器模倣の高台付椀に代表される精良な土器群である。硯などとともに中国南朝の梁などの影響で出現したと想定される（酒井 2004）。芝仙里 8 号墳の瓶から中国からの糸切り技法を伴う新たな技術導入は熊津期に遡るであろう。その土器系譜が泗沘期土器群の中の精良な土器群を作り出していったのであろう。この土器群は金鐘萬が灰色系土器、灰色土器と呼ぶもの（金鐘萬 2002）で、宮都・役所・寺院など官的な施設から多く出土するように、官営工房的な生産体制が整備され、そこで生産されたものであろう。

（2）日本の糸切り離し技法の系譜

　日本の糸切り技法は出雲・武蔵・越前が静止糸切りであるのに対して、尾張は回転糸切りである。まず静止糸切りから回転糸切りへ変化した出雲と武蔵を見よう。

出雲の地域は甑・短頸壺・長頸壺など一部の形態が平底化する特異な地域である。特に甑は大谷のA3型から平底が出現するが、これは大谷の出雲2B期、陶邑MT15～TK10型式並行で、この時期から地域色が見られるという。そのほか坏Gのかえりを持つ器形も天井部が平坦になるものがある。このことは底部円板造りであった可能性が高い。甑が平底化する地域は日本の中にはなく、そのような伝統があったため静止糸切りが取り入れられたのであろう。特に注目すべきは、出雲の甑や長頸壺に糸切り技法が導入されることで、日本では他に見られない。[5]

　武蔵は7世紀後半に静止糸切り技法が見られるが、関東の各地にはそれより以前の土師器に糸切り技法が存在する地域で、日本列島のうちでも様相の異なる地域である。土師器の糸切りは陶邑TK43型式並行の6世紀後半にすでに見られる。当地で確実に糸切りを持つ瓦の出現は7世紀前半の滑川町寺谷廃寺であり、土師器の糸切り技法が瓦の糸切り技法から影響を受けたと考えられない。従来から土師器の中に潜在的に存在した技法の一つであろう。土師器の静止糸切りは関東各地で出土すること、須恵器の静止糸切りは武蔵・上野に見られることが指摘できる。内山は須恵器の糸切り技法について「須恵器坏の手持ちヘラ削りは土師器起源説を支持する」と土師器から糸切り技法が導入されたと、福田らと同様の見解である（内山 2001）。しかし、須恵器坏の手持ちヘラ削りを根拠の一つとされているが、楽浪や百済泗沘期、日本の底部静止糸切り離し後に周辺手持ちヘラ削りを施す例があり、ヘラ切り技法も同様であることを考えると根拠としては弱いであろう。

　最初から回転糸切りが出現する尾張では池本が7世紀末から8世紀初頭、尾野は675年頃～685年頃とするが、その導入の契機について尾野は瓦生産との関わりを述べている。尾張では最初から回転糸切りが出現することは、この地域の須恵器生産が高度なロクロ技術であったため、当初から回転糸切りの導入が可能であったのではないかと想定する。

(3) 朝鮮半島と日本の糸切り離し技法の関連

　日本列島では静止糸切りに続いてすぐに回転糸切りに転換することは、朝鮮半島と比較しても特記されることである。楽浪に回転糸切りがあるものの、静止糸切りが主体であり、百済泗沘期は静止糸切りだけであり、高句麗・新羅には糸切りがないのである。回転糸切りは出雲では柳浦第 2 期（新）の段階 8 世紀前半、武蔵では鳩山 I 期 8 世紀初頭、尾張でも 7 世紀末から 8 世紀初頭に出現する。東海の中でも湖西窯跡群では峠場第 1 地点 4 号窯の 8 世紀第 2 四半期に回転糸切りが、東北地方ではヘラ切りが主体であるものの宮城県色麻町日の出山窯跡群 A 地点、C 地点 5 号窯から静止糸切りが 8 世紀前半には出土し、続いて回転糸切りも出現して増加していくようである。

　ではなぜ朝鮮半島では回転糸切りに転換していかなかったのであろうか。楽浪・高句麗・百済では基本的に平底土器は底部円板作りである。楽浪土器の円筒形土器は口径 10～12 cm と小形でありながら叩きを持つ例があり、百済泗沘期の椀にも叩きを持つ例が多い。これは赤褐色軟質平底鉢とも共通している。平底鉢には底部に方形痕を持つものが多く、底部円板作りで製作されている。また、韓国では白井克也が検討した、腰部削りを回転台からの分離前に行う未分離腰部削りが見られることから（白井 1997）、日本で論議されているような底部円柱造りではなく円板作りであったと考えられる。このことから静止糸切りを採用した楽浪土器と百済泗沘期の土器は、粘土円板を 1 枚ずつ置いて成形していったため、ロクロ盤に沿って静止糸切りを行ったのであろう。扶餘合松里遺跡の無高台の椀は、1 cm に 18 本という細かい糸目の静止糸切りで、糸が細いため強く張ることができなかったために、糸が∩字状に引かれたことが、底部に∩字状の波が連続して見られることからも分かる。このような底部の広い静止糸切りでは水平の見当もなく底部を同じ高さ（厚さ）に切るのが難しいと想定され、泗沘期において高い位置で切る底部円柱造りは考えられない。おそらく泗沘期の静止糸切りは伝統的な粘土円板作りの延長上にある、大量生産に至っていない段階の底部糸切り離し技法であったと考えられる。

　日本で静止糸切りから回転糸切りへすぐに転換していくのはなぜであろう

か。武蔵で須恵器が早い段階に静止糸切りから回転糸切りに転換したのは、回転力の問題ではなく伝統的な回転ヘラ切り離しに習熟していたためであろう。また、8世紀に入ってからの律令体制の整備による需要などに対する生産量の増加に伴う効率化も考えられる。おそらく、出雲も同様と考えられ、生産体制の整っていた尾張では糸切り導入当初から回転糸切りを行ったのであろう。

　効率化の技法としてあげられるものに底部円柱造りがあるが、この技法は武蔵で最初に論議された技法である。須恵器の底部が剥がれたときその面に糸切りが見られることや、底部内面の見込みに糸切りが見られることから考え出された技法であるが（服部・福田 1979）、尾張、湖西にも見られることが確認されてきた。しかし、ヘラ切り技術圏である地域ではその痕跡が見出されないため、全国的に論議されることはなかった。最近円柱造りを積極的に評価しようとする後藤健一は、ヘラ切りの円柱造りも存在すること、愛知県志賀公園遺跡の古墳時代の系譜を引く坏H、および飛鳥時代に出現する平底の坏Gの底部内面の見込みに見られる糸切りから、円柱造りが7世紀まで遡る技法であるとした。さらに西弘海のいう5世紀末から6世紀初頭に回転ヘラ切り離し技法が登場することを援用して、後藤は底部円柱造りの開始と考えられた（後藤 2001）。

　まず後藤が取り上げた志賀公園遺跡の糸切り痕を持つとした坏Hは、本報告（愛知県埋蔵文化財センター 2000）によれば木製無文当て具痕とされ、糸切りではない。西のいう回転ヘラ切り離し技法の登場が円柱造りの開始につながるかについては、百済において漢城期の三足土器（三足の付く坏）に底部円板作りと回転ヘラ切り離しが併存することからも、かならずしも円柱造りにつながるとはいえないであろう。新羅と加耶については、陶質土器の蓋坏の出現が日本よりも遅れ、日本に回転ヘラ切り離し技法が登場する頃、はたして新羅・加耶に円柱造りがあったのか不明確であるが、大加耶の坏に方形痕の残る例もあることから円柱造りはなかったと考えられる。日本や朝鮮半島では、窯での焼成量はそれほど多いものではなく、新羅の統一新羅様式段階でも窯詰めで高坏が1段しか置いてない例もあり（東国大学校慶州キャンパス博物館

2002)、積み重ねても2〜3段程度で、蓋坏については栄山江流域で百済系土器が3段までである（酒井 2005）。一窯で焼く量から考えても5〜6世紀あるいは7世紀に至っても円柱造りという技法を導入して大量生産をまだ行っていなかったといえよう。

　筆者は従来から想定されているような円柱造りはないと考えている。円柱造りが一般的ならもっと出土頻度が高いはずで、切り損ねて再度切った場合や底部円板作りに糸切りで切った円板が使用された可能性もあったと想定したい。ヘラが上を向く程度や糸切りの際糸を持つ指が動きやすく、切りやすい程度の高さはあったと思う。泗沘期の静止糸切りも切断前の粘土は円板作りよりもやや厚め位であろう。それは泗沘期の静止糸切りの切断位置に、切る前に指で窪ませるアテがないことから、底部円板の厚みが指を入れるほどなかった可能性がある。それが日本ではアテを入れることもあり、回転糸切りが発達する要因となったのは、古墳時代からのヘラ切りによるロクロ盤と製品の切断位置の関係を受け継いで、切断位置を高くしていったため回転糸切りにすぐに移行していったと想定される。

　では静止糸切りを使用した百済泗沘期と日本の関係はいかがであろうか。百済が660年滅亡した後、多くの渡来人が日本へ移住したことは知られている。日本においても7世紀のかえり蓋（坏G）や高台坏（坏B）など新たな器種が登場するが、これは大陸との関わりが想定されている。硯についても白井は百済系譜獣脚硯の存在について指摘されている（白井 2004）。尾張を除けば出雲・越前・武蔵は静止糸切り技法であり、一般的に坏に見られること、出雲では坏・盤・甑のほか瓶にあること、時期について7世紀後半に見られることは百済滅亡後の渡来人によって製陶技術の一つである糸切り技法が伝えられたと想定したい。しかし、その際導入する地域と導入しなかった地域があること、同地域でも工人集団によって異なっていたことは、泗沘期の椀の底部糸切り離しが灰色土器だけで、他は糸切りではないことからも、日本でも7世紀後半には従来のヘラ切りも存在する地域、尾張のように回転糸切りとして導入する地域など多様であったと考えられる。日本の中で静止糸切り導入後すぐに回転糸

切りに転換していった理由は、百済の底部形成技法が粘土円板を作ることにあるのに対して、日本では7世紀初頭の坏Hのように底部中心が薄く周囲を厚く腰を作る成形で、底径が小さくヘラ切りしやすく、それも回転で切り離す技術が一般的であったためであろう。

最後に糸切り技法に関する問題について触れておこう。5世紀初頭の須恵器生産開始期の底部糸切り離し技法について、その時期の坏や椀に限ってみると、底部円板作りで切り離しはロクロから工具を使わずに剝がした、いわゆる板起こしのため平底で、底部にはロクロ盤などの圧着痕が見られ、朝鮮半島と同様方形痕を持つ例もある。また、製作時のロクロ回転方向が朝鮮半島と同様左回転であることも、この時期のロクロは朝鮮半島から伝わった蹴ロクロであったと考えられる。

西弘海は5世紀末から6世紀初頭に回転ヘラ切り離し技法が登場するという（西 1986）が、陶邑深田遺跡の観察からTK23型式段階にはすでにヘラ切り技法が存在し、5世紀後半以前に遡る可能性がある。初期須恵器が平底から丸底に移行する時、粘土円板は小型になり、粘土円板の上に積み上げる粘土は厚くして丸底にしてもへたらないようにしたため、坏の中央部が窪み、周囲が厚い器形になる。丸底にするために成形時の底径が小さく、それにより回転ヘラ切り技法でも切り離すことができたのであろう。このような丸底は、日本の求めた器形であり、平底から丸底への変化は、蹴ロクロから手ロクロへの転換とかかわり、その痕跡は陶邑の中でロクロ回転方向が左から右への変遷に見られよう。また陶邑深田遺跡には、D類坏身は「回転台からの切り離しには静止糸切り法によっているものも認められる」(6)（大阪府文化財センター 1973）とある。それが確実なら列島での最古の糸切り技法であり、須恵器切り離し技法が朝鮮半島から伝播したいわゆる板起こしから、ヘラ切り離しへ転換していく中で存在した切り離し技法の一つであろう。しかし、この技法は陶邑窯跡群には取り入れられなかった。この糸切り技法が出現した経緯は、当時加耶・栄山江流域に糸切り技法が存在しないことから伝播したとは考えられず、陶邑窯跡群において試行錯誤の中で考え出された技法であり、ゆえに後に続くこともなかった

のであろう。

5. おわりに

　須恵器への糸切り技法の導入は、特に関東では福田健司をはじめ大方の見解として、土師器の糸切りが須恵器に導入されたと考えられているが、出雲や尾張、越前では須恵器に糸切りが導入される段階に、土師器に糸切りが見られない地域もある。百済滅亡後、渡来人によって百済から土器技術が伝わったとすれば、糸切りもその時期に導入された可能性がある。時期的には出雲と武蔵が該当しよう。また両地域に蓋の環状つまみが存在しており、百済にも見られることも関連する可能性がある。このように糸切り技法が日本へ伝播してきた可能性を説いたが、その根拠も乏しい。どのように伝わったかなど残る問題も多く、今後さらに検討を進めたい。

補記

　従来から糸切りの導入が瓦の技術から来ているとの見解がある。また筆者の静止糸切り離しが百済から伝わったことについて、川原和人は、やはり瓦の技術から来ているとする（川原 2010）。7世紀後半、各地で寺院の建立が行われているが、必ずしも糸切り瓦が分布しているところで須恵器の糸切りが出現しているわけではない。埼玉県でも寺谷廃寺は遅くても7世紀第2四半期には創建され糸切りを持つが、併焼された須恵器に糸切りは見えない。畿内においても早くから瓦造りを行っているのに、須恵器の糸切り導入は遅れる。百済においても瓦は粘土板とともに紐造りも存在する。また百済の土器でも静止糸切り離しの技術を持つのは金鐘萬が百済最上級の土器であるとする灰色土器に限られる（金鐘萬 2006）。その土器技術を持つ工人が伝えたのではなかろうか。やはり坏G（かえり蓋、平底坏のセット）出現以降の土器製作技術の伝播の中で考えておきたい。島根東部には静止糸切り離しの平底甕が出土するが、列島ではこの地域だけである。瓦の糸切りを導入したから平底になったのではなく、百済・栄山江流域の平底甕が伝わり、それとともに百済の静止糸切りが伝播したと考えたい。

　今後、鬼高式土器の坏に見られる糸切り（第73図8・9）出現の経緯も問題となろう。

註

（1）ソウル大学校博物館で実見させていただいた。
（2）韓神大学が発掘した風納土城出土の平瓦は粘土紐作りで、糸切り痕は確認できていない。
（3）土田純子にご教示いただいた。土田の想定構造は筆者のロクロ盤構造3にあたる。
（4）広江耕史にご教示いただいた。
（5）甑が平底化する地域は日本の中にはなく、朝鮮半島の栄山江流域に一般的であり、両地域の関係について積極的に評価したい。
（6）中村浩に確認したところ静止糸切り痕があったとのことであるが、泉北資料館での資料調査ではすべての資料にあたることができず、確認できた資料の中には存在していなかった。また技法を記した遺物カードにも記載はなかった。資料実見に際し、西川寿勝にお世話になった。

参考文献

愛知県立埋蔵文化財センター　1999『細口下1号窯・鴻ノ巣古窯・高針原1号窯』
愛知県立埋蔵文化財センター　2000『志賀公園遺跡』
内山敏行　2001「関東の須恵器製作技法」『古代の土器研究』第6回シンポジウム
大阪府文化財センター　1973『陶邑・深田』
大谷晃二　1994「出雲地域の須恵器の編年と地域色」『島根考古学会誌』第11集
尾野善裕　2001「東海地方における須恵器製作技法の転換とその背景—猿投窯を中心に—」『古代の土器研究』第6回シンポジウム
春日真実　2001「北陸の様相」『古代の土器研究』第6回シンポジウム
神奈川県考古同人会　1983「シンポジウム奈良・平安時代土器の諸問題」『神奈川考古』14
川原和人　2010「出雲地方における律令時代の須恵器の特色とその背景」『出雲国の形成と国府成立の研究—古代山陰地域の土器様相と領域性』島根県古代文化センター
韓神大学校博物館　2002『花山古墳群』
韓神大学校博物館　2004『風納土城Ⅳ』
金鐘萬　2002「百済土器に見られる製作技法—泗沘時代を中心として—」『朝鮮古代研究』第3号
金鐘萬（重見泰訳）　2006「泗沘期百済土器の生産と流通」『鹿園雑集』第8号（奈良国立博物館研究紀要）
金容民　1998「百済泗沘期土器に対する一考察—扶蘇山城出土土器を中心に—」『文化財』31輯
呉永賛　2001「楽浪土器の製作技法」『楽浪』国立中央博物館

国立中央博物館　1991『松菊里Ⅳ』
後藤健一　2001「湖西窯跡群の須恵器製作工程について」『古代の土器研究』第6回シンポジウム
酒井清治　1985「千葉市大森第2遺跡出土の百済土器」『古代文化談叢』15号、九州古文化研究
酒井清治　2004「百済泗沘期の風船技法で製作した高台付椀」『山下秀樹氏追悼考古論集』
酒井清治　2005「韓国栄山江流域の土器生産とその様相―羅州勢力と百済・倭の関係を中心に―」『駒澤考古』第30号
佐藤　隆　2001「陶邑窯跡群の製作技法」『古代の土器研究』第6回シンポジウム
島根県教育委員会　1984『高広遺跡発掘調査報告書』
白井克也　1997「九州大学考古学研究室所蔵古新羅土器Ⅱ」『古文化談叢』第38集
白井克也　2004「筑紫出土の獣脚硯」『九州考古学』79号、九州考古学会
ソウル大学校博物館　2002『峨嵯山シル峰堡塁　発掘調査綜合報告書』
谷　豊信　1984「楽浪土城址出土の土器（上）」『東京大学考古学研究室紀要』第3号
谷　豊信　1985「楽浪土城址出土の土器（中）」『東京大学考古学研究室紀要』第4号
谷　豊信　1986「楽浪土城址出土の土器（下）」『東京大学考古学研究室紀要』第5号
鄭仁盛　2003「楽浪円筒形土器の性格」『東京大学考古学研究室紀要』第18号
東国大学校慶州キャンパス博物館　2002『慶州孫谷洞・勿川里遺蹟（Ⅲ）』
西　弘海　1986「平底の土器・丸底の土器」『土器様式の成立とその背景』真陽社
服部敬史・福田健司　1979「南多摩窯址群出土の須恵器とその編年」『神奈川考古』第6号
扶餘文化財研究所　1991『扶餘芝仙里古墳群』
松江市教育委員会　1970『出雲国庁跡発掘調査概報』
柳浦俊一　2001「島根県東部（出雲）の切り離し技法と長頸壺頸部接合技法」『古代の土器研究』第6回シンポジウム

図版出典

第72図　柳浦 2001 を改変

第5章　韓国出土の須恵器

1. はじめに

　筆者は1993年に韓国で出土する須恵器に酷似した須恵器類似品について、列島で生産された須恵器が朝鮮半島にもたらされた、あるいは全羅南道に多いことから朝鮮半島のどこかで生産された可能性を検討したが、その中には須恵器の可能性が高い土器があると考えた(1)（酒井 1993）。
　2003年には木下亘が「韓半島出土の須恵器（系）土器について」として、朝鮮半島出土の須恵器集成とともに、朝鮮半島で須恵器を模倣した製品を須恵器系土器として検討した。木下は「須恵器系と記したものは列島産須恵器とするにはやや躊躇する部分を持ったものである」、「……微妙な差異に対しては個人によって意見の違いが生ずる部分も在ろう」として、須恵器、須恵器系土器の判断の難しさを指摘している（木下 2003, 2006）。
　2004年、筆者は栄山江流域出土の陶質土器を検討し、瓦質系土器、羅州系土器、百済系土器、高敞系土器とともに、共伴する須恵器から蓋坏を中心とした土器変遷を概観した。蓋坏だけに絞ったのは、この地域に特徴ある土器が多く存在するものの、系譜を異にする蓋坏とその他の器種が同一系譜の工人によって製作されたのか、窯の発掘が少ないため不明確であったためである。蓋坏の系譜とともに、栄山江流域で須恵器の技術・形態と酷似した須恵器系土器が存在することも指摘した（酒井 2004, 2005）。
　筆者が1993年に使用した須恵器類似品は、須恵器と朝鮮半島で生産された須恵器に類似した製品の区別が困難であったため両者を含んでいたが、木下は両者を分けて須恵器と須恵器系土器とした。筆者もそれに従い須恵器系土器と

いう用語を用いている。とはいっても木下が述べるように、その判断の困難な例があり、意見が異なる場合もある。

近年の倭系遺物の出土は枚挙に暇がないほど多く、近年の研究は遺構も含め、倭系文物として総合的に検討する方向にある。しかし筆者は土器から人の動きを探るため、生産遺跡に重きを置き、その分布域から集団を探ろうとしている。いまだ土器から検討すべきことは多いと考えている。

本章ではすでに木下が集成して論じたことを再確認する意味で、須恵器、須恵器系土器を検討し、須恵器の分布、遺構別、器種別、型式別の須恵器出土点数から、地域別の出土傾向を探ってみる。

2. 韓国出土の須恵器

韓国においては近年各地の文化財研究院の発掘調査は膨大で、須恵器の出土も増加している。木下が集成した須恵器、須恵器系土器および筆者の実見した資料を基礎に、最近発表された資料を含め検討してみる。

韓国出土の須恵器は管見によれば34遺跡で110点出土している（第3表）。行政区画の道ごとに出土数を見てみると、京畿道1点（1）（（　）内は遺跡数）、忠清北道7点（1）、忠清南道8点（6）、全羅北道16点（4）、全羅南道38点（14）、慶尚北道1点（1）、慶尚南道37点（7）[2]であり（第74図・第4表）、最北端ソウルの夢村土城で出土している（夢村土城発掘調査団 1985）。全羅南道と慶尚南道の出土点数が最も多いが、続いて全羅北道、忠清南道、忠清北道であることから、韓国西部地域である馬韓（栄山江流域）に最も多く、百済や小加耶付近にも多いようである。なお、ほぼ同数出土する慶尚南道と全羅南道を遺跡数で比較すると、慶尚南道7遺跡に対して全羅南道は14遺跡あることから、慶尚南道では1遺跡からの須恵器出土点数が多く、全羅南道では須恵器を出土する遺跡数の多いことが指摘できる。ちなみに、1遺跡で須恵器が多いのは清州新鳳洞古墳群（忠北大学校博物館 1990）7点（第75図2～8）、高敞鳳徳Ⅰ・Ⅱ遺跡（湖南文化財研究院 2003）9点（第75図18～25）、光州東林洞遺

第5章 韓国出土の須恵器 253

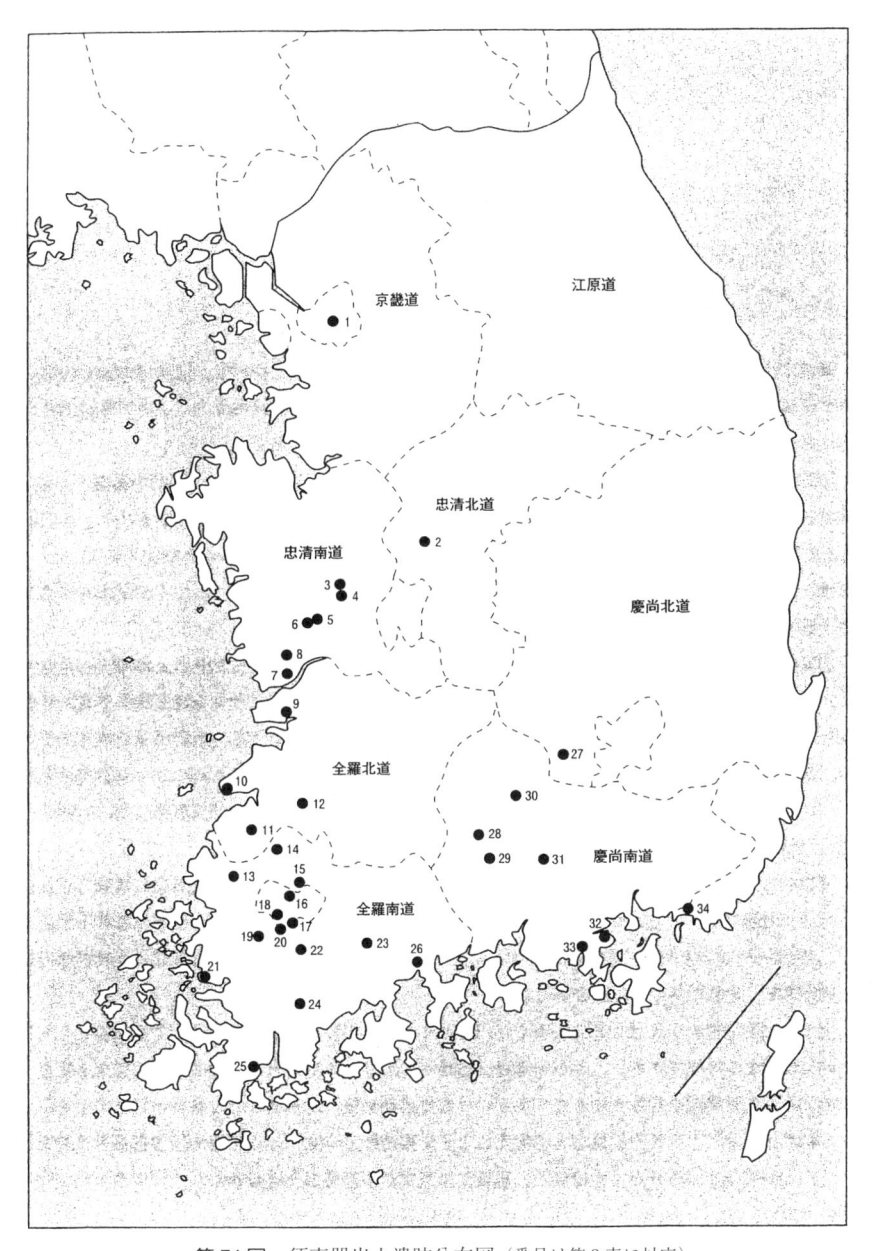

第74図 須恵器出土遺跡分布図（番号は第3表に対応）

254　第Ⅲ部　百済と栄山江流域の土器

第3表　韓国出土須恵器一覧表

No.	遺跡名	遺構名	器種	時期	図版No.
1	ソウル夢村土城	第3号貯蔵穴	坏身1	TK23	1
2	清州新鳳洞古墳群	A地区32号土壙墓	坏身1	TK23	2
		B地区1号土壙墓	坏蓋2・坏身4	TK208〜TK23	3〜8
3	公州艇止山遺跡		坏蓋1・高坏1	TK47	9・10
			甑1	MT15	11
4	公州金鶴洞遺跡	20号墳	坏身1	MT15	12
5	扶餘井洞里遺跡	13住居跡	壺1	TK10	
6	扶餘官北里遺跡		壺1	飛鳥	
7	舒川楸洞里遺跡	A-25号墳	坏蓋1	飛鳥I	13
8	舒川鳳仙里遺跡	7号住居跡	坏蓋1	TK10	14
9	群山大野面山月里遺跡	6号墳	坏身1	TK47か	
		8号墳	坏身2	TK47か	
10	扶安竹幕洞祭祀遺跡		高坏1・坏壺2	MT15	15〜17
11	高敞鳳德遺跡（I）カ地区	方形推定墳南側周溝	坏身2・甑1	TK23	18〜20
	高敞鳳德遺跡（I）ナ地区	溝1	坏蓋2・坏身3	TK47	21〜25
	高敞鳳德遺跡（II）	カ地区地表採集	坏身1	TK47	
12	井邑新月里遺跡	ナ地区採集	坏身1	TK47	26
13	霊光鶴丁里カンビョン遺跡	溝	坏身2	TK47	27・28
14	長城大德里遺跡	1号石槨	甑1	TK47	29
15	潭陽城山里遺跡	4号住居跡	坏身1	TK73	30
16	光州東林洞遺跡	19号溝	無蓋高坏1	TK23	31
		60号溝	坏蓋1	TK23	32
		70号溝	坏身1	TK23	33
		71号溝	蓋1	TK208	34
		81号溝	坏身1	TK23	35
		101号北東溝	坏身1	TK23	36
		101号南西溝	坏身1	TK47	37・38
		102号南西溝	坏身1	TK47	39
		140号溝	坏蓋1	TK208	40

第 5 章 韓国出土の須恵器 255

17	光州香嶝遺跡	3号住居跡	坏蓋1	TK23	
		15号住居跡	坏蓋1	TK23	
18	光州月田洞遺跡	1号竪穴	坏身1	TK23	41
		1号墳周溝東区	甕1	MT15	42
19	羅州伏岩里古墳群	2号墳北側周溝	坏蓋3・坏身1	TK47	43～46
			高坏蓋2	TK47	47・48
		3号墳'96石室	甕1	TK47	49
20	羅州長燈遺跡	3号墳周溝内	坏蓋2	MT15	50・51
21	務安麥浦里遺跡	雲橫262採集	甕1	TK23	52・53
22	和順月谷里遺跡	雲橫17採集	大型甕1	TK208	54
23	昇州大谷里ハンシル遺跡	A-1号住居跡	坏身1	TK23	55
		A地区表採	坏蓋1	TK47	56
		C地区	坏身1	TK23	57
24	長興上芳村A遺跡	56号住居跡	坏蓋1・坏身1・高坏1	TK23	58
25	海南龍日里龍雲遺跡	3号墳石室	提瓶1	MT15	59～61
26	順天出土地不詳	住居跡?	甕1	TK23	62
27	高霊池山洞古墳群	I-5号墳	甕1	TK23	63
28	山清生草古墳群	9号墳	坏蓋2・坏身6・無蓋高坏3・蓋付小型短頸壺1	MT15～TK10	64
29	山清明洞遺跡	22号墳	坏身3	TK47	65～76
30	陜川鳳渓里古墳群	20号墳	無蓋高坏1	TK23	77～79
31	宜寧泉谷里古墳群	21号墳	提瓶1	MT15	80
32	固城内山里古墳群		甕ほか	MT15?	81
33	固城松鶴洞古墳群	1号墳 1A-1号石槨	坏蓋5・坏身6	TK47	82～92
		1号墳 1A-2号石槨	無蓋高坏1	MT15	93
		1号墳 1A-11号石槨	甕1	MT15	94
		1号墳 1B-1号石槨	甕4	MT15～TK10	95～97
34	釜山智土洞遺跡		直口壺1・坏壺1・坏身1	TK47	

第4表 遺構別須恵器出土点数

	墓	住居	溝	祭祀	貯蔵	不明	計
ソウル				1			1
忠北	7						7
忠南	2	2		3		1	8
全北	6		5	3		2	16
全南	16	8	12			2	38
慶北	1						1
慶南	34					3	37
計	66	10	17	6	1	8	108

跡（湖南文化財研究院 2007a）9点（第76図31〜40）、羅州伏岩里古墳群（全南大学校博物館・羅州市 1999、国立文化財研究所 2001）10点（第76・77図42〜51）、山清生草9号墳（慶尚大学校博物館・山清郡 2006）12点(第77図65〜第78図76)、固城松鶴洞1号墳（東亞大学校博物館 2005）16点（第78図82〜第79図97）である。

　須恵器出土遺構の性格は、いずれの地域でも最も多いのが墓である。忠清北道、慶尚北道、慶尚南道は墓のみであるが、忠清南道からは住居跡・祭祀、全羅北道からは溝・祭祀から、全羅南道からは住居と溝など生活関連遺構からも出土することが特筆される（第4表）。韓国東部の慶尚南道・北道の墳墓出土須恵器35点はほとんどが主体部からの出土である。それに対して韓国西部では墳墓出土須恵器31点は、主体部19点に対して主体部以外の周溝などから出土した須恵器は12点である。そのすべてが全羅南道・全羅北道からであり、全羅道のあり方は他地域と大きな相違がある。また、全羅道では伏岩里古墳群、長燈遺跡（湖南文化財研究院 2007c）、鳳徳遺跡などの墳墓では、周溝から各種の陶質土器とともに生活必需品である甑や長甕、平底鉢など軟質土器や、竈の焚口枠板土製品（U字形土製品）も出土し、さらには甕棺に使われる大甕も出土する場合がある。そこに須恵器が共伴することから、古墳から出土するといえどもその性格が問題である。西部では溝跡や住居跡など生活関連遺跡から出土することとも関係し、須恵器は東部では副葬品として、西部では副葬品だけではなく、生活什器の一部として扱われていたといえよう。

　須恵器の器種は坏身、あるいは坏蓋がいずれの地域でも最も多く、甑、高坏が続く（第5表）。その器種についてそれぞれの遺構出土状況を見ると、墓から坏身・坏蓋・甑・高坏の順に出土しているが、住居跡・溝跡・祭祀遺跡にお

第5章 韓国出土の須恵器 257

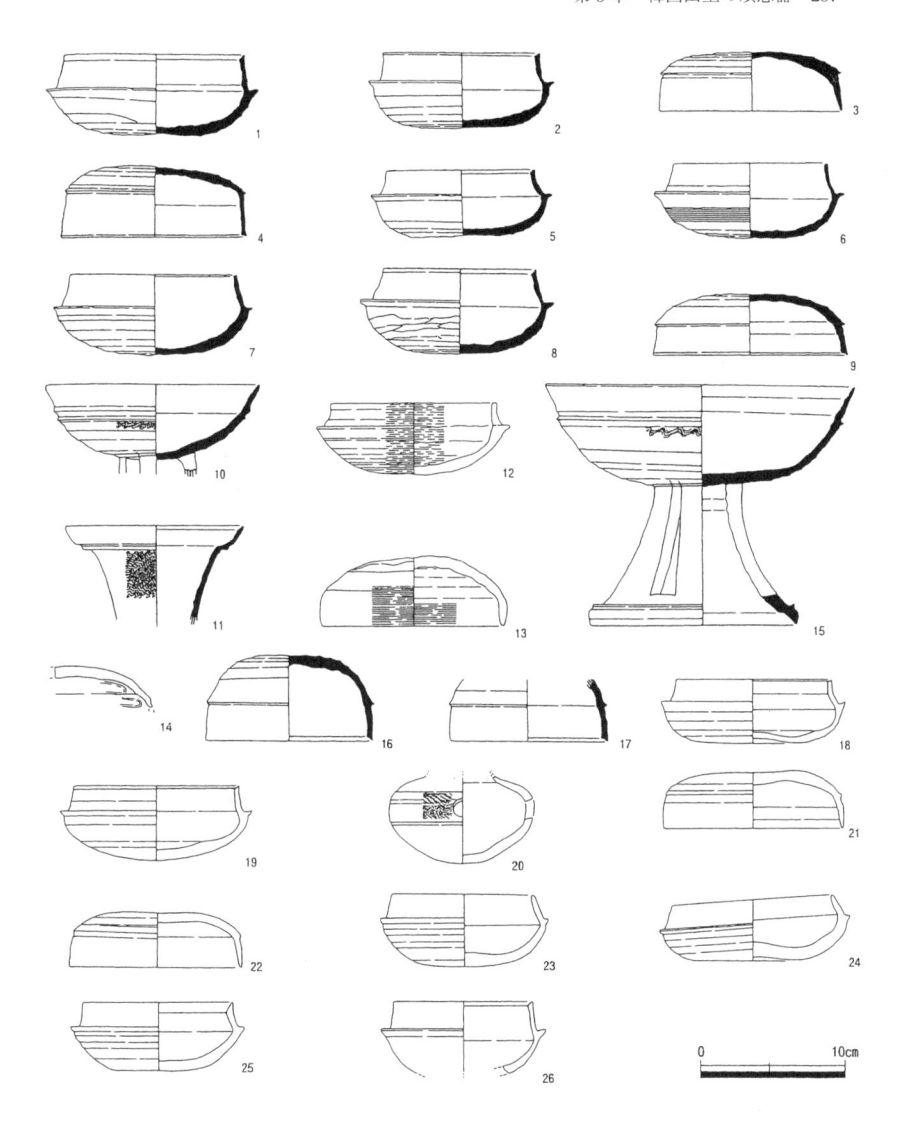

1：ソウル夢村土城　2〜8：清州新鳳洞古墳群　9〜11：公州艇止山遺跡　12：公州金鶴洞20号墳
13：舒川楸洞里A-25号墳　14：舒川鳳仙里7号住居跡　15〜17：扶安竹幕洞遺跡　18〜25：高敞鳳徳遺跡　26：井邑新月里遺跡

第75図　韓国出土須恵器（1）（番号は第3表に対応）

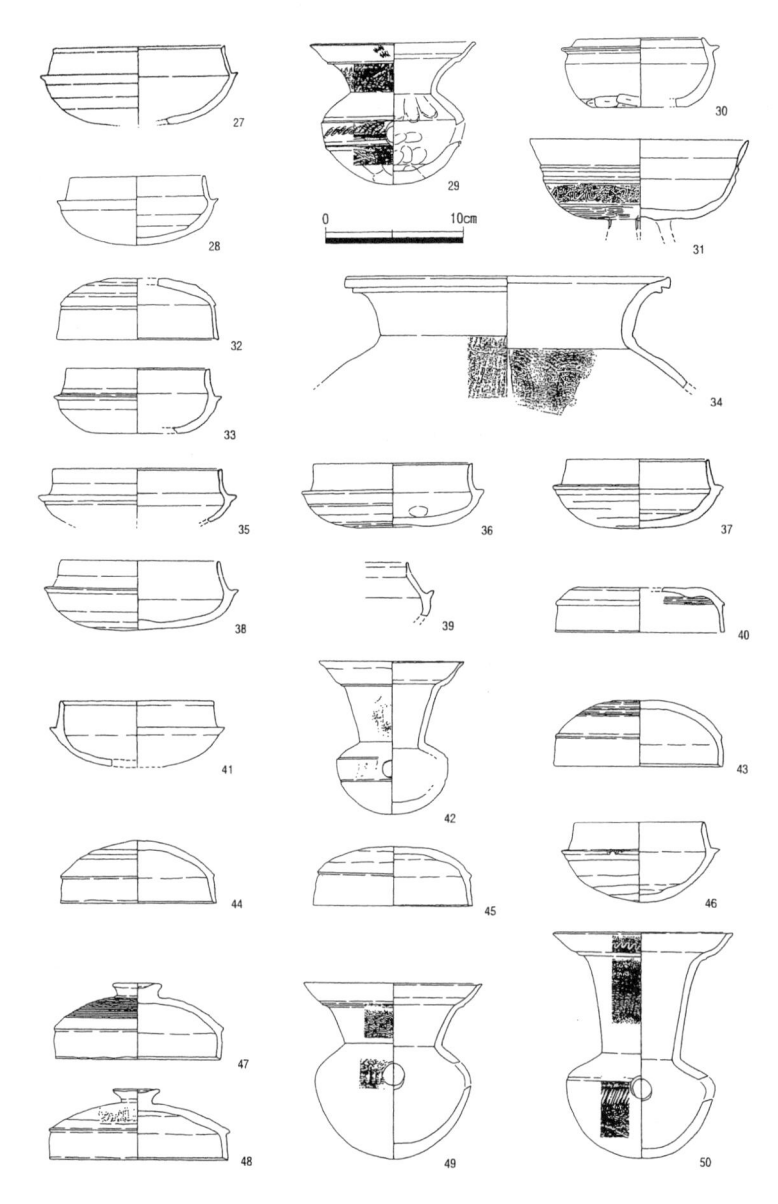

258　第Ⅲ部　百済と栄山江流域の土器

27・28：霊光鶴丁里カンピョン遺跡　29：長城大徳里1号石槨　30：潭陽城山里4号住居跡
31～40：光州東林洞遺跡　41：光州月田洞遺跡　42～50：羅州伏岩里古墳群
第76図　韓国出土須恵器（2）（番号は第3表に対応）

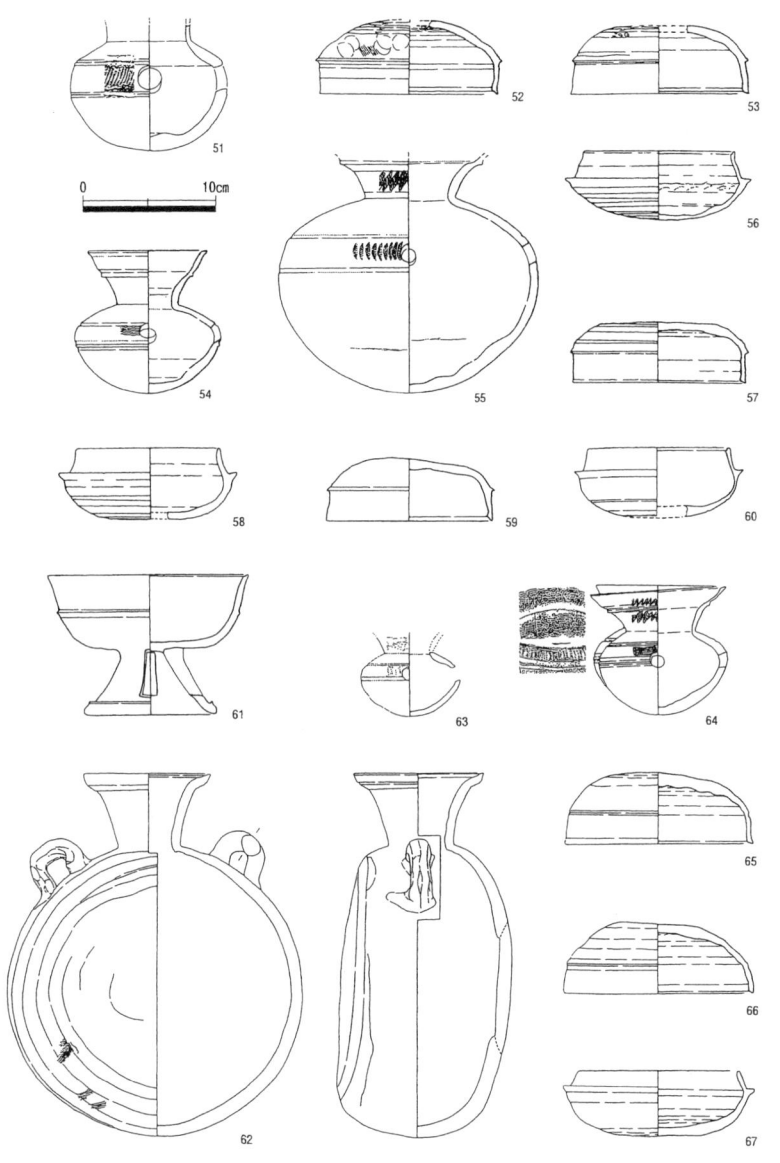

第 5 章　韓国出土の須恵器　259

51：羅州伏岩里古墳群　52・53：羅州長燈遺跡 3 号墳　54：務安麥浦里遺跡　55：和順月谷里遺跡
56～58：昇州大谷里ハンシル遺跡　59～61：長興上芳村 A 遺跡 56 号住居跡　62：海南龍日里龍雲 3
号墳　63：順天出土地不詳　64：高霊池山洞Ⅰ-5 号墳　65～67：山清生草 9 号墳
　　　　　第 77 図　韓国出土須恵器（3）（番号は第 3 表に対応）

260 第Ⅲ部 百済と栄山江流域の土器

68～76：山清生草9号墳　77～79：山清明洞遺跡22号墳　80：峡川鳳渓里20号墳　81：宜寧泉谷里21号墳　82～84：固城松鶴洞1号墳

第78図　韓国出土須恵器（4）（番号は第3表に対応）

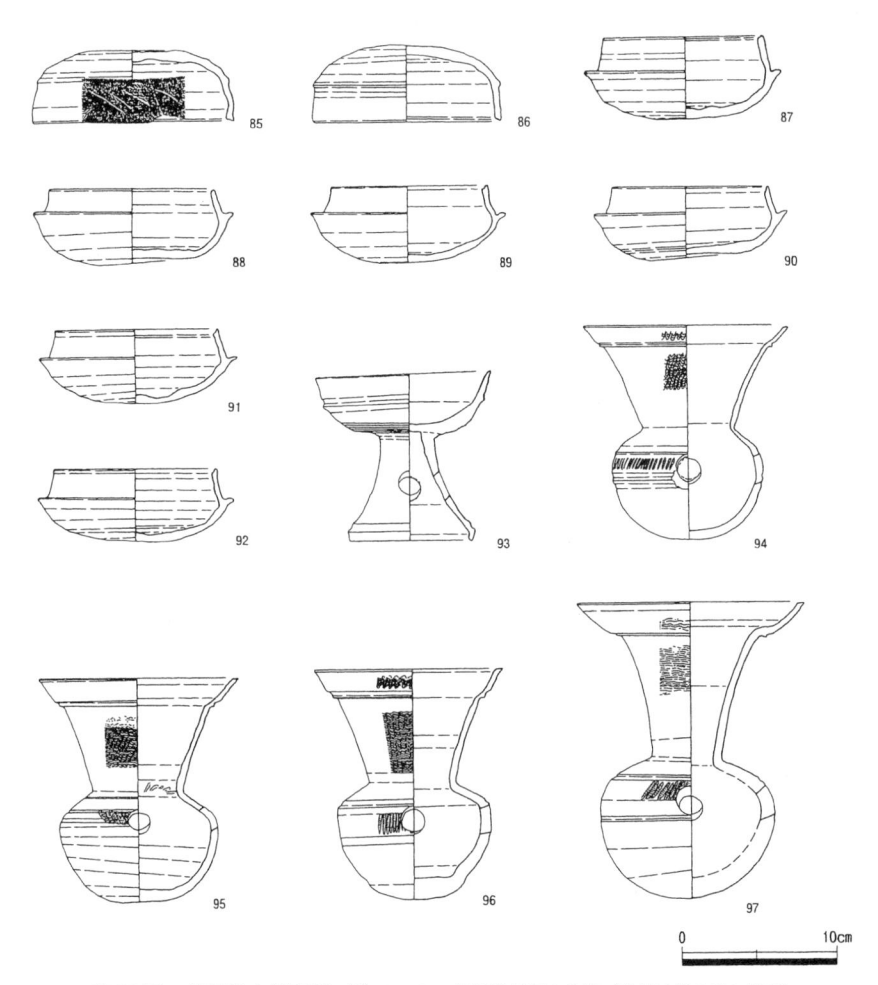

第 79 図　韓国出土須恵器（5）85〜97：固城松鶴洞1号墳（番号は第1表に対応）

いても類似していることから、倭からもたらされる器種は坏蓋を中心として、小型品が主体であったようである（第6表）。固城松鶴洞古墳を見ると在地の小加耶土器とともに、倭の須恵器蓋坏・𤭯だけでなく栄山江流域土器の蓋坏、大加耶土器、新羅土器も出土しており、固城地域における土器交流と、蓋坏・𤭯を副葬する共通する葬送儀礼が見て取れる。栄山江流域においても小加耶土

第5表　器種別須恵器出土点数

	坏蓋	坏身	高坏	𤭯	提瓶	壺・甕	計
ソウル		1					1
忠北	2	5					7
忠南	3	1	1	1		2	8
全北	4	10	1	1			16
全南	11	13	4	8	1	1	38
慶北				1			1
慶南	8	16	5	6	1	2	38
計	28	46	11	17	2	5	109

第6表　遺構別須恵器器種出土点数

	坏蓋	坏身	高坏	𤭯	提瓶	壺・甕
墓	16 (西9東7)	27 (西12東15)	7 (西2東5)	15 (西8東7)	2 (西1東1)	1 (東1)
住居	3	3	1	1		1
溝	4	11	1			1
祭祀	3		2	1		
貯蔵		1				
不明	2	4				2

第7表　型式別須恵器出土点数

	TK73	TK208	TK23	TK47	MT15	MT15-TK10	TK10	飛鳥
西部	1	3	28	25	9		2	2
東部			2	17	7	13		

器が多く出土することからも、両地域の交流が盛んに行われていたようであった。

　須恵器の器種として中型品の提瓶2点（第77図62・第78図81）と壺1点、甕1点（第76図34）があるが、小型品と比較するとわずかであり、半島へもたらされた須恵器はやはり小型品が主体といえよう。しかし、竹幕洞祭祀

遺跡の大甕が須恵器であるならば半島における特異な存在である。木下がいうように内容物を運んだ可能性がある（木下 2003）ことと、倭系の石製模造品が出土することから、その地で須恵器大甕を使って倭の航海に伴う祭祀が行われた可能性が指摘できる。

次に半島東部西部の時期別須恵器出土状況を見てみる（第7表）。出土須恵器のうち最も古い型式は、潭陽城山里4号住居跡の鍋形の坏身1点である（湖南文化財研究院 2004）（第76図30）。ON231号窯から出土する形態と酷似したTK73型式である。その後須恵器の型式では2型式の間が開きTK208型式が3点あるが、いずれも韓国西部域から出土する。続くTK23型式は西部28点に対して東部では2点だけであり、西部に早くから須恵器が流入しており、しかも多いことが分かる。TK47型式は西部で25点とやはり多いが、東部でも17点と急増する。MT15型式およびTK10型式は西部で11点、東部で20点である。このように西部では早い段階から須恵器が流入し、TK23・TK47型式でピークを迎えて順次減少していく。それに対して東部では西部に遅れてTK23型式にわずかに出現し、TK47型式からMT15型式にピークがあり、その後両地域ともTK10型式でいったん見えなくなる。その後しばらく間が開くが、飛鳥Ⅰ型式の須恵器坏蓋が忠清南道の舒川楸洞里遺跡（忠清埋蔵文化財研究院 2006）に現れるのが最も新しい須恵器である（第75図13）。この蓋坏は回転ヘラ切り未調整である。このような出土傾向の違いについて、次項でもさらに検討してみよう。

3. 出土須恵器の特徴について

前項において朝鮮半島で出土する須恵器の東部と西部の違いを述べた。①出現・ピークの時期の違い、②東部が墳墓主体であるのに対して、西部では墳墓以外に住居跡・溝跡・祭祀遺跡など生活関連遺構や祭祀遺跡から出土することについて検討してみよう。

①について列島と韓国東部西部両地域との交流はあったものの、須恵器から

見るならば交流の違いがあった可能性がある。最も早い潭陽城山里遺跡の坏身（第76図30）は列島の初現期の型式であり、はたして須恵器が製作されはじめてすぐに半島にもたらされたのか疑問も残るが、出土品を見る限り須恵器と考えられる。やや間を開けるもののTK208型式、TK23型式と漸次増加することから、韓国西部地域と列島の交流が早くから行われていた可能性がある。当然韓国東部と列島も同じように交流が行われていたものの、生活関連遺跡に須恵器の入りやすい交流ではなかった可能性がある。②のように西部では住居跡、溝跡など生活遺跡に密接に関連した場所から出土すること、前述したように墳墓出土であっても周溝から多くの生活必需品である土器などとともに出土することからも、韓国西部地域へ政治的交渉で入ると考えるよりも、人的交流によって須恵器が運ばれていた可能性があろう。

　列島においても韓国西部地域との人的交流の痕跡は、オンドル、竈焚口枠板土製品（U字形土製品）、鳥足文叩き、甑をはじめとする軟質土器などが各地から出土し、渡来人の痕跡と考えられている。おそらく列島へ渡来人が渡ってきたように、韓国西部地域へ渡った人々が一定数いた可能性がある。半島へ渡った人々は、必ずしも倭人だけといえず、倭に渡り倭から再び戻った西部地域の人の可能性もある。列島に見る渡来人の生活必需品に軟質土器が多いことを思えば、倭人が集団で半島に渡り、ある地点に集中して居住したならば倭系の土師器が一定量出土する可能性が高いが、須恵器と比較してあまりにも少なすぎる。このことは、集団の規模が小さかったためか、この時期は土師器を携行することが少なかったのか、あるいはいまだ見つかっていないのであろうか。

　時代は異なるが弥生後期から終末期にかけて、北九州系の弥生式土器が韓国南岸地域でも洛東江河口付近の釜山に多く出土し、西の泗川にも分布する。特に洛東江河口西側の金海周辺には、武器形青銅器や小型仿製鏡など倭系青銅器が分布している。ところが古墳時代前期になると土師器系土器が洛東江河口から金海周辺に広がり、その地域には近畿を中心に分布する鏃形石製品、筒形銅器、巴形銅器などが出土することなどから、弥生時代と古墳時代の威勢具の変

遷と土器から見て、北九州から畿内へ半島との交渉相手が移ったと考えられている（井上 2006）。また、慶尚南道勒島遺跡 A 地区出土の弥生式土器は前期末から後期初頭で 180 点あり、搬入品と忠実再現品および擬弥生土器があるという。その故地は玄界灘沿岸が主体で山口・大分・熊本県域の土器も含むという（武末 2008）。擬弥生土器の中には弥生人の対応した土器と半島の無文土器人が対応した土器があるとされているが、土師器の場合も今後資料集成して詳細に検討していけばこのような様相が見えてこよう。

一方、東部のように墳墓から威勢具に土器が伴う場合、政治的な交渉で人の移動に伴い土器も移動した可能性が高い。その点では韓国東部の須恵器の出土が遅れて増加し、しかも墳墓に限られることは、その交流が政治的に行われ、須恵器も贈与された可能性があろう。しかし、その地域は加耶の中でも西部域が多いことは、後述するように小加耶あるいは大加耶との関わりがあろう。

韓国で新しい時期の須恵器は TK10 型式であるが、MT15 型式および TK10 型式の須恵器が忠清南道の錦江流域である公州・扶餘・舒川に分布する。また、舒川・扶餘に飛鳥時代の須恵器が出土することは注目される。この地域は出土須恵器の時期である 6 世紀前半代から 7 世紀中頃まで、公州・扶餘に百済の都が置かれた地域であり、公州では丹芝里遺跡（忠清文化財研究院・大田地方国土管理庁 2006）に倭系の横穴墓群が発見されている。管見によれば確認できた須恵器の最終末の時期である。今まで存在が明確でなかった飛鳥時代の須恵器の出土は、現段階の評価として百済の都を中心に、錦江の下流に近いことから、滅亡に近づく泗沘期の百済と倭の交流を知る資料となり、今後認識され増加していくであろう。

4. 韓国出土の須恵器系土器

韓国で出土する須恵器系土器は、特に韓国西部の全羅南道の栄山江流域、いわゆる馬韓に多い（第 80 図・第 8 表）。この地域は筆者のいう瓦質系土器、羅州系土器、百済系土器、高敞系土器、光州系土器などが、時代、地域を違え、

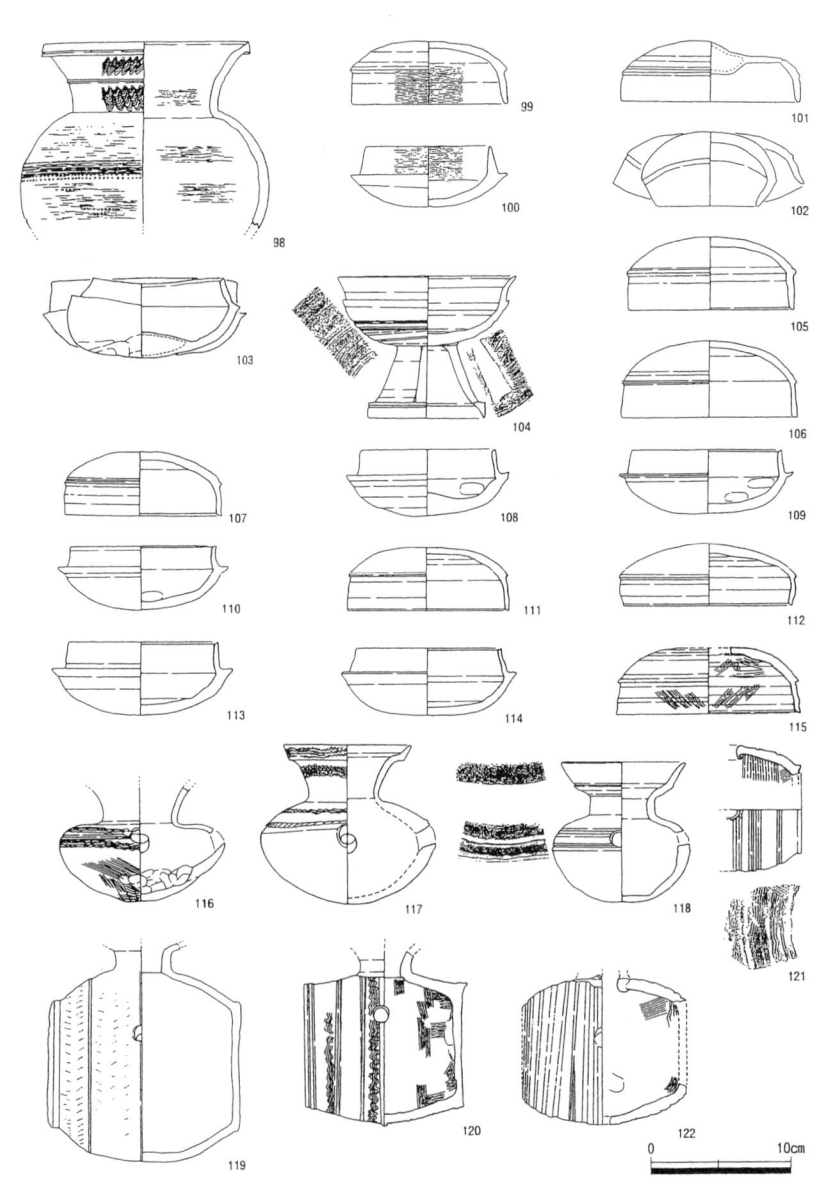

266　第Ⅲ部　百済と栄山江流域の土器

98：ソウル夢村土城　99・100：公州丹芝里11号横穴墓　101・102・119：高敞鳳徳遺跡　103・116・117：長興上芳村A遺跡　104：潭陽西玉3号墳　105〜114・118・121・122：光州東林洞遺跡　115・120：羅州長燈遺跡

第80図　韓国出土須恵器系土器

第8表　韓国出土須恵器系土器出土遺跡

遺跡名	遺構名	器種	図版 No.
ソウル夢村土城	南門址蓮池	壺	98
公州丹芝里横穴墓群	11号横穴	坏蓋・坏身	99・100
高敞鳳徳遺跡	方形周溝墳南側溝	坏蓋	101
高敞鳳徳遺跡（I）ナ地区	溝1	坏蓋	102
高敞鳳徳遺跡（I）カ地区	溝1	樽型𤭯	119
潭陽西玉古墳群	3号墳墳頂	無蓋高坏	104
光州東林洞遺跡	101号北東溝	坏蓋・坏身	105～110
	101号南西溝	坏蓋・坏身	111～114
光州東林洞遺跡	10号溝	𤭯	118
光州東林洞遺跡	60号溝	樽型𤭯	121
	141号溝	樽型𤭯	122
長興上芳村A遺跡	56号住居跡	坏身	103
長興上芳村A遺跡周辺収集		𤭯	116
長興上芳村A遺跡	47号住居跡	𤭯	117
羅州長燈遺跡	2号墳周墳	坏蓋	115
	8号竪穴	樽型𤭯	120

あるいは同時期に分布域が重複しているなど複雑な様相を見せている。しかし、現段階でそれらの窯跡は羅州五良洞窯跡群（木浦大学校博物館・東新大学校文化博物館 2004、国立羅州文化財研究所 2011）・新加里窯跡群などわずかであったため、その様相は不明な点が多い。2006・2007年度に調査した光州杏岩洞（発掘時は孝泉）窯跡群（全南文化財研究院 2011）の製品は、鳥足文叩きをはじめ、栄山江流域に分布する各種の土器を焼成し、扶安竹幕洞祭祀遺跡（国立全州博物館 1994）の土器と共通する製品も出土する。今日まで竹幕洞祭祀遺跡でかかわりがあったのは加耶・百済・倭が主体だと考えられていたが、栄山江流域の土器が多く出土していることから、栄山江流域勢力も祭祀に加わっていた可能性があり、今後の光州地域の土器研究によって大いに進展しよう。

　現在までの知見から栄山江流域の土器と須恵器との関係を述べてみよう。栄

山江流域の土器群についての詳細は前述（第Ⅲ部第1章）したが、ここでは簡単に述べてみる。瓦質系土器は、栄山江流域に以前から存在する瓦質土器から発展して、5世紀前半代に出現したと考えている、陶質まで至っていない焼成のやや甘い土器である。多くは方形痕（ゲタ痕）を持つ未調整の広い平らな底部や天井部を持つが、体部は回転ヘラ削りで調整され、形態も須恵器の蓋坏に類似している。羅州系土器は瓦質系土器から発展し陶質になった土器と考えられ、やはり底部・天井部が小さいものの平坦に削られ、回転ヘラ削り、手持ちヘラ削りの両者がある。焼成時の窯詰めの方法は、坏身と坏蓋をそれぞれ口縁部を上にして、入れ子状に交互に積み重ねて焼成した痕跡が見られ、口唇部に段を持つ器形の中には須恵器に類似する例がある。百済系土器は口唇部に段を持ち、底部・天井部が丸く、手持ちヘラ削りである。焼成時の窯詰め方法は、坏身に坏蓋を合子状に被せて、それぞれの蓋坏を三段ほど積み重ねた状態で融着した製品が、新加里窯跡から出土している。窯詰方法と形態は須恵器に類似する。高敞系土器は、短脚の高坏をいうが、脚部の基部が太く、透しが多窓から無窓、三角などさまざまな形態がある。光州系土器の蓋坏は、回転ヘラ削りで稜部や口縁部など形態的に最も須恵器に類似するが、分布や技術系譜など不明確な点が多く、詳細は今後の課題である。

栄山江流域に分布する須恵器はTK23・TK47型式が最も多いが、その時期の特徴として口唇部に段を持つこと、底部・天井部に回転ヘラ削りが施されることがあげられる。口唇部に段を持つ例は瓦質系土器、羅州系土器、百済系土器、光州系土器などが該当するが、その中で回転ヘラ削りを持つものは瓦質系土器、羅州系土器、光州系土器である。瓦質系土器は5世紀第1四半期には、羅州系土器は5世紀第3四半期には出現していると考えている。光州系土器の出現は不明確であるが、5世紀後半には存在していると推測している。

東林洞遺跡をはじめ光州の遺跡には須恵器系土器が多く出土している（第80図）。報告書の中で図化された図面では須恵器か須恵器系土器かの判別が難しいものも多く、実際実見しても迷うものがある。今回報告した中でも公州丹芝里横穴の蓋坏（第80図99・100）は須恵器とする研究者もいるが、内面の

不定方向の撫でが広範囲で、器厚が厚いこと、蓋受け部から口縁部にかけての形態など、須恵器とするには違和感がある。清州新鳳洞遺跡例（第75図2～8）、艇止山遺跡例（国立公州博物館 1990）（第75図9～11）は木下が須恵器系土器とするものであるが、これについて筆者は須恵器とした。しかし、清州新鳳洞遺跡の器厚が厚い坏蓋（第75図3）については須恵器か疑問も残る。高敞鳳徳遺跡坏身（第75図25）は実見したところ平底化しており、口唇部の形態から前稿で須恵器系土器と考えたが、再度検討すると須恵器の可能性が高い。潭陽西玉3号墳（湖南文化財研究院 2007a）の無蓋高坏（第80図104）も三方透しで、透しの開け方、回転ヘラ削り、波状文などから当初須恵器としたが、実見したところ口縁部内外に斜行整形痕があることから須恵器系土器であろう（第93～95図）。また、羅州長燈遺跡2号墳の蓋坏（第80図115）も須恵器と考えていたが実見したところ、口縁内外に斜行整形痕が存在し、その後口縁部を上下二段に分けて撫でており、内面には広い不定方向撫でが施され、底部円板作りの段が見られるなどから須恵器系土器である（第91・92図）。斜行整形痕については第Ⅲ部第6章で再度検討する。

　高敞鳳徳遺跡坏蓋（第80図101）、上興上芳村A遺跡坏身（第80図103）の須恵器に類似した器形で焼け歪んでいる製品から、半島において須恵器の技術で焼成された須恵器系土器が存在することを前述した。本章でも羅州長燈遺跡、光州東林洞遺跡には多くの須恵器系土器が出土しているので検討してみる。光州杏岩洞2号窯、光州山亭洞2・3号窯（湖南文化財研究院 2008）、道民洞窯跡や長燈遺跡6号墳周溝内から土器を焼成する断面二等辺三角形の陶枕（トチン）が出土しており、この焼台は大庭寺窯跡例と類似する。また、東林洞遺跡からは焼け歪んだ須恵器系土器が出土することから、周辺で焼成した可能性があろう。両遺跡からは小型の樽形𤭯（第80図120～122）が出土するが小型品に限られ、木下が述べるように新しい。須恵器と比較して側板の周辺が胴部から突出しないこと、孔部が突線にかかることなど、半島の特徴を持つ[3]。東林洞遺跡の𤭯（第80図118）は、胴部に2本の突線がめぐり、その間に孔部が開けられる須恵器と共通した特徴を持つ、半島にほとんどない形態であ

る。2本の突線の間とその上部には波状文がめぐり、さらに口縁部にも波状文が施されることも須恵器と共通する。しかし、直立する頸部や口縁部の特徴は栄山江流域の甑と共通する。また、杏岩洞4号窯から初期須恵器に類似した甑が直口壺の口縁に乗せられ、倒れた状態で出土した。この2点は底部がやや扁平であることからも須恵器とはいえない。上芳村A遺跡には胴部の肩が張り底部が尖り気味の、列島の初期須恵器の甑に類似するイチジク形甑もある（第80図116・117）。特に116は底部内面を棒状工具で突いて整形しており、倭と共通する技法であり、須恵器との関連性が高い。このような甑は栄山江流域ではほとんど見ることはできず、倭から取り入れられた初期の甑の形態と考えられ、倭の須恵器を原型として半島で甑の生産が行われたのではなかろうか。

　すなわち半島の須恵器系土器の蓋坏、甑について、筆者は須恵器を模倣して半島で製作された可能性を考えたい。このことはすでに木下が半島の樽形甑について、須恵器を模倣して半島で製作されたと述べている。筆者も前項で甑の出現が倭よりも半島で遅れること、倭と同様小型・大型が存在し大型が5世紀で消滅することなどから、倭からの影響で出現したと想定した。

　ではなぜこの地域で須恵器系土器が出現したのであろうか。前項で述べたように韓国西部、全羅南道を中心に多くの人々が列島へ渡来してきた。3・4世紀に福岡市西新町遺跡が知られるが、4世紀末から5世紀初頭には畿内まで及び、5世紀前半代を中心に多くの文物が確認できる。その後TK23・TK47型式の段階の5世紀後半から末にかけて、列島の人々が半島に多く渡り、列島へ渡来してきた人々の中には半島へ戻る人がいたと想定する。そのような人々により須恵器の技術が伝えられたのであろう。甑・樽形甑の孔部の穿孔方法、孔部の位置が胴部突線にかかること、平底が存在すること、樽形甑の側板の周縁が突出しないこと、蓋坏に見られる斜行整形痕などから、倭の須恵器工人が主体ではなく、半島の土器工人が製作したのであろう。同様のあり方は全羅道に見られる、倭の円筒埴輪・朝顔形埴輪の形態でありながら、在地の土器と同じ叩きを持つ埴輪が該当しよう。

　そのような半島へ戻る人々とともに倭人もいたことは、須恵器が生活遺跡へ

入ることから推定でき、このような人的交流により須恵器や須恵器製作技術、埴輪製作技術がもたらされたことにより、海を挟んで類似土器技術圏が形成されたのであろう。このような韓国西部地域との人的交流と全羅道の栄山江流域に分布する前方後円墳の築造は密接な関連があろう。

5. 韓国出土須恵器の背景

　栄山江流域の前方後円墳や倭系石室が分布しており、被葬者については多くの研究者のさまざまな見解がある。前方後円墳の被葬者の性格について①在地首長説、②倭系百済官僚説、③人的交流や北九州からの亡命者説、④北九州からの移住者説などがあるが、いまだ見解の一致を見ていない。
　一方、加耶地域の倭系文物についてもいくつかの見解がある。
　日韓の文物から両地域の交流を考察した朴天秀は、大加耶産文物が5世紀後半の日本列島に突然流入する背景について、大加耶が海上交通の安全を確保するため、麗水地域を占有し南海岸の制海権を掌握し、百済と倭の交通や、倭の中国交通にも一定の影響を行使することができるようになったためだと考えた。また、「6世紀初頭を前後し、日本列島に導入された文物の舶載地が大加耶から百済に転換し、加耶地域に移入された倭系文物が百済支配下の栄山江流域に集中する」とした。加耶地域の倭系古墳の被葬者について、栄山江流域の前方後円墳被葬者の活動を牽制するため、大加耶およびこれに連携した小加耶が筑後川流域と氷川川流域などに出自を持つ豪族勢力を移植したと想定した（朴天秀 2003, 2006）。
　これに対して加耶の中でも西部慶尚南道に分布する倭系文物を検討した趙栄済は、倭系文物が海辺部に主に分布するか、内陸で発見される場合にもすべて小加耶と密接な関係を示しており、倭系文物の流入に小加耶が中心となったか、九州の倭人が小加耶の支援によって西部慶尚南道地域で活動した結果と想定されている。また、固城地域に栄山江式の遺物と古墳築造方式が入ってくるようになった背景も小加耶人の積極的な対外活動があったためとした。しか

し、加耶地域の倭系文物は栄山江流域とは関係がなく、栄山江流域に前方後円墳が築造されないなど様相に差異があり、両地域の倭系文物について栄山江流域は北部九州型石室、加耶地域は有明海沿岸地域の石室であり両者が異なることから、同じ九州出身でも別個であるとした（趙栄済 2004）。

　河承哲は加耶地域の倭系遺物・遺構の検討から、栄山江流域の前方後円墳の築造は、百済の軍事作戦に動員された倭人たちが大勢存在していた可能性が考えられるとした。大規模な人的交流とともに交易が増大して物資の流通が頻繁になったことは、小加耶、栄山江流域、百済、九州の石室から出土する遺物の共通性から確認できるとした。また、小加耶の中心である固城は、栄山江—南海岸—対馬島—九州を結ぶ海上交通路の重要交易港として機能し、中国、倭との交易を主導し、南江と洛東江を利用して内陸の加耶勢力に物資を供給したと考えた（河承哲 2006）。

　このような各氏の考え方を集約すれば、倭系文物の分布から見るならば、百済・馬韓・小加耶は海上交通路による交易が盛んであったといえよう。また、多くの倭人が活動していたと、見解は一致する。しかし、海上交通路を掌握していたのが小加耶なのか、大加耶なのか、あるいは馬韓なのか見解が相違する。倭系文物が朴天秀のように大加耶によって栄山江流域へもたらされたのか、趙栄済や河承哲のように小加耶が関わっているのか即断できない。

　栄山江流域における前方後円墳のような墳形、埴輪祭式、石室形態、副葬品など倭人固有の墓制があるが（朴天秀 2005）、加耶の倭系文物には円筒形土器はあるものの、前方後円墳はないことが注目される。また、栄山江流域に須恵器が早くに出現し、多くの遺跡から、しかも生活関連遺跡から多く出土することとも関わるのであろう。

　栄山江流域には円筒形土器（墳周土器）が分布するが、大きく三つに分類でき、大竹弘之と林永珍はそれぞれ①円筒埴輪系（大竹 2002）と筒Ｂ形（林永珍 2003）、②筒形器台系と筒Ａ形、③有孔平底壺形と壺形、に分けた。栄山江流域では、在地の古墳には③有孔平底壺形が立てられているが、前方後円墳には①円筒埴輪系が立てられることは注意してよい（朴天秀ほか 2006）。この

①円筒埴輪形には円筒形と朝顔形があることから列島の埴輪を模倣しており、前方後円墳である光州明花洞古墳、月桂洞古墳、霊岩チャラボン古墳、光州香嶝遺跡、咸平露積遺跡、和順白岩里遺跡から出土する。また、②筒形器台系は埴輪とやや異なるものの、影響は受けていると想定され、羅州新村里古墳や徳山里古墳、務安高節里古墳から出土する。すなわち、より埴輪に類似した①円筒埴輪系は光州および周辺に分布し、埴輪とやや異なる②円筒器台系は光州周辺に分布し、③有孔平底壺形は光州周辺からさらに広い範囲で、北は全羅北道北端の群山まで広がる。光州香嶝遺跡16・24・25号住居跡からは①円筒埴輪形が住居跡から出土し、光州月桂洞古墳、明花洞古墳の前方後円墳に供給されていると考えられている（李暎澈 2006）。同遺跡ではTK23型式の須恵器2点が3号・15号住居跡から出土する。このように円筒形埴輪、朝顔形埴輪に類似する①円筒埴輪系が光州を中心に分布し、また、光州には須恵器や須恵器系土器が濃密に分布することは、この地に倭人あるいは倭から戻った人々がいたのであろう。その役割の一つが埴輪生産の関与であった可能性があろうが、前述したように埴輪は倭人ではなく、在地の工人による製作であろう。

　半島西部では東部に先駆けて須恵器が流入すること、栄山江流域の土器が九州だけでなく、地理的に九州から約450 km離れる畿内でも多く出土すること、潭陽城山里4号住居跡に5世紀初頭の畿内産須恵器が見られ、その後もこの地域の住居跡から出土することなどから、畿内と栄山江流域の交流が人的交流として行われていたのであろう。その背景には大和王権と百済との関係があったのであろうが、5世紀後半から6世紀前半に九州の勢力が栄山江流域に入っていき、両地域の政治的な交流が行われたのであろう。その後の倭と百済の交流の痕跡が、公州・扶餘周辺に見られる7世紀代の須恵器（第75図13）であろう。

6. 須恵器の流通から見た韓国出土の須恵器

　日本列島の須恵器生産の開始については、百舌鳥や古市古墳群など大王墓の

外縁で埴輪窯、玉作り、鍛冶生産、馬生産とともに須恵器生産など手工業生産地が配置されているといわれている。陶邑の須恵器は、北は北海道から、南は鹿児島、さらには朝鮮半島のソウルにまで流通している。列島内ならば大和王権による再分配流通機構の中で各地にもたらされたと想定できるが、海を渡った朝鮮半島、中でも前方後円墳体制と関わりがない前方後円墳が分布している栄山江流域では、どのように流通したのであろうか。

前述したように人的交流で入った須恵器が、古墳あるいは集落へ入るシステムは、商品・賜与・配布・交易などさまざまな流通が考えられるが、どのようなものがあったのであろうか。前方後円墳が倭の被葬者ならば自ら所持した須恵器が入る可能性が高いと考えられる。しかし、現在のところ前方後円墳から須恵器はわずかに出土するだけで、栄山江流域の土器が主体である。羅州勢力圏には前方後円墳が見られないが、大古墳である伏岩里3号墳の'96石室や同1・2号墳周溝から須恵器が複数出土することは偶然ではない。被葬者、あるいは埋葬に関わり須恵器を集積した結果であり、半島へ渡来した倭人の生活什器を集めたとは考えられず、韓国出土の甑の16点中14点が墓から出土することなどから、栄山江流域の首長層間に須恵器が流通し、倭と同様、墓へ須恵器を副葬するシステムが存在したのであろう。

しかし、その須恵器が栄山江流域の首長層から集落の居住者に再分配されたかは疑問である。須恵器が複数個体出土する墓以外の遺跡が多いことから、倭人あるいは倭から戻った人々が居住する集落に須恵器が入る流通システムがあったのであろう。これが東部の加耶地域と異なる点である。また、須恵器系土器が光州あるいは高敞を中心に分布することは、倭人や倭と関わる人々がいたために須恵器に価値を認め、須恵器模倣品である須恵器系土器を生産する体制が構築されたのであろう。

7. おわりに

木下の須恵器・須恵器系土器を基礎に、筆者が実見した資料も加え、出土状

第 5 章 韓国出土の須恵器 275

況やその背景について検討してみた。執筆後も新たな出土資料が数多く出土しているが、現時点での集成による分布傾向は大きく変わらないと予測する。その中で光州の山亭洞遺跡では方形建物、竪穴、溝から TK208 型式の坏蓋 2、坏身 4、高坏 2、甑 1 の計 9 点が出土する。また南海岸の麗水竹林里車洞遺跡（馬韓文化研究院 2011a, 2011b）では多くの須恵器が墳墓と住居跡から出土したが、住居跡から出土したことは栄山江流域と共通することから、倭人が南海航海ルート上のこの地域にも入っていたのであろう。今後、南岸沿いの発掘が進めば資料が増加しよう。

　倭と百済の交流を考えると、須恵器の出土分布から今まであまり注目していなかった公州・扶餘周辺にも 6・7 世紀代の須恵器が増加する可能性があり、土器から見た倭と熊津・泗沘期の百済との交流も明らかになってこよう。

　倭における渡来人の存在を証明する一つに軟質土器の存在がある。しかし、陶質土器は生活必需品とはいえず、渡来人と関わりなく移動する可能性があるため、陶質土器から渡来人を探ることは難しい。朝鮮半島から出土する須恵器も必ずしも生活必需品とはいえず、出土したからといっても倭人がそこにいた証明にならない。しかし、半島西部、特に栄山江流域の生活関連遺跡から須恵器が出土する傾向は、現在の倭系文物分布状況と須恵器の分布が重なる地域も多いことから、倭人の存在が想定できよう。また、筆者の交流の視点にある、手工業生産の交流、人的交流も須恵器だけではなく、5〜7 世紀の土師器が出土することにより今後解明されてこよう。

註
（1）筆者は 1992 年佐原真氏に韓炳三氏をご紹介いただき、国立中央博物館収蔵の夢村土城南門址蓮池出土の須恵器に酷似した壺を調査させていただいた。佐原氏に調査目的が韓国内の須恵器類似品が、須恵器である可能性を調べたいとお話ししたところ、韓国の研究者は須恵器の存在を受け入れがたいのではないかとご指摘をいただいた。しかし、韓炳三氏は調査の結果そのようなことが判明したなら研究者も納得すると話されたため、意を決して書いた文であるが、当時まだ資料を見ることもままならなかったため、断定するには躊躇したところがあった。

（2）特別市、広域市はその地域の道に含めた。
（3）樽形𤭯の孔と突線の関係は、栄山江流域ではいずれも孔が突線の位置に穿たれる。倭の TG232 号窯に続く ON231 号窯では突線の間に孔が位置するが、続く濁り池窯跡では孔が突線にかかる例も見られ、報告された TK73 号窯と TK83 号窯の樽形𤭯 1 点はいずれも孔が突線にかかり、この時期は倭と栄山江流域の樽形𤭯が類似する。また、羅州長燈遺跡 8 号竪穴と陶邑 TK85 窯跡の樽形𤭯は形態的に類似する。筆者は前稿で TK73 号窯から出土する平行の目に 1 本直交する、韓国で「単線横走垂直集線文」と呼ぶ叩き目文が見られることから、これも含め栄山江流域の影響があると考えたが、孔と突線の関係も栄山江流域との関わりがあるかもしれない。𤭯に関して以下の論文がある（盧美善 2004、李瑜真 2007）。

参考文献

井上主税　2006『嶺南地方出土倭系遺物に見る韓日交渉』慶北大学校文学博士学位論文
大竹弘之　2002「韓国全羅南道の円筒形土器―いわゆる埴輪形土製品をめぐって―」『前方後円墳と古代日朝関係』同成社
河承哲　2006「五〜六世紀における加耶地域の倭系遺物と遺構―巨済島　長木古墳を中心に―」『海を渡った日本文化』鉱脈社
木下亘　2003「韓半島出土の須恵器（系）土器について」『百済研究』37 輯、忠南大学校百済研究所
木下亘　2006「韓半島出土の須恵器及び須恵器系土器に就いて」『須恵器生産の成立と展開』（財）大阪府文化財センター
群山市・文化財庁・群山大学校博物館　2002『群山山月里遺跡』
慶尚大学校博物館・山清郡　2006『山清生草古墳群』
慶南発展研究院歴史文化センター　2004『山清明洞遺跡Ⅰ』
国立公州博物館　1990『艇止山』
国立光州博物館　2004『海南龍日里龍雲古墳』
国立全州博物館　1994『扶安竹幕洞祭祀遺跡』
国立文化財研究所　2001『羅州伏岩里 3 号墳』
国立羅州文化財研究所　2011『羅州五良洞窯址Ⅰ　1〜4 次発掘調査報告書』
湖南文化財研究院　2003『高敞鳳徳遺跡Ⅰ』
湖南文化財研究院　2004『潭陽城山里遺跡』
湖南文化財研究院　2006『長城大徳里・安平里遺跡』
湖南文化財研究院　2007a『潭陽西玉古墳群』
湖南文化財研究院　2007b『光州・東林洞遺跡Ⅲ』
湖南文化財研究院　2007c『羅州長燈遺跡』
湖南文化財研究院　2008『光州山亭洞遺跡』

酒井清治　1993「韓国出土の須恵器類似品」『古文化談叢』第30集（中）、九州古文化研究会
酒井清治　2004「5・6世紀の土器から見た羅州勢力」『百済研究』39輯、忠南大学校百済研究所
酒井清治　2005「韓国栄山江流域の土器生産とその様相―羅州勢力と百済・倭の関係を中心に―」『駒澤考古』第30号、駒澤大学考古学研究室
全南大学校博物館・光州広域市　1996『光州月田里遺跡』
全南大学校博物館・全羅南道　1990『住岩ダム水没地域文化遺跡発掘調査報告書』Ⅶ
全南大学校博物館・羅州市　1999『伏岩里古墳群』
全南文化財研究院　2011『光州杏岩洞土器窯』
ソウル大学校博物館　1989『夢村土城西南地区発掘調査報告』
武末純一　2008「韓国・勒島遺跡A地区の弥生系土器」『七隈史学』第9号、七隈史学会
忠清埋蔵文化財研究院　2002『公州金鶴洞古墳群』
忠清埋蔵文化財研究院　2006『舒川楸洞里遺跡』
忠清文化財研究院・大田地方国土管理庁　2006『公州丹芝里遺跡』
忠清南道歴史文化院・韓国道路公社　2005『舒川鳳仙里遺跡』
忠北大学校博物館　1990『清州新鳳洞古墳群発掘調査報告書―1990年度調査―』
趙栄済　2004「小加耶（連盟体）と倭系文物」『日・韓交流の考古学』九州考古学会・嶺南考古学会
東亞大学校博物館　1986『陝川鳳渓里古墳群』
東亞大学校博物館　2005『固城松鶴洞古墳群』
馬韓文化研究院　2011a『麗水竹林里車洞遺跡Ⅱ』
馬韓文化研究院　2011b『麗水竹林里車洞遺跡Ⅰ』
朴天秀　2003「栄山江流域と加耶地域における倭系古墳の出現過程とその背景」『熊本古墳研究』創刊号、熊本古墳研究会
朴天秀　2005「栄山江流域における前方後円墳からみた古代の韓半島と日本列島」『海を渡った日本文化』西都原考古博物館
朴天秀　2006「3〜6世紀の韓半島と日本列島の交渉」『日韓新時代の考古学』九州考古学会・嶺南考古学会
朴天秀ほか　2006「シンポジウム」『海を渡った日本文化』鉱脈社
夢村土城発掘調査団　1985『夢村土城発掘報告書』
木浦大学校博物館・益山地方国土管理庁　2000『霊光鶴丁里・咸平龍山里遺跡』
木浦大学校博物館・東新大学校文化博物館　2004『五良洞窯遺跡』
木浦大学校博物館・水資源公社　2005『長興上芳村A遺跡Ⅰ』
李瑜真　2007『韓半島南部出土有孔広口壺研究』釜山大学校文学碩士学位論文

李暎澈　2006「前方後円形古墳と墳周土器」『海を渡った日本文化』鉱脈社
林永珍　2003「韓国墳周土器の起源と変遷」『湖南考古学報』17　湖南考古学会
嶺南文化財研究院　2004『高霊池山洞古墳群Ⅰ』
嶺南文化財研究院・宜寧郡　1997『宜寧泉谷里古墳群Ⅰ・Ⅱ』
盧美善　2004「有孔広口小壺小考」『研究論文集』第4号、湖南文化財研究院

第6章　須恵器系土器と甑について

1. はじめに

　近年韓国では須恵器系土器の用語が使われているが、須恵器を指したり、須恵器か不明確な場合に使用したり、須恵器の影響を受けた土器をいう場合などさまざまである。筆者は須恵器に器形や技法が類似した資料を須恵器系土器とするが、その中には須恵器の系譜を引いている可能性もあるが、断定できない資料がある。それは斜行整形痕を持つ資料である。また、甑についても須恵器とどのような関係があるのか不明確であるので、本章で検討してみる。

2. 須恵器系土器の斜行整形痕

　須恵器系土器については、筆者は形態、口唇部の段や沈線、蓋受け部など各部位の形状、回転ヘラ削りなど須恵器と共通するもので、朝鮮半島内で製作されたと考えられる製品を呼ぶが、現段階では蓋坏・高坏・甑が対象である（第80図）。ここでは須恵器系土器に見られる斜行整形痕、および甑を検討してみる。
　須恵器系土器の中に、斜行整形痕を持つ蓋坏・高坏・壺などがある。斜行整形痕は、栄山江流域の土器の中でも百済系土器と須恵器系土器に見られ、羅州系土器には見られない。主に蓋坏・高坏や一部の短頸壺の口縁部に、工具あるいは指による斜行する整形痕が見られる例があることから、口縁部の整形技法として用いられたと考えられる。斜行整形痕は韓国の各機関で土器を見てきた中で28点確認できたのみで、内訳は蓋坏24点、高坏3点、壺1点である。斜

行方向は、実見できた28点中27点が外面左上りに引き上げられ、1点は短頸壺で右上りであった。斜行整形痕はすべての蓋坏や高坏に見られるわけでなく、確認できる場合でも明瞭な痕跡もあれば、不明瞭な痕跡もある。不明瞭な痕跡は回転撫でを何度も行ったため消えかかってしまったようであり、基本的に栄山江流域の百済系土器と須恵器系土器は、このような斜行整形を施す技法で製作されていた可能性が高い。栄山江流域の蓋坏の中には口縁部に斜行整形痕のように見える平行叩き目が見られる場合があるが、これは斜行整形痕と異なる。

　斜行整形痕は、蓋坏を見ると単位が狭い刷毛状の工具で撫で上げているようであるが、内外面同一方向に、同じ傾斜で引き上げられていることから、両側から挟み込んで整形したことが想定できる。例としては羅州伏岩里2号墳（2号墳掲載資料はいずれも北側周溝出土）杯蓋（第81図1、第82図、第83図）と同坏身2（第81図8、第84図）（全南大学校博物館 1999）などがあげられる。しかし、外面が刷毛状工具痕であるのに内面が指頭による押圧痕と撫でが補助的に付着した霊光鶴丁里大川3号石室墳杯蓋（第81図2、第85図、第86図）（崔盛洛・金建洙 2000）、和順雲月里雲浦遺跡2号住居跡杯蓋（第81図3、第87図、第88図）（全南大学校博物館 2002）もあり、整形方法や使用工具については今後整理が必要である。

　ここで具体的に斜行整形痕について見てみよう。坏身と坏蓋の口縁部接合痕が内面に明瞭に残る例があるが、斜行整形痕との関係について検討してみよう。百済系土器の坏身の場合は、伏岩里2号墳坏身1（第81図7、第89図、第90図）のように、内面の蓋受け部と口縁部の接合痕上には斜行整形痕は見られず、口縁部だけに残り外面の斜行整形痕と対応する。このことから坏身については、口縁部を接合してから口縁部だけに斜行整形を行っているようである。

　坏蓋には和順雲月里雲浦遺跡2号住居跡杯蓋（第88図）のように本来口縁部の接合痕があったようである。斜行整形痕が明瞭な伏岩里2号墳杯蓋（第83図）は、内面の接合痕を交差して斜行整形痕が残る特徴を持つことから、

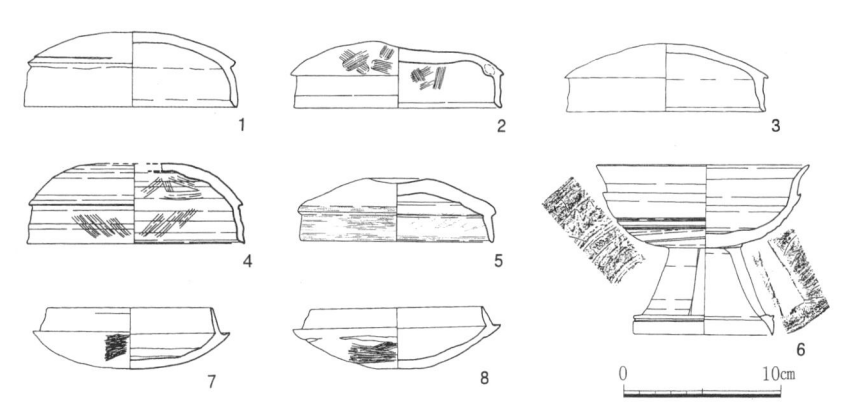

第6章 須恵器系土器と𤭯について 281

1：伏岩里2号墳坏蓋　2：鶴丁里大川3号石室墳　3：雲月里雲浦2号住居跡　4：長燈2号墳　5：公州宮北里遺跡　6：西玉3号墳　7：伏岩里2号墳坏身1　8：伏岩里2号墳坏身2

第81図　斜行整形痕土器

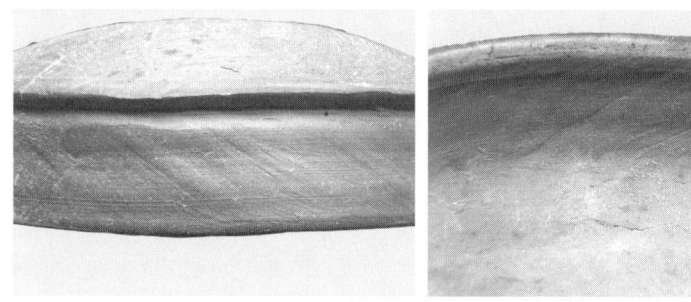

第82図　伏岩里2号墳坏蓋外面斜行整形痕
（全南大学校博物館）

第83図　伏岩里2号墳坏蓋内面斜行整形痕
（全南大学校博物館）

第84図　伏岩里2号墳坏身2
口縁部、蓋受部下斜
行整形痕（全南大学
校博物館）

第 85 図　鶴丁里大川 3 号石室墳坏蓋
　　　　（木浦大学校博物館）

第 86 図　鶴丁里大川 3 号墳石室坏蓋斜行
　　　　整形痕（木浦大学校博物館）

第 87 図　雲月里雲浦 2 号住居跡坏蓋外面
　　　　斜行整形痕（全南大学校博物館）

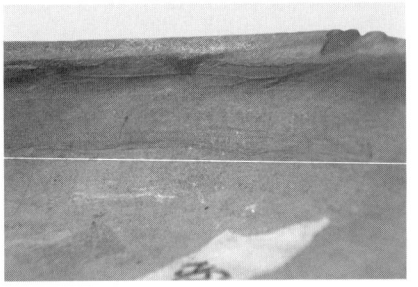

第 88 図　雲月里雲浦 2 号住居跡坏蓋内面
　　　　斜行整形痕と指頭状痕（全南大学
　　　　校博物館）

接合痕を消すために整形を行ったのであろう。その後、外面稜部を作り出した可能性が高い。

　羅州長燈遺跡 2 号墳周溝坏蓋（第 81 図 4、第 91 図、第 92 図）は、回転ヘラ削りを持ち、口唇部に面があるなど形態も須恵器に酷似するが、口縁部の内外に斜行整形痕が見られ、整形後口縁部を上下二段に分けて撫でる栄山江流域の土器に見られる撫で方である（湖南文化財研究院 2007c）。内面には広い不定方向の撫でが施され、底部円板作りの段が見られるなどから須恵器系土器である。

　潭陽西玉 3 号墳無蓋高坏（第 81 図 6、第 93 〜 95 図）（湖南文化財研究院 2007a）も形態、波状文、回転ヘラ削り、透しなど須恵器に酷似して須恵器と

第6章　須恵器系土器と竈について　283

第89図　伏岩里2号墳坏身1外面斜行整形痕（全南大学校博物館）
第90図　伏岩里2号墳坏身1内面斜行整形痕（全南大学校博物館） 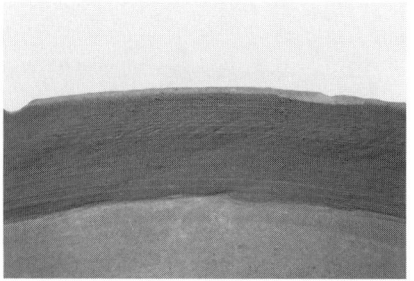
第91図　羅州長燈2号墳坏蓋外面斜行整形痕（湖南文化財研究院） 
第92図　羅州長燈2号墳坏蓋回転ヘラ削り痕（湖南文化財研究院） 

してもなんら間違いはないように見えるが、口縁部の斜行整形痕は須恵器には見られない整形技法であることから、須恵器系土器としておく。外面に細かな刷毛状工具痕が残っているが、高坏内面は指頭による撫でと考えられ、外面の整形を補助した痕跡として付着した可能性がある。

　光州月桂洞長鼓墳無蓋高坏は、刷毛状工具による斜行整形痕が内面の口縁部接合部を交差して施されていることから、坏蓋と同様製作時にロクロ上で口縁が開く器形は、口縁接合部を交差して斜行整形を行ったのであろう。

　この斜行整形痕が坏蓋の稜部の上、無蓋高坏坏部稜部の下、坏身蓋受け部の下に狭い範囲に見られる場合がある。伏岩里2号墳杯身2は蓋受け部の下の沈線状になった部分に見られるシワ状の痕跡である（第84図）。伏岩里2号墳坏

284　第Ⅲ部　百済と栄山江流域の土器

第93図　西玉3号墳無蓋高坏
（湖南文化財研究院）

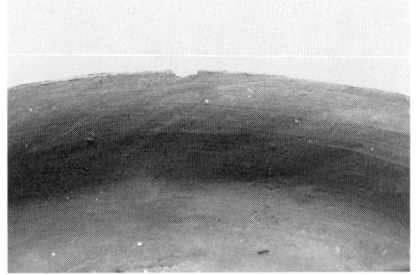

第94図　西玉3号墳無蓋高坏外面斜行整形痕（湖南文化財研究院）

第95図　西玉3号墳無蓋高坏内面斜行整形痕（湖南文化財研究院）

　蓋などは、内面の斜行整形痕（第83図）が稜部の位置より天井部側から始まることから、外面稜部の上に見られる斜行整形痕（第86図）も内面と同様に行われた可能性が高く、外面の稜部はその後に作り出されたのであろう。西玉3号墳無蓋高坏は稜部にも斜行整形痕があることから、坏蓋と同様に斜行整形で坏部上半部の成形を行ってから、稜部を作り出しているようである（第94図）。すなわち斜行整形→稜部作り出し→横撫で整形→波状文の順序であろう。
　斜行整形痕は、栄山江流域だけでなく百済の領域にも見られるものの、わずかである。武寧王陵出土の無蓋高坏（第96～98図）にも見られるが、この斜

第 96 図　公州武寧王陵無蓋高坏
（国立公州博物館）

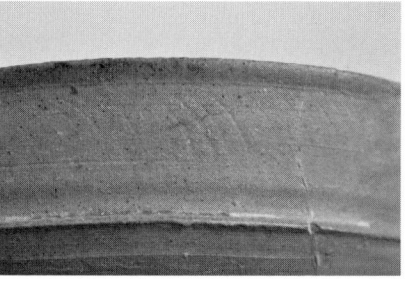

第 97 図　公州武寧王陵無蓋高坏口縁部斜行整形痕（国立公州博物館）

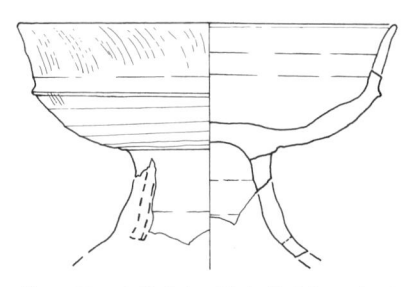

第 98 図　公州武寧王陵無蓋高坏　実測図（1/3）（国立公州博物館）

行整形痕は栄山江流域と同様外面は左上に上がるものの、木口状工具で撫で上げて整形したようで栄山江流域例と異なる。この高坏には稜部下にもわずかに木口状工具痕がみられる。この他扶餘官北里遺跡（国立扶餘文化財研究所 2009）でも坏蓋（No.443）が出土しており、左上がりの斜行整形痕で栄山江流域例と類似する（第 81 図 5）。また公州艇止山遺跡の杯蓋にも見られる。武寧王陵の無蓋高坏と形態が類似する例が、光州杏岩洞 19 号窯跡から出土しており、栄山江流域からもたらされたとすれば斜行整形痕の違いが問題となる。斜行整形痕は筆者のいう百済系土器にも多く見られることから、今後百済地域にも発見される可能性が高いが、まだ管見で 3 例だけであり、今後の課題であ

る。

　百済系土器と須恵器系土器に見られる斜行整形痕は、須恵器には見られない。このことから斜行整形痕を持つ須恵器に酷似した須恵器系土器の系譜について考えてみよう。須恵器系土器が集中して出土する東林洞遺跡の100号溝、101号北東溝、101号南西溝は、東林洞遺跡の北東部に隣接している（湖南文化財研究院 2007b）。東林洞遺跡ではこれらの溝跡から須恵器蓋坏・高坏・甕など総数9点が、百済系土器、須恵器系土器（第80図105〜114）とともに出土する。この遺跡での須恵器系土器の特徴は、蓋の天井部、身の底部はわずかに平底気味になる例が多く、手持ちヘラ削りがほとんどであるが、回転ヘラ削りも存在する。また、内面には百済系土器と同様、底部円板作りによる段が確認できる例がある。坏身は、蓋受け部がくぼみ、蓋受け部の下も指を入れてくぼませてある。口唇部は丸く作られるが、わずかに段を持つ例がある。坏蓋は、口縁部が百済系土器と同様中膨らみで、口唇部には内斜する面が作られ一部には窪みを巡らす。稜部は明瞭で、稜の上には指によるくぼみ、あるいは段が巡る。このように見ていくと、光州地域の須恵器系土器は百済系土器に類似するが、羅州地域の百済系土器と異なり、より須恵器に類似する。筆者が以前光州系土器と区分した土器群がこれにあたる。

　また、第Ⅲ部第2章で触れたように、鶴丁里大川1号墳の土器は、百済系土器に似るものの、ロクロ回転ヘラ削りを行っていることから、このような蓋坏が百済系土器の遡源と考えたように、百済系土器と須恵器系土器は密接な関係があろう。

　東林洞遺跡の須恵器系土器は、光州地域で土器窯を22基発掘された杏岩洞窯跡群（全南文化財研究院 2011）では確認できなかったが、光州道民洞窯跡群から斜行整形痕を持つ坏蓋が出土している（馬韓文化研究院 2010a, 2010b）。
[2]
　斜行整形痕は須恵器に見られないことから、栄山江流域の土器製作技法であろう。須恵器系土器が須恵器と共通する点は、1. 坏身の蓋受け部、2. 蓋稜部の作り、3. 坏蓋口唇部には面を持つが坏身は早く面が消滅して丸くなる、4. 蓋口唇部に凹線をつくる例がある、5. 東林洞遺跡では回転ヘラ削りがわずか

に存在する、6. 器肉は薄く端正な作り、などである。須恵器と相違する点は、栄山江流域・百済に見られる底部円板作りで製作していることと、斜行整形痕を残す例が見られる点である。そのほか、道民洞窯跡では泥質の胎土で砂を含まず、火襷が見られる例があるが、東林洞遺跡では異なるなど、窯跡による違いがあるようである。

　斜行整形痕を持つ須恵器系土器を須恵器工人が製作した可能性は、技術的に見るならばあり得るが、なぜ蓋坏だけ製作したのか疑問である。やはり斜行整形、底部円板作りなどの栄山江流域の技法を基本とする製作技法から考えると、栄山江流域、特に光州地域でその地の工人が製作した土器である可能性が高い。須恵器系土器は各地に見られ、それぞれの地域で異なる特徴を持つ土器が生産されているようであるが、栄山江流域でも、埴輪をその地の工人がその地の技術で製作していることと同様に、須恵器の技術、形態も取り入れ製作した可能性があろう。

3. 栄山江流域と列島の甑について

　2011年、有孔広口小壺（甑）に関するシンポジウム（国立光州博物館・大韓文化遺産研究センター 2011）が韓国で行われたので、須恵器との関係を考えてみる。なお、本書では甑として記述する。

　そこでは韓国出土の甑が集成されているが、栄山江流域の甑を栄山江下流・中流・上流域・高敞地域で区分して分析した研究も発表された。栄山江流域と固城地域の区分は可能であるが、栄山江流域の地域色まで明確になるのはこれからである。

　ここでは栄山江流域としておおまかな特徴を述べてみる。1. 底部は平底と丸底の両者がある。2. 平底が多いことから底部円板作りで作られている。丸底には須恵器と同様に棒状の工具で突いた例はほとんどない。3. 胴部に1本の突線を持つものが特徴であるが持たないものもある。4. 孔部は突線に接して開けられる。5. 孔の開け方は、棒で突くように開けるこじ開け法であるた

288 第Ⅲ部 百済と栄山江流域の土器

め、内外に粘土がまくれ、孔部径は中央部分が最も狭く、内外に大きくなる（第99図）。6. 新しくなると孔部の下に粘土を付着して孔部の補強をするものがある（第55図53・56・61）。7. 波状文、刺突文を持つ例もあるが持たないものが多い。8. 須恵器と同

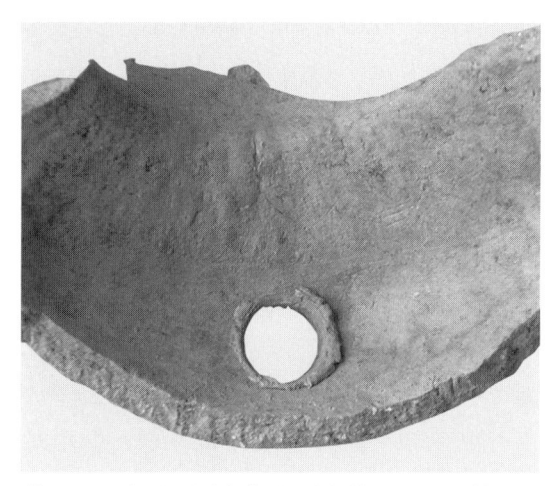

第99図 栄山江流域甑内面の孔部粘土まくれと絞り痕

様、初期には大型、小型がある。9. 底部に叩き目を残す例もある。10. 頸部に段と口唇部に面を持つ例がある。11. 新しくなると頸部が長くなる。12. 頸部を接合後絞るため、肩部に絞り目が残る例が多い（第99図）。

　列島の甑は、1. 列島では丸底がほとんどである。2. 平底で製作したものを丸底にするために、内面から棒状の工具で突いた痕跡が残る例が多い。3. 胴部は時期が下がると2本の区画線の間に波状文が描かれる。4. 孔部は2本の区画線の間に開けられるものが基本である。5. 孔の開け方は、筒状の道具で円形に開けた刳り貫き法で、粘土が円筒形に抜けるため孔部断面は同一径である。6. 基本的に孔部に粘土の補強はない。7. 初期には無文であるが、すぐに波状文が施文される。8. 栄山江流域と同様大型・小型がある。9. 底部に叩き目を残す例もある。10. 頸部に段、口唇部に面を持つ。11. MT15型式以降頸部が長くなる。12. 胴部を製作してから頸部を接合するため、肩部の絞り目はほとんどない。

　列島の甑は大庭寺や宇治市街遺跡SD302から出土しており、須恵器出現期のTG232型式にはすでに出現しており、最近栄山江流域においても、5世紀初頭が出現時期と考えられている。甑の出現は、海を隔てて同時に出現した

か、列島あるいは半島のどちらが早く出現したかが問題になろう。

　両地域の甑を見ると、7～11 のように類似点もあるが、1～6・12 の相違も多い。1・2・5・12 は製作技法に関わる違いで、2 は軟質土器をはじめ、栄山江流域、百済の基本的な製作技法である。5 は栄山江流域においては甑底部の孔の開け方も同様である。12 の絞り目は栄山江流域、百済の瓶類の製作技法と共通する。列島においても TG232、ON231、濁り池窯跡の頸部が細い甑にも一部見られる。このように栄山江流域の甑は、その地域の土器作りの特色を持っている。このことから栄山江流域の甑は、栄山江流域の土器製作工人が関わっていることは明らかであろう。しかし、8 は甑の性格とも関わること、10 は栄山江流域の蓋坏とともに列島と共通する形態であること、11 の長頸化も列島と同様の変遷が見られることから、列島の甑と無縁ではないと考えられる。それは韓国で甑は墓や祭祀遺跡から出土することからも、列島と同様な性格を持つ器形であったことからもいえよう。

　この甑の遡源は、第Ⅲ部第 2 章で前述したように、列島に見られる 4・5 世紀の土師器で腹部穿孔する土器だと考えている。最近、栄山江流域でも光州東林洞遺跡 82 号溝出土の口径と底径の広い軟質土器甑が、陶質土器の甑の遡源とする見解が出された（朴 2011）。光州東林洞 82 号溝出土共伴坏蓋は新しく、この甑は 5 世紀前半に遡ることはないであろう。栄山江流域において甑は、軟質土器から出現した器形ではなく、陶質土器の器形であろう。

　韓国出土の須恵器で検討したように、光州東林洞遺跡 10 号溝で出土した甑（第 80 図 118）は、胴部の 2 本の突線の間に孔部が開けられ、さらに 2 本の突線の間と上部、口縁部に波状文が巡り、須恵器に類似するが、口縁部の形態は栄山江流域の土器である。また、長興上芳村 A 遺跡地表収拾甑（第 80 図 116）は、胴部がイチジク形で突線の上下、口縁部に波状文を巡らし、内面底部中央を須恵器と同様、棒で突いて整形している。この両者は須恵器との関連があると考えられる。

　栄山江流域には樽型甑もあるが、その形態は胴部側板が胴径より大きく、第Ⅰ部第 3 章で検討した A 類（第 24 図）である。栄山江流域の樽型甑は小型

で、栄山江流域での出現時期は甄の出現よりも遅れ、木下亘は樽型甄は列島から伝わったと考えている（木下 2003, 2006）。

　筆者も栄山江流域の甄が倭から伝わった可能性を想定したことがある。近年甄の出土数が増加し、各地で様相が異なり、同一地域においても平底、丸底両者があるなど形態変化が大きすぎて、栄山江流域の甄として頸部が直立し口縁が大きく広がる特色はあるものの、列島と比較して特定な形態として定まっていない。このことは栄山江流域のそれぞれの地域で土器の系譜が異なることが原因とも思えるが、それぞれの蓋坏の系譜を見ると地域ごとに一定の範疇の中にある。それに対して甄の様相はさまざまであること、現段階では倭よりも後出することから、倭の影響を受けて出現し、倭と同様祭祀土器や副葬器種として生産されたと考えられる。

4. おわりに

　栄山江流域の特徴の中で、斜行整形痕と甄について検討したが、斜行整形痕は須恵器の技法にはないことから、在地の技法といえる。しかし、第Ⅲ部第2章で検討した霊光鶴丁里大川古墳群1号石室墳から出土した、器形が須恵器に類似した非百済系土器の中に斜行整形痕を持つ杯蓋があることから、百済系土器から取り入れられたのではなく、この地にあった技法の可能性も高い。甄についても須恵器と直接的に関連を求められる資料はないが、今後も出現する甄がどのような形態なのか、どのように出現したのか、須恵器とこの地域の土器の関連について考えていきたい。

註
（1）国立公州博物館で実見させていただいた。
（2）馬韓文化研究院で実見させていただいた。

参考文献
木下　亘　2003「韓半島出土の須恵器（系）土器について」『百済研究』37 輯

木下　亘　2006「韓半島出土の須恵器及び須恵器系土器に就いて」『須恵器生産の成立と展開』（財）大阪府文化財センター
国立光州博物館・大韓文化遺産研究センター　2011『"有孔広口小壺"にひそむ意味と地域色論議』
国立扶餘文化財研究所　2009『扶餘官北里百済遺跡発掘報告Ⅲ―2001～2007年発掘区域百済遺跡篇―』
湖南文化財研究院　2007a『潭陽西玉古墳群』湖南文化財研究院学術調査報告第75冊
湖南文化財研究院　2007b『光州東林洞遺跡Ⅲ』湖南文化財研究院学術報告書第82冊
湖南文化財研究院　2007c『羅州長燈遺跡』湖南文化財研究院学術報告書第88冊
全南大学校博物館　1999『伏岩里古墳群』
全南大学校博物館　2002『和順雲月里雲浦遺跡』全南大学校博物館学術叢書76
全南文化財研究院　2011『光州杏岩洞土器窯』全南文化財研究院学術叢書第51冊
崔盛洛・金建洙　2000『霊光鶴丁里・咸平龍山里遺跡』木浦大学校博物館・益山地方国土管理庁
馬韓文化研究院　2010a『光州・全南共同革新都市建設部内文化遺跡発掘調査』
馬韓文化研究院　2010b『光州・全南共同革新都市建設部内文化遺跡精密発掘調査』
朴ヒョンリョル　2011「光州・全南地域の有孔広口小壺」『有孔小壺』国立光州博物館・大韓文化遺産研究センター

第7章　土器から見た倭と栄山江流域の交流

1. はじめに

これまで倭と加耶の関係については須恵器をはじめ多くの研究が行われてきたが、近年の栄山江流域のめざましい発掘成果により前方後円墳、倭系横穴式石室など倭と関わる事例が増加してきた。一方、列島でも栄山江流域の土器が各地で多く見つかっている。それにより両地域の研究は進展し、多くのことが明らかになってきた。本章では、筆者が記述してきた土器から見た倭と栄山江流域の交流の一端を記してまとめとしたい。

2. 須恵器生産技術の伝播

4世紀から5世紀の倭へ渡来したいわゆる渡来人は、手工業技術や各種の文化をもたらし、古墳文化の一面を変化させていった。その中で渡来人が伝えた軟質土器の器種、陶質土器の系譜を引く須恵器は、倭の食文化に大きな変化をもたらした。また、横穴式石室の受容とともに半島の葬送儀礼も伝わり、須恵器は副葬品として生産され、集落でも使用されるようになっていった。

その須恵器は、広開土王碑に見る高句麗南下政策による半島の動乱により、半島から列島へ多くの人々が渡来したことによって伝えられたと考え、400年頃を想定しているが、宇治市街遺跡出土の須恵器をTG232型式として、年輪年代から須恵器生産の始まりを4世紀末とする考え方も出てきている。神戸市出合窯跡は第Ⅰ部第1章で述べたように、4世紀後半の百済あるいは栄山江流域の瓦質土器と還元炎焼成の硬質土器が併焼されているようである。このあり

方は、半島と共通しており、この硬質還元焼成の土器が列島の消費地で出土した場合須恵器と区別することは不可能で、亀田修一のいうように須恵器と呼称することも可能であり、百済あるいは栄山江流域の系譜を引く須恵器が4世紀後半に列島へ伝播していたようである。

その須恵器の初現期には渡来人によって伝えられ西日本各地に窯が出現するが、これは各地の首長層によって導入されたようで、渡来人の故地の様相をうかがうことができる。しかし、すぐに須恵器生産は陶邑で主体的に始まり、その技術が各地に広がり、陶邑系須恵器の拡散が起こる。九州においては朝倉窯跡群の須恵器が継続して生産され、TK216・208型式期に広範囲の流通をするが、順次陶邑系須恵器に変遷していく（木村 2012）。

このように須恵器の初現期の変遷は、4世紀後半の出合窯跡から百済あるいは栄山江流域の土器生産が渡来人によって伝えられたが、地域首長層に受け入れられたと想定できる。その生産品は瓦質土器と硬質土器であり半島で渡来人が製作していた製品で、陶質系土器に特化した生産ではなかった。続く大庭寺TG232号窯跡では明らかに陶質系土器の生産を行い、窯跡から出土する軟質系土器は渡来人が自ら使用する土器を窯で焼成した可能性が高い。この窯では加耶の沿岸地域の各地の特色を持ち、さらに新羅的様相も見られる。この新羅系土器は新羅中心地域ではなく釜山周辺の新羅系土器工人が来たもので、新羅との関係で技術導入したものではない。このように陶質系土器を生産するため各地の工人を集め生産を行っており、大和王権による技術導入という政治的な背景がうかがえる。窯には平底坏が含まれており、居住域の大壁建物120-ODから煙突形土製品が出土しているということから（田中 2012）、初現期須恵器の段階から栄山江流域の土器工人も参画しており、この時期には栄山江流域との交流が始まっていたようである。それは第Ⅰ部第1章で検討したように、その後ON231号窯でU字形板状土製品や、TK73号窯特殊叩き（第6図）、TK216号窯の両耳付壺など、栄山江流域と関連ある資料が一定量出土することからもその交流は続いていたようである。このように須恵器から見るならば、5世紀には畿内と加耶の関係から、さらに西に広がり栄山江流域までも交

流対象となっていたといえよう。

それに伴い畿内あるいは九州の集落に多くの渡来人が居住するようになってきたが、栄山江流域の渡来人が多く見られることは土器からも推測できる。

3. 渡来人と手工業生産

古墳時代中期、特に5世紀代には大和、河内を中心に多くの手工業生産遺跡が存在する。須恵器生産も例外でなく、出現時は西日本各地で首長層によって生産導入が行われたが、すぐに大阪陶邑に窯を集約し、大和王権によって掌握され、列島全域といってよいほど配布されていった。窯業・鍛冶など政権と密接なかかわりをもつ手工業生産地は、政治的中心の外縁に形成されたという考えがあり（菱田 1998）、河内周辺の陶邑の窯や大県、森遺跡の鍛冶、中野遺跡など馬匹など各種の生産遺跡がそれにあたる。一方、鍛冶遺跡のいくつかは物部氏が、陶部高貴など渡来工人を大伴氏が、造墓に伴う手工業生産の管掌者が土師連など、連姓の豪族が管掌者であったとの考えがある（花田 2005）。また、河内は専業的で大規模な手工業生産が、大和には複合する工房が拠点的な集落にまとまって存在する（堀田 1993）。河内の工房は王権の工房として再編され、大和の工房は王権を支える豪族の家産工房との考えがある（田中 2005）。しかし、近年の研究では長原遺跡や南郷遺跡群では各種の手工業生産が複合的に行われている状況が明らかになってきており（坂 2012）、工房が誰に、どのよう掌握されていたのか検討が必要である。

河内に王宮を設置したのは応神、仁徳、反正で、応神、仁徳が難波であったことは、水上交通を利用した朝鮮半島との交流の拠点であり、大和との結節地点であったためであろう（田中 2005）。また、王墓も百舌鳥・古市古墳群に造営されていた。河内に渡来人が集住しており、須恵器・馬匹・鍛冶など渡来人による技術も王宮・王墓の周辺に配置されたと考えられている。陶邑に須恵器生産が集約されていること、大庭寺窯跡のように大量に焼成不良で失敗してもなお製作を続け、600個体にものぼる大甕を廃棄していることは、権力が背後

にあることから出来うることであろうが、その製品が王権の独占物にならず集落にも出土することは厳格に管理された手工業ではない。その須恵器技術もON46段階には仙台の大蓮寺窯跡まで伝わる。馬匹生産も河内に導入されるもののまもなく長野などに技術移植される。これは王権が地域首長層に技術移植した可能性があるが、古代と同様生産した馬は王権の元へ戻すあり方で、王権と地域首長層による手工業生産の二重構造であろう。鉄器生産についても、大県遺跡のように大規模な生産は王権と結びついているといえるが、河内、大和だけでなく、吉備などの有力首長層に掌握された鍛冶集団、集落内で行っている小規模な鍛冶もある。その時期は列島においては半島の太い送風管を使用した先進技術である製鉄技術は導入されておらず、精錬技術や鉄加工技術である。鉄素材は鉄鋌が多く出土するものの、椀形滓が出土することからどこから、どのような鉄素材が供給されていたのか問題である。そのような鉄素材を入手できた王権、有力首長層が鍛冶技術者を保持し得たのであろう。

　河内においても、大規模な専業的手工業生産のほか、渡来人が居住した集落をみれば小規模な鍛冶や馬匹生産などもあり、王権の掌握した手工業生産といっても直接掌握していたというより、有力首長層が管理する二重構造の管理であった可能性も推測でき、王権の手工業生産と自らの家産としての手工業生産とどのように峻別できるのか、今後の課題である（酒井 2011）。

4.　土器から見た朝鮮半島南海岸、栄山江流域、倭

　倭は広開土王碑に見ると4世紀末から5世紀前半にかけて高句麗、新羅との戦いで、半島東部への進出が遮られ、百済との関係を重視していったが、一方宋と冊封関係を結ぶため、421年から入貢し半島の軍事指揮権を得ようとした（田中 2002）。百済・中国南朝への航路によるルート上に南海岸地域と栄山江流域があり、半島西部へ進出する倭にとっては重要な地域となっていったようである。

　475年、高句麗の南下政策で漢城が陥落した百済は、南の錦江流域の熊津

(現公州）に都を移して南へ勢力を広げようとした。新羅は西方の加耶地域へ伸張し、金官加耶をはじめ、加耶地域を勢力下に入れていった。5～6世紀の倭系遺物は加耶をはじめ栄山江流域に広がるものの、倭の威信材等は少ない。倭は百済と結び半島の足場を保とうとしていたが、6世紀の栄山江流域や半島南海岸に見える石室は、北部九州系であり、畿内系石室は存在せず、大和王権の直接的な関わりが見えてこない。

　5世紀中・後葉に南海岸で高興雁洞古墳など初期倭系石室が築造されるが、横穴式石室以前の墓制で九州において流行した石棺系竪穴式石室、箱式石室、初期横穴式石室であり、これらの築造は南海岸航路と関わり、被葬者は倭人の可能性があるという（金洛中 2012）。続いて5世紀後半から北部九州系横穴式石室が南海岸、栄山江流域に出現する。北部九州系（型）石室は、百済王権―栄山江流域・慶南海岸勢力―北部九州勢力―畿内周辺有力勢力―倭王権と続く交渉ルートで北部九州勢力の影響が及び、栄山江流域と西部慶南の加耶勢力は、九州勢力をパートナーとしたことにより、北部九州の墓制が導入されたという（金洛中 2012）。5世紀末から6世紀前半にかけて高敞も含め栄山江流域に限定して前方後円墳が13基造営される。

　この地域に須恵器が流入することは、北部九州系石室が作られることとどのような関わりがあるのであろうか。

　半島出土の須恵器を見ると、西部域（百済・栄山江流域）に早く出現し、TK73型式段階からわずかながら搬入され、TK23・47型式に激増する。東部域（新羅・加耶）においては遅れてTK23型式にわずか出土し、TK47型式が最も多い。両地域ともMT15型式になると減少する。出土状況は朝鮮半島東部域と西部域では異なり、東部域では古墳から出土する例がほとんどであるが、西部域では石室から出土する場合もあるが、周溝から生活遺物などと一緒に出土する例が多く、住居・祭祀・溝など生活遺跡からの出土も多い（第Ⅲ部第5章）。

　TK73型式段階から栄山江流域に須恵器が入るが、大庭寺窯跡に栄山江流域の坏が出土し、近畿に栄山江流域からの人々が土器を伴い渡来していることか

ら、近畿—北部九州—南海岸—栄山江流域、さらに先の百済までの交易ルートがつながっていたが、列島の人・モノの流れが多かったのは、大和王権だけでなく、有力首長層も利用したのであろう。

しかし、5世紀中葉以降朝鮮半島系土器は、河内において枚方、上野台地、続いて河内低地から河内台地北縁へ広がりを見せており、475年の百済陥落によるその地域の人々の渡来が考えられている（田中 2011）。

最近、南海沿岸部で西部と東部を結ぶ地域に須恵器が出土したので取り上げてみる。麗水竹林里車洞遺跡は西部域と東部域の境付近で、南海に突き出した半島先端部にあるが、住居跡、石棺墓出土例を実見して須恵器と判断できたTK208型式の有蓋高坏1点、TK47型式などの坏身3点、坏蓋3点が出土し、須恵器の可能性が高い坏身3点、坏蓋2点がある（曺根佑ほか 2011a, 2011b）。この他光陽七星里遺跡などからも坏身が出土しており、まだこの地域の発掘は少ないことから、今後半島南岸の海上ルート上の生活遺跡から多くの須恵器の出土が予想されるが、車洞遺跡のように半島の先端部に位置する遺跡は、倭から栄山江流域、百済へ連なる航海ルートの、倭の寄港地付近の集落であった可能性が高い。

この地域で、TK73からTK208型式の須恵器出土時期は、九州系横穴式石室が登場する以前の初期倭系（九州系）石室が造営された時期と重なる。その後、TK23・47型式の須恵器が増加することは、列島の状況と同一であるが、その増加・拡散はソウル夢村土城のTK23型式坏身、風納土城の円筒埴輪のように、百済と倭の交流によって広がり、南海航路ルートが活用された時期であろう。栄山江流域でも多くの須恵器が出土することから、倭人が渡ってきたようである。まさにこの時期、北部九州系横穴式石室が築造されはじめていた。

続いて5世紀末から6世紀前半にかけて前方後円墳が築造されている。栄山江流域の須恵器から見るならばTK47型式期からであり、最も多く前方後円墳が築造された6世紀前半代は、栄山江流域においては須恵器が減少している。これは、須恵器の搬入が南海航海ルートによる交流によってもたらされたとするならば、人の往来が減少してたことが考えられる。そのことは列島の九州、

近畿において朝鮮半島系土器が激減することと対応していよう。もう一つは、列島において TK23・47 型式と比較して MT15、TK10 型式の須恵器が広域流通をしないことと関わりが考えられるが、東部流域には須恵器が一定量出土することから前者が想定できよう。

　このように倭の須恵器搬入が終わりを迎える時期に前方後円墳が作られていることは重視してよく前方後円墳から倭の須恵器・威信材の出土がわずかであることは、前方後円墳が倭人のための墳墓でなかった可能性が推測できよう。しかし、それまで多くの倭人が居住しており、交流を続けていたからこそ在地勢力は前方後円墳という墳墓を導入したのであろう。

　この麗水の東方には南海島嶼地域では大きな巨済島があり、倭との海上交通路上に位置し、5〜6 世紀には倭系古墳が、6〜7 世紀には新羅系古墳が確認されるという（李東熙 2012）。5 世紀から 6 世紀にかけてはまだこのルートに倭も関与していたと想定できる。

　ここでもう一度、栄山江流域の状況を見てみよう。多くの須恵器が入る 5 世紀後半には、まだ百済中央部の土器の出土を見ることができない。しかし、5 世紀末から 6 世紀初頭にかけて、霊光鶴丁里大川古墳群のような百済系石室も築造され、伏岩里 3 号墳 '96 石室の百済威信材、百済系土器が入るようになってきた。この百済系土器は百済中央部の土器ではなく、周辺部の土器系譜であるが、新加里窯跡など栄山江流域で生産されている。

　同様に地理的な関係もあり大加耶、小加耶など加耶地域の土器も入るが、政治的なあり方よりも地域間交流といえる。栄山江流域の須恵器は、南海から西の黄海への航海ルートによって入って来たが、寄港地や航海ルート上に分布するだけでなく、栄山江流域をはじめ内陸にも広く分布し、集落からの出土が多いことから、列島における渡来人と同様、倭人の移動に伴って広がったと想定したい。海を挟んだ相互交流であるが、6 世紀には百済よりも弱いものの政治的な様相も見える。

5. 栄山江流域、南海岸の新羅土器

　近年栄山江流域、海岸における新羅土器の出土は注目される。それは順天雲坪里 M2-11 号石槨の高坏、海南マンウィジョン 1 号墳の甕に龍と人物が造形された新羅土器である。順天雲坪里 M2-11 号石槨の高坏は、主石室から大加耶土器が出土しており、石室盗掘坑から大加耶系、新羅系の耳飾りが出土していることから、大加耶中枢と密接な関係を持つ集団で、多様な出自を持つとの見解がある（高田 2012）。海南マンウィジョン 1 号墳の新羅土器は甕であり、このようなハソウは栄山江流域の孔部であることから栄山江流域で製作された可能性もある。

　また、羅州永洞里古墳群から有蓋台付ワラビ手状把手付鉢が出土する。さらに永洞里古墳群では 3 号墳石室前庭部から一括して新羅土器蓋 5 点、百済三足土器 3 点が、羅州系土器錦江流域百済系土器、須恵器系土器など約 30 点、MT15 型式の須恵器甕と出土するなど、百済・新羅・倭・在地系土器が共伴した（李正鎬 2008）。またこの新羅土器蓋は、この地で百済三足土器と同時に焼成された土器であることは注目される。

　新羅土器の蓋 2 点のそれぞれの内面には、植物繊維が釉化して三角形の頂点の位置に点状に 3 点配されている。これは共伴する百済三足土器の脚部先端の痕跡と考えられる。すなわち、窯内で百済三足土器の上に新羅土器の蓋を逆位に置いて、その上にさらに三足土器を乗せて、植物繊維を間に敷いて重ね焼き焼成したために付着した痕跡である。このことは、国が異なる土器工人が、それぞれの土器を一つの窯で併焼したことであり、両系譜の土器に別系譜の技術が入っていないことから、両国の工人はそれぞれで製作したのち窯詰めしたのであろう。ただ窯詰めの際、新羅土器蓋を逆位で重ね焼きすることは新羅の焼成法である。しかし、2 点だけ百済三足土器の身の上に新羅土器の蓋を正位に被せた百済の焼成法も見られる。

　百済三足土器の上に新羅土器を正位に被せた資料を見ると、三足土器の蓋受

部に 4〜5 ヶ所植物繊維を置いている。これは蓋を被せた場合接着しないようにする考え方もあるが、重ね焼き内部にも植物繊維が入れてあることを考えると、蓋受部に蓋が密着した部分の赤色化を炭素によって防ぎ、灰色にすることを目的としたことが想定できる。これが新羅土器か百済土器の技法かが問題である。この地に多い百済系土器は、蓋受部の上に点状あるいは面状に植物繊維を置いて、蓋を正位に被せる。新羅土器は 5 世紀から 6 世紀前半の長脚高坏の場合、坏部の上に蓋を逆位に置き、坏部と蓋の空間に植物繊維を入れて焼成するため、蓋受部に植物繊維を置かない。しかし、その後の短脚高坏になり、蓋を正位に被せて焼くが、その際蓋受部に 4 点ほど点状、あるいは面状に植物繊維を置いて焼く例が多くなる。永洞里 3 号墳の身である百済三足土器と新羅土器蓋は正位と逆位の重ね方があり、いずれにも蓋受け部に点状の植物繊維が見られる。逆位の場合は蓋が重ならないために効果がないはずであるが、点状に植物繊維を置くことは、百済の技法であることから百済工人が行い、窯詰めの際は蓋を逆位に置くことは百済にないことから新羅の工人が行ったと考えられる。さらに推測を重ねるならば、蓋受け部へ点状、面状に植物繊維を置き、正位で蓋を被せて焼く方法が、百済から新羅へ伝わったのが新羅土器短脚高坏の被せ焼きではなかろうか。

　永洞里遺跡の三足土器は、新羅土器と併焼されているにもかかわらず、出土状況は三足土器の脚部がすべて欠損している。出土した 5 個体いずれも脚部の基部から剝離して、接合時のヘラ刻みが見えていることから、焼成後故意に三足を除去したと考えられる。除去したならば百済人、新羅人どちらであろうか。新羅では皇南大塚南墳に坏があることから 5 世紀後半には坏が出現していたが、百済の三足と異なり丸底である。そのため副葬にあたって新羅人が新羅土器の蓋に合わせて三足土器の脚部を打ち欠いた可能性が考えられる。

　また、永洞里 3 号墳から錦江流域百済系土器が複数出土することも注目される。従来の百済系土器と同様、蓋が正位で被せてあるものの、平底で器肉が厚く、多量の砂粒を含む。共伴する羅州系土器も本来は砂粒を含まないのに砂粒を多く含むことから、両者がこの地で生産された可能性が高い。

栄山江流域では5世紀末頃から百済周辺部の百済系土器が作られていたが、錦江流域に見られる百済系土器も生産されていることが分かってきた(2)。5世紀末から6世紀初頭には、このように百済系土器工人あるいはその技術は入っていたが、新羅土器工人の痕跡が確認されたのは初めてである。すなわち6世紀に入り、この地に新羅の土器文化が見えるが、政治的色彩は薄いといえよう。このあり方は、須恵器の影響がこの地に及んでいたことと共通していよう。しかし、新羅系、百済系の土器生産にそれぞれの工人の関与が強いが、須恵器についてはいかがであろうか。高敞鳳徳遺跡の須恵器系土器は、須恵器との区別は難しく、光州の須恵器系土器も須恵器に酷似していることから、須恵器工人がこの地に来て製作、指導していた可能性が考えられる。光州の須恵器系土器は斜行整形痕を持つことから、在地工人が製作していた可能性が高い。

6. 栄山江流域の地域勢力と土器生産

栄山江流域の土器生産を見ると、朝鮮半島の高句麗・百済・新羅に地域色はあるものの、それぞれの国々の国内の土器は基本的な共通点を持っている。それに対して栄山江流域では、別の国の土器生産技術が流入している。確かに従来から存続していた技術系譜を持つ羅州系土器、あるいは高敞系土器など地域勢力に伴う土器生産は存在する。しかし、その技術や土器が栄山江流域を覆い尽くすことはなく、百済系土器、須恵器系土器、新羅系土器とともに存在する。このことは、加耶で金官加耶、安羅加耶、大加耶、小加耶の勢力に伴う土器分類はできても、加耶が統一して国家を形成したことをうかがえないことと共通し、栄山江流域勢力も加耶よりも小さな勢力が存在していたようである。しかし、栄山江流域の場合、同一土器系譜の範囲が勢力範囲といえないことは、複数の系譜の土器が共存することからもいえる。それぞれの勢力の拠点はあるものの、相互交流により共存した勢力であったと想定できる。

7. 6世紀後半以降の交流

　栄山江流域ではTK10型式以降須恵器は減少し、6世紀後半には須恵器および在地の羅州系土器も消滅する。扁平な百済系土器だけが広がり（第55図）、栄山江河口に広がる島の新安に、百済泗沘期の石室が見られ、この地域に本格的に百済が勢力を伸ばしたといえよう。同時に加耶土器、新羅土器も確認できなくなる。この時期には、倭にも栄山江流域の土器が見られず、民衆レベルの人の移動は途絶えていたようである。

　近年の発掘で、公州丹芝里横穴墓群が北部九州の型式であることから、熊津期の百済と倭の交流は引き続き行われ、舒川楸洞里A-25号墳（坏蓋）、舒川鳳仙里7号住居跡（坏蓋）、扶餘井洞里遺跡（甕）、扶餘官北里遺跡[3]（甕）、扶餘花枝山遺跡[4]（土田 2012）など6・7世紀代の須恵器が錦江流域で出土していること、難波宮の百済、新羅土器など政治的な畿内との交流によってもたらされた土器の出土が増えてきたようである（寺井 2008）。扶餘、難波とも甕が出土することは、内容物の運搬に使用されたことを示しており、5世紀のあり方とは異なっている。

　5世紀代の朝鮮半島系土器は多く人の移動に伴うことには異論はないが、6世紀に入ると減少するのはやはり人の移動の減少であろう。660年の百済滅亡、663年の白村江の戦い、668年の高句麗滅亡による人の移動で、難波など外交窓口に朝鮮半島系土器は見られるものの、列島内の渡来人居住地での出土は5世紀とは比べようもない。5世紀に列島において渡来人が朝鮮半島系土器を製作したのに7世紀にはそれは見られない。たとえば716年、駿河国など7国から1799人の高麗人（高句麗人）を移して武蔵国に高麗郡を建てたが、そこにはいまだ1点も高句麗土器は見つかっていない。それ以前に高麗人が居住していた7国も同様である。5世紀と7世紀の差異は何であろうか。

　5世紀と7世紀中葉頃の渡来人は、半島内での戦乱に伴う圧力と無縁ではなかろう。推測するに、渡来した人数も関わりがあろうが、5世紀には倭が大陸

の文化・技術の導入に積極的であった背景が考えられ、王権だけでなく有力首長層も多くの渡来人を配下におき、生産力を高めていったようである。それに対して新羅土器から6・7世紀の動向を見た重見は、6世紀末から7世紀前葉に難波地域に分布するが、その後7世紀後半には増加し飛鳥・藤原地域に分布が集中することについて、外交権が大王（天皇）を中心に集約されたとする。また、7世紀以降食器類から貯蔵器への変換は、容器から内容物へ変化し、外交使節の往来や交易目的の往来によって生じたとした（重見 2012）。一方、関東の栃木、千葉で出土する新羅土器は、甕や甑など煮沸形態や各種の器形を含むこと、官衙関係や集落から出土することから、交易目的で搬入された土器ではなく、新羅人が東国へ配置されたことによる出土である。それに対して、7世紀中葉の百済人、高句麗人は、東国へ多く配置されながら、土器の出土は確認されていない。国の滅亡による難民の様相が強く、土器の所持もままならなかった可能性があり、列島に渡ってから自らの生活什器である土器生産を行うにも、列島においてはすでに各地で土器生産体制が整い、渡来人の土器生産は軟質土器であっても叩き技法の維持、登窯の築窯、薪や粘土の確保が必要であることから操業するにも難しく、何らかの制約があった可能性がある。

　一方、半島へ渡った5世紀の倭人は、出土する須恵器について列島から保持していったと想定できるが、土師器の出土はほとんど見られないことから、保持あるいは土師器生産は行っていなかったようであり、在地の土器を使用したのであろう。その後の倭人の痕跡は栄山江流域では不明であるが、百済では須恵器の出土はあるものの、倭系の土器を製作した痕跡は見られない。

　土器はいつの時代にも生活に不可欠な道具であり、特に古墳時代中期以降の土器から人の交流を見ようとしたが、政治的な動向もあり、土器からだけでは当時の社会復元は不可能である。しかし、最も人々に身近な土器から見えてくるものがあると考え、今後も海を挟んだ地域の交流について考えていきたい。

註
（1）李正鎬 2008では新羅系蓋坏5点、三足土器3点とあるが、実見では5点ずつを確

認している。
　永洞里3号墳の身である百済三足土器と新羅土器蓋は、両者の重ね焼きの痕跡から最低でも2セット重ねて窯入れされている。2セット重ねとすれば出土する5点ずつの焼成痕跡からこの他に蓋3個体、身3個体があったはずであり、最低でも2セット重ねで4柱が窯詰めされていた可能性がある。
(2) 熊本県江田船山古墳出土の蓋坏は錦江流域の百済土器と考えていたが、栄山江流域の可能性も出てきた。しかし両者は胎土が異なる。
(3) 国立扶餘文化財研究所 2009『扶餘官北里百済遺跡発掘報告Ⅲ』No.621 の土器
(4) 土田はこのほか扶餘地域出土の須恵器甕片を集成している。

参考文献

木村龍生　2012「九州の古墳時代須恵器の生産と流通」『生産と流通』(九州考古学会・嶺南考古学会第10回合同考古学会大会) 九州考古学会・嶺南考古学会
金洛中　2012「韓半島からみた九州勢力と交流」『沖ノ島祭祀と九州諸勢力の対外交渉』(第15回九州前方後円墳研究会　北九州大会発表要・資料集) 九州前方後円墳研究会
国立扶餘文化財研究所　2009『扶餘官北里百済遺跡発掘報告Ⅲ』
酒井清治　2011「渡来人と渡来文化」『講座日本の考古学』7 (古墳時代上) 青木書店
重見　泰　2012『新羅土器から見た日本古代の国家形成』学生社
曺根佑ほか　2011a『麗水竹林里車洞遺跡Ⅰ—住居址・その他—』韓国土地住宅公社・馬韓文化研究院
曺根佑ほか　2011b『麗水竹林里車洞遺跡Ⅱ—墳墓—』韓国土地住宅公社・馬韓文化研究院
高田貫太　2012「朝鮮半島における「倭系古墳」築造の歴史的背景について」『沖ノ島祭祀と九州諸勢力の対外交渉』(第15回九州前方後円墳研究会　北九州大会発表要旨・資料集) 九州前方後円墳研究会
田中清美　2012「近畿の渡来人集落」『日韓集落の研究—弥生・古墳時代および無文土器〜三国時代—』日韓集落研究会
田中俊明　2002「韓国の前方後円形古墳の被葬者・造墓集団に対する私見」『前方後円墳と古代日韓関係』同成社
田中史生　2005『「倭国と渡来人—交錯する「内」と「外」—』吉川弘文館
土田純子　2012「百済遺跡出土倭系遺物についての検討」『百済と周辺世界』
寺井　誠　2008「古代難波における2つの瓶を巡って」『研究紀要』第7号、大阪歴史博物館
花田勝広　2005「畿内の渡来人と課題」『九州における渡来人の受容と展開』九州前方後円墳研究会
坂　靖　2012「古墳時代中期の遺跡構造と渡来系集団」『集落から探る古墳時代中期の

地域社会―渡来文化の受容と手工業生産―』(古代学研究会 2012年拡大例会シンポジウム資料集)古代学研究会
菱田哲郎 1998「手工業と都市の発達」『古代史の視点』3(都市と工業と流通)小学館
堀田啓一 1993「渡来人―大和を中心に―」『古墳時代の研究』13、雄山閣
李正鎬 2008「羅州 永洞里古墳」『墳墓研究の新たな視角』第51回全国歴史学大会考古学部発表資料集、韓国考古学会
李東熙(松本悦枝訳) 2012「韓半島南海島嶼部における古墳の展開」『海の古墳を考えるⅡ』海の古墳を考える会

初　出　一　覧

第Ⅰ部　須恵器生産と年代
第1章　須恵器の生産のはじまり
　　「須恵器生産のはじまり」『国立歴史民俗博物館研究報告』第110集、2004年を一部改訂。
第2章　須恵器の編年と年代観
　　「須恵器の編年と年代観」『歴博国際研究集会 日韓古墳時代の年代観』国立歴史民俗博物館・釜山大学校博物館、2006年。「菅ノ沢窯跡群の操業順序と年代について」『群馬・金山丘陵窯跡群Ⅱ』駒澤大学考古学研究室、2009年。以上を抜粋・加筆・改訂。
第3章　陶邑TK87号窯出土の樽形土器の再検討
　　「陶邑TK87号窯出土の樽形土器の再検討―樽形ハソウの可能性を求めて―」『人類史研究』第11号、人類史研究会、1999年。

第Ⅱ部　列島出土の朝鮮半島系土器と渡来人
第1章　日本の軟質土器と渡来人
　　「日本の軟質土器と渡来人」『古墳時代東国における渡来系文化の受容と展開』平成12～平成14年度科学研究費補助金（基盤研究（C）（1））研究成果報告書、専修大学、2003年。
第2章　朝鮮半島系土器から見た日韓交流
　　「渡来系土器から見た日韓交流」『春季特別展　葛城氏の実像―葛城の首長とその集落―』奈良県立橿原考古学研究所附属博物館、2006年。
第3章　関東の朝鮮半島系土器と渡来文化
　　「武・相の渡来文化―陶質土器をめぐって―」『季刊考古学』別冊15（武蔵と相模の古墳）雄山閣、2007年。「土器から見た東日本の渡来人」『企画展　東日本古墳と渡来文化―海を越える人とモノ―』松戸市立博物館、2012年。以上を大幅に改訂。
第4章　長野県飯田市新屋敷遺跡出土の百済・栄山江流域系土器
　　「長野県飯田市新屋敷遺跡出土の百済系土器」『駒澤考古』第28号、駒澤大学考古学研究室、2002年。
第5章　市川市出土の新羅土器
　　「市川市出土の新羅土器」『駒澤考古』第29号、駒澤大学考古学研究室、2003年。工藤朱里と共著であるが、工藤の文章を要約して掲載、大幅に加筆・改訂。
第6章　古墳出土の土器の特質

「古墳出土の土器の特質」『季刊考古学』第106号（古墳時代とは何か）雄山閣、2009年。

第Ⅲ部　百済と栄山江流域の土器
第1章　栄山江流域の土器生産とその様相—羅州勢力と百済・倭の関係を中心に—
「韓国栄山江流域の土器生産とその様相」『駒澤考古』第30号、駒澤大学考古学研究室、2005年を一部加筆・改訂。
第2章　栄山江流域の土器—霊光鶴丁里大川古墳群出土土器の再検討—
「陶質土器と須恵器—栄山江流域との関係を中心に—」『百済と日本』高志書院、2008年を一部削除・改訂。
第3章　百済泗沘期の風船技法で製作された高台付椀
「百済泗沘期の風船技法で製作された高台付椀」『山下秀樹氏追悼考古論集』山下秀樹氏追悼論文集刊行会、2004年を一部加筆・改訂。
第4章　朝鮮半島と日本の底部糸切り離し技法
「朝鮮半島と日本の底部糸切り離し技法」『埼玉の考古学Ⅱ』（埼玉考古学会50周年記念論文集）2005年を一部加筆・改訂。
第5章　韓国出土の須恵器
「韓国出土の須恵器」『生産の考古学Ⅱ』（倉田芳郎先生追悼論文集）同成社、2008年を一部加筆・改訂。
第6章　須恵器系土器と甑について
新稿。
第7章　土器から見た倭と栄山江流域の交流
新稿。

あとがき

　筆者が博士論文を『古代関東の須恵器と瓦』として同成社から刊行したのは2002年3月であった。全体を5章に分け、第1章で土器と渡来人、第2章で須恵器生産の開始、第3章で須恵器の展開、第4章で瓦生産と寺院、第5章で須恵器・瓦生産と古代遺跡について論じた。その構成が示しているように、それまでの筆者の研究のキーワードは、須恵器、瓦、生産遺跡、寺院、渡来人であった。

　筆者の研究の視点は、常に窯跡とそこで出土する須恵器や瓦にあり、その製作技法には強い関心を抱いていた。また、その須恵器が日本列島にどのように受容され、地域（特に関東）にどのように広がっていくのか、ということが研究の基礎にあり、瓦については、特に関東の寺院の瓦製作技法を見ながら、窯跡と寺院の関連を探っていた。

　一方で、日本列島出土の朝鮮半島系土器から見た渡来人にも関心があり、前掲書の第1章では渡来人が列島へ須恵器技術を伝えたことについて論じたが、列島に須恵器が出現し、関東へ伝播し展開した構成にしたため、書籍名に渡来人、あるいは朝鮮半島系土器に関する字句を加えることはできなかった。

　出版後、2003年度に1年間、韓国忠南大学校百済研究所で研究させていただく機会を駒澤大学から与えられた。忠南大学校を選んだ理由は、列島の渡来人と渡来系土器の関係を考えるには百済地域、栄山江流域の研究が欠かせないと考えたためである。大学のある場所は交通の便がよいこともあり、かつて忠南大学校へ留学したことのある亀田修一氏に相談して決めた。

　当時の所長は朴淳発先生で、受け入れにもご理解をいただいた。朴先生は気鋭の研究者であり、その理論的な考え方に刺激を受けた。所長を引き継いだ張寅成先生、考古学科の李康承、朴洋震、禹在柄、成春澤の諸先生方にもお世話になった。また、助教であった李享源氏、李晟準氏、大学院生であった山本孝

文君、土田純子さんには研究・生活面でも援助いただいた。また清水昭博氏が居住していたアパートに入れ替わりで住むことができ、彼が部屋の各所に貼り付けた付箋は、生活に欠かせない事項が書いてあり大いに役立った。

　百済研究所では皆と机を並べる研究生活であったが、食事も一緒で、毎週のように行われていた遺跡の現地説明会では、遺跡や遺物を直接見る機会に恵まれ、また多くの研究者と出会う機会となり財産となった。遺跡見学の際、発掘主催者が用意してくれる食事は、それぞれの土地の食べ物で、それはもう一つの楽しみであった。

　2003年の遺跡、遺物、人の出会いにより、その後の研究方向は、百済地域だけでなく栄山江流域の製作技法を中心とした土器研究に向かい、ひたすら土器を見た。

　それだけ土器を見た割には研究成果の発表は遅々として進まなかったが、このたびようやく研究生活の一区切りとして本書を出版することとなった。テーマは須恵器生産のはじまり、あるいは渡来人と朝鮮半島系土器であり10年前からかわり映えしないが、今回は栄山江流域と百済地域の土器研究について新しい研究成果を加えることができた。栄山江流域の土器研究は奥が深く、自らの研究もまだ道半ばであるが、いったん研究成果のまとめとしたい。

　本書を成すにあたっては、初出論文の段階から多くの方々に御教授いただいたことについて記して謝意を表したい。

　また第Ⅲ部第6章の写真および武寧王陵無蓋高坏実測図掲載にあたっては、国立公州博物館、全南大学校博物館、木浦大学校博物館、湖南文化財研究院から許可をいただいた。

　本書の出版は同成社の山脇洋亮氏、佐藤涼子氏のご理解によるが、実務を担当していただいた三浦彩子氏には的確な指摘や校正で大変お世話になった。

　また、出版にあたっては、駒澤大学特別研究助成をいただいたことを明記する次第である。

　　　2012年12月

　　　　　　　　　　　　　　　　　　　　　　　　　　　酒井清治

土器から見た古墳時代の日韓交流

■著者略歴■

酒井清治（さかい・きよじ）
1949 年、岐阜県生まれ
駒澤大学大学院人文科学研究科修士課程修了
現在、駒澤大学文学部教授、博士（日本史学）
主な論著
『須恵器集成図録　東日本Ⅱ』（共著、雄山閣、1995 年）、『古代関東の須恵器と瓦』（同成社、2002 年）、「韓国栄山江流域の土器生産とその様相―羅州勢力と百済・倭の関係を中心として―」『駒澤考古』（駒澤大学考古学研究室、2005 年）、『群馬・金山丘陵窯跡群Ⅱ』（編著、駒澤大学考古学研究室、2009 年）、「渡来文化と渡来人」『講座日本の考古学　古墳時代上』（青木書店、2011 年）

2013 年 3 月 12 日発行

著　者	酒　井　清　治	
発行者	山　脇　洋　亮	
印　刷	亜 細 亜 印 刷 ㈱	
製　本	協　栄　製　本　㈱	

発行所　東京都千代田区飯田橋 4-4-8
　　　　（〒102-0072）東京中央ビル　㈱同 成 社
　　　　TEL 03-3239-1467　振替　00140-0-20618

Ⓒ Sakai Kiyoji 2013. Printed in Japan
ISBN978-4-88621-630-4 C3021